萧衍评传

齐梁文化研究丛书

庄辉明 著

上海古籍出版社

图书在版编目(CIP)数据

萧衍评传 / 庄辉明著. —上海：上海古籍出版社，
2018. 10
　(齐梁文化研究丛书)
　ISBN 978－7－5325－8853－4

　Ⅰ.①萧… Ⅱ.①庄… Ⅲ.①梁武帝(464－549)－
评传 Ⅳ.①K827＝391

中国版本图书馆 CIP 数据核字(2018)第 110954 号

齐梁文化研究丛书

萧衍评传

庄辉明　著

上海古籍出版社出版、发行

(上海瑞金二路 272 号　邮政编码 200020)

(1) 网址：www. guji. com. cn

(2) E-mail：guji1@guji. com. cn

(3) 易文网网址：www. ewen. co

常熟文化印刷公司印刷

开本 635×965　1/16　印张 24.25　插页 4　字数 316,000

2018 年 10 月第 1 版　2018 年 10 月第 1 次印刷

ISBN 978－7－5325－8853－4

K·2492　定价：85.00 元

如有质量问题,请与承印公司联系

根柢槃深

枝葉峻茂

劉彥和語

毘陵袁行霈而題

总　序

一

齐、梁，是金粉东南的符号；诗性文化的象征。

在中国思想史上，六朝与春秋战国、晚明、近代五四时期都是思想大爆发的时代，中国的哲学与宗教、历史与文学，中国人的文化精神，都在这些时代得到涅槃。文学的火凤凰，也在六朝的齐梁翩翩起舞，美轮美奂。

齐梁文化是以江南为核心的文化，因为历史、河山、家族、王朝和文学都孕育于锦绣成堆的江南。

——那是从旧石器时代就开始孕育的力量；是延陵季子季札播种文明，并派生出毗陵、毗坛、晋陵、南兰陵开发进取的力量；是从西晋末年"八王之乱"后，山东兰陵人萧整率族迁居晋陵武进县东城，即今江苏常州市孟河镇以后，在这片以古吴文化为中心的锦绣土地上萌发出来的力量；是春风化雨、催生万物的力量；是物华天宝、人杰地灵、南北文化融合的力量。这使东晋、宋、齐、梁、陈王朝在江南相继建立，并形成齐梁文化的中心。

位居长江之南、太湖之滨的常州，是一座具有三千二百多年历史的文化古城,而一千五百年前繁衍生活在这片土地上的萧氏家族,创立了齐、梁王朝,书写了崭新的历史,创造了灿烂的文化。

二

中国文学的河流,在经历建安的险滩和激流以后,在齐梁萧氏家族那里出现了平静开阔的景象。从齐高帝萧道成开始,萧家出现了不少天才诗人、理论家、编纂家、书画家、文学领袖等仰之弥高的世界文化名人。

曹操和他的儿子曹丕、曹植以及"建安七子",在鞍马间为文、横槊赋诗,反映社会动乱和人民痛苦的同时,抒发自己统一天下、建功立业的理想,形成建安文学"彬彬之盛"的局面。

曹氏家族创造了灿烂的文化,历史到了齐梁,任务落到萧氏家族肩上。比起建安曹氏,齐梁萧氏无论在诗歌创作,还是诗歌理论方面,同样锦绣成堆,各有千秋,毫不逊色。可以说,在中国诗歌史上,萧家和曹家是旌旗相望、前后相续的两个伟大家族。

在萧家的文化根据地——常州,重视历史,弘扬传统是一种使命和伟大的目标。在常州市领导的支持、组织下,应运而生的《齐梁文化研究丛书》编委会开始着手进行齐梁文化的研究。

他们召开会议,组织全国专家,编写丛书,交付出版,像打一场场战役一样,井井有条,成绩斐然,令人钦佩。这种形式和做法,让我想到一千五百多年前,昭明太子萧统成立"《文选》编委会"召集一批才学之士编纂《文选》,简文帝萧纲命徐陵编《玉台新咏》,那种相似的使命感。人类学和基因学告诉我们,今天生活在常州齐梁故地的人,很多是当年以萧氏为中心的齐梁子孙,身上流淌着他们的血液,有着他们的基因链——那是性格的基因,勤劳勇敢的基因,真、善、美的基因;那是齐梁文化的基因,一种对文化事业的渴望,希冀以文化承载自己生命的自觉,是历史的责任感在他们身上的复制。

三

丛书第一辑已出版的有八部：

一是庄辉明先生著《南朝齐梁史》；二是龚斌先生著《南兰陵萧氏家族文化史稿》；三是陈蒲清、曹旭、王晓卫、丁福林、李华年、杨旭辉等先生合著《南兰陵萧氏人物评传》；四是刘志伟先生等著《齐梁萧氏文化概论》；五是曹旭先生等的《齐梁萧氏诗文选注》；六是张敏编审编著《南兰陵萧氏著作综录》；七是常州齐梁文化研究课题组薛锋、储佩成先生主编《齐梁故里与文化论集》；八是薛锋、储佩成先生主编《常州齐梁文化遗存》（修订本）。

第一辑八部著作，天经地纬，分别从历史学、目录学、文献学、文化学、诗学，以及实地文化遗迹等方面，全面考察了齐、梁两朝近八十年的政治生态、文化发展、思想状况和社会生活的各个侧面。以《南朝齐梁史》为指南，《南兰陵萧氏家族文化史稿》《齐梁萧氏文化概论》为要领，《齐梁故里与文化论集》《常州齐梁文化遗存》为展示，《南兰陵萧氏著作综录》为地图，《齐梁萧氏诗文选注》见诗心：每一种著作对齐梁历史、文化、文学都作了全方位的挖掘和研究。作为地方历史文化研究，其地方性和专门性，都以当代学者最新成果的方式，构建出高品位的文化丛书系列，具有越来越大的影响力。

据笔者所知，欧美、日本，特别是中国台湾研究机关及高校图书馆，很多都收藏了这些著作。尤其在台湾高校，成为他们开设本科生课程，指导研究生的重要参考教材。其中常州市齐梁文化研究课题组薛锋、储佩成主编的《常州齐梁文化遗存》，载建康京畿物质遗存照片，以及台湾省的齐梁文化遗存照片，引起了他们很大的兴趣。

比较而言，第一辑《南兰陵萧氏人物评传》每人不到四万字的评传还是粗陈梗概，如龙屈鱼池，松盘瓦盆，比较拘谨，不能施展，应该放大；每一个人物，尤其是齐、梁两代重要的标志性人物，均有独立撰写一本专著的必要。

同时,齐、梁的文化元勋自己做了什么巨大的贡献?当我们需要零距离地阅读齐、梁文学本身的时候,和前面的动因合在一起,《齐梁文化研究丛书》第二辑八部著作就应运而生了。

四

第二辑八部著作包括五部评传、三部译注。

五部评传是:庄辉明先生撰写的《萧衍评传》;陈延嘉等先生撰写的《萧统评传》;曹旭、田鸿毛先生撰写的《萧纲评传》;林晓光先生撰写的《萧赜评传》;陈志平、熊清元先生撰写的《萧绎评传》。

第一辑《南兰陵萧氏人物评传》中的《萧赜评传》由王晓卫先生撰写,本辑由林晓光先生撰写。两者颇有不同,各有千秋;但在文献资料和观点的提升上,譬如积薪,后来居上。

齐武帝萧赜(440—493),字宣远,是齐高帝萧道成的长子,南朝齐第二任皇帝。评传分别以"盛世风云:元嘉时代诞育的寒门将种""宋末乱局:同筑开国基业的父子""建元宫斗:权力与亲情旋涡中的皇太子""永明天下:齐武帝和他缔造的时代(上、下)""亲友群从:围绕在武帝身边的镜子""永明之夜:武帝病榻旁的骨肉相残"展开。章节生动,思想活泼,语言跳跃,很好地刻画和评述了齐武帝作为英明君主矛盾的一生。萧赜和他父亲齐高帝萧道成一样感情丰富细腻,精明强干,具有领袖风范;他崇尚节俭,主张休养生息,富国强兵,并逐步改变了中国长期以来南弱北强的经济格局,外交上与北魏通好,使政治、经济、社会有一个比较安定的环境。

历史书上的齐代帝王,因为在位时间短,通常被匆匆略过,即使被提及,也多讲开国的萧道成。现在有一本专门研究齐武帝萧赜的书,这无论如何都是一个创举。和第一辑的评传一起,填补了齐梁历史文化的空白。

庄辉明先生在《南朝齐梁史》的基础上,再接再厉,撰写《萧衍评传》。梁武帝萧衍(464—549),字叔达,是兰陵萧氏的世家子弟,父亲萧顺之是齐高帝的族弟。代齐建梁,在位四十八年。在政治、经济、军事、管理、文学方面都卓有成就,他喜欢文学,大量拟作民歌,通过学习民歌推动文学新潮;他融合儒、释、道三教,开创了后世文化发展的新方向。

庄著《萧衍评传》,导论后分八章展开,即"名门之后""覆齐建梁""治国方略""南北和战""博学多才""皇帝菩萨""暮年悲剧""余祉绵延"。辨析了萧氏谱系,揭示先人萧整率族南迁的历史;以及萧衍在对魏作战中崭露头角,并在宫廷变局中做出抉择,英明果断,多才多艺,代齐建梁;令人信服地展现了萧衍重视教育、发展生产、繁荣经济的治国方略和弘扬文化的丰功伟绩。后论梁朝由盛而衰的过程及原因,昭明太子的早逝,叔侄之间的相争;末尾追述萧衍绵延的余祉,后梁政权的存废,后裔纷散的结局,不免令人感叹唏嘘。

对于萧衍,本评传可谓写尽他一生的变故和重要的节点。因为作者是研究六朝的历史学家,故本评传不仅文献丰富翔实,所有的评判、议论都具有历史的高度,大而能化,具体精微,在研究萧衍的生平、思想的著作中,我以为是最好的一部。

第一辑中的《萧统评传》,由李华年、严进军先生撰写;此辑改成陈延嘉、王大恒、孙浩宇三位先生撰写。展开的六章是:"时代与萧统""萧统生平与文学活动""《昭明文选》""萧统与陶渊明""《文选》学简介""萧统后裔及其成就"。从萧统家世所处的历史背景、萧统的时代写起,重视吴地历史文化底蕴对萧统的影响。然后深入描述萧统的泛文学创作和泛文学活动;对萧统主编的《昭明文选》进行了细致地分析;尤其对《文选》编撰动因与目的、"事出于沉思,义归乎翰藻"的选录标准,都有实事求是的评析;在对萧统与陶渊明的问题上,也寻根究底,作了中肯评价。应该说,在这五部评传中,萧统资料最少,最难写,但作者对《文选》学了如指掌的介绍,对读者理解萧统其人,多有裨益。

关于萧统的后裔,《萧统评传》写了后梁三帝及萧欢、萧誉。后梁三帝是中宗宣帝萧詧、世宗明帝萧岿、惠宗靖帝萧琮。公元587年,隋文帝废除西梁国号,征召萧琮入朝,存在三十三年的西梁,因此灭亡。和整个齐梁一样,其人、其史、其事有足悲者。如萧统的儿子萧詧,亦善属文,长于佛理,其《愍时赋》述及作者在梁末诸王混战、异族攻陷江陵背景下的人生经历,杂陈古今,场面宏大,类似史诗,远超乃父。就中国传统学问而言,集部诗文对某事件的记述,比历史的记载更具当时性,史料价值甚至胜过史部著作。但在第一辑中,萧詧、萧岿、萧琮三人的评传已由奚彤云先生写过,而且写得很精彩;故此评传于此三人忽略带过。

《萧纲评传》原由曹旭撰写,这次组合他的学生林宗毛博士以及在复旦大学戴燕教授指导下专门研究萧衍、萧绎的田丹丹、孙鸿博二位博士合力著述。包含"生在偏安江南的帝王之家""在父亲的羽翼下成长""萧纲和他的兄弟们""文学友于胜过曹丕、曹植兄弟""儒佛道糅杂的信徒""通向东宫艰难的道路""帝王之家的幸福与不幸""宫体诗的旗手""文学放荡论的理论家""诗人皇帝悲惨的结局""千年的拒斥与接收"。

本传不只是萧纲一个人的评传。因为萧纲不仅代表他自己,还代表了萧家在中国诗学史上的贡献,代表六朝帝王在文学史上的引领、组织作用。作者研究"宫体诗"有年,在《文学评论》《文学遗产》发表多篇论文,心得体会,熔铸于内。在中国诗歌史上,萧纲已是"宫体诗"的代言,本评传主要从诗人和皇帝两方面交叉撰写:萧纲七岁成为诗人;诗人皇帝终成傀儡;兰陵正士的结局:诗人皇帝之殇。今天我们要搬掉压死萧纲、也压在宫体诗上的"土囊",对宫体诗作新的评价。即从建安"风骨美"—陶渊明"田园美"—谢灵运"山水美"—齐永明"咏物美"—梁宫体诗写女性"人体美"的中国诗学链条,证明宫体诗是中国诗歌审美意识重要的一环。萧纲除了自己的诗歌实践,还提出了一系列的诗歌理论,这两者,都使他成了诗歌史上一个绕不过去的人物。他的创造,具有重大意义。

第一辑中,《萧绎评传》由陈蒲清、钟锡南、陈祥华先生撰写,此辑则由陈志平、熊清元先生完成。萧绎(508—555),即梁元帝,字世诚,自号金楼子。萧绎早年封湘东王,是梁武帝萧衍第七子。后即帝位。谥元皇帝。《梁书·元帝本纪》称赞他:"既长好学,博总群书,下笔成章,出言为论,才辩敏速,冠绝一时。"评传分九章展开,分别是"联华日月,天下不贱""湘东郡王""承制勤王""梁元帝""性格与行事""吟咏风谣,流连哀思""获麟于《金楼》之制""亡国之君,多有才艺""短命帝王,千古文士",把萧绎一生的行事,他的家庭,他的才华,他的读书与著述等一网打尽。本评传对萧绎一生经学、史学、佛学、玄学、方术、兵法、绘画与书法方面的成就和巨大贡献,都作了精到的评论。像李后主和宋徽宗一样,当学者、诗人、画家是专业的萧绎,当政治家是业余的。江陵陷落,萧绎焚古今图书十四万卷,有人问他为什么要烧?他回答说,读书万卷,犹有今日,故焚之。真是书呆子。本评传语言简洁生动,很有表现力地再现了这一段江山历史。

这五本评传之所以有意思,因为对象是四个皇帝一个太子;写的人必须根据史料揣摩皇帝、太子的心思,披露他们的内心世界和感情独白。皇帝是怎样炼成的?太子有什么样的思想感情?我们很感兴趣。因为六朝中的多位帝王,经常自己就是一个优秀的诗人,而且是一个诗歌群体、一种诗歌流派的开创者和领导人。

五部评传丰富翔实,角度新颖,既传且评;考据鞭辟入里,论证深刻精到,文字大多清畅、简洁、生动而富有表现力。高屋建瓴地展现了萧氏家族兴起、发展、隆盛、衰败的过程,揭示其意义和对后世的影响,填补了研究上的空白。

根据常州方面的撰写要求,五部评传各附传主年谱;这些年谱,大都是新写或经修订的,年谱的缜密和实事求是,保证了评传的精彩可靠:这是非常正确的要求和举措。

五

三部译注,分别是《文选译注》《玉台新咏译注》和《金楼子译注》。

萧统《文选》是现今我们能见到的中国古代第一部文学总集,是塑造后世文化人格的重要教科书。萧统不仅在齐梁著名,在唐宋更是无人不知,无人不晓。唐宋的读书人,可以不知道前朝某个皇帝叫什么名字,但不能不知道昭明太子萧统。因为他们的科举考试,就从萧统的《文选》里出题目。

《文选译注》我见过几种版本,1994年贵州人民出版社的《文选全译》,由张启成、徐达等先生译注,就译注而言是最早的一部,有开创之功;2000年华夏出版社的《昭明文选》,由于平等人注释;2007年吉林文史出版社的《昭明文选译注》,由陈宏天、赵福海、陈夏兴等先生译注:都各有特色,各有胜义。

本丛书的《文选译注》由张葆全、胡大雷先生共同完成。张葆全先生是广西师范大学文学院教授、广西师范大学前校长,长期从事中国古代文学教学研究工作。胡大雷先生是著名的六朝文学研究专家,尤其在《文选》研究上成绩斐然,出版过多部优秀的学术专著和高质量的论文。由他们合作是本译注质量的保证。

本译注原文据胡克家刻《文选》,因为译注,一般不作考辨与探本溯源;成语典故指明出处;今译与原文对应,文字以直译为主,兼顾韵脚。注、译简明扼要,条分缕析,释义精当,文字清丽优美,在许多方面均有出蓝之胜。

第二部《玉台新咏译注》由张葆全先生译注。2007年广西师范大学出版社曾出版有一个译注本,译注者正是张葆全。今大幅修订后列入《齐梁文化研究丛书》,注释、译文均有新的体会感想,达到新的学术高度。

《玉台新咏》是继《文选》后,于公元六世纪编成的一部诗歌选集,上继《诗经》《楚辞》,收录汉代至梁代诗歌八百余首。按编者徐陵自序说,所选为"艳歌",绝大部分作品描写女性与爱情,是一部关于女性的诗集、爱情的宝典、唯美的乐章,就认识当时的文化和文学来说,是《文选》重要的补充,现同列一部丛书,可谓合璧。

葆全先生在《文选》《玉台新咏》译注上不辞辛劳,精益求精。他充分认识到这些诗篇在文学史和审美史上的价值,故每每有新的视角和新的发现。译注分导读、正文、注释、译解展开;注释精审详明,译文准确流畅,保持了诗作原有的韵律和韵味,当可满足社会上一般读者的需要,也为学界研究提供了可以参考的文本,深可信赖。

第三部《金楼子译注》由熊清元、陈志平先生译注。萧绎生平著述甚多,最重要的有《金楼子》。他从小聪悟俊朗,五岁即能诵《曲礼》上篇。既长,工书善画,雅好文学,下笔成章,才辩敏速,冠绝一时。博综群书,又通佛典,世人称奇。承圣末,魏师袭荆州,城破之际,乃聚古画、法书、典籍十四万卷,欲与己俱焚,宫嫔牵衣得免。他的样子,完全不像皇帝,像有书生意气的诗人。

萧绎在《金楼子序》和《立言篇》里,提出了比萧纲更先进、更前卫的诗歌理论,提出了"文"(诗)应该是"绮縠纷披,宫徵靡曼,唇吻遒会,情灵摇荡",即文学作品需具备文采、音律、感情等因素,突破了前人"文笔说"囿于有韵无韵的局限,在文学理论史上具有重要意义。

《金楼子》最早由台湾学者许德平做过《金楼子校注》,作为台湾嘉新水泥公司文化基金研究论文第一〇三种,1969 年出版。虽是硕士论文,粗陈梗概,但受到学界关注,填补《金楼子》校注的空白。沉寂四十多年后的 2011 年,中华书局许逸民先生出版《金楼子校笺》,以清鲍廷博刻《知不足斋丛书》本为底本,校以《文渊阁四库全书》本等众多版本,运用他校和理校,对书中文字逐条考索史料来源,校定是非,大大有功于《金楼子》的研究。2014 年 11 月,陈志平、熊清元《金楼子疏证校注》由上海古籍出版社出版,更钩稽群籍,探究原书,疏通文字,彰显意义,附录《永乐大典》存《金楼子》

文、《金楼子》佚文、《南史·梁本纪·元帝》及历代《金楼子》著录、评论辑要,后出转精。此次出版的《金楼子译注》,把以前古籍整理型的专著,改成普及型的读物,注释方式也有变化,按原文、注释、今译顺序,加了全译,学术质量绝对高端,也更简明扼要,便于阅览。

《齐梁文化研究丛书》第一、二两辑,共十六册,从文献史料出发,全面展开,前后相继;筚路蓝缕,以启山林。在断代史学、断代文学、断代思想史,家族文化和目录学诸方面,都为地方性、家族性、集成性的研究,展示了一个高标,具有保存精神文献和还原历史的意义。

六

我是常州人,有家谱证明是曹彬的后代。曹彬是宋太祖赵匡胤手下带兵灭了南唐的大将军。曹彬死后二十年出生的司马光在他的《涑水记闻》卷三中,记载曹彬破金陵城时,对金陵百姓和李煜仁至义尽的史实,并深情地说,因为曹彬的德行,所以南京、常州等地,"(曹)彬之子孙贵盛"。我不"贵盛",但作为曹彬的后人,参与家乡《齐梁文化研究丛书》两辑的撰写工作,在编委会的建议下,为丛书第二辑作序,幸甚至哉。

曹　旭

于上海伊莎士花园

2018 年 7 月 30 日

目　录

总序 / 1

导论 / 1

第一章　名门之后 / 11

　　一、萧氏谱系辨析 / 12

　　二、萧整率族南迁 / 17

　　三、跻身"竟陵八友" / 19

　　四、鱼复侯事件 / 25

　　五、宫廷变局中的抉择 / 28

　　六、对魏作战崭露头角 / 39

第二章　覆齐建梁 / 42

　　一、东昏侯诛除"六贵" / 42

　　二、州郡将领频频举兵 / 47

　　三、萧懿之祸 / 52

　　四、经营雍州 / 54

　　五、"两空函定一州" / 60

　　六、围城打援 / 66

　　七、朱雀航大捷 / 74

　　八、为登基而精心谋划 / 82

第三章　治国方略 / 100

　　一、对前朝宗室打压与笼络兼施 / 101

　　二、宽待有节之士 / 105

　　三、重用贤臣良将 / 108

　　四、尊世族更重寒门 / 113

五、招抚北来侨人 / 118

六、关注离乡流民 / 123

七、奖劝农耕 / 126

八、重视兴修水利 / 131

九、倡导"三教同源" / 135

十、大力弘扬儒学 / 143

第四章　南北和战 / 152

一、"索虏""岛夷"争正统 / 153

二、围绕中间地带的争夺 / 160

三、构筑浮山堰之昏招 / 173

四、萧梁的北伐 / 176

五、南北政权间的通使交往 / 182

第五章　博学多才 / 191

一、儒学的深厚造诣 / 193

二、《通史》的编撰 / 195

三、广涉诸子百家 / 197

四、诗赋才华与成就 / 198

五、浓厚的音乐兴趣和素养 / 210

六、理论与实践俱佳的书法家 / 214

七、擅长博弈的围棋高手 / 220

第六章　皇帝菩萨 / 228

一、舍道事佛 / 229

二、阐扬佛学义理 / 234

三、创制佛教戒律和仪规 / 240

四、晚年溺信佛法 / 245

第七章 暮年悲剧 / 252

　　一、纵容宗室子弟 / 252

　　二、宠信佞臣，专听生奸 / 260

　　三、拒谏饰非，讳疾忌医 / 263

　　四、引狼入室 / 269

　　五、侯景乱梁 / 286

　　六、惨淡落幕 / 293

第八章 余祚绵延 / 309

　　一、昭明太子早逝与政局变故 / 310

　　二、叔侄之间的殊死相争 / 316

　　三、后梁政权的存废 / 327

　　四、余祚及其后裔 / 332

余论 / 339

附录 萧衍大事年表 / 352

后记 / 370

导　论

　　每个人都在书写着历史，虽然其角色和分量各有轻重；历史也为每个人提供了舞台，尽管其活动的空间和领域各有大小。杰出历史人物之所以倍受关注，正是因为其在时代和社会环境为其提供的舞台上纵横捭阖，或遵从或引领历史发展的方向，发挥着自身特有的影响和作用。因此，要恰如其分地评论历史人物的功过是非、成败得失，就不能不首先探究其所处的时代和社会环境。

　　梁武帝萧衍（464—549），是中国历史上有着重要地位和影响的封建帝王，也是一位备受争议、褒贬不一的历史人物。萧衍出生于刘宋孝武帝大明八年（464年），生活在南朝时期。所谓南朝，是相对于同时期存在于中国北方的北朝而言，与北朝共同组成历史上的南北朝。按照历来对中国古代历史的阶段划分，南朝起自公元420年宋武帝刘裕取代东晋而建立刘宋，迄于公元589年隋文帝攻灭陈朝，共历时170年，经历了依次交替的宋、齐、梁、陈四个朝代。南朝这四个王朝前后相继，均以建康（今江苏南京）为都城；而且所统治的区域相对稳定，没有太大的变化，基本上都以长江中下游地区为其核心管辖范围，主要依靠这一地区的经济和社会发展以维持其统治。这四个王朝还有一个非常突出的共同点：其建

1

立者都是前朝执掌军政大权的重臣,都是凭借手中的实权逼迫前朝皇帝以"禅让"的方式取而代之建立新朝。这种政权的禅让、更迭,在看似宁静、平和的表象背后,依然充斥着血腥和杀伐。为了扫除通向皇位道路上的障碍或者消灭动摇自身皇权地位的威胁,围绕着权力争斗而展开的交锋从未停歇,既有皇室内部的骨肉相残、兄弟阋墙,也有权臣的培植党羽、拥兵自重,还有君臣间的彼此猜忌、相互防范。

在历史发展的进程中,总有一些非常重要的关节点,而杰出人物之所以能创造历史,就在于能够敏锐地发现并精准地抓住这些关节点,因势而谋、应势而动、顺势而为。南朝刘宋、萧齐的开创者刘裕、萧道成如此,创立梁朝的萧衍同样如此。萧衍在多方角力、竞争激烈的形势下,能够取代萧齐、建立梁朝,除了他个人的文韬武略明显胜人一筹之外,更在于他精于观察形势、善于把握机遇,紧紧抓住了两个关节点。其一,是在永明末年的宫廷变局中,他凭借着对当时形势和力量对比的准确分析与把握,选择了站在萧鸾一边,成为萧鸾的坚定支持者。永明十一年(493年)正月,皇太子萧长懋病死。四月,萧长懋的长子萧昭业被立为皇太孙。七月,齐武帝萧赜病逝。围绕着皇位的继承,萧齐皇室和朝臣分成两大阵营,展开了激烈争夺。一方支持齐武帝之子、竟陵王萧子良,另一方则支持皇太孙萧昭业。这场争斗无关乎是非,但却跟参与者的利益得失息息相关。政坛上的交锋犹如一场博弈,博的是眼光、胆量,更是对局势和力量对比的判断。本来,萧衍是萧子良看重的"竟陵八友"之一,而且在此次宫廷剧变前夕,萧子良还召其为帐内军主,显然是对他寄予厚望的。然而萧衍却选择站在力挺皇太孙继位的萧鸾一边,给予萧鸾以坚定的支持。萧衍之所以做出这一决断,固然源于其父忧惧病死与齐武帝密切相关而心生怨愤,企图借机实施报复;但更重要的是他对局势和双方力量对比的精准判断。此后事态的发展证明,萧衍的博弈取得了成功。正是由于萧衍在关键时刻选择站在萧鸾一边的表现,使其获得了萧鸾的高度赏识和信任，由此成为萧鸾倚重的心腹股肱，为其仕途的飞黄腾达铺平了道路。

萧衍能够取代萧齐的第二个关节点，是经营雍州。齐明帝建武四年（497 年），为加强对军事重镇雍州的控制，萧衍作为齐明帝萧鸾倚重的心腹，"受密旨"率军前往襄阳。建武五年三月，萧鸾命萧衍代理雍州事务；同年七月，萧鸾驾崩，遗诏以萧衍为辅国将军、雍州刺史。此时的萧衍虽然远离萧齐政权的权力中心，但却也远离了齐末政坛的腥风血雨，为其静观时变、积蓄力量、密修武备提供了绝好时机。正是在雍州数年的精心准备，使得萧衍拥有了夺取政权的实力和资本，由此而得以顺利实施代齐建梁，开创了萧梁的新局面。

萧衍所处的南北朝时期最典型的特征，是南北分立、战争频仍。当时与南朝相对峙的北朝，包括北魏（386—534 年）以及北魏分裂后东西并存的东魏（534—550 年）、西魏（534—556 年）、北齐（550—577 年）、北周（557—581 年）等五个政权。在南北对峙的170 年间，南北之间发生的大小战争不下百次，这些战争主要发生在南北接壤的边境地区，相互间攻城略地，重在抢夺土地和人口。当然也有标榜以统一为目标的大规模南进或北伐。

宋文帝刘义隆，自即位以来就"有恢复河南之志"。[①] 元嘉七年（430 年）三月，宋文帝下诏精选甲卒五万，由右将军到彦之统帅，率舟师入黄河；骁骑将军段宏率精骑八千直指虎牢；豫州刺史刘德武领兵一万继进；长沙王刘义欣率军三万监征讨诸军事。到彦之等攻魏，从淮入泗，再由黄河西进。素有"河南四重镇"之称的金墉（今河南洛阳东）、虎牢（今河南荥阳西北）、滑台（今河南滑县东）、碻磝（今山东茌平西南）四镇守军兵力薄弱，北魏军队奉魏太武帝拓跋焘之命陆续撤往黄河北岸，刘宋军队一度进至潼关。乍看之下，北伐形势一片大好。但随着冬季的来临，拓跋焘亲率大军利用

---

①　《资治通鉴》卷一二一《宋纪》三，"文帝元嘉七年"条。

黄河冰封之机,越过黄河南下,并相继收复洛阳、虎牢,局势迅速逆转,到彦之等只得撤兵退向彭城,所得之地悉数重入北魏之手。刘宋此次北伐,虽然曾取得过一些短暂的胜利,但付出的代价却是非常沉重的,史称"彦之之北伐也,甲兵资实甚盛;及败还,委弃荡尽,府藏、武库为之空虚"。①

南朝的北伐每每无功而返,北朝的南进同样难以成功。宋文帝元嘉二十七年(450年),北魏太武帝拓跋焘亲率大军,以号称百万之优势兵力避实击虚,长驱南下,一直进到长江北岸的瓜步(今江苏六合东南),并扬言渡江直捣建康。幸赖刘宋军民严阵以待,加之长江天堑阻隔,拓跋焘难以得逞,不得不在次年正月北撤。在北撤途中,为抢夺军粮,拓跋焘率军围攻盱眙。刘宋盱眙太守及守将同心协力,坚守一月,北魏军不能攻拔,因军中多疾疫,又恐刘宋军队断其退路,遂烧攻具而退。北魏此次南侵,"凡破南兖、徐、兖、豫、青、冀六州,杀伤不可胜计","所过郡县,赤地无余","自是邑里萧条,元嘉之政衰矣"。② 刘宋大片疆土惨遭荼毒,北魏同样损失惨重,"魏之士马死伤亦过半",③而且激发了国人的怨愤,一年后,拓跋焘便被近臣所杀。由此可见,无论当时的南方政权,还是北方政权,都不具备攻灭对方、实现一统的实力和条件。因而,南北对峙、互有攻守就成为其时的常态。

中国历来有追求大一统的传统。"凡是统治北方的势力,都认为分裂是不正常的暂时现象,都不自安于南北分裂状态,都企图南进以求统一。反过来看,南方的政权,大体也是如此"。④ 因而南北朝时期的战争,不少都带有兼并统一的性质,在一定程度上反映了"分久必合"的历史发展趋势。只是由于当时的南北双方都不具备攻灭对方的条件和实力,因而其结局或无功而返,或两败俱伤。据

① 《资治通鉴》卷一二一《宋纪》三,"文帝元嘉七年"条。
② 《资治通鉴》卷一二六《宋纪》八,"文帝元嘉二十八年"条。
③ 同上。
④ 田余庆:《东晋门阀政治》,北京大学出版社,1989年,第250—251页。

史籍记载,在梁武帝执政时期,也曾先后发动过多次北伐。其中值得一提的有两次。一是天监四年(505 年)十月,梁武帝下诏大举北伐攻魏,命王公以下各出租谷以助军资,以临川王萧宏为都督北讨诸军事。这是萧梁历次北伐中规模最为宏大的一次,梁军"器械精新,军容甚盛,北人以为百数十年所未之有"。①然而,军中虽有裴邃、马仙琕等令魏军胆寒的名将,但身为统帅的萧宏既不懂军事,指挥无方,又怯懦畏敌,初战告捷就准备还师。面临众将领的一致反对,萧宏不敢公然违逆众议,却也不敢进兵,让大军滞留于洛口,并号令军中:"人马有前行者斩。"②两军相持数月,至次年九月,夜降暴雨,梁军营中惊乱,萧宏竟置所统领的军队于不顾,与随从数骑匆忙逃窜。梁军群龙无首,溃散奔亡,以致梁军将领有"百万之师,一朝鸟散"③之叹。二是大通二年(528 年)十月,梁武帝趁北魏内部因"河阴之变"而大乱之机,以魏北海王元灏为魏王,遣陈庆之率军送其北还。陈庆之所率仅七千之兵,却一路势如破竹,凡取三十二城,经四十七战,所向皆克,北魏孝庄帝不得不渡黄河北走,元灏于次年五月进入洛阳,改元建武。这是萧梁时期最有成效的一次北伐。然而面对北魏军队的反扑,梁武帝没有派遣军队尽快增援,反而命诸军继进者皆停于境上。陈庆之寡不敌众,所部丧亡略尽,陈庆之本人化妆成僧人才得以逃回建康。梁武帝发动的一次次北伐,均以失败而告终,但其幻想统一全国的愿望并没有彻底湮灭。他在晚年接纳侯景归降,虽然被此后历史的发展证明是一个极其昏庸和愚蠢的决策,由此造成了直接导致梁朝倾覆的严重后果,但细究促使其作出如此决断的种种因素,也不能完全排除其企图借机实现全国统一的考虑。

南北朝时期,南北双方间既有通过战争攻城略地、抢夺财富与人口的一面,又有使者往来不断、边境贸易不绝的另一面。有学者

---

① 《南史》卷四一《梁宗室上》。
② 同上。
③ 《资治通鉴》卷一四六《梁纪》二,"武帝天监五年"条。

依据史籍记载得出统计结论,整个南北朝时期,南北双方互派使者总计 156 次,其中南朝向北朝遣使 77 次,北朝向南朝遣使 79 次,南北基本持平。① 由此可见,尽管其时南北对峙、争战不断,但彼此间的遣使通好仍然在时断时续地进行着。自齐明帝建武二年(495年)开始,北魏不再派遣使臣前往南朝,在中断了整整二十六年之后,到梁武帝普通元年(520 年)十二月才又恢复通好。自此以后,直到太清三年(549 年)梁武帝病逝的近三十年时间里,南北互派使臣共计 31 次,其中南方派往北方的 16 次,北方派往南方的 15次,基本上也是对等的。南北间的遣使通好,既是一种政治斗争策略,同时也是一种文化交流,一定意义上还是互通有无的物贸交往。"时南、北通好,务以俊乂相夸,衔命接客,必尽一时之选,无才地者不得与焉。每梁使至邺,邺下为之倾动,贵胜子弟盛饰聚观,礼赠优渥,馆门成市。……魏使至建康亦然"。② 与对峙、战争相比,遣使通好毕竟有利于民众生活的安定和社会经济的发展,对于推动其时民族融合的进展也有着积极的意义。南北朝时期的历史就是在这种既有对峙、战争,又有交流、通好的氛围中曲折地向前发展。

在南北对峙的形势下,由于北方的社会动荡远甚于南方,因而形成了北方民众不断渡江南下、侨居江南的浪潮。中原士民避乱南徙的大规模人口流动,始于东汉末年。至西晋末年"永嘉之乱"爆发后,北方战乱更烈,社会动荡更剧,在饥馑、疾疫、锋镝下幸存的北方民众纷纷迁徙南方,出现了迁徙规模大、持续时间长的移民狂潮。《晋书》称:"洛京倾覆,中州士女避乱江左者十六七。"③这一过程自东晋开始,一直延续到南朝前期。北方民众避乱南迁后的寓居地域,主要集中于长江流域的扬、荆、益、梁等州。谭其骧先生曾对当时迁徙到南方的中原人口进行过考证和

---

① 梁满仓:《南北朝通使刍议》,《北朝研究》1990 年上半年刊(总第 2 期)。
② 《资治通鉴》卷一五八《梁纪》一三,"武帝大同三年"条。
③ 《晋书》卷六五《王导传》。

统计,他以《宋书·州郡志》中记载的侨州郡县的户口数作为南渡人口的约数,认为自永嘉末年至南朝刘宋之季,南下至长江流域的侨人总数在七十万人以上,另有约二十万人没有到达长江流域而聚居在今山东境内。总数约九十万的南迁人口,是当时刘宋政府领有的五百四十万人口的六分之一。又据《晋书·地理志》记载,西晋太康初年,北方诸州及徐州之淮北共有约一百四十万户,若以一户五口计,约七百万。其中的九十万人南渡,约占八分之一强。① 需要指出的是,这一统计数字还不包括由于种种原因而未被政府直接控制的人口。《南齐书》称:"时百姓遭难,流移此境,流民多庇大姓以为客。"②《世说新语·政事篇》注引檀道鸾《续晋阳秋》也说:"自中原丧乱,民离本域,江左造创,豪族并兼,或客寓流离,民籍不立。"可见当时不入户籍的流寓北人绝不是一个小数。如果再加上这部分未登记入籍的人口,其时南迁的北方民众在人口总数中所占的比例将远远不止六分之一。北方人口的大规模南迁,不仅给地广人稀的南方增加了大量的劳动人手,而且也把北方先进的生产工具和耕作技术带到了南方,从而有力地促进了南方的开发和社会经济的发展。与此同时,北方侨寓人口中的达官贵族、文人学士还把中原文化带到了南方,推进了中原文化与南方文化的交流、融合,为东晋南朝文化的发展作出了积极的贡献。

北方人口的大批涌入,也给政府治理带来了新的问题。为了妥善地安置侨寓士民,避免社会的动荡不安,从东晋开始,在扬、荆、梁、益等州设置了不少侨州郡县。所谓侨州郡县,就是在侨寓北人聚居的地区设置与其原籍同名的州郡县,有一些则在前面冠以"南"字以示区别。《宋书·州郡志》称:"晋永嘉大乱,幽、冀、青、并、兖州及徐州之淮北流民,相率过淮,亦有过江在晋陵界者。晋

---

① 参见谭其骧《晋永嘉丧乱后之民族迁徙》,载《燕京学报》第 15 期。
② 《南齐书》卷一四《州郡志上》。

成帝咸和四年,司空郗鉴又徙流民之在淮南者于晋陵诸县,其徙过江南及留在江北者,并立侨郡县以司牧之。徐、兖二州或治江北,江北又侨立幽、冀、青、并四州。"又称:"中原乱,北州流民多南渡,晋成帝立南兖州,寄治京口。时又立南青州及并州。"①侨郡县的数量更多,如萧齐时的南徐州辖下就有南东海、南琅邪、南东莞、南清河、南彭城、南高平、南济阴、南濮阳、南泰山、南济阳、南平昌等侨郡。西晋时为淮阴令的萧整,本为兰陵郡人,因中朝变乱,"过江居晋陵武进县之东城里。寓居江左者,皆侨置本土,加以南名,于是为南兰陵兰陵人也。"②可知作为萧衍籍贯的南兰陵,就是东晋所置的侨郡,其始迁祖萧整也是渡江南下的侨人。侨州郡县的文武官职,多由南下的侨寓士族担任,既可收笼络、利用之效,又可凭藉他们的影响力更好地控制北方流寓的民众。此外,为吸引和安抚北方南来的民众,侨州郡县内的侨人还可免予征调赋税和徭役。

这些政策的实行,曾经在最初的一段时期内起到了招抚和安集侨寓民众的积极作用。但是由于侨置郡县的情况非常复杂,有的有实土,有的没有实土;而且时置时省、时分时合,行政系统十分混乱。为了提高行政效率,增加国家的财税收入,东晋南朝统治者先后实行了多次土断。所谓土断,或称土断人户,就是把既不纳入土著又不负担赋役的散居侨人断入所在籍贯,纳入政府的控制之下。其目的固然是为了省并没有实土或人户过少的侨置郡县以提高行政效率,但更主要的还是为了整顿户籍,便于政府征收统一的赋税和徭役。继东晋之后,南朝的宋、齐、梁诸朝都曾实行过土断。因此,在东晋及南朝时期,一方面有侨州郡县的不断设置,另一方面又有土断的不断实行。而这两种措施的实行,显然都是有利于促进南方社会经济发展的。

---

① 《宋书》卷三五《州郡志一》。
② 《南齐书》卷一《高帝纪上》。

如上所述,萧衍生活的南朝时期,既南北对峙、战争不断,又遣使通好、往来不绝。北方士民为避乱而纷纷南来,既增加了南方劳动人手、推动了南方经济的发展,又促进了南北民族和文化的交流与融合。所有这一切,都在为从南北分治重新走向大一统积蓄着动能,创造着条件,这就是其时的基本社会背景和重要时代特征。

正是在这样的时代背景和社会环境中,萧衍凭借着自己的文武兼备、艺能博学之才,审时度势、顺势而为,实现了代齐建梁的目标,并执政长达近半个世纪。在其治下,江南社会是基本稳定的,经济是向前发展的,文化也是繁荣兴盛的。历代史家对之多有赞誉。姚思廉说"自江左以来,年逾二百,文物之盛,独美于兹";①李延寿则称梁武帝执政"凡数十年,济济焉,洋洋焉,魏、晋以来,未有若斯之盛也";②明末清初的王夫之也认为"梁氏享国五十年,天下且小康焉"。③

然而,梁武帝萧衍在位期间,也确实存在着不少失策和误判,特别是其晚年在处置东魏叛将侯景归降问题上的一系列失策,最终导致了侯景之乱的爆发,致使萧梁在这一事变的沉重打击下迅速走向覆亡,萧衍自己也曾在台城被侯景攻破时发出过"自我得之,自我失之"④的悲叹。

唐代以降,历来对梁武帝萧衍的评述已有很多,近年来也已有几部萧衍传记问世。⑤ 如何在前人评述的基础上更进一步地推陈

---

① 《南史》卷七《梁本纪中》。
② 《南史》卷八《梁本纪下》。
③ 王夫之:《读通鉴论》卷一七《梁武帝》。
④ 《资治通鉴》卷一六二《梁纪》一八,"武帝太清三年"条。
⑤ 就笔者所见,如张慧诚:《毛泽东评点的帝王大传——梁武帝萧衍传》,吉林人民出版社,2008 年;柏俊才:《梁武帝萧衍考略》,上海古籍出版社,2008 年;许辉:《萧衍评传》,江苏人民出版社,2013 年;陈慧君:《兰陵天子梁武帝》,凤凰出版社,2014 年。此外,还有林大志《萧衍评传》,载于薛锋、储佩成主编《南兰陵萧氏人物评传》,上海古籍出版社,2015 年。不过,陈著属于历史小说,张著介于史传和小说之间,唯有许著才是严格意义上的历史人物传记,而林著篇幅过小,难免挂一漏万、失之于偏。由此也可见对于萧衍的评述尚有拓展的空间。

出新,描述萧衍一生曲折而丰富的形迹,探讨其一步步"自我得之"的成功之路,剖析其最终"自我失之"的惨痛教训,评论其功过是非、成败得失,尽可能准确地还原其真实的历史面貌,是一个颇难应对却也颇有意思的挑战,也是一个仍有拓展空间的课题。

第一章 名门之后

刘宋孝武帝大明八年(464年),萧衍生于秣陵县(今江苏南京)同夏里三桥宅。这一年是甲辰年,故萧衍生肖属龙。《梁书》称其母张尚柔曾在室内"忽见庭前昌蒲生花,光彩照灼,非世中所有。后惊视,谓侍者曰;'汝见不?'对曰:'不见。'后曰:'尝闻见者当富贵。'因遽取吞之。是月产高祖"。[①]《南史》则称萧衍之母张氏"尝梦抱日,已而有娠,遂产帝"。又称其"生而有异光,状貌殊特,日角龙颜,重岳虎顾,舌文八字,项有浮光,身映日无影,两胯骈骨,项上隆起,有文在右手曰'武'"。[②] 两书所记虽有不同,但意图则一,无非是要说明萧衍生来就具有与众不同的帝王相,因而后来成为梁朝的开国皇帝也就是顺理成章的了。

其实,给帝王、始祖的出生涂抹上神秘色彩的做法,并非自萧衍始。类似记载早已频频出现在司马迁所著的《史记》中:殷商始祖契的诞生,缘于其母简狄"见玄鸟堕其卵,简狄取吞之,因孕生契";[③]周的始祖弃,乃是其母姜原"出野,见巨人迹,心忻然说,欲践

---

① 《梁书》卷七《太祖张皇后传》。
② 《南史》卷六《梁本纪上》。
③ 《史记》卷三《殷本纪》。

11

之,践之而身动如孕者。居期而生子,以为不祥,弃之隘巷,马牛过者皆辟不践;徙置之林中,适会山林多人,迁之;而弃渠中冰上,飞鸟以其翼覆荐之。姜原以为神,遂收养长之"。① 而对于汉高祖刘邦的描述,则更为神奇:"其先刘媪尝息大泽之陂,梦与神遇。是时雷电晦冥,太公往视,则见蛟龙于其上。已而有身,遂产高祖。"② 《梁书》《南史》描述萧衍因其母吞昌蒲花或"尝梦抱日"而生的说法,与司马迁所记"吞玄鸟卵""践巨人迹""梦与神遇"之类如出一辙。无论是采自民间传说,还是史官、文人有意杜撰,均是要证明"贵人自有异相"和"君权神授"之说的颠扑不破。

一、萧氏谱系辨析

萧顺之共生十男,萧衍排行第三,在其之前,已有一母所生的长兄萧懿和次兄萧敷。萧衍字叔达,小字练儿,南兰陵中都里人。《梁书》称其为"汉相国何之后",并详列了自萧何以下各代世系:

> 高祖武皇帝讳衍,字叔达,小字练儿,南兰陵中都里人,汉相国何之后也。何生酂定侯延,延生侍中彪,彪生公府掾章,章生皓,皓生仰,仰生太子太傅望之,望之生光禄大夫育,育生御史中丞绍,绍生光禄勋闳,闳生济阴太守阐,阐生吴郡太守冰,冰生中山相苞,苞生博士周,周生蛇丘长矫,矫生州从事逵,逵生孝廉休,休生广陵郡丞豹,豹生太中大夫裔,裔生淮阴令整,整生济阴太守辖,辖生州治中副子,副子生南台治书道赐。道赐生皇考讳顺之,齐高帝族弟也。③

如果将这一记述与《南齐书》仔细加以对照,可以发现《梁书》有关萧氏谱系的记载与《南齐书》几乎完全相同。《南齐书》卷一

① 《史记》卷四《周本纪》。
② 《史记》卷八《高祖本纪》。
③ 《梁书》卷一《武帝纪上》。

《高帝纪上》载:

> 太祖高皇帝讳道成,字绍伯,姓萧氏,小讳鬬将,汉相国萧
> 何二十四世孙也。何子酇定侯延生侍中彪,彪生公府掾章,章
> 生皓,皓生仰,仰生御史大夫望之,望之生光禄大夫育,育生御
> 史中丞绍,绍生光禄勋闳,闳生济阴太守闲,闲生吴郡太守永,
> 永生中山相苞,苞生博士周,周生蛇丘长矫,矫生州从事逵,逵
> 生孝廉休,休生广陵府丞豹,豹生太中大夫裔,裔生淮阴令整,
> 整生即丘令儁,儁生辅国参军乐子,宋昇明二年九月赠太常,
> 生皇考。

两相对照之后不难发现,在萧衍与萧道成的先辈谱系中,从萧何开始至淮阴令萧整的二十代,只有一人的名字略有差别:第十二代吴郡太守之名一为"永",一为"冰",但二者字形极为相似,很可能是传写之误。另有两人的官衔稍有出入:第七代萧望之的官衔在《南齐书》里记为"御史大夫",而在《梁书》中记为"太子太傅",这其实并不是问题,因为萧望之在汉宣帝时曾先后担任过御史大夫和太子太傅,称"御史大夫"或"太子太傅"都没有错;另有第十八代萧豹的官衔则只是"广陵府丞"和"广陵郡丞"的一字之差。除了这些极细微的差别之外,其余各代传人的名字和官衔完全相同,世系传承的脉络完全一致,直至萧整以后开始分枝。《南齐书》系萧子显撰写于梁朝,《梁书》则由姚思廉完成于唐代。很明显,姚思廉几乎是全盘承袭了萧子显有关萧氏先祖谱系的记述。

对于萧子显在《南齐书》中所记述的萧氏谱系,自唐代起就有人提出了质疑。颜师古在《汉书注》中指出:

> 近代谱牒妄相托附,乃云望之萧何之后,追次昭穆,流俗
> 学者共祖述焉。但酇侯汉室宗臣,功高位重,子孙胤绪具详
> 表、传。长倩巨儒达学,名节并隆,博览古今,能言其祖。市朝

未变,年载非遥,长老所传,耳目相接,若其实承何后,史传宁得弗详?《汉书》既不叙论,后人焉所取信? 不然之事,断可识矣。①

颜师古在这里提出三点理由以否定萧望之是萧何后裔的说法:其一,萧何是西汉开国功臣,"功高位重",获封"酂侯",其子孙脉络在《汉书·萧何传》及《功臣表》中有详细的记载。按照萧子显的说法,萧望之是萧何的七世孙,但细查《萧何传》和《功臣表》,其中所记萧何的七世孙仅有萧获、萧尊,儒学名臣萧望之反而不在其列,这显然是有悖常理的。其二,萧望之字长倩,乃"博览古今"的"巨儒达学",对于自己的先祖理应有清晰的了解,然而萧望之本人及《汉书·萧望之传》竟然都未提及萧何,以萧望之的"巨儒"身份,这只有一种解释,那就是萧何并非其先祖。其三,萧望之与萧何同处西汉,相距年代并不久远,"市朝未变,年载非遥,长老所传,耳目相接",当时人要弄清两人之间的关系并非特别困难。如果萧望之"实承何后","史传宁得弗详"? 颜师古据此得出的结论是:"《汉书》既不叙论,后人焉所取信? 不然之事,断可识矣。"因此,萧望之与萧何之间并无世承关系。颜师古的这一观点也被《南史》作者李延寿所接受,他在《南史·齐本纪上》的史论中指出:"据齐、梁纪录,并云出自萧何,又编御史大夫望之以为先祖之次。案何及望之于汉俱为勋德,而望之本传不有此陈,齐典所书,便乖实录。近秘书监颜师古博考经籍,注解《汉书》,已正其非,今随而改削云。"②

应该说,颜师古、李延寿对萧子显所编萧氏谱系的质疑是有道理的,其所阐述的论据是较为充分的,因而也得到了唐宋以降多数学者的赞同。

---

① 《汉书》卷七八《萧望之传》颜师古注。
② 《南史》卷四《齐本纪上》。

但是,有关萧氏谱系的争论并未因颜师古的质疑而止息,唐宋时期依然有学者认同萧子显所编的萧氏谱系。撰写《梁书》的姚思廉是唐代史学家;编撰《新唐书》的欧阳修、宋祁则是北宋时人。《梁书》和《新唐书》这两部正史都认同萧子显所编的萧氏谱系。《梁书》的记载已见前述,《新唐书·宰相世系表》称:

> 汉有丞相酂文终侯何,二子:遗、则。则生彪,字伯文,谏议大夫、侍中,以事始徙兰陵丞县。生章,公府掾。章生仰,字惠高,生皓。皓生望之,御史大夫,徙杜陵。生育,光禄大夫。生绍,御史中丞,复还兰陵。生闳,光禄勋。闳生阐,济阴太守。阐生冰,吴郡太守。冰生苞,后汉中山相。生周,博士。周生矫,蛇丘长。矫生逵,州从事。逵生休,孝廉。休生豹,广陵郡丞。豹生裔,太中大夫。生整,字公齐,晋淮南令,过江居南兰陵武进之东城里。三子:儁、鎋、烈。[①]

与萧子显所撰《南齐书》相对照,上述《新唐书·宰相世系表》存在三点不同:一是将萧何之子由萧延改为萧遗、萧则二人(在《汉书·功臣表》中,萧遗、萧则二人为萧何之孙),二是颠倒了萧仰、萧皓的上下辈分,三是吴郡太守萧冰之名与《南齐书》不同而与《梁书》记述一致。除了这三点与萧子显所撰谱系相异之外,其余各代名讳完全相同,足以表明欧阳修、宋祁大体上采纳了萧子显所撰的齐梁萧氏谱系。有学者认为"唐宋以降的严肃学者,多不相信南朝萧氏自编的出自萧何之后的谱牒",[②]此论稍有偏颇,因为姚思廉、欧阳修、宋祁等人也都是严肃学者。对于萧氏谱牒的不同看法,只是学术观点的不同,并不能以此作为区分是否"严肃学者"的标准。

---

① 《新唐书》卷七一下《宰相世系表一下》。
② 参见刘志伟等著:《齐梁萧氏文化概论》,上海古籍出版社,2015年,第7页。

值得注意的是,萧子显所撰《南齐书》成书于梁武帝在位的天监年间。在萧子显之前,有史学家吴均"私撰《齐春秋》奏之。书称帝为齐明帝佐命,帝恶其实录,以其书不实,使中书舍人刘之遴诘问数十条,竟支离无对。敕付省焚之,坐免职"。[①] 由此不难看出,正因为梁武帝萧衍是从前朝萧齐手中夺取帝位,故对于前朝历史特别是与其密切相关史事的书写非常在意。而萧子显深得梁武帝萧衍的器重,他"启撰齐史,书成表奏,诏付秘阁",[②]所获待遇,与吴均截然不同。可见其所著《南齐》是得到了萧衍认可的,其中,自然就包括对萧子显所撰萧氏谱系的认可。齐、梁两朝的开国者萧道成和萧衍根于一源,均出自西晋末年始迁祖萧整一脉。萧子显所撰萧氏谱系,引萧何及萧望之为萧氏先祖,看似只是为萧齐皇室追根溯源,实际上也是在为萧梁光耀门楣,因此,其所撰谱系得到萧衍的认可和支持,是不难理解的。古往今来,凡是宗族后人所编撰的世系谱牒,大多引历史名人为先祖。这些名人既有贤君名相,也有开国元勋、文臣武将,基本原则是名望越高越好,纵然缺乏确凿依据,也照旧攀附不误。此类现象,即使在今日也不能免。颜师古所说的"近代谱牒妄相托附",应是古今中外皆难以避免的现象。而李延寿所称"何及望之于汉俱为勋德",正是萧子显引萧何及萧望之为萧氏先祖的原因所在。

综上所述,由于年代久远,记述缺失,也由于萧何的后人屡遭变故、湮没无闻,汉宣帝时就曾下诏访求萧何的后裔,致使东汉时的班固在撰写《汉书》时,对萧氏的世系传承已经有些模糊不清,更遑论南朝时的萧子显。至于颜师古的质疑,虽然颇有道理,但其立论所否定的是萧望之与萧何之间的世系传承,并没有确凿证据否定萧何为齐梁萧氏的先祖。故在缺失可以考信的确凿文献的今天,存疑是唯一可取的做法。

---

① 《南史》卷七二《吴均传》。
② 《南史》卷四二《萧子显传》。

二、萧整率族南迁

根据《宋书》《南史》《新唐书》等正史的记载，渡江南下的兰陵萧氏分为皇舅房和齐梁房两大支系。皇舅房因刘宋孝懿萧皇后而兴起。"(萧)苞九世孙卓，字子略，洮阳令，女为宋高祖继母，号皇舅房"。[1] 萧皇后名文寿，是宋高祖刘裕的继母，视刘裕为己出，刘裕亦侍奉素谨，在称帝后尊萧文寿为皇太后。萧皇后之父萧卓也因其女而贵显，皇舅房由此而兴。

齐梁房则显然是因萧道成、萧衍相继建立齐、梁两朝而得名。东晋淮阴令萧整有子三人：儁、鎋、烈。长子萧儁是齐高帝萧道成的四世祖："(萧)整生即丘令儁，儁生辅国参军乐子，宋昇明二年九月赠太常，生皇考。"[2]次子萧鎋则是梁武帝萧衍的五世祖："整生济阴太守鎋，鎋生州治中副子，副子生南台治书道赐。道赐生皇考讳顺之，齐高帝族弟也。"[3]由此可见，萧整是南兰陵萧氏齐梁房共同尊奉的始迁祖，这一点应是确定无疑的。有关此点，还有一个佐证：据《隋书》载，天监元年四月，萧衍即皇帝位后，"始自皇祖太中府君、皇祖淮阴府君、皇高祖济阴府君、皇曾祖中从事史府君、皇祖特进府君，并皇考，以为三昭三穆。凡六庙"。[4] 此处所称的太中府君，即萧衍的七世祖太中大夫萧裔；淮阴府君，即萧衍的六世祖淮阴令萧整；济阴府君，即萧衍的五世祖济阴太守萧鎋。萧衍称帝后，依据三昭三穆的礼仪为其七世祖以下的六位祖先立庙奉祀，显然是得到萧衍本人认可的，而这一自萧裔以下的谱系，与《梁书》的记述是一致的。

萧整过江后寓居南兰陵。《南齐书》卷一《高帝纪上》载：

---

① 《新唐书》卷七一下《宰相世系表一下》。
② 《南齐书》卷一《高帝纪上》。
③ 《梁书》卷一《武帝纪上》。
④ 《隋书》卷七《礼仪二》。

萧何居沛,侍中彪免官居东海兰陵县中都乡中都里。晋元康元年,分东海为兰陵郡。中朝乱,淮阴令整字公齐,过江居晋陵武进县之东城里。寓居江左者,皆侨置本土,加以南名,于是为南兰陵兰陵人也。

《萧氏族谱》(河南堂)卷首一《源流世系》也明确记载:

整字公齐,生于晋愍帝建兴时,举贤良为淮阴令,因中朝散乱,过江居南兰陵武进之东城里。

据此,萧整渡江南下后所居之地为南兰陵武进县东城里,南兰陵也由此成为南渡萧氏的祖居地。齐高帝萧道成是萧整长子萧儁的四世孙,作为长房子孙,其所居之地即是萧整寓居之南兰陵武进县东城里。而《梁书》卷一和《南史》卷六则称梁武帝萧衍是"南兰陵中都里人"。显然,无论是萧道成所居的"东城里",还是萧衍居住的"中都里",均属当时的南兰陵武进县(即今江苏常州市西北)。

不仅《南齐书》《梁书》《南史》等正史一致认为萧道成和萧衍同是南兰陵武进县人,而且齐高帝萧道成和梁武帝萧衍都不约而同地在诏令中表达了对桑梓故里的眷恋和感激之情。建元元年(479年)夏四月,萧道成代宋建齐,三个月后的秋七月丁巳,就下诏宣布:"南兰陵桑梓本乡,长蠲租布;武进王业所基,给复十年。"①所谓"长蠲租布",就是从此不对南兰陵征收租税;所谓"给复十年",就是免除武进县十年的徭役。之所以会有如此优待,就因为南兰陵是齐高帝的"桑梓本乡",武进是"王业所基"。无独有偶,天监元年(502年)夏四月,萧衍即位之初,就下令"复南兰陵武进县,依前代之科",②即依照前代萧齐之例,免除南兰陵武进县的徭役。对武进

<hr>

① 《南史》卷四《齐本纪上》。
② 《梁书》卷二《武帝纪中》。

县如此优待，自然也是由于武进乃其桑梓故里的缘故。

萧衍的父亲萧顺之与萧道成同为始迁祖萧整的五世孙，自萧整起经历了数世繁衍的这两个萧氏支脉仍然居住在同一个武进县境内，这与当时所处的社会环境密不可分。淮阴令萧整是"因中朝散乱"而渡江南下的，面对动荡不安的局势和人生地不熟的环境，当时从北方来到江南的民众往往通过聚族而居的形式以求自保，萧整家族自然也不例外，于是才会出现萧道成所在的一支居住在武进东城里，而萧衍所属的另一支居住在武进中都里的现象。正因为此，南兰陵武进县就成了齐高帝萧道成及梁武帝萧衍共同的"桑梓本乡"和"王业所基"。也正因为此，现今之江苏常州被称为"齐梁故里"就是顺理成章的了。

毋庸讳言，萧衍仕途的起步，在一定程度上得力于其父萧顺之身居高位而为其奠定的基础，但最主要的还是凭藉自己的才华和能力。史称其"文思钦明，能事毕究，少而笃学，洞达儒玄"；[1]"及长，博学多通，好筹略，有文武才干，时流名辈咸推许焉"。[2]

三、跻身"竟陵八友"

齐武帝永明元年（483 年），二十岁的萧衍正式踏上仕途。根据《梁书》记载，萧衍"起家巴陵王南中郎法曹行参军"。[3] 但是若将《南齐书》《南史》等史籍所述细细比勘，就可以发现《梁书》的这一记载是颇有疑问的。巴陵王萧子伦是齐武帝萧赜的第十三子，延兴元年（494 年）为萧鸾派人杀害，时年十六岁。依此推算，永明元年时萧子伦年仅五岁。据《南齐书·武帝纪》，永明二年七月"甲申，立皇子子伦为巴陵王"。[4] 可知永明元年时，年幼的萧子伦尚未获封巴陵王，更未持节出任南中郎将。按《南齐书》所载，萧子伦是

---

① 《梁书》卷三《武帝纪下》。
② 《梁书》卷一《武帝纪上》。
③ 同上。
④ 《南齐书》卷三《武帝纪》。

在"永明七年,为持节、都督南豫司二州军事、南中郎将、南豫州刺史"的。① 因此,萧衍于永明元年担任"巴陵王南中郎将法曹行参军"一职的说法,与史籍诸多记述不符,难以采信。

《南史》有关萧衍最初任职的记载与《梁书》不同:"初为卫将军王俭东阁祭酒。俭一见深相器异,请为户曹属。"②相比较而言,这一说法更为可信。有史籍记载为证:其一,《南齐书·王俭传》载,"世祖即位,给班剑二十人。永明元年,进号卫军将军,参掌选事"。③ 王俭既进号卫军将军,其将军府必会选任掾属,萧衍因此而成为其东阁祭酒。其二,《资治通鉴》称,永明二年春正月,竟陵王萧子良在鸡笼山"开西邸,多聚古人器服以充之。记室参军范云、萧琛、乐安任昉、法曹参军王融、卫军东阁祭酒萧衍、镇西功曹谢朓、步兵校尉沈约、扬州秀才吴郡陆倕,并以文学,尤见亲待,号曰八友"。④ 此处所说的"卫军"即"卫将军",萧衍此时的职位是"卫军东阁祭酒",与《南史》的记载是一致的,可见萧衍在永明二年正月时已是卫将军王俭府中的东阁祭酒了。

基于以上分析可知,萧衍在永明元年踏上仕途后担任的第一个职务,是卫将军王俭府中的东阁祭酒,而不是巴陵王萧子伦的南中郎将军府的法曹行参军。这是萧衍仕途发展中非常重要的第一步。

对于初出茅庐的萧衍而言,并没有选择职位的权利,他只能是被选择的对象。然而这第一步对他确确实实有着非同一般的意义。萧衍是幸运的,他甫一出仕,便得到王俭的赏识。王俭出身于高门士族的琅邪王氏,"幼有神彩,专心笃学,手不释卷",刘宋明帝时尚阳羡公主,拜驸马都尉。"少有宰相之志,物议咸相推许",辅佐萧道成代宋建齐,深得萧道成器重。齐武帝萧赜继位后,王俭仍

---

① 《南齐书》卷四〇《武十七王传》。
② 《南史》卷六《梁本纪上》。
③ 《南齐书》卷二三《王俭传》。
④ 《资治通鉴》卷一三六《齐纪》二,"武帝永明二年"条。

受重用,执掌选官用人的吏部,萧赜"深委仗之,士流选用,奏无不可"。① 永明元年,王俭进号卫军将军,萧衍被授以卫将军东阁祭酒。王俭"一见深相器异,请为户曹属",并对人说:"此萧郎三十内当作侍中,出此则贵不可言。"② 以王俭当时的声望,他对于初入仕途的萧衍有如此高的期许,必然会对其时的社会舆论产生不小的影响。

紧随王俭之后,竟陵王萧子良也非常赏识和提携萧衍。萧子良是齐武帝萧赜的次子,字云英,与文惠太子萧长懋同为穆皇后裴惠绍所生。萧赜即帝位后,萧子良获封竟陵王,都督南兖、兖、徐、青、冀五州,征北将军,南兖州刺史,竟陵王萧子良"少有清尚,倾意宾客,才俊之士皆游集其门"。萧子良于永明二年春正月在鸡笼山开西邸,时任卫军东阁祭酒的萧衍与范云、萧琛、任昉、王融、谢朓、沈约、陆倕,"并以文学,尤见亲待,号曰八友"。③ 这就是南齐史上著名的"竟陵八友"。此时的萧衍入仕尚不满一年,已然成为"竟陵八友"之一,时常出入于萧子良的西邸,与王融、谢朓、沈约等文学名流聚会酬唱,这在讲究家族门第的南朝是很不寻常的。这既表明萧子良对他的赏识和认可,也在相当程度上大大提升了他的社会地位和声望。因为,聚集在萧子良周围的文人、名士,不仅是一个重要的文学群体,而且也是一个重要的政治集团。

且对"竟陵八友"中其他七人的行迹及与萧衍的关系,作一简要的剖析:

范云,字彦龙,南乡舞阴(今河南泌阳县西北)人,晋平北将军范汪六世孙。范云"少机警,有识具,善属文,便尺牍,下笔辄成"。八岁时路遇刘宋豫州刺史殷琰,殷琰与其攀谈,范云"风姿应对,旁若无人",殷琰命其作诗,范云"操笔便就"。南齐建元初年,萧子良

① 《南齐书》卷二三《王俭传》。
② 《南史》卷六《梁本纪上》。
③ 《资治通鉴》卷一三六《齐纪》二,"武帝永明二年"条。

为会稽太守,范云开始成为其属下,但其对范云尚不了解。后来萧子良率众人游秦望,见石刻文,众皆不识,唯独范云能够识读,萧子良大为赞赏,自此深加宠信。萧子良为丹阳尹,召范云为主簿;后为司徒,又补范云为记室参军事,不久又授通直散骑侍郎、领本州大中正。范云"与高祖遇于齐竟陵王子良邸,又尝接里闬,高祖深器之"。① 这里所述的"高祖",即指日后建立梁朝的高祖武皇帝萧衍。

萧琛,字彦瑜,南兰陵(今江苏常州)人,出身萧氏皇舅房,其父萧惠训,官至刘宋太中大夫。萧琛"少而朗悟,有纵横才辩",起家南齐太学博士,后得到王俭的赏识,王俭为丹阳尹时,辟萧琛为主簿,举为南徐州秀才,累迁为司徒记室,成为竟陵王萧子良的部属。"高祖在西邸,早与琛狎",②足见萧衍在西邸时就与萧琛有着相当亲密的关系。

任昉,字彦昇,乐安博昌(今山东寿光,一说山东广饶)人,汉御史大夫任敖之后,其父任遥,官至齐中散大夫。任昉"幼而好学,早知名",永明初年,卫将军王俭领丹阳尹,对任昉很是器重,"以为当时无辈",引为主簿,迁司徒刑狱参军事,入为尚书殿中郎,后又得到竟陵王萧子良的赏识,转为司徒记室参军。任昉"雅善属文,尤长载笔,才思无穷,当世王公奏表,莫不请焉。昉起草即成,不加窜点",连一代词宗沈约也"深所推挹"。萧衍与任昉过从甚密,"始高祖与昉遇竟陵王西邸,从容谓昉曰:'我登三府,当以卿为记室。'昉亦戏高祖曰:'我若登三事,当以卿为骑兵。'谓高祖善骑也"。③由此不难发现二人关系之亲近。

王融,字元长,琅邪临沂(今属山东)人,东晋名相王导的六世孙,祖父僧达,刘宋时官至中书令;父道琰,曾任庐陵内史。王融"少而神明警惠,博涉有文才",永明初,为竟陵王司徒法曹行参军。

① 《梁书》卷一三《范云传》。
② 《梁书》卷二六《萧琛传》。
③ 《梁书》卷一四《任昉传》。

王融才情很高，"文辞辩捷，尤善仓猝属缀，有所造作，援笔可待"，萧子良对其非常赏识，"特相友好，情分殊常"。王融"才地既华，兼藉子良之势，倾意宾客，劳问周款，文武翕习辐凑之。招集江西伧楚数百人，并有干用"。① 永明十一年，齐武帝病笃，萧子良入侍医药，王融等人为帐内军主。王融欲趁势拥立萧子良继位而未成，太孙萧昭业在萧鸾支持下继位，王融被赐死。

谢朓，字玄晖，陈郡阳夏（今河南太康）人，祖父述，吴兴太守；父纬，散骑侍郎。谢朓出身世家大族，"少好学，有美名，文章清丽"，"善草隶，长五言诗"，为"永明体"创始人之一，沈约常赞其"二百年来无此诗也"，②因其与谢灵运同族，世称"小谢"。永明初，谢朓为豫章王萧嶷太尉行参军，后转王俭卫军东阁祭酒，随王萧子隆镇西功曹、转文学。竟陵王开西邸，谢朓也出入其中，凭藉才学被萧子良所亲爱，时常伴随左右。史称谢朓及殷睿"素与梁武以文章相得，帝以大女永兴公主适睿子钧，第二女永世公主适朓子谟"，③表明萧衍与谢朓因文章而相得，此后还结成了儿女亲家。

沈约，字休文，吴兴武康（今浙江湖州德清）人。吴兴沈氏为江南名门望族，沈约祖父林子，刘宋征虏将军；父璞，曾任淮南太守，元嘉末年因卷入宋皇室内部争斗而被诛杀。沈约"幼潜窜，会赦免。既而流寓孤贫，笃志好学，昼夜不倦。母恐其以劳生疾，常遣减油灭火。而昼之所读，夜辄诵之，遂博通群籍，能属文"。沈约起家奉朝请，郢州刺史蔡兴宗闻其才而善之，赞其为"人伦师表"，引为安西外兵参军兼记室，转任荆州时，又以沈约为征西记室参军。兴宗卒，沈约为晋安王法曹参军，转外兵参军，并兼记室。入为尚书度支郎。入齐，沈约为征虏记室，带襄阳令，所奉之王乃文惠太子。太子入居东宫，沈约为步兵校尉，管书记，直永寿省，校四部图书。"时东宫多士，约特被亲遇，每直入见，影斜方出"。后迁太子

---

① 《南齐书》卷四七《王融传》。
② 《南齐书》卷四七《谢朓传》。
③ 《南史》卷一九《谢裕附谢朓传》。

家令、中书郎、本邑中正、司徒右长史、黄门侍郎等职。其时竟陵王亦在招贤纳士,沈约"与兰陵萧琛、琅邪王融、陈郡谢朓、南乡范云、乐安任昉等皆游焉,当世号为得人"。史称沈约"历仕三代,该悉旧章,博物洽闻,当世取则。谢玄晖善为诗,任彦昇工于文章,约兼而有之,然不能过也";还称"高祖在西邸,与约游旧"。①

陆倕,字佐公,吴郡吴(今江苏苏州)人,出身江南世家大族,晋太尉陆玩六世孙。祖父子真,刘宋东阳太守;父慧晓,南齐太常卿。陆倕"少勤学,善属文。于宅内起两间茅屋,杜绝往来,昼夜读书,如此者数载。所读一书,必诵于口。尝借人《汉书》,失《五行志》四卷,乃暗写还之,略无遗脱"。年十七,举本州秀才。"竟陵王子良开西邸延英俊,倕亦预焉"。② 陆倕与任昉友善,彼此引为知己,任昉更以"似胶投漆中"来形容二人的关系。

由上文所述范云等七人的行状,可以得出如下两点结论:

其一,范云、萧琛、任昉、王融、谢朓、沈约、陆倕等人,或出于北方南渡的世家大族,如王融、谢朓;或来自江南的名门望族,如沈约、陆倕。不过,竟陵王萧子良将他们延至门下的最关键因素,还是因为他们均系"善辞藻"的文学名士。据《南史》记载:"司徒竟陵王子良开西邸,招文学,(王)僧孺与太学生虞羲、丘国宾、萧文琰、丘令楷、江洪、刘孝孙并以善辞藻游焉。"③《南齐书》载:出自陈郡谢氏的谢瀹也是竟陵王文士集团的成员,"永明初,高选友、学,以瀹为竟陵王友"。④《梁书》亦载同样出自陈郡谢氏的谢璟,少与其从叔谢朓俱知名于世,"齐竟陵王子良开西邸,招文学,璟亦预焉"。⑤ 这些记述表明,竟陵王萧子良开西邸,招延名士为数甚多,由此组成了一个文士集团,而"竟陵八友"则是其中最著名、最核心

---

① 《梁书》卷一三《沈约传》。
② 《梁书》二七《陆倕传》。
③ 《南史》卷五九《王僧孺传》。
④ 《南齐书》卷四三《谢瀹传》。
⑤ 《梁书》卷五〇《谢微传》。

的部分;这些记述同时还表明,"善辞藻"的文学名士是萧子良招揽的主要对象。

其二,"竟陵八友"中的范云等七人,至少有范云、萧琛、任昉、谢朓、沈约等五人与萧衍过从甚密,关系非常亲近。至于王融,虽然萧衍后来并不看好其欲矫诏谋立萧子良的做法,但王融对萧衍却非常器重,史称其"尤敬异高祖。每谓所亲曰:'宰制天下,必在此人。'"[①]与范云、沈约等人的密切交往,对于初入仕途的萧衍而言,无疑是一个极为重要的人际关系网络,通过与这些密友的交往,既可迅速提高声望,又能为日后的发展提供支持,其中的范云、沈约更是成为萧衍此后取萧齐而代之并逐渐巩固统治的股肱之臣,可谓获益匪浅。应该说,萧衍入仕后的初始阶段,发展还是比较顺利的,他先后得到王俭和萧子良的赏识,并跻身"竟陵八友",势头相当不错。

四、鱼复侯事件

永明七年,齐武帝萧赜的第十三子、巴陵王萧子伦持节出任都督南豫司二州军事、南中郎将、南豫州刺史,萧衍也在此前后转任巴陵王南中郎将法曹行参军一职。但一年后其父萧顺之在奉命处置鱼复侯萧子响谋反事件时违逆了齐武帝的旨意,导致齐武帝心生怨恨,萧顺之最终忧惧而死一事,给了萧衍极大的刺激和打击。

史载萧衍的父亲萧顺之"外甚清和,而内怀英气",与族兄萧道成的关系自年少时就十分亲密,尝共登金牛山,路侧有枯骨纵横,萧道成对萧顺之说:"'周文王以来几年,当复有掩此枯骨者乎?'言之憪然动色。"[②]萧顺之由此知萧道成有大志,常相随逐。萧道成每外讨,萧顺之常为军副。于此不难看到萧顺之与萧道成的关系确实非同一般。萧顺之对萧道成忠心耿耿,数次在危急关头挺身而

---

① 《梁书》卷一《武帝纪上》。
② 《南史》卷六《梁本纪上》。

出,还曾救过萧道成的性命。刘宋明帝泰始二年(466 年),徐州刺史薛安都举兵反叛,其从子薛索儿进犯淮阴,萧道成奉命率军讨伐。薛索儿趁夜派人劫营,提刀径入萧道成夜卧的营帐,正是萧顺之在十分危急的时刻手刃劫营之敌,才得以化险为夷。刘宋末年,后废帝刘昱昏虐,对威名日盛的萧道成极为猜忌,屡欲加害。萧道成为求自保,一度想离开京城前往其多年经营的广陵,萧顺之却认为"一旦奔亡,则危几不测,不如因人之欲,行伊、霍之事"。萧顺之对时局的判断显然比萧道成更为清晰,因而萧道成"深然之"。① 其后萧道成果然行伊、霍之事,联络将领王敬则等杀死后废帝刘昱,立顺帝为傀儡,亲掌军政大权。司徒袁粲、尚书令刘秉等受逼于萧道成威权日盛,虑不自安,因而相结举事,谋除萧道成。萧顺之闻变,亲率家兵扼守交通要津朱雀桥,为萧道成顺利平叛起到了至关重要的作用。由于萧顺之"文武兼资,有德有行","及齐高创造皇业,推锋决胜,莫不垂拱仰成焉",②在萧道成创立帝业的过程中立下了汗马功劳,因而得到了萧道成的赏识和重用,以"参豫佐命,封临湘县侯",③并历任侍中、卫尉、太子詹事、领军将军、丹阳尹。萧道成晚年还曾亲口对萧顺之说:"当令阿玉解扬州相授。"④阿玉,是萧道成次子萧嶷的小名;扬州刺史是东晋南朝时期极为重要的职位,历来都由皇室至亲出任。萧道成的这一设想虽然由于其不久即去世而最终并未实现,但他竟要命令自己的儿子把如此重要的职位让给萧顺之,由此也可见对萧顺之的器重非同一般。

但也正因为此,齐武帝萧赜继位后对萧顺之深相忌惮,不仅不予重用,更因为对鱼复侯萧子响谋反一事的处置而对萧顺之心生怨恨。

巴东郡王萧子响是齐武帝的第四子,少好武,勇力绝人,先后

---

① 《南史》卷六《梁本纪上》。
② 同上。
③ 《梁书》卷一《武帝纪上》。
④ 《南史》卷六《梁本纪上》。

出镇豫州、江州,永明七年迁任荆州刺史,在荆州违反武帝禁令,擅置器仗,被告发后又擅杀部属。武帝震怒,改以随王萧子隆为荆州刺史,并派人前往处置。本来,萧赜派人前往荆州,只是想教训一下萧子响,并无置他于死地的打算。齐武帝在派卫尉胡谐之、中书舍人茹法亮带领斋仗数百人前去检捕群小时,就曾特意关照:"子响若束首自归,可全其性命。"①但萧子响纵容部属率兵击败了台军,武帝再派时任丹阳尹的萧顺之领兵前往。太子萧长懋素忌萧子响,在萧顺之从建康出发时,密谕其"使早为之所,勿令得还",②也就是命萧顺之及早结果了萧子响的性命,不能让他回到京城。面对齐武帝与文惠太子截然不同的两种处置意见,萧顺之选择执行皇太子的密谕,缢杀了萧子响。应该说,萧顺之的这一选择是有悖常理的,皇帝与太子相比,其威权自然是不可同日而语的,然而萧顺之偏偏违迕皇帝的旨意而执行太子的密谕,其中的原因现在已无从知晓,或许与齐武帝对其深为忌惮而不予重用相关,但如此一来便深深得罪了齐武帝。因此萧顺之返回后,齐武帝"心甚怪恨"。萧子响死去百日时为其作斋,齐武帝萧赜亲自行香,先是对着朝士们皱眉蹙额,闷闷不乐,"及见顺之,呜咽移时,左右莫不掩涕。他日出景阳山,见一猿透掷悲鸣,问后堂丞:'此猿何意?'答曰:'猿子前日坠崖致死,其母求之不见,故尔。'上因忆子响,嘘唏良久,不自胜。顺之惭惧,感病,遂以忧卒"。③透过这一段有具体场景、有人物对话、有心理描写的记述可以看到,由于萧顺之在处置萧子响事件时没有遵从齐武帝的旨意,反而按照文惠太子的密谕行事,缢杀了萧子响,致使齐武帝对其心生怨恨。背负着杀害萧子响沉重罪责的萧顺之,最终忧惧而死。但若从萧衍的角度看,齐武帝就是他的杀父仇人,日后他积极协助齐明帝诛杀武帝的子孙,或可从这里找到根源。

---

① 《南齐书》卷四〇《萧子响传》。
② 《资治通鉴》卷一三七《齐纪》三,"武帝永明八年"条。
③ 《南史》卷四四《萧子响传》。

永明八年八月,随郡王萧子隆接替鱼复侯萧子响出任镇西将军、荆州刺史后,萧衍调任随郡王的咨议参军。不久,就因父亲萧顺之病故而去职。尽管萧衍为父亲守孝而暂离官场,但并未远离萧齐政治斗争的漩涡。

五、宫廷变局中的抉择

永明十一年正月,皇太子萧长懋病死。四月,萧长懋的长子萧昭业被立为皇太孙。七月,齐武帝萧赜病危,诏竟陵王萧子良甲仗入延昌殿侍医药。萧子良以萧衍、王融、范云、萧懿等皆为帐内军主。所谓帐内军主,是当时南北方政权的军府中均有设置的一个官职,统领帐内亲信卫士,可知是极受军府长官器重的亲信。在齐武帝病危、不久于人世之际,围绕着皇位的继承,萧齐皇室和朝臣分成两大阵营,展开了激烈争夺。一方支持齐武帝之子、竟陵王萧子良,另一方则支持皇太孙萧昭业。萧子良是文惠太子的同母弟,少有清尚,礼贤下士,倾意宾客,天下才学皆游集其门。齐武帝萧赜继位后,萧子良"深见宠爱",历任南徐州刺史、尚书令、扬州刺史、中书监等要职,贵为宰相,权倾朝野,以其地位和声望而成为皇位继承的热门人选。文惠太子病逝后,齐武帝并未立即宣布继任人,"众皆疑立子良,口语喧腾",①足见其呼声之高。但是萧子良也有欠缺,一是封建时代的皇位继承顺序历来有立嫡为先、立长居次的传统,萧子良既非嫡,亦非长,在皇位继承人的竞争中处于不利的地位。齐武帝之弟、武陵王萧晔就曾在文惠太子病逝后大言于众:"若立长,则应在我;立嫡,则应在太孙。"②如果齐武帝选择萧子良,就打乱了皇位继承的顺序,极有可能引起大乱。二是文惠太子性颇奢丽,宫内殿堂,雕饰精奇,楼观塔宇,妙极山水。为避免被齐武帝发现而列修竹、造游墙加以遮蔽。齐武帝发觉后,"大怒,收监

---

① 《资治通鉴》卷一三八《齐纪》四,"武帝永明十一年"条。
② 同上。

作主帅,太子惧,皆藏匿之,由是见责"。文惠太子更"玩弄羽仪,多所僭儗",齐武帝在其病逝后亲往东宫,见"太子服玩过制,大怒,敕有司随事毁除"。[1] 而萧子良与文惠太子系一母所生,手足情深。齐武帝在文惠太子死后"检行东宫,见太子服御羽仪,多过制度,上大怒,以子良与太子善,不启闻,颇加嫌责"。[2] 正因有此两项,尽管萧昭业并非理想的继承人选,齐武帝最终还是选择立萧昭业为太孙,明确了皇位继承人。

然而,图谋拥立萧子良的势力并不甘心接受这样的结果,他们还要伺机作最后一搏。齐武帝病笃,竟陵王萧子良奉诏甲仗入延昌殿侍医药,日夜在宫内侍奉武帝,而太孙萧昭业则隔日才能入内参候。被萧子良任用为帐内军主之一的王融抓住这一机会,企图矫诏拥立萧子良继位,甚至连继位诏书都已草拟完成。然而,对于这一拥立萧子良的图谋,萧衍既不支持,更不看好。他私下对范云说:"夫立非常之事,必待非常之人,融才非负图,视其败也。"[3]萧衍质疑王融矫诏废立的举措,断定其必败无疑,显然是明确表示了自己的反对立场。当然,其时不看好这场宫廷政变的并非萧衍一人。得知王融欲拥立萧子良,同在西邸的太学生虞羲、丘国宾就悄悄议论:"竟陵才弱,王中书无断,败在眼中矣。"[4]

事态的发展完全证实了萧衍的判断。齐武帝病危时,萧子良在殿内,而太孙萧昭业未入。王融一身戎服,布置警卫阻拦东宫甲仗进入。此时,齐武帝短暂复苏,询问太孙何在,并明确将朝政交给西昌侯萧鸾。俄而齐武帝驾崩,王融随即部署萧子良的部属守卫禁中各门,严密防范,阻止太孙萧昭业和西昌侯萧鸾入宫。萧鸾闻变,紧急赶往宫中,在云龙门遇阻不得进,萧鸾假称有武帝敕令宣召,率众冲破阻挠强行闯入,"奉太孙登殿,命左右扶出子良,指

---

① 《南齐书》卷二一《文惠太子传》。
② 《南齐书》卷四四《萧子良传》。
③ 《南史》卷六《梁本纪上》。
④ 《资治通鉴》卷一三八《齐纪》四,"武帝永明十一年"条。

麾音响如钟,殿内无不从命。融知不遂,乃释服还省,叹曰:'公误我。'"①一场几乎就要成功的宫廷政变,被强势的萧鸾兵不血刃地果断粉碎。

这场未遂的宫廷政变,表面看起来似乎只是王融一手策划和实施的,竟陵王萧子良处在被摆布的地位。但事实恐怕并非如此。《南齐书》称萧子良"素仁厚,不乐世务",②齐武帝遗诏命其辅政,他却推荐了萧鸾,似乎要以此证明萧子良对皇位并无兴趣,这场企图拥立萧子良的政变,并非萧子良的本意,而仅是出于王融的策划。后世史家也有类似观点,胡三省在为《资治通鉴》作注时就说:"史言子良无夺嫡之志","史言夺嫡之谋出于王融。"③而《通鉴》所摘引的史料恰恰出自《南齐书》。在此必须指出,《南齐书》的作者萧子显是萧子良的堂弟,他之所以如此记述,显然是为萧子良掩饰的曲笔。当时仅为中书郎的王融,如果不是受到萧子良的指使,或者得到萧子良的赞同至少是默许,是不可能策划、部署如此重大事变的,王融"释服还省"时所叹的"公误我"三字,就多少透露了其中的玄机。此外,还有一点值得关注的,是萧衍在这次宫廷政变中的态度。本来,萧衍是萧子良看重的"竟陵八友"之一,而且在此次宫廷剧变前夕,萧子良还召其为帐内军主,显然是对他寄予厚望的。揆之常理,萧衍理应站在拥立萧子良这一边,然而他却选择站在力挺皇太孙继位的萧鸾一边。萧衍这一决断的做出,显然是基于他对当时局势和双方力量对比的精准判断。首先,太孙萧昭业是齐武帝钦定的皇位继承人,在合法性上占据明显的优势。其次,"夫立非常之事,必待非常之人",要改变齐武帝的决策另立竟陵王,毕竟是非比寻常的大事,而王融并不具备如西周初年周公、召公那样的资质和能力,勉强从事的结果,除了失败没有第二种前途。再次,

<hr>

① 《南史》卷二一《王融传》。
② 《南齐书》卷四〇《萧子良传》。
③ 《资治通鉴》卷一三八《齐纪》四,"武帝永明十一年"条胡三省注。

更重要的是,竟陵王萧子良虽然待他不薄,但优柔寡断,并非能成大器之人。相比之下,西昌侯萧鸾既受齐武帝临终前的重托,奉遗诏为侍中、尚书令,掌控着军政大权;又素有严能之名,因而比萧子良具备更强的掌控局势的实力和能力。萧鸾强行闯入宫中,"奉太孙登殿,命左右扶出子良,指麾音响如钟,殿内无不从命",就是明证。此后事态的发展证明,萧衍对时局的判断是准确的,他就自己的政治前途而进行的博弈是成功的。正是由于萧衍在关键时刻选择站在萧鸾一边的表现,使其获得了萧鸾的赏识和信任,由此成为萧鸾倚重的心腹股肱,为其仕途的飞黄腾达铺平了道路。

拥立萧子良的图谋被挫败之后,在西昌侯萧鸾的辅佐下,太孙萧昭业继位。不过这个萧昭业实在不是当皇帝的料,史称其"性甚辩慧,哀乐过人。接对宾客,皆款曲周至。矫情饰诈,阴怀鄙匿"。又素好狗马,多聚名鹰快犬,饲以粱肉。即位未逾旬日,便拆毁齐武帝所起招婉殿,将木材赏赐给阉宦徐龙驹,于其处作马厩;还多次在其父崇安陵墓道中与群小进行掷泥赌跳、放鹰走狗等各类粗俗、鄙亵的游戏。又"极意赏赐左右,动至百数十万",[1]武帝时聚集的钱财上库有五亿万,斋库亦有三亿万多,金银布帛更是不可胜计,萧昭业即位未满一年,已被其挥霍过半。萧昭业还与其父宠姬霍氏淫通,皇后何氏也恣意淫乱。

萧昭业寻欢作乐,不理朝政,于是"朝事大小,皆决之西昌侯鸾,鸾有谏,多不见从"。[2] 萧鸾既受齐武帝遗诏辅佐萧昭业,执掌朝廷大权,对萧昭业胡作非为的举止时有规劝、谏诤,但萧昭业多不听从,而且心生嫌忌,甚至企图排斥、诛杀萧鸾。萧鸾也绝非等闲之辈,见萧昭业失德,暗中加紧进行废黜萧昭业的各项准备。萧鸾首先拉拢、争取了卫尉萧谌和征南咨议萧坦之。萧谌是萧道成的族子,武帝萧赜继位后常典宿卫,机密之事无不参与;萧坦之曾

---

① 《南史》卷五《齐本纪下》。
② 同上。

任东宫直阁,为文惠太子所信任。萧昭业以此二人是其祖、父所信赖的旧人,非常信任和倚重。然而就是这两个萧昭业最为信赖的心腹,在权衡了利弊得失之后,见萧昭业"狂纵日甚,无复改,恐祸及己,乃更回意附鸾,劝其废立,阴为鸾耳目,帝不之觉也"。① 两名心腹背弃自己而倒向萧鸾,萧昭业竟浑然不觉,其在与萧鸾较量中最终落败也就毫不足怪了。

随后,萧鸾又逼迫萧昭业先后诛杀了与皇后何氏私通的亲信杨珉以及另外三个贴身亲信徐龙驹、周奉叔、綦毋珍之。萧鸾翦除萧昭业心腹亲信的一系列动作,引起了坊间各种传言。直到此时,萧昭业才如梦初醒,怀疑萧鸾蓄有异志,企图抢先出手,密谋除掉萧鸾。但萧昭业的密谋很快就被萧鸾获知,促使萧鸾也加快了废黜萧昭业的步伐。

隆昌元年(494 年)七月壬辰,萧鸾命萧谌率先入宫,自己则领兵从尚书省入宫。萧昭业时在寿昌殿,听闻外面有变,竟然还密写手诏传召已经站在萧鸾一边的萧谌,又下令关闭内殿各房门。俄而萧谌率兵进入寿昌殿,萧昭业狼狈逃入徐姬的房间,并拔剑自杀,却刺不进自己的身体,自杀未遂的萧昭业被抓获并被杀死于延德殿的西弄。次日,萧鸾颁太后令,追废萧昭业为郁林王,迎立新安王萧昭文为帝。

本来,萧鸾在废黜郁林王萧昭业之后,就可以直接登上皇位,但他深知自己"虽专国政,人情犹未服"。② 史称其率兵入宫执杀萧昭业,在进宫时竟然掉了三次鞋,这个细节显露了他当时内心的慌乱,也说明此时的萧鸾尚缺乏足够的自信,他还需要一段时间来进一步扫除障碍、培植私党以巩固自己的执政基础。因此,在废萧昭业为郁林王之后,便假借太后的名义,迎立文惠太子的次子、郁林王之弟、年仅十五岁的萧昭文为帝,自己则以骠骑大将军、录尚书

---

① 《资治通鉴》卷一三九《齐纪》五,"明帝建武元年"条。
② 同上。

事、扬州刺史、宣城郡公的身份，独揽了朝廷的军政大权，权倾一时，威震中外。

据《南史》记载："郁林失德，齐明帝作辅，将为废立计，帝欲助齐明，倾齐武之嗣，以雪心耻，齐明亦知之，每与帝谋。"①由此可知，萧衍因其父之死而怨恨齐武帝萧赜，欲借辅佐萧鸾实施废立来"倾齐武之嗣"、报杀父之仇；而萧鸾也明白萧衍的心思，正可以引为同谋，为己所用。尽管萧鸾与萧衍各有所求，动机有所不同，但在翦除齐武帝的子嗣这一点上却是高度一致的，故二人可谓一拍即合，走到了一起。

早在郁林王未被废时，萧鸾已有杀戮诸王之心，他顾忌宗室诸王手握重兵、据守重镇，想要通过杀戮来扫清障碍。而"于时太祖诸子，子隆最壮大，有才能，故鸾尤忌之"。②因此，随王萧子隆就成为萧鸾最先下手的对象。萧子隆是武帝的第八子，性温和，有文才，时任镇守长江上游重镇的荆州刺史。萧鸾想把萧子隆召回京城，然后再伺机加以处置，又唯恐萧子隆不肯听命，迟疑不决之际，遂问计于萧衍。萧衍曾在永明八年萧子隆以镇西将军出镇荆州时，被其引为咨议参军，熟知荆州内情，他向萧鸾献策："随王虽有美名，其实庸劣，既无智谋之士，爪牙惟仗司马垣历生、武陵太守卞白龙耳。此并惟利是与，若诳以显职，无不载驰。随王止须折简耳。"③在萧衍看来，随王萧子隆虽有美名，其实只是庸劣之人，手下又无智谋之士，所倚仗的爪牙不过垣历生、卞白龙而已，此二人均是唯利是图之人，只要封他们以高官显职，必定脱离随王。这样，只需一封书简，就可把随王召到建康。萧衍的一番分析深得萧鸾之心，当即依计而行，果然皆如萧衍所料。胡三省在为《资治通鉴》作注时指出："萧衍由是以筹略见用。"④表明萧衍凭借对萧鸾的坚

① 《南史》卷六《梁本纪上》。
② 《资治通鉴》卷一三九《齐纪》五，"明帝建武元年"条。
③ 《南史》卷六《梁本纪上》。
④ 《资治通鉴》卷一三九《齐纪》五，"明帝建武元年"条。

决支持和出谋划策,得到了萧鸾的信任和重用。此后不久,萧鸾即委任萧衍为宁朔将军,戍守寿阳。时任豫州刺史崔慧景是高、武二帝的旧将,萧鸾对其心存疑虑,委派萧衍镇守寿阳就是要让他监视、牵制崔慧景,此举足以证明萧衍已成为萧鸾的心腹亲信。

及至"宣城公鸾权势益重,中外皆知其蓄不臣之志",①不甘受制于萧鸾的宗室诸王相继蠢蠢欲动,萧鸾则借机大开杀戒,在萧齐宗室内部又掀起了一股新的杀戮之风,而其祸始于鄱阳王萧锵。

鄱阳王萧锵,是齐高帝萧道成的第七子。史称其"和悌美令,有宠于世祖",永明十一年被授以领军之职,而"领军之授,齐室诸王所未为"。②齐武帝出游,常甲仗护卫,恩待仅次于豫章王萧嶷。郁林王即位后,萧锵也深受信赖。郁林王被废后,萧鸾兼任扬州刺史,权势日盛,当时很多人都寄希望于萧锵,劝其发兵入宫辅政。延兴元年(494年)九月,制局监谢粲鼓动萧锵和武帝第八子随王萧子隆说:"殿下但乘油壁车入宫,出天子置朝堂,二王夹辅号令,粲等闭城门上仗,谁敢不同? 宣城公政当投井求活,岂有一步动哉! 东城人政共缚送耳。"③谢粲说得慷慨激昂,所设想的计划看起来也是头头是道,但他把对付萧鸾的希望寄托在萧锵的身上,未免选错了对象看走了眼,而对萧鸾势力的轻视,则表明了谢粲的幼稚。这样的政变计划要想成功,几乎是不可能的。对于谢粲的提议,随王萧子隆倒是颇为积极,想要商定计策,而萧锵却顾虑重重,既担心朝廷的兵力均归萧鸾掌控,又忧虑此事难成,犹豫再三。后来总算准备率兵入宫,却又返回内室与母亲辞别,磨蹭至日暮都未能成行。事机泄露,有人密告了萧鸾。萧鸾当即派兵两千包围了鄱阳王的府邸,擒杀了萧锵,参与密谋的随王萧子隆和谢粲等人也都在同夜被杀。一次匆匆发起的宫廷政变还未正式开场,就因走漏消息而被反应迅速的萧鸾轻而易举地掐死在萌芽状态。

---

① 《南史》卷六《梁本纪上》。
② 《南齐书》卷三五《高帝十二王传》。
③ 《南史》卷四三《齐高帝诸子传下》。

江州刺史、晋安王萧子懋,是齐武帝的第七子,得知鄱阳王、随王被杀,欲起兵反萧鸾,与其部将商议:"传檄荆、郢,入讨君侧,事成则宗庙获安,不成犹为义鬼。"[①]于是部分兵将,起兵向建康。因其母阮氏在建康,萧子懋便派人带了书信想把母亲秘密接回,阮氏又问计于同母弟于瑶之,岂料于瑶之立即驰报了萧鸾。萧鸾当即宣布中外戒严,派遣中护军王玄邈、平西将军王广之率军征讨,而由军主裴叔业与于瑶之先袭寻阳。萧子懋得知消息,派三百人守盆城,被裴叔业溯流而上所攻占,萧子懋据江州自卫,又因轻信于瑶之的兄长于琳之,于琳之得以与裴叔业里应外合,带兵入城擒杀了萧子懋,时年二十三。齐高帝第十五子南平王萧锐时为湘州刺史,裴叔业既杀晋安王,又自寻阳转向湘州,杀了南平王萧锐。接着,又杀了郢州刺史晋熙王萧銶、南豫州刺史宜都王萧铿。萧銶是齐高帝的第十八子,时年十六;萧铿是齐高帝的第十六子,时年十八。与此同时,萧鸾又派平西将军王广之袭杀南兖州刺史安陆王萧子敬,萧子敬是武帝的第五子,时年二十三。武帝第三子庐陵王萧子卿,接替萧铿为司徒,不久也被杀,时年二十七。进入十月,萧鸾杀戮的步伐并未止息。高帝第八子、桂阳王萧铄,高帝第十一子、衡阳王萧钧,高帝第二子、江夏王萧锋,武帝第九子、建安王萧子贞,武帝第十三子、巴陵王萧子伦,也相继被萧鸾所杀。自萧铄被杀开始,短短的两个月里,高帝萧道成的七个儿子、武帝萧赜的六个儿子,均死于萧鸾之手。如果说鄱阳王萧锵及随王萧子隆因图谋发动宫廷政变,晋安王萧子懋是起兵对抗,他们三人的被杀还算事出有因的话,那么其余诸王的被杀就纯属萧鸾为扫清夺取最高权力的障碍而滥杀无辜了。

萧鸾既平定了凭借寻阳起兵的晋安王萧子懋,又诛杀了一大批藩王,遂于当年十月宣布解除戒严,以小皇帝的名义委任自己为太傅、领大将军、扬州牧、都督中外诸军事,并加殊礼,由宣城公进

---

① 《南史》卷四四《齐武帝诸子传》。

爵为宣城王,进一步把朝廷的军政大权集中到自己手中。为了最终顺利登上皇位,萧鸾又精心策划了一系列的动作。他大肆制造舆论,以证明自己夺权登基的正当性;又安插亲信,掌控要害,委任自己的侄子萧遥光、萧遥欣、萧遥昌兄弟三人分别执掌扬州、豫州、兖州等三州刺史,由自己的亲党分据方面,扼守要害,以成翼辅之势;同时更加严格地控制小皇帝的行动,不让其参与政事。经过一番精心谋划和部署,萧鸾认为夺权登基的时机已经成熟,于是在这年十月辛亥,以皇太后令的形式宣布:

> 嗣主幼冲,庶政多昧,且早婴厄疾,弗克负荷,所以宗正内侮,戚藩外叛,睨天视地,人各有心。虽二祖之德在民,而七庙之危行及。自非树以长君,镇以渊器,未允天人之望,宁息奸宄之谋。太傅宣城王胤体宣皇,钟慈太祖,识冠生民,功高造物,符表凤著,讴颂有在,宜入承宝命,式宁宗祐。帝可降封海陵王,吾当归老别馆。①

这里所说嗣主因为年幼而缺乏治国理政经验、身有疾病而难以胜任繁重事务的所谓理由,显然是掩人耳目的托词,不过是让萧鸾篡权夺位有个冠冕堂皇的借口而已。为了进一步显示其继位的正当性,又宣布萧鸾由高帝萧道成的侄子而成为萧道成的第三子。被萧鸾扶上皇位的海陵王,只做了三个月的傀儡皇帝,就被萧鸾赶下了台。数日后,萧鸾正式即位,宣布大赦,并改元建武,是为齐明帝。

萧鸾在夺取帝位后,对曾经辅佐他篡位的一些大臣也开始心生疑忌。萧谌是高帝萧道成的族子,早在刘宋末年就已成为萧道成的心腹。他与武帝萧赜的关系也非同一般,武帝生病,特命萧谌在左右宿值。郁林王即位后,同样对其深相委信。后来萧谌倒戈,

---

① 《南齐书》卷五《海陵王纪》。

转而归附萧鸾,利用长期执掌禁卫兵权之威势,帮助萧鸾废黜郁林王,立下了大功。萧鸾曾许诺事成之后即用萧谌为扬州刺史,但萧鸾即位后并未履行承诺,仅授他为南徐州刺史,萧谌因此愤愤不平,牢骚满腹。再加自恃功高而干预朝政、选用私人,更使萧鸾疑忌丛生,于是下令赐死萧谌,而且把他的兄弟安复侯萧诞、西昌侯萧谏也一并处死。尤其不可思议的是,在赐死萧谌的同一天,萧鸾竟然又杀了与萧谌并无关连的萧齐宗室三王——西阳王萧子明、南海王萧子罕、邵陵王萧子贞,此三王都是齐武帝的儿子,他们被杀的理由据说是与萧谌同谋,其实完全是莫须有的罪名。

萧谌被杀之后,齐明帝又把目光转向了王晏。由于支持萧鸾废黜郁林王有功,萧鸾论功行赏,将王晏由尚书左仆射提拔为尚书令。及至萧鸾登基,王晏自以为佐命新朝有功,言论中时常菲薄武帝时事,而且"既居朝端,事多专决,内外要职,并用所亲,每与上争用人"。① 萧鸾虽以举事之际还须王晏支持,但已心生嫌恶。萧鸾又在翻检武帝诏敕时发现跟王晏议论国事的手敕三百余封,其中就有王晏谏阻任用萧鸾接任吏部尚书一事,更加猜忌和鄙薄王晏。萧鸾还派遣心腹四出街巷采听消息,探知王晏喜欢与宾客摒人密谈,由此怀疑其图谋造反而萌生了诛杀王晏之意。建武四年正月,王晏被杀,同时被杀的还有他的两个儿子。

明帝萧鸾先后诛杀了萧谌、王晏这两个助其篡权夺位的权臣,并未就此心安。明帝的身体有病,因为近亲寡弱,而忌妒高帝和武帝的子孙。其时高帝和武帝的子孙还有不少,每当朔望入朝回到后宫时,明帝总是叹息不已,感慨自己的儿子都很年幼,而高帝和武帝的子孙却日益长大,因而萌生了尽除高帝、武帝之族的恶念。他把此意告知扬州刺史、始安王萧遥光,萧遥光不仅完全赞同,而且以为应该渐次施行。永泰元年(498 年)正月,明帝病情突然加重,绝而复苏,于是萧遥光加紧实施诛杀计划,河东王萧铉、临贺王

---

① 《资治通鉴》卷一四一《齐纪》七,"明帝建武四年"条。

萧子岳、西阳王萧子文、永阳王萧子峻、南康王萧子琳、衡阳王萧子珉、湘东王萧子建、南郡王萧子夏、桂阳王萧昭粲、巴陵王萧昭秀等十王均被诛杀。其中,萧铉是高帝萧道成之子,子岳、子文、子峻、子琳、子珉、子建、子夏是武帝萧赜之子,昭粲、昭秀则是文惠太子萧长懋之子。至此,高帝、武帝、文惠太子祖孙三代尚存的子嗣悉数被杀。齐高帝萧道成有十九男,除武帝外,豫章文献王嶷、临川献王映、长沙威王晃、安成恭王暠、始兴简王鑑均死于永明年间,第九、十三、十四、十七皇子皆早夭。剩下的九王,除武陵昭王晔善终于隆昌元年,其余八王均被明帝杀害。齐武帝萧赜有二十三男,文惠太子、竟陵王子良病故,鱼复侯子响永明八年被杀,第六、十二、十五、二十二皇子早夭,其余十六人皆为明帝所杀。文惠太子四男,即郁林王、海陵王、昭秀、昭粲,均死于明帝之手。通计高帝之子孙及曾孙三世,被齐明帝萧鸾所杀者,共二十八人。

对于萧鸾的肆意杀戮,历来的史家多认为是其性格所致,称其"性猜忌多虑,故亟行诛戮"。① 其实,除了萧鸾的猜忌性格之外,应该还有其他不容忽视的因素。萧鸾确实猜忌成性,平时深居简出,即位后甚至连郊天仪式都不举行,而按照惯例,新即位的皇帝是要到南郊举行祭天仪式的。他又笃信道术,每次出行前必先占卜问利害,而且故布疑阵,"南出则唱云西行,东出则唱云北幸"。② 萧鸾如此谨小慎微、疑神信鬼,恰恰表明他心虚,畏惧出行时被暗算、被谋杀。而心虚、惧怕的根源则在于他取得帝位是名不正、言不顺的。萧鸾只是萧道成的侄子,并非齐高帝的嫡系一脉,无论立嫡还是立长,本来都没有他的份。他在废黜海陵王后,假借皇太后的名义宣布自己为齐高帝的第三子,也正是为了说明由他继位的正当性。但越是这样,就越是暴露了他的底气不足,诛杀高帝、武帝的子孙,目的就在于把那些潜在的可能威胁到他执政正当性的诸侯

---

① 《南齐书》卷六《明帝纪》。
② 同上。

王从肉体上加以消灭。一旦齐高帝的嫡系子孙被赶尽杀绝，由他这个名义上的第三子来继承皇位就不会受到质疑了。萧鸾杀戮诸王，目的只有一个，那就是以高帝、武帝子孙的消失来慰藉自己的惊悚心灵，以血腥的杀戮来巩固自己的至尊地位。萧子显在评价齐明帝时指出："夫戕夷之事，怀抱多端，或出自雄忍，或生乎畏慑。"①这样的分析应该是比较准确的。

值得指出的是，萧衍在参与杀戮齐高帝、武帝一系子嗣的时候，目的只是要借萧鸾之手报杀父之仇，并未虑及更远。但萧鸾尽杀齐高帝、武帝一系子嗣的举动，在巩固其至尊地位的同时，客观上也为日后萧衍取萧齐而代之扫除了障碍，为萧衍创立新朝提供了机遇和条件。

萧衍守孝期满后，被萧鸾提拔为中书侍郎、黄门侍郎，调回京城，跻身朝廷中枢，参预谋议。在萧鸾废黜郁林王的斗争中，萧衍又以"预萧谌等定策勋"，②获封建阳县男。虽然由于史籍记载的阙如，我们已无从得知萧衍参与"定策"的更多细节，但萧鸾"谋继大统，多引朝廷名士与参筹策"，③萧衍跻身其中是可以想见的。

六、对魏作战崭露头角

如果说萧衍在萧鸾辅政时主要表现出精于谋略的一面，那么在萧鸾登基后则通过两次与北魏间的战役展示了其军事才干。

建武元年(494年)十月，萧鸾废海陵王而自立。北魏孝文帝认为萧鸾大逆不道，遂以此为由，亲率军队大举南下进攻萧齐，其中一路由大将军刘昶、平南将军王肃率领，号称二十万之众，全力进攻义阳(治所在今河南信阳)。次年正月，登基才三个月的齐明帝萧鸾派镇南将军、江州刺史王广之率军前往救援，萧衍被任命为冠军将军，隶属王广之指挥。当行至距义阳一百余里时，众人畏惧

①　《南齐书》卷六《明帝纪》。
②　《梁书》卷一《武帝纪上》。
③　《资治通鉴》卷一三九《齐纪》五，"明帝建武元年"条。

北魏军队势盛,不敢向前。唯有萧衍主动请战,愿为先锋。王广之即分拨麾下精兵交给萧衍指挥,萧衍率军乘夜从小道突进,到达距魏军仅数里的贤首山。此举大出魏军意外,未知齐军人数多少,不敢贸然前逼。黎明时分,城中守军望见援军赶到,大受鼓舞,出城攻击魏军营栅,并趁风放火焚烧魏营,萧衍则趁势率军发起攻击,"扬麾鼓噪,响振山谷,敢死之士,执短兵先登,长戟翼之"。①魏军腹背受敌,不敢恋战,解围而去。据说战役结束后从魏军统帅丢弃的箱子中发现了魏孝文帝的敕文:"闻萧衍善用兵,勿与争锋,待吾至;若能禽此人,则江东吾有也。"②北魏孝文帝对萧衍军事才干的高度评价跃然纸上。然而这一记载的可信度是有问题的,因为这仅是萧衍参与的第一次重大军事行动,在此之前尚未有机会展露其军事才干,北魏孝文帝从何得知萧衍"善用兵"?史书记载对萧衍的粉饰是显而易见的。不过,萧衍在首次出战中表现出的勇猛和机智,确实得到了齐明帝的赞赏,被提拔为晋安王司马、淮陵太守,不久又被召回京城,任命为太子中庶子,统领羽林监,出镇石头城。精明的萧衍很懂得韬光养晦,他知道齐明帝萧鸾生性多猜忌,为避嫌疑,他低调行事,主动解散了部曲,平时常乘折角小牛车。为此博得了萧鸾的称赏,每每称赞萧衍清俭,并以此勉励朝臣。

建武四年七月,北魏孝文帝再次亲率大军攻打萧齐的雍州,北魏三十六军前后相继,号称有众百万,襄阳告急。萧鸾先派徐州刺史裴叔业率军救援雍州,随即又派太子中庶子萧衍领兵救雍州,继而又派度支尚书崔慧景率众二万、骑千匹赶赴襄阳救援,雍州诸军皆受其节度,萧衍所部也在其中。次年三月,崔慧景进至襄阳,其时南阳、新野等五郡均已被北魏军队攻陷,崔慧景与萧衍等率五千余人进到邓城(今湖北襄樊西北),北魏孝文帝率十万余骑随即奄至。面对众寡悬殊的局面,诸军只得登城据守。萧衍提出趁敌军

---

① 《南史》卷六《梁本纪上》。
② 同上。

尚未汇集时主动出击,崔慧景却认为敌军不会在夜里入城,待日暮之后自当退去。孰料魏军越聚越多,崔慧景大惊失色,想要撤退,萧衍再三劝阻,崔慧景不听,从南门狼狈撤出,诸军只能相继撤退。魏军从北门入城,尾随追击,齐军因此大败。独有萧衍"帅众距战,杀敌数十百人,魏骑稍却,因得结阵断后",①为撤退争取了时间,才使诸军得以在夜间坐船返回襄阳。经此一役,崔慧景的军队死伤略尽,萧衍所部却全师而归。此役虽然失利,但萧衍的表现依然可圈可点,因而齐明帝不久就让他担任辅国将军,代理雍州府事。

永泰元年(498 年)七月,齐明帝萧鸾驾崩,遗诏以萧衍为都督、雍州刺史。萧衍虽然暂时远离了萧齐的政治中心,但却抓住这一契机,开始了对雍州的经营。

---

① 《梁书》卷一《武帝纪上》。

第二章 覆 齐 建 梁

　　永泰元年(498年)七月,在位未满四年的齐明帝萧鸾病逝,太子萧宝卷继立,是为历史上所称的"东昏侯"。萧宝卷字智藏,齐明帝的次子,本无缘继承皇位,只因其长兄萧宝义有废疾,故得以立为太子。他在东宫时就不喜欢学习,整天嬉戏无度,有时竟然跟身边人一起通宵达旦地在宫内以捕捉老鼠为乐。明帝对此视若无睹,放纵他胡作非为,只是在临终前交代后事时,叮嘱他要以郁林王被废为戒,在面对来自臣下的政变图谋时要果断出手,抢抓先机,"作事不可在人后"。萧宝卷牢记明帝的嘱咐,即位后"委任群小,诛诸宰臣,无不如意"。①

一、东昏侯诛除"六贵"

　　鉴于萧宝卷即位时年仅十六岁,明帝在临终前为他选配了一批顾命大臣:中书令萧遥光、尚书令徐孝嗣、右仆射江祐、领军将军萧坦之、侍中江祀、卫尉刘暄,命他们在内省轮流值班,处理敕文,时称"六贵"。"六贵"之外,东昏侯又有御刀茹法珍、梅虫儿、丰

---

① 《南齐书》卷七《东昏侯本纪》。

勇之等八个佞幸专权用事,号为"八要"。还有中书舍人王咺之等群小党羽数十人,皆依仗权势,口传诏敕,横行不法,一时间乌烟瘴气,人心惶惶,萧齐政局已到了混乱不堪的地步。

对于明帝临终前作出"六贵"辅政的安排,时任雍州刺史的萧衍一针见血地指出:"一国三公犹不堪,况六贵同朝,势必相图,乱将作矣。"他又曾派人对其兄萧懿说:"今六贵比肩,争权睚眦,理相图灭。主上自东宫素无令誉,媟近左右,慓轻忍虐;安肯委政诸公,虚坐主诺!嫌忌积久,必大行诛戮。"①凭借其敏锐的政治洞察力,萧衍认为萧遥光等"六贵"同朝并立,势必会争权相图,朝政混乱是不可避免的;同时他又认为东昏侯只宠信身边的佞幸小人,必定不肯把朝政付予"六贵"而自己坐拥虚位,与"六贵"之间的嫌忌积累到一定程度,大行诛戮是必然的。此后事态的发展完全证实了他的预见。

齐明帝萧鸾临终前虽然指定"六贵"为东昏侯的顾命大臣,但他更对江祏、江祀兄弟二人寄予厚望,因为江祏兄弟的姑母就是萧鸾的母亲景皇后,兄弟俩自年少时就为萧鸾所亲,恩如兄弟。而江祏兄弟也凭借着与齐明帝的特殊关系,在东昏侯继位后对其动止严加干预,东昏侯稍有外出游玩的企图,就被他们坚决制止,致使东昏侯内心忿恨不已,而江祏兄弟眼见东昏侯胡作非为、不听劝谏,也萌生了废黜东昏侯、另立新帝的念头。他们最初提出改立明帝第三子江夏王萧宝玄,但在跟刘暄商议时,刘暄却因为曾经与萧宝玄有过节而希望拥立明帝第六子萧宝寅。再与萧遥光密谋,萧遥光又认为自己年长,废黜东昏侯之后理应由他来继位,还希望江祏兄弟能够支持他。江祀认为少主难保,劝江祏改立萧遥光。但刘暄是明帝刘皇后的兄弟,他担心如果改立萧遥光,自己就将失去皇帝舅父的权势,所以坚决不同意立萧遥光。究竟是立萧遥光还是选立明帝的儿子,江祏、江祀、萧遥光、刘暄四人之间产生了严重

---

① 《资治通鉴》卷一四二《齐纪》八,"东昏侯永元元年"条。

的意见分歧,江祏迟疑很久,不能决断。萧遥光既对江祏的优柔寡断不满,又被刘暄的反对激怒,便派出心腹刺杀刘暄,但刘暄部伍众多,刺客难以下手。在事关自身安危的紧急情况下,刘暄为了自保,向东昏侯告发了江祏等人的密谋。东昏侯倒是毫不迟疑,当即下令收捕江祏兄弟,并于同日将其斩杀。时在永元元年(499年)七月,此时距东昏侯继位刚满一年。

江祏兄弟被杀,使萧遥光深刻感受到了危险的迫近。其实,萧遥光早已有取代东昏侯的图谋。他深受明帝的信赖,举凡诛赏,无不参与密谋,尤其是诛杀高帝、武帝子孙的行动,建议是他提出的,操办也是由他来实施的,又位居明帝指定的顾命大臣之列,身兼扬州刺史和中书令两职,军政大权在握,野心急剧膨胀,暗中与时任荆州刺史的胞弟萧遥欣密谋,由他在扬州刺史所在的东府举兵,让萧遥欣率军从江陵直下建康。然而就在政变即将发动的时候,萧遥欣病卒,江祏兄弟被杀,萧遥光的计划完全被打乱。因此,当东昏侯召见他告知江祏兄弟已被诛杀时,他心中惧怕而佯狂号哭,此后称疾不入台府。东昏侯既杀江祏兄弟,知道萧遥光内心不安,但还不想对他下手,只是想改授他为司徒,让他回家休养,因而召萧遥光入殿宣旨。此时的萧遥光已如惊弓之鸟,唯恐中了圈套而进殿被杀,遂在这年八月以讨伐刘暄为名,聚集手下谋反,然而又狐疑不决,期待朝廷内部自乱,不敢乘夜攻打台府。天明之后,朝廷宣布中外戒严,徐孝嗣屯卫宫城,萧坦之率台军讨伐萧遥光。萧遥光虽曾负隅顽抗,但终因部下士气低落而失败,落得个身首异处的下场。

萧遥光之乱既平,东昏侯颁诏宣布以徐孝嗣为司空,沈文季为镇军将军,萧坦之为尚书右仆射、丹阳尹,刘暄为领军将军。这些平乱有功之臣虽获赏赐加官进爵,但还没来得及庆幸,针对他们的诛杀就发生了。

对东昏侯严加约束的江祏兄弟既败,东昏侯身边的捉刀、应敕之徒尽皆恣横用事,时人谓之"刀敕"。而萧坦之为人刚狠而专制,东昏侯身边的佞幸们对他既畏惧又憎恨。当初江祏兄弟图谋拥立萧遥光时,曾密告萧坦之,萧坦之不愿赞同,他明确表示:"明帝取天下,已非次第,天下人至今不服。今若复作此事,恐四海瓦解。我其不敢言。"①随即借口母丧而回到城东的宅第。于此可见,江祏兄弟密谋废立,萧坦之是知情的,尽管他没有赞同江祏兄弟的主张,但也没有及时向东昏侯禀报。因而东昏侯身边的佞幸们便以此为据,告发萧坦之参与江祏兄弟谋反。萧遥光谋反事平二十余日,东昏侯派人领兵包围了萧坦之的宅第,将其斩杀,同时,其子萧赏也被杀。

萧坦之被杀后,东昏侯宠信的心腹茹法珍又进谗言,称刘暄有异志。东昏侯起初不信,觉得刘暄是他的舅舅,怎么可能会有异志?直阁将军徐世标却说:"明帝乃武帝同堂,恩遇如此,犹灭武帝之后,舅焉可信邪!"②明帝萧鸾是武帝萧赜的堂兄弟,受到武帝的恩宠和重用,尚且诛灭武帝的子孙,舅舅又怎么可信?徐世标所言乃东昏侯曾亲身经历、亲眼所见的残酷事实,想必深深地刺激了东昏侯,因而刘暄也就罪不可赦了。茹法珍等佞臣倚仗着东昏侯对他们的宠信而借机扫除掌控朝廷权势的重臣,不过他们检举刘暄"有异志"却并非凭空捏造,他们向东昏侯告发刘暄也不能说是诬告。刘暄确实参与了江祏兄弟废黜东昏侯、另立新君的密谋,只不过在究竟选立何人的问题上存在分歧而已,他之所以向东昏侯告发江祏兄弟的阴谋,也是因为他自己的人身安全受到了严重威胁。就此而言,刘暄因被佞臣告发其"有异志"而被杀,也算不上错杀、冤杀,甚至可以说是咎由自取。

随着江祏、江祀兄弟和萧遥光、萧坦之、刘暄的相继被杀,东昏侯继位之初执掌朝政的"六贵",已被东昏侯诛杀了五个,仅剩的徐孝嗣也岌岌可危了。

①　《南齐书》卷四二《萧坦之传》。
②　《资治通鉴》卷一四二《齐纪》八,"东昏侯永元元年"条。

徐孝嗣是历仕高帝、武帝、明帝的三朝元老,深得武帝和明帝的礼遇和信任,特别是因参与废立之功为明帝所宠信,并受遗诏为顾命大臣。但对于东昏侯的失德行为,徐孝嗣从不敢加以谏诤;江祏被杀后,徐孝嗣虽然心怀忧恐,却不敢流露出来,唯恐祸及自己;东昏侯身边的群小恃宠用事,徐孝嗣也不敢加以制约。上述的三个"不敢",典型地反映了徐孝嗣明哲保身的处世之道。为了避祸,对于东昏侯提拔他为司空的任命,徐孝嗣辞让再三;又请求解除丹阳尹之职,也未获准。徐孝嗣作为一个文人,恪守明哲保身的信条,不显露自己的立场,不发表自己的见解,因而名位虽高,暂时还能相安无事、保全自己。徐孝嗣似乎并未参与江祏兄弟的废立密谋,但却有过策应萧遥光谋反的企图。萧遥光起兵时,徐孝嗣和尚书左仆射沈文季二人戎服共坐南掖门上,他想说服沈文季一同开门响应萧遥光,但沈文季并不接口,只是顾左右而言他,徐孝嗣无奈,开门策应萧遥光之议遂止。江祏、江祀、萧遥光、萧坦之、刘暄等先后被诛杀后,明哲保身的徐孝嗣已经意识到了危险的逼近,所以当虎贲中郎将许准向他陈说利害得失,劝他施行废立时,徐孝嗣是心动的,但优柔寡断的性格又使他迟疑不决,认为没有必要非用武力不可,只要等到东昏侯出游时,把城门关闭,再召集文武百官一起商议,就可以将东昏侯废黜。然而就是这样一个看似很温和、不流血的政变计划,徐孝嗣也不能付诸实施。徐孝嗣迟疑不决,东昏侯身边的佞臣却越来越视他为眼中钉,劝东昏侯赶紧下手除掉他。就在这年的冬十月,东昏侯召徐孝嗣、沈文季和侍中沈昭略三人入华林省,让心腹茹法珍赐以药酒。徐孝嗣面对毒酒脸不改色,对沈文季的侄子沈昭略说:"始安事,吾欲以门应之,贤叔若同,无今日之恨。"[1]而沈昭略则怒骂徐孝嗣:"废昏立明,古今令典;宰相无才,致有今日!"[2]无论徐孝嗣还是沈昭略,都没有否认他们曾企

---

[1]　《南史》卷一五《徐孝嗣传》。
[2]　《资治通鉴》卷一四二《齐纪》八,"东昏侯永元元年"条。

图策应始安王萧遥光废黜东昏侯之谋,因此徐孝嗣、沈文季和沈昭略等三人以谋反之名被杀,依然算不得冤枉,同样是东昏侯为稳固自己的皇位而果断采取的措施。

东昏侯即位仅仅一年,就与身边的佞臣茹法珍、徐世标等人合谋,诛杀朝廷重臣:永元元年七月,诛杀江祏、江祀兄弟;八月,斩杀萧遥光;九月,诛杀萧坦之、刘暄;十月,毒杀徐孝嗣、沈文季。吕思勉先生指出:"六贵皆除,自宋以来,屠戮宗戚、大臣,未有若此之全胜者也。"①年仅十六七岁的少年天子东昏侯之所以能在一次次的较量中获胜,显然是与其决策果断、做事不在人后的风格密不可分的。

东昏侯牢记其父齐明帝萧鸾的临终嘱咐,几度与身边近倖合谋诛杀大臣,而且都是"发于仓猝,决意无疑",②心狠手辣,果于诛杀。他尽除"六贵"的举措,固然暂时消弭了朝廷内部有人图谋废立的威胁,却也使得大臣们人人自危、上下离心,由此激起了州郡将领的忧惧和反抗。

二、州郡将领频频举兵

陈显达是萧齐高帝、武帝时期的勇将,历任安西将军、征北将军,多年率军在外征战,屡建功勋,深受高帝、武帝的赏识。明帝即位后,陈显达依然受到器重。但明帝诛灭高帝、武帝子孙的行径,让身为高、武旧将的陈显达惴惴不安,故深自贬抑,低调行事,常乘朽弊之车,随从止用羸弱者十余人,并以年届七旬而请求告退,但未获萧鸾准许。明帝末年,北魏进犯雍州,陈显达奉命北讨。王敬则起兵时,始安王萧遥光忧虑陈显达可能乘机为变,曾建议明帝将其追还,只因王敬则很快失败而罢,但陈显达已经深怀危怖。东昏侯即位后,以陈显达为江州刺史,镇守寻阳。他本来就不愿意回到

---

① 吕思勉:《两晋南北朝史》(上),上海古籍出版社,2005 年 11 月,第 431 页。
② 《资治通鉴》卷一四二《齐纪》八,"东昏侯永元元年"条。

京师任职,因此对于出任江州刺史一职,心中甚喜。陈显达在江州曾患病,他不让治疗,只求速死,其后不治而自愈,还很不高兴,足见其对时局的失望。但是,京师大肆杀戮的消息不断传来,又得知徐孝嗣等人均被诛杀,而且传闻朝廷将派兵攻袭江州,忧惧不已的陈显达不甘束手就擒,于永元元年十一月十五日起兵,率众数千人从寻阳出发,直指建康,又令长史庾弘远撰写告朝中权贵书,历数东昏侯罪恶,称将迎奉建安王萧宝寅为帝。朝廷闻讯,以护军将军崔慧景为平南将军,督率诸军迎击。十二月,陈显达率部先在采石大破朝廷军队,京师震恐;继而又在新林筑城垒,乘夜渡江奔袭宫城,陈显达以数千人登石头城西的落星冈,东昏侯手下驻守新亭诸军闻讯奔还,宫城大骇,闭门拒守。陈显达手持马稍,率步兵数百,与政府军激战,手刃数人,但朝廷增援军队纷至,陈显达力不能敌,败走中被刺落马而死,时年七十二。长史庾弘远也被斩杀于朱雀航,临刑前对围观者说:"吾非贼,乃是义兵,为诸军请命耳。陈公太轻事,若用吾言,天下将免涂炭。"①陈显达年老气衰,且夙无大略,谋划过于轻率,寄侥幸于急速进击,幻想毕其功于一役,最终失败是必然的。

陈显达死后仅一月,豫州刺史裴叔业再生变故。裴叔业是萧齐的又一位名将。他年少时就善习弓马,富有军事才干,历仕高帝、武帝、明帝三朝,尤其与明帝早就结识,被明帝视为心腹,厚加重用,在与北魏军队的攻防中尽心用命,屡获大胜。明帝末年,裴叔业以豫州刺史的身份镇守寿阳(今安徽寿县)。东昏侯即位后,肆意诛杀大臣,京师不断传来生变的消息。裴叔业身为三朝旧将,心中难安,不能不思考如何自保的问题。永元元年,朝廷调裴叔业改任南兖州刺史,南兖州的治所在广陵(今江苏扬州),比寿阳更靠近京师。裴叔业眼见时局混乱,不愿意到离京城更近的南兖州任职。恰在此时,陈显达起兵直下建康,裴叔业即派司马李元护率军

---

① 《资治通鉴》卷一四二《齐纪》八,"东昏侯永元元年"条。

前往,名义上是救援建康,实际上则是心怀两端,准备响应陈显达。但陈显达很快失败,裴叔业派出的李元护也很快返回。朝廷因裴叔业不愿徙任南兖州而怀疑他图谋造反,裴叔业则派人前往京师打探消息,双方都疑虑重重,怀疑他谋反的传闻在京师传得更盛。裴叔业的侄子裴植、裴飚均在朝廷任职,担忧大祸将至,弃母而奔至寿阳,提醒裴叔业:朝廷必将派兵前来掩杀。裴叔业忧惧,派心腹带着口信前往襄阳,问计于时任雍州刺史的萧衍,认为"天下大势可知,恐无复自存之理。不若回面向北,不失作河南公",意即若投降北魏,尚不失爵赏。萧衍回复曰:"群小用事,岂能及远!计虑回惑,自无所成,唯应送家还都以安慰之。若意外相逼,当勒马步二万直出横江,以断其后,则天下大事,一举可定。若欲北向,彼必遣人相代,以河北一州相处,河南公宁可复得邪!如此,则南归之望绝矣。"①劝其送家属至京师以平息传言。萧衍对时局的看法显然要比裴叔业更清醒、更透彻。不过,他自己在暗中要兄弟们尽速离开京城,却建议裴叔业送家属去京师,胡三省就此评论说:"萧衍密呼诸弟,而令裴叔业送家还都,此亦华言耳。"②所谓"华言",即华而不实的浮夸之言,这也表明萧衍处事极其谨慎,虽然为裴叔业分析了形势和利弊得失,但并未向裴叔业透露自己的真实意向。尽管有了萧衍的建议,裴叔业依然犹豫不决,一面送儿子裴芬之到京师为人质,一面致信北魏豫州刺史薛真度,探询投奔北魏的可行性。薛真度劝其及早归降,双方数遣密信,往来应和。而裴芬之到了京师,有关裴叔业谋反的传言并未止息,反而越传越凶,裴芬之愈加恐惧,再度逃奔寿阳。越演越烈的传闻促使裴叔业下定决心,派儿子裴芬之等奉表归降北魏。北魏任命裴叔业为征南将军、豫州刺史,封兰陵郡公,并派骠骑大将军元勰和车骑将军王肃率步骑十万前往寿阳,时在永元二年正月。东昏侯闻讯,即下诏讨伐裴叔

①　《资治通鉴》卷一四三《齐纪》九,"东昏侯永元二年"条。
②　同上。

业。二月，以裴叔业已经降魏，任命卫尉萧懿取代裴叔业为豫州刺史，前往征剿。不久，裴叔业病逝，其侄裴植以寿阳降北魏。

萧齐朝廷自然不甘心眼看着寿阳落入北魏之手，三月，平西将军崔慧景奉命率军征讨寿阳，为壮声势，东昏侯亲自戎服送行。孰料崔慧景的出征非但未能解寿阳之困，反而闹出了一番更大的动静。

崔慧景也是萧齐的一员宿将。早在刘宋泰始年间萧道成镇守淮阴的时候，崔慧景就已是其心腹，甚受亲待。高帝、武帝在位时，崔慧景历任梁州、南秦州、司州、豫州等州刺史，常年镇守州郡，颇受器重。郁林王在位时，崔慧景向萧鸾写密信表忠心并拥戴劝进，因而又得到明帝的青睐。东昏侯即位后，崔慧景改任右卫将军，未及就任，又迁护军将军，加侍中。陈显达起兵，崔慧景以平南将军督率诸军迎击。但其时辅国将军徐世标仗势专权，崔慧景不过备员而已。东昏侯"既诛戮将相，旧臣皆尽，慧景自以年宿位重，转不自安"，[①]开始寻觅时机以谋废立。因此，当永元二年裴叔业以寿阳降北魏，东昏侯改授崔慧景为平西将军，令其率军从水路征讨寿阳时，崔慧景认为时机已到，与其子、时任直阁将军的崔觉暗中约定：待崔慧景率军到达广陵时，崔觉就从京师出奔至广陵与其会合。故当崔慧景到达广陵时，崔觉就依约而行。过了广陵数十里，崔慧景召集部下说："吾荷三帝厚恩，当顾托之重。幼主昏狂，朝廷坏乱，危而不扶，责在今日。欲与诸君共建大功以安社稷，何如？"[②]众皆响应，于是军队折返，回到广陵，镇守广陵的崔恭祖亦支持崔慧景，大开城门接纳，并加入了崔慧景的起兵行列。东昏侯闻变，急令右卫将军左兴盛督率建康水陆诸军征讨。而崔慧景则集合部众从广陵渡江直趋京口。此时镇守京口的是东昏侯的同母弟、江夏王萧宝玄，他娶尚书令徐孝嗣之女为妃，徐孝嗣被诛杀后，东昏侯

---

① 《南齐书》卷五一《崔慧景传》。
② 《资治通鉴》卷一四三《齐纪》九，"东昏侯永元二年"条。

迫令其离婚,因此萧宝玄深怀怨望,密有异计。崔慧景举兵反叛回到广陵时,曾遣使尊奉萧宝玄为主,但萧宝玄因为形势不明,斩杀了崔慧景的使者,调遣兵将加强防守。直到崔慧景即将率军渡江,萧宝玄以为时机成熟,秘密与崔慧景相策应,斩杀了东昏侯派来协助镇守京口的马军主戚平、外监黄林夫等人,打开城门接纳崔慧景,并让麾下分领军众,自己乘坐八抬舆,随同崔慧景直向建康,至京师后住在东城,百姓闻讯前往投附者云集。萧宝玄以崔觉、崔恭祖为前锋,崔慧景领大都督统帅众军。崔觉、崔恭祖所率均为勇猛善战之卒,东府、石头、白下、新亭诸地守军皆闻风溃散,受命征讨的左兴盛败走,被崔慧景擒杀。崔慧景又以宣德皇太后的名义,废东昏侯为吴王。陈显达起兵后,竟陵王萧子良的两个儿子萧昭胄、萧昭颖,因惧祸而假扮沙门逃奔民间,此时得知崔慧景举兵,也前来投靠。崔慧景认为萧宝玄是明帝之子,萧昭胄是武帝之孙,而武帝萧赜是高帝之大宗,因而更倾向于拥立萧昭胄,一时犹豫不决,不知究竟该立谁为帝。再加上崔觉与崔恭祖争功,崔慧景也不能决断,各种因素叠加在一起,致使崔恭祖等人与崔慧景之间的分歧、怨望逐渐加剧,众心离坏,这就给了东昏侯反扑的机会。正率军前往寿阳征讨的萧懿接到东昏侯密使的报告,立即率精兵三千从采石渡江,驻屯在秦淮河南岸的越城。崔慧景派崔觉率精兵数千渡河至南岸,结果一败涂地,崔恭祖等人向萧懿投降。崔慧景眼见大势已去,率亲信数人潜逃,在途中被斩杀。崔慧景围城十二日而败,士卒从其处搜得朝野投靠萧宝玄及崔慧景的许多名刺,东昏侯下令悉数烧毁,曰:"江夏尚尔,岂复可罪余人。"萧宝玄逃亡、藏匿数日后,因走投无路不得不出来自首,东昏侯将其召入后堂,命人用步幛将其包裹起来,让群小数十人绕着圈鸣鼓角驰骋,并派人对萧宝玄说:"汝近围我亦如此。"①折磨、羞辱了大半天才将萧宝玄杀死。投奔崔慧景的萧昭胄、昭颖兄弟,也于不久后被诛杀。

---

① 《南齐书》卷五〇《萧宝玄传》。

三、萧懿之祸

然而,崔慧景之难刚平,萧懿之祸又起。萧懿既不同于萧遥光、江祏、江祀、萧坦之、刘暄、徐孝嗣等受遗诏辅政的"六贵",也不同于陈显达、裴叔业、崔慧景等拥兵反叛的将领,他对萧齐政权忠心耿耿,对东昏侯也从无二心。裴叔业据豫州反,萧懿奉命领军前往征剿;行至中途,又逢崔慧景发动变乱、围攻建康,齐室大乱,紧急驰信征召萧懿入援。其时萧懿正在进食,当即投箸而起,率锐卒三千赶奔建康救援,先是大破崔慧景派来拒击的崔觉,继而乘胜而进,击溃崔慧景的部众,追斩崔慧景。若非萧懿的全力救援,这场危及萧齐政权的变乱势将继续蔓延,甚至造成萧齐皇位易主的结果。萧懿为维护东昏侯的统治可谓不遗余力,他无疑是坚决捍卫东昏侯的功臣。

然而,功高震主带来的危险,并不因为萧懿对东昏侯忠心耿耿而有丝毫消弭。东昏侯身边的佞臣们将萧懿视为眼中钉,必欲除之而后快。对于潜藏在萧懿身边的危机,当时有不少人提醒过他,并且为他设计了应对之策,其中最为关切的无疑是萧衍。还在裴叔业据豫州反叛,萧懿奉命领军前往征讨时,作为萧懿的亲弟弟,时任雍州刺史的萧衍闻讯后,即刻派属下前去劝说萧懿"兴晋阳之甲,诛君侧之罪",①这是希望其兄长能兴兵"清君侧",藉此以自保。但萧懿不予理会。既而崔慧景围攻建康,萧懿奉诏入援,萧衍再次急派属下赶去劝说:

> 诛贼之后,则有不赏之功。当明君贤主,尚或难立;况于乱朝,何以自免!若贼灭之后,仍勒兵入宫,行伊、霍故事,此万世一时。若不欲尔,便放表还历阳,托以外拒为事,则威振

---

① 《南史》卷五一《萧懿传》。

内外，谁敢不从！一朝放兵，受其厚爵，高而无民，必生后悔。[①]

　　凭借着敏锐的洞察力，萧衍向其兄指出了因为功高震主而必然带来的危险，并且为其兄设计了规避风险的两条路径：一是破贼之后，率兵入宫，仿照伊尹、霍光的故事废昏立明、另立新主，此乃万世一时之举；如果不愿走这条路，那就在剿灭崔慧景之后以抵御外敌为借口，呈表要求返回历阳，如此犹可"威振内外"。但若在平定祸乱后接受高官厚爵而手中无兵，那就异常危险，再后悔也迟了。萧衍的这一番分析，应该说是很深刻的，他为其兄设计的两条路径也是很有见地的。除了萧衍，当时还有萧懿手下的长史徐曜甫也曾苦苦相劝，可惜萧懿一意孤行，根本听不进他们的劝告。

　　萧懿因平定崔慧景有功，授侍中、尚书右仆射，未拜，又迁尚书令，其弟萧畅为卫尉，掌管篇。东昏侯自以为内外乱皆已平定，日夕逸游，出入无度，不少人都劝萧懿乘东昏侯出行时举兵将其废黜，萧懿依然不听。而佞臣茹法珍等既厌恶萧懿功高，又忌惮其威权，更害怕萧懿实行废立而危及自身，因而都在东昏侯面前进谗言，说萧懿行将废立，皇上命在旦夕。东昏侯听信了他们的离间谗言，深以为然。徐曜甫获知了茹法珍等人将要加害萧懿的图谋，秘密在江边准备了舟船，劝说萧懿西奔避祸。萧懿还是不从，甚至说："古皆有死，岂有叛走尚书令邪？"当年十月，东昏侯赐萧懿药，将其毒死。可叹萧懿临死之前，还对东昏侯派来的使者说："家弟在雍，深为朝廷忧之。"[②]萧懿对东昏侯的愚忠，于此尽显无遗。

　　萧懿之死，是一个界标，将东昏侯在位时期分为前后两个阶段。在此之前，无论是诛杀六贵，还是先后发生的陈显达、裴叔业、崔慧景等三员宿将的反叛事件，多少都有废黜或反抗东昏侯的企图和行动，东昏侯都是以诛除叛逆的名义出手，而且基本上都处于

---

① 《资治通鉴》卷一四三《齐纪》九，"东昏侯永元二年"条。
② 《南史》卷五一《萧懿传》。

主动地位,掌控着局势的发展;而萧懿的被杀,则纯系佞臣们的诬陷所致,从萧懿至死不悟的言行可以看出,所谓行将废立的罪名完全是莫须有的。尤其是萧懿的被杀激起萧衍的起兵对抗,东昏侯再也无力掌控局势,萧齐的灭亡已经无可挽回了。

四、经营雍州

永泰元年(498 年)七月,根据齐明帝萧鸾的遗诏,萧衍由代理雍州而正式成为雍州刺史。至永元二年(500 年)十一月,萧衍宣布起兵,并于次年正月兵发襄阳止,萧衍在雍州刺史任上的时间不算太长,前后也就是两年多一点的时间。然而,正如萧道成镇戍淮阴的经历奠定了他代宋建齐的基石一样,萧衍出镇襄阳的这段经历,同样打下了其覆齐建梁的根基。

萧衍是一位有着敏锐洞察力和远大志向的政治家。永泰元年七月,齐明帝病逝,东昏侯继位,萧遥光、江祏等"六贵"执政,身在襄阳的萧衍听闻以后,即对他的从舅张弘策说:

> 政出多门,乱其阶矣。《诗》云:"一国三公,吾谁适从?"况今有六,而可得乎! 嫌隙若成,方相诛灭,当今避祸,惟有此地。勤行仁义,可坐作西伯。[①]

待其长兄萧懿从益州刺史卸任回到郢州刺史任上,萧衍即派张弘策前往郢州献策说:

> 今得守外藩,幸图身计,智者见机,不俟终日。及今猜防未生,宜召诸弟以时聚集。后相防疑,拔足无路。郢州控带荆、湘,西注汉、沔;雍州士马,呼吸数万,虎睨其间,以观天下。世治则竭诚本朝,时乱则为国翦暴,可得与时进退,此盖万全

① 《梁书》卷一《武帝纪上》。

之策。如不早图,悔无及也。①

从萧衍的这两次议论,可以看出他对当时形势的观察和分析是极为深刻的,而且他的志向也绝非一般人可比。所谓"西伯",即指周文王姬昌,受商封为西伯,在位励精图治,奠定了灭商的基础。从萧衍"勤行仁义,可坐作西伯"的言论可见,他是自比周文王的,并且已经萌生了效仿周文王灭商之举,利用镇守雍州之机加紧准备以取代萧齐的想法。而"当今避祸,惟有此地"的分析,表明他对于雍州一地战略重要性的充分认识,雍州远离萧齐的政治漩涡,既可暂时避免卷入朝廷的纷争,规避可能受到的灾祸,又可趁机壮大实力,待时而动。他希望凭借与兄长萧懿分别占据郢州和雍州之势,把诸位兄弟召集在一起,"虎睐其间,以观天下,世治则竭诚本朝,时乱则为国翦暴",足可见他与时进退的雄心与志向。尽管他的建议未能获得萧懿赞同,但并没影响他在襄阳苦心经营与积极备战。

雍州是古代九州之一,《尔雅·释地》:"河西曰雍州。"所谓河西,是指今山西、陕西间的黄河以西。东汉兴平元年(194年)分凉州河西四郡置雍州,辖境相当今陕西中部、甘肃东南部、宁夏南部及青海黄河以南的一部。汉魏之际,黄河流域战乱频仍,而"荆州丰乐,国未有衅",②因而成为北方南迁流民较为集中之处。曹魏的卫觊曾说:"关中膏腴之地,顷遭荒乱,人民流入荆州者十万余家。"③其时襄阳属荆州管辖,因而迁居襄阳者当亦不在少数。西晋末年,中原战乱,北方人民更是大规模南迁,其中来自雍、秦的流民多南迁至襄阳地区。为安置这些南迁流民,东晋政府实施了侨置州郡政策,即所谓"寓居江左者,皆侨置本土"。④ 据《宋书》所载,东

---

① 《梁书》卷一《武帝纪上》。
② 《三国志》卷二五《辛毗传》。
③ 《三国志》卷二一《卫觊传》。
④ 《南齐书》卷一《高帝纪》。

晋侨置雍州的时间是在东晋孝武帝太元年间:"雍州刺史,晋江左立,胡亡氐乱,雍、秦流民多南出樊、沔,晋孝武始于襄阳侨立雍州,并立侨郡县。"①虽然此时的侨置雍州并无实土,但却表明其时聚集在襄阳地区的雍、秦流民已经颇具规模,其能量业已引起了执政者的重视。自西晋末年至刘宋初年的几次大规模流民潮中,襄阳周边地区寓居着大批雍、秦流民。"三辅豪族流于樊、沔",②"雍、秦流民多南出樊、沔",③"雍州流民多在南阳"④等史籍记载都证明了这一点。淝水之战以后,以襄阳为中心的侨置雍州更成为接纳北方流民的主要地区之一,随着流民的不断涌入,雍州集团逐渐形成并对江左政治产生影响。至刘宋文帝元嘉二十二年派武陵王刘骏出任雍州刺史,开宗室王出镇雍州的先例,显示了雍州地位的上升,雍州集团势力更为壮大。至"宋文帝元嘉二十六年,割荆州之襄阳、南阳、新野、顺阳、随五郡为雍州",⑤治襄阳。这是侨置雍州实土化的开始。自此,雍州集团获得了更大的发展空间,也更多地向南朝政治渗透。宋孝武帝刘骏入继大统后,因其曾经出任雍州刺史的经历,故对于雍州集团有更深刻的认识,因而雍州将领多有升迁,成为孝武帝执政的重要支持力量。但雍州集团在刘宋后期深陷政治纷争的泥淖,进退失据,势力遭到很大的挫折和削弱,在萧齐时期陷入了沉寂。经过一段时间的重新积聚,雍州集团在萧齐末年又再度崛起,成为萧衍代齐的工具。⑥

对于雍州在当时政治格局中的重要地位,萧衍看得很清楚。他出任雍州刺史后,兄长萧懿刚从益州刺史任上回到郢州,他在托人带给萧懿的口信中说:"今得守外藩,幸图身计,智者见机,不俟

① 《宋书》卷三七《州郡志三》"雍州刺史"条。
② 《太平御览》卷一六八"襄州"条注引梁鲍至《南雍州记》。
③ 《宋书》卷三七《州郡志三》"雍州刺史"条。
④ 《资治通鉴》卷八七《晋纪》九,"怀帝永嘉四年"条。
⑤ 《宋书》卷三七《州郡志三》"雍州刺史"条。
⑥ 有关雍州集团与萧衍代齐的关系,章义和教授论述颇详,可参见其著:《地域集团与南朝政治》第三章《雍州集团的变迁》,华东师范大学出版社,2002年。

终日。"他希望能与行郢州事的萧懿兄弟联手，控扼上游，"郢州控带荆、湘，西注汉、沔，雍州士马，呼吸数万，虎际其间，以观天下。世治则竭诚本朝，时乱则为国翦暴，可得与时进退，此盖万全之策"。① 萧衍劝其兄联手取天下的计划虽然未获赞同，但他在雍州的积极准备并未因此而受到影响。他一面暗中把两个兄弟萧伟与萧憺从建康召到襄阳，作为自己的左膀右臂；一面招兵买马、筹集物资。史称"高祖颇招武猛，士庶响从，会者万余人，因命按行城西空地，将起数千间屋，以为止舍，多伐材竹，沉于檀溪，积茅盖若山阜，皆不之用"。其心腹吕僧珍"独悟其旨，亦私具橹数百张"。② 关于萧衍在雍州筹集物资、加紧战备一事，还有个插曲，也很能说明问题。东昏侯对萧衍颇有疑忌，知道萧衍手下有郑绍叔，遂派其兄郑植至雍州，假托去看望郑绍叔，实际上是暗中派其为刺客，伺机行刺萧衍。郑绍叔获悉后，随即报告了萧衍。郑植抵达雍州，萧衍即在郑绍叔处设宴款待，席间跟郑植坦然说笑："朝廷遣卿见图，今日闲宴，是见取良会也。"宾主会意而大笑。萧衍又令郑植"登临城隍，周观府署，士卒、器械、舟舻、战马，莫不富实"。郑植因此而对郑绍叔感慨地说道："雍州实力，未易图也。"③

与此同时，萧衍更以极大精力广招武将豪强，短时间内就形成了以自己为核心的军事集团，其主要成员由两部分组成：

一是萧衍的旧部，如张弘策、郑绍叔、吕僧珍、王茂等。他们与萧衍关系亲近，早有交往，有的自幼即跟萧衍一起长大，如张弘策，是萧衍的母亲张尚柔的从父弟，论辈分是萧衍的从舅，论年龄却相差无几，"与高祖年相辈，幼见亲狎，恒随高祖游处"。萧衍受齐明帝萧鸾密旨前往雍州，张弘策即随从西行，"仍参帷幄，身亲劳役，不惮辛苦"。萧衍受萧鸾遗诏为雍州刺史，乃表张弘策为录事参军，带襄阳令。萧衍"睹海内方乱，有匡济之心，密为储备，谋猷所

---

① 《梁书》卷一《武帝纪上》。
② 《梁书》卷一一《吕僧珍传》。
③ 《梁书》卷一一《郑绍叔传》。

及,惟弘策而已",①可见其与萧衍关系之密切。有的在建武二年萧衍率军救援司州时就是其部下或曾协同作战,如郑绍叔,世居寿阳,自少孤贫,年二十余,为安丰令,居县有能名,"高祖临司州,命为中兵参军,领长流,因是厚相结附"。萧衍罢州还京师,遣散宾客,唯有郑绍叔固请愿留。萧衍对其劝说道:"卿才幸自有用,我今未能相益,宜更思他途。"郑绍叔答曰:"委质有在,义无二心。"萧衍固执不许,郑绍叔乃返回寿阳。及至萧衍出为雍州刺史,"绍叔间道西归,补宁蛮长史、扶风太守"。②又如吕僧珍,世居广陵,起自寒贱,刘宋末年即为萧衍之父萧顺之的部属,萧顺之为豫州刺史,以吕僧珍为典签;萧顺之迁领军,以其为主簿;萧顺之为丹阳尹,又以其为郡督邮。"建武二年,魏大举南侵,五道并进。高祖率师援义阳,僧珍从在军中"。萧衍至雍州后,僧珍固求西归,"既至,高祖命为中兵参军,委以心膂"。③再如王茂,太原祁人,年数岁,即被其祖父赞为"吾家之千里驹"。及长,好读兵书,性沉稳,不妄交游,连齐武帝萧赜早年都曾赞叹:"王茂年少,堂堂如此,必为公辅之器。"后历任后军行参军、司空骑兵、太尉中兵参军等职,屡次受诏征讨。"建武初,魏围司州,茂以郢州之师救焉。高祖率众先登贤首山,魏将王肃、刘昶来战,茂从高祖拒之,大破肃等"。④萧衍出镇雍州,这些亲信旧部齐聚襄阳,被委以腹心之任,结成最紧密的政治同盟,也是萧衍最为信任和倚重的中坚。他们在萧衍覆齐建梁的过程中,或运筹帷幄、出谋划策,或镇守后方、供应粮草,或充当前锋、过关斩将,从各自擅长的不同方面发挥了至为重要的作用。

二是雍州势力的投归,如柳庆远、庾域、曹景宗、韦叡等。相较于前述萧衍的旧部,雍州势力的投归具有更深远的意义,它表明了萧衍与雍州集团的相互接纳,也表明了支持、拥戴萧衍的社会基础

① 《梁书》卷一一《张弘策传》。
② 《梁书》卷一一《郑绍叔传》。
③ 《梁书》卷一一《吕僧珍传》。
④ 《梁书》卷九《王茂传》。

在迅速扩张与壮大。其中的柳庆远出自河东柳氏,伯父柳元景,刘宋时官至太尉。《梁书》称:"高祖之临雍州,问京兆人杜恽求州纲,恽举庆远……因辟别驾从事史。齐方多难,庆远谓所亲曰:'方今天下将乱,英雄必起,庇民定霸,其吾君乎?'因尽诚协赞。及义兵起,庆远常居帷幄为谋主。"日后萧衍起兵,柳庆远"从军东下,身先士卒"。[①] 庾域,新野人,"永元末,高祖起兵,遗书招域。西台建,以为宁朔将军,领行选,从高祖东下","每献谋画,多被纳用"。[②] 曹景宗,也是新野人,幼善骑射,以胆勇知名。建武二年,北魏主拓跋宏率师南侵,曹景宗为偏将,"每冲坚陷阵,辄有斩获,以勋除游击将军"。及"高祖为雍州刺史,景宗深自结附,数请高祖临其宅。时天下方乱,高祖亦厚加意焉"。萧衍表请其为竟陵太守。及起兵,曹景宗"聚众并率五服内子弟三百人从军",[③]在随后围郢城、攻建康的历次战斗中皆为前驱。韦叡,京兆杜陵人,世为三辅著姓,于刘宋前废帝永光元年来到雍州,东昏侯继位后,陈显达、崔慧景等相继起兵,"民心遑骇,未有所定,西土人谋之于叡。叡曰:'陈虽旧将,非命世才;崔颇更事,懦而不武。其取赤族也,宜哉。天下真人,殆兴于吾州矣。'乃遣其二子,自结于高祖"。及萧衍起事,韦叡"率郡人伐竹为筏,倍道来赴,有众二千,马二百匹"。[④] 上述诸人,均堪称雍州集团中的精英,他们在萧齐末年天下纷扰之时,果断选择归附萧衍,成为辅佐萧衍覆齐建梁的谋臣和勇将。他们归附萧衍,实际上代表着雍州集团与萧衍之间的相互接纳与融合。

有学者指出:"天下大乱、雍州集团的诚心投依、荆州的归附、战略战术的得当是萧衍覆齐建梁的四大因素,其中,雍州集团的投依是最根本的因素。"[⑤]这一分析是颇有见地的。萧衍之所以能在

① 《梁书》卷九《柳庆远传》。
② 《梁书》卷一一《庾域传》。
③ 《梁书》卷九《曹景宗传》。
④ 《梁书》卷一二《韦叡传》。
⑤ 章义和:《地域集团与南朝政治》,第84—85页。

起事后,从永元三年(501年)二月正式兵发襄阳,到同年十一月即进占建康,仅用了短短不到一年的时间,堪称摧枯拉朽、势如破竹,关键原因就在于东昏侯的倒行逆施使其人心尽失,而萧衍则通过经营雍州,不仅积聚了大量人才和战备物资,而且得到了包括雍州集团在内的社会力量的广泛支持。得人心者得天下,乃是亘古不变的真理。

五、"两空函定一州"

永元二年(500年)冬十月,东昏侯赐药毒杀萧懿。十一月,萧懿的死讯传到襄阳,悲痛欲绝的萧衍连夜召集张弘策、吕僧珍、王茂、柳庆远、吉士瞻等心腹,聚集到雍州刺史府邸商议对策。由于史籍没有相关记载,我们已经无从知晓萧衍与心腹亲信们商议的具体内容,但依据此后的发展脉络加以分析,萧衍与其核心层幕僚们的连夜密议,必定涉及了对形势的判断以及应该采取的对策,而且作出了起兵举事、讨伐东昏侯的决定。十一月乙巳,也就是密议后的次日,萧衍召集僚属宣布:"昏主暴虐,恶逾于纣,当与卿等共除之!"[①]并于当天就建牙集众,得铁马五千匹,甲士三万人,船舰三千艘,又把先前沉于檀溪的竹木悉数捞出装备舰船。此时诸将争抢船橹,吕僧珍拿出了原先准备好的数百张船橹,诸将所乘之船各分得两张,争者乃息。各项准备工作进行得非常顺利,只等萧衍下令出征了。

长江中游的荆州,是东晋、刘宋、萧齐等历代王朝都极为重视的战略重镇,向有"扬一荆二"之说,其地位仅次于京城所在的扬州。由于荆州扼守长江中游,地理位置极为重要,萧衍要从襄阳东出,必须取得荆州的支持。因此,尽力把荆州争取到自己一边,与荆州建立战略同盟以共同对付东昏侯,就成了萧衍起兵之前必须处理好的首要之务。与此同时,东昏侯也认识到雍州刺史萧衍是

---

① 《资治通鉴》卷一四三《齐纪》九,"东昏侯永元二年"条。

其最大的威胁,在赐死萧懿后就着手部署对付萧衍的行动,而其关键的一着也是要抓住荆州,联络荆州的力量共同征讨雍州。于是,荆州就成为萧衍和东昏侯都要竭力争取和控制的对象。

永元二年十一月,东昏侯在赐毒药诛杀萧懿之后,随即委派辅国将军、巴西梓潼二郡太守刘山阳率精兵三千前往荆州,联合萧颖胄一起袭击襄阳。萧颖胄是高帝萧道成从祖弟萧赤斧之子,其时,明帝第八子萧宝融以西中郎将出镇荆州,萧颖胄是其长史,因萧宝融年仅十三岁,所以实际掌管府州事务的是萧颖胄。对于东昏侯派刘山阳前往荆州的图谋,萧衍是很清楚的。因此,萧衍针锋相对地展开了争取荆州支持的活动。他派遣参军王天虎前往江陵,给荆州和西中郎府官属遍投文书,声称"山阳西上,并袭荆、雍"。萧衍这样做的目的,就是要通过广泛传播东昏侯派军队西上,是要袭击荆、雍二州的虚假信息,借此引发荆州士民特别是文物官员的恐慌,从而逼迫萧颖胄下决心与萧衍联合以共襄义举。对此,萧衍本人毫不回避,他在委派王天虎前往荆州造势的时候,就对其从舅张弘策说:

> 荆州本畏襄阳人;加唇亡齿寒,自有伤弦之急,宁不闇同邪?我若总荆、雍之兵,扫定东夏,韩、白重出,不能为计。况以无算之昏主,役御刀应敕之徒哉?我能使山阳至荆,便即授首,诸君试观何如。[1]

萧衍非常自信,他认为襄阳地处南北对峙的边境地区,人皆习兵,勇武剽悍,向来使江陵人畏惧。加上荆州有唇亡齿寒之忧,雍州若被东昏侯袭占,下一个目标就将轮到荆州,所以必定会暗中赞同与雍州联合。只要荆、雍二州联手,集二州之兵顺江东下,即使韩信、白起这样的名将复生,也不能阻挡,何况东昏侯手下仅有刀

---

① 《梁书》卷一《武帝纪上》。

敉之徒,自然更加不堪一击。而且他有把握让刘山阳授首于荆州,谓若不信,不妨拭目以待。

王天虎到荆州遍送文书,已经在一定程度上产生了预期的效果,坊间盛传荆州将参与义举、东昏侯派刘山阳来荆州的目的就是要谋杀萧颖胄。但是萧颖胄收到文书后,仍然犹豫不决、举棋不定,而刘山阳此时已经到了巴陵(今湖南岳阳)。为了赶在刘山阳抵达江陵之前实现荆、雍联手的目标,萧衍决定派王天虎携带书信再次前往荆州。王天虎出发后,萧衍就对张弘策说:

> 夫用兵之道,攻心为上,攻城次之,心战为上,兵战次之,今日是也。近遣天虎往州府,人皆有书。今段乘驿甚急,止有两封与行事兄弟,云"天虎口具";及问天虎而口无所说,行事不得相闻,不容妄有所道。天虎是行事心膂,彼间必谓行事与天虎共隐其事,则人人生疑。山阳惑于众口,判相嫌贰,则行事进退无以自明,必漏吾谋内。是驰两空函定一州矣。①

从这段话中可以看出,萧衍再次派王天虎带书信前往荆州,是一次攻心战。他深知"用兵之道,攻心为上"的道理,虽然前次遍投书信也是一次心理战,但这一次有着明显的不同:首先,前次是给荆州官属普遍投书,旨在广泛传播、大造舆论,而此次只带书信给萧颖胄、萧颖达兄弟俩,显然是故布疑阵;其次,前次是实实在在的书信,而此次王天虎带给萧颖胄兄弟的书信,其实只是两封空函,书信中没有任何实质内容,只说"天虎口具",而王天虎又口无所说,因为萧衍在王天虎行前并未有一语交代。再加上王天虎是萧颖胄的亲近之人,荆州上下必定会认为萧颖胄与王天虎共谋隐瞒,其结果就是人人心怀疑虑。消息传到刘山阳那里,也必会使其疑虑重重,难以决断。如此一来,萧颖胄进退两难、无以自明,最终只

---

① 《梁书》卷一《武帝纪上》。

能落入萧衍的计谋之中。这一"驰两空函定一州"的计谋确实非常高明，充分证明了萧衍对"用兵之道，攻心为上"谋略的娴熟运用，也显示了其政治家、军事家的卓越见识和智慧。胡三省就此赞扬称："萧衍举事于襄阳，智计横出"，①当非虚言。

此后事态的发展，完全不出萧衍所料。刘山阳从巴陵进至江安（今湖北公安），被萧颖胄与萧衍合谋的传言所惑，心中狐疑，停留十余日，迟迟不敢溯江而上。这令萧颖胄极为忧惧，却计无所出，于是像萧衍一样在夜间召西中郎城局参军席阐文、咨议参军柳忱等闭门商议。席阐文进言："萧雍州蓄养士马，非复一日。江陵素畏襄阳人，又众寡不敌，取之必不可制；就能制之，岁寒复不为朝廷所容。今若杀山阳，与雍州举事，立天子以令诸侯，则霸业成矣。山阳持疑不进，是不信我。今斩送天虎，则彼疑可释。至而图之，罔不济矣。"②柳忱也认为：朝廷狂悖日滋，京师贵人莫不重足累息。荆州只是离京师较远，才幸运地得以稍安。征伐雍州之事，不过是借以让我等自相残杀而已，萧懿的下场就是教训，所谓"前事不忘，后事之师"。况且雍州兵锐粮多，萧衍雄姿冠世，刘山阳必不能敌。刘山阳若败，荆州依然要受失律之责，进也不行，退也不是，宜深思熟虑。萧颖达也力劝萧颖胄听从席阐文等人的建议，不能再迟疑了。直到此时，萧颖胄才下定了与萧衍联手的决心。他依照席阐文所提建议，忍痛斩杀了王天虎，将其首级送往刘山阳处验示，同时征调百姓车牛，声言要调集步军征讨襄阳。刘山阳见到了王天虎的首级，又听闻萧颖胄将发兵征讨襄阳，大喜之下，并不怀疑其中有诈，立即率军从江安进抵江津（今湖北沙市南），然后仅率随从数十人前往江陵去见萧颖胄，结果刚一入城，就被萧颖胄预先部署的伏兵斩杀，其副手则率余众投降了萧颖胄。

萧颖胄设伏兵斩杀刘山阳的次日，即奉南康王萧宝融起兵，宣

---

① 《资治通鉴》卷一四三《齐纪》九，"东昏侯永元二年"条。

② 同上。

布全城戒严,并赦囚徒,施惠泽,颁赏格;又移檄京师百官及州郡牧守,历数东昏侯及其宠臣茹法珍等人的罪恶。随即又以萧宝融的名义,宣布以萧衍为使持节都督前锋诸军事、左将军,率师东征;萧颖胄为都督行留诸军事、右将军,留守荆州。所有这些均表明,在萧衍的谋划和努力下,荆、雍二州终于结成了联盟,这是萧衍能否顺利举起抗击东昏侯、匡扶社稷的义旗的重要前提,也是决定萧衍举兵向阙成败的关键一步,是萧衍在与东昏侯抗衡、博弈的棋局中投下的一着绝妙好棋,由此奠定了萧衍率师东下、节节胜利的坚实基础。

萧颖胄既以南康王萧宝融的名义宣布与萧衍联手起兵,即遣使把刘山阳的首级送往襄阳,并向萧衍提出因年月不利,当须明年二月进兵,这一提议遭到了萧衍的明确反对。萧衍回复称:

> 举事之初,所藉者一时骁锐之心。事事相接,犹恐疑怠;若顿兵十旬,必生悔吝。且坐甲十万,粮用自竭;若童子立异,则大事不成。况处分已定,安可中息哉! 昔武王伐纣,行逆太岁,岂复待年月乎?[①]

应该说,萧衍的意见是很有道理的。举事之初,凭藉的就是一股骁锐之气。历来都强调兵以气势为用,若不及时用兵而拖延时日,不仅会消磨自己的士气,易生变数;而且会让东昏侯得到苟延残喘、调兵遣将之机。不过,实际上萧衍并未立即率军东下,而是在明年正月才率师东征,因为在此期间还有个南康王萧宝融的名号问题亟待解决。

十一月戊午,萧衍上表江陵,劝南康王萧宝融称尊号,亦即称帝,萧宝融不许。十二月乙亥,荆州将领们也劝萧宝融称尊号,仍然不许。此时,萧衍属下有人提出了迎萧宝融至襄阳,先正尊号然

---

① 《资治通鉴》卷一四三《齐纪》九,"东昏侯永元二年"条。

后进军的建议。竟陵太守曹景宗派了亲信前往襄阳劝说萧衍迎接萧宝融,以襄阳为都城,待正尊号,再起兵东下,萧衍不听。萧衍的长史王茂与张弘策私交极好,他也在私下对张弘策说:如今南康王在他人手中,别人挟天子以令诸侯,我们的行动受人驱使,这恐怕不是长远之计。他知道张弘策与萧衍非同一般的关系,其实就是想通过张弘策把自己的意见转告给萧衍,而张弘策也果然这样做了,但是萧衍依旧不以为然,拒绝了迎南康王萧宝融至襄阳的建议,并对张弘策说道:"若前途大事不捷,故自兰艾同焚;若功业克捷,谁敢不从?岂是碌碌受人处分!"①从萧衍所言可以看出,他推奉南康王只不过是便于号令天下以举兵向阙的权宜之计而已。他率先上表劝南康王称尊号,是因为萧宝融乃齐明帝萧鸾之子、东昏侯萧宝卷之弟,一旦称帝,可以更加名正言顺地与东昏侯分庭抗礼;他深知"挟天子以令诸侯"所能带来的好处,然而他却一再拒绝属下提出的迎南康王萧宝融至襄阳的建议,是因为荆、雍联盟刚刚建立,如果此时将南康王迎至襄阳,势必会造成与荆州争抢南康王的局面,会使本身尚不太稳固的联盟出现裂痕,甚至导致联盟的破裂,这显然不利于举兵向阙的大业。由此可见,每当关键时刻,萧衍总是比别人站得更高、看得更远,他之所以能成就覆齐建梁的大业,与其所具备的政治家的远见卓识是密不可分的。

尽管萧衍打出的是南康王萧宝融的旗号,在名义上接受南康王的指挥,但当时却有不少有识之士纷纷投奔到萧衍的麾下。雍州所辖的上庸太守韦叡,很有政治眼光,后来更成为萧梁时期的一员名将,早在陈显达、崔慧景起事失败后,他就认为:陈显达虽然是一员旧将,但并非命世之才;崔慧景阅历世事,但懦而不武,被族灭也是不足为怪的。最终平定天下的,恐怕还是我们雍州的刺史。因此,韦叡派了两个儿子前去结好萧衍。萧衍起兵后,韦叡立即率郡兵两千,倍道兼行赶奔萧衍营垒。同在雍州辖下的华山太守康

---

① 《南史》卷六《梁本纪上》。

绚,也率领郡兵三千加入萧衍的队伍。广平侨郡人冯道根时居母丧,闻萧衍起兵,也率乡人子弟能打仗者悉往赴之。起兵响应萧衍的,还有梁、南秦二州刺史柳忱。所有这些,无疑都壮大了萧衍的实力和声势。

萧宝融虽然先后拒绝了萧衍及荆州将佐劝其称帝的主张,不过随后却借口宣德皇太后(即文惠太子王皇后,郁林王即位,尊为皇太后,称宣德宫。明帝即位后,出居鄱阳王故第,为宣德宫)有令,宣布由南康王篡承皇祚,但须待清理皇宫,故暂不即位,封十郡为宣城王,加黄钺,选百官。之所以先封宣城王,是因为萧宝融的父亲齐明帝萧鸾就是以宣城王而入继大统的。

永元三年正月,南康王萧宝融始称相国,以萧颖胄为左长史,萧衍为征东将军,杨公则为湘州刺史。正月十三日,萧衍即兵发襄阳,留其弟萧伟统管镇守雍州事务,并嘱咐说:"当置心于襄阳人腹中,推诚信之,勿有疑也。天下一家,乃当相见。"①并移檄京师,阐扬威武,宣称"人神乏主,宗稷沸腾,氓庶板荡,百姓懔懔,如崩厥角,苍生喁喁,投足无地。幕府荷眷前朝,义均休戚,上怀委付之重,下惟在原之痛,岂可卧薪引火,坐观倾覆!"又称"幕府总率貔貅,骁勇百万",定可"廓清神甸,扫定京宇。譬犹崩泰山而压蚁壤,决悬河而注熛烬,岂有不殄灭者哉!"②显示了匡扶社稷、胜券在握的坚定信念。

六、围城打援

二月,南康王又以冠军长史王茂为江州刺史,竟陵太守曹景宗为郢州刺史,邵陵王萧宝攸为荆州刺史,积极部署,准备大举东下。

南康王排兵布阵,谋划东进,建康的东昏侯则下令中外戒严,派遣羽林禁军进击雍州。此时参与起事的有雍、荆、湘等州,东昏

---

① 《南史》卷六《梁本纪上》。
② 《梁书》卷一《武帝纪上》。

侯却决定首先进攻雍州,可见在他心目中,最危险的敌人还是萧衍。

萧衍自襄阳向建康,必先取郢州。郢州的治所在郢城,即今湖北武昌,是从长江上游顺江而下的必经要道。此时东昏侯已下诏讨伐荆、雍,派骁骑将军薛元嗣等率军并运粮一百四十余船增援郢州,命郢州刺史张冲狙击东下的西师。[①] 竟陵太守房僧寄卸任回京时途经郢州,也奉东昏侯之命留守与郢城一江之隔的鲁山(今湖北汉阳东北)。在如何攻取郢州的问题上,萧衍再次显示了卓越的军事才干。

二月甲申,萧衍率军进抵竟陵(今湖北潜江西南),命中兵参军张法安镇守竟陵,以雍州长史王茂、竟陵太守曹景宗为前军,大军继续进逼郢城。王茂、曹景宗率领前锋进至汉口,轻兵渡江直逼郢城,与严阵以待的张冲交战失利。此时,萧衍手下的将领们在进军方向上发生了分歧。众将领提议会合诸军围攻郢州,同时分兵攻袭西阳(今湖北黄冈东)和武昌(今湖北鄂城)。萧衍却不以为然,他说:

> 汉口不阔一里,箭道交至,房僧寄以重兵固守,为郢城人犄角。若悉众前进,贼必绝我军后,一朝为阻,则悔无所及。今欲遣王、曹诸军济江,与荆州军相会,以逼贼垒。吾自后围鲁山,以通沔、汉。郧城、竟陵间粟,方舟而下;江陵、湘中之兵,连旗继至。粮食既足,士众稍多,围守两城,不攻自拔,天下之事,卧取之耳。[②]

萧衍对形势的分析显然要比众将领们更透彻、更清醒,他提出对于郢城和鲁山两城围而不攻,待其自溃,实际上是"围城打援"的

---

① 因荆、雍在西,建康在东,故称萧宝融所建朝廷为西台,荆、雍兵为西师。
② 《梁书》卷一《武帝纪上》。

战略,赢得了麾下将领们的一致赞同。于是,王茂、曹景宗等率军渡江,进屯离郢城仅九里之处。郢州刺史张冲派中兵参军陈光静出城迎战,王茂等率军掩杀,大破郢州军,陈光静战死,张冲不得不婴城固守。不久,荆州派冠军将军邓元起等率军数千前来支援,湘州刺史杨公则所率军队也前来会合;来自湘州的租米三十余万斛也源源不断地运到,由是资粮不乏。荆、湘、雍三州的军队在前线会合,粮食又大批运到,大大鼓舞了西师的斗志,萧衍命部将率军从东、南、北三面围困郢城;在鲁山附近筑起一座新城,以更好地围困鲁山;又命水军军主张惠绍等率战船在江中游弋,断绝郢城与鲁山两城间的往来。

三月,南康王萧宝融即皇帝位于江陵,改元中兴,宣布大赦,是为齐和帝。又下诏改封其兄萧宝卷为涪陵王,藉以显示只有自己才是齐室正统。于是,江陵的萧宝融与建康的萧宝卷兄弟对峙,萧齐出现了一西、一东两个皇帝同时并存的格局,因江陵在西,史称西台,也称西朝。西台与东朝两个朝廷分庭抗礼局面的出现,是萧齐末年的一种怪异景象,也意味着东昏侯的衰亡已无可挽回。萧宝融称帝后,以萧颖胄为尚书令,萧衍为左仆射。数日后,又加萧衍为征东大将军、都督征讨诸军事,萧衍因此成为征讨东昏侯的前敌总指挥。

四月,萧衍出沔水,命王茂、萧颖达等进军直逼郢城。此时,郢州刺史张冲已病卒,骁骑将军薛元嗣与江夏内史程茂等共守郢城。面对王茂、萧颖达的进逼,薛元嗣等不敢出战。在此情势下,诸将力主加紧攻打郢城,却被萧衍否决,他坚定不移地要实行"围城打援"的策略,先消灭前来救援的东昏侯军队,随后实现一举拿下郢城和鲁山二城的目标。

为与萧衍的攻势相抗衡,东昏侯也加紧了调兵遣将。于五月派军主吴子阳、陈虎牙等十三军救援郢州,进屯巴口(巴水,即今湖北东南部的巴河,巴口即巴水南流注于长江处,在今湖北鄂州东)。又调豫州刺史陈伯之为江州刺史、都督前锋诸军事,对外声称西击荆、雍,实际上是加强江州的守卫,以声援吴子阳等。双方对峙,战事呈现胶着状态。

萧衍率军出征数月,滞留于郢城附近,采取围而不攻的举措,令坐镇荆州的萧颖胄很不满意。六月,西台派遣卫尉席阐文到前线劳军,并带着萧颖胄的谋议对萧衍说:"今顿兵两岸,不并军围郢,定西阳、武昌,取江州,此机已失;莫若请救于魏,与北连和,犹为上策。"萧衍闻听此言,当即逐一予以驳斥,他对席阐文说:

> 汉口路通荆、雍,控引秦、梁,粮运资储,仰此气息;所以兵压汉口,连结数州。今若并军围郢,又分兵前进,鲁山必沮洒路,扼我咽喉;若粮运不通,自然离散,何谓持久?邓元起近欲以三千兵往取寻阳,彼若欢然知机,一说士足矣;脱距王师,固非三千兵所能下也。进退无据,未见其可。西阳、武昌,取之即得;然既得之,即应镇守。欲守两城,不减万人,粮储称是,卒无所出。脱东军有上者,以万人攻两城,两城势不得相救,若我分军应援,则首尾俱弱;如其不遣,孤城必陷,一城既没,诸城相次土崩,天下大事去矣。若郢城既拔,席卷沿流,西阳、武昌自然风靡。何遽分兵散众,自贻忧患乎! 且丈夫举事欲清天步,况拥数州之兵以诛群小,悬河注火,奚有不灭! 岂容北面请救戎狄,以示弱于天下! 彼未必能信,徒取丑声,此乃下计,何谓上策![1]

由此可见,萧衍对双方作战形势的分析极其透彻,对各种可能发生的情况判断精确,其料敌制胜的杰出军事才能,远在萧颖胄之上。无怪胡三省评论道:"萧衍此计,可谓有英雄之略矣。"[2]萧衍又让席阐文回荆州转告萧颖胄:"前途攻取,但以见付,事在目中,无

---

① 《资治通鉴》卷一四四《齐纪》一〇,"和帝中兴元年"条。
② 《资治通鉴》卷一四四《齐纪》一〇,"和帝中兴元年"条胡三省注。

患不捷,但借镇军靖镇之耳。"亦即前方征战攻取之事尽管交给他,不用担心,只需在攻城夺地之后,借镇军萧颖胄之力予以镇守而已,足见其对征伐东昏侯志在必胜的充分自信。

此时,东昏侯派出的吴子阳等军进至武口(即武湖水出江之口),萧衍即命部将梁天惠、唐修期等在东昏侯所派援军必经的渔湖城、白阳垒等地修筑城垒,夹两岸而严阵以待。吴子阳等又进至离郢城仅三十里的加湖(今湖北黄陂东南),面对萧衍所率西师的严密防守,无法继续前进,只能傍山带水,筑垒栅以自固。吴子阳所部举起烽火,被围困的郢城守军也举烽火响应,但内外两军的呼应也仅此而已,彼此疲于自保而不能相救。这就为萧衍首先歼灭吴子阳等援军创造了极好的机会。

七月,原本水枯而无法行船的江水突然暴涨,萧衍当即命王茂等人以水师乘坐舟船突袭加湖,鼓噪进攻,吴子阳等猝不及防,溃不成军,除吴子阳、陈虎牙等将领狼狈逃窜之外,将士被杀及溺水死者数以万计,侥幸未死的士卒悉数成为俘虏,王茂等凯旋。加湖一役,东昏侯派来救援的吴子阳、陈虎牙等十三军全军覆没,更使被围困已久的郢城、鲁山二城闻风丧胆。鲁山被困日久,城中缺粮,军士们只能在江边捕捉小鱼充饥。加上守将房僧寄忧惧而病死,众推守城副将孙乐祖代领鲁山守军。孙乐祖命人秘密准备轻舟小船,图谋弃城出逃。萧衍察知其谋,派兵阻断了其逃跑的去路。窘迫无计的孙乐祖不得不举城出降。鲁山投降后,郢城更加孤立无援,两天后守将薛元嗣等也举城投降了萧衍。郢城自二月初被萧衍率军围困,至七月出降,前后历时二百余日。城中原有士民男女十余万人,由于围城日久,疾疫流行,死者十之七八,死尸太多来不及掩埋,以致死尸充塞积压在床下而活人寝于其上,城中死尸触目皆是,其状惨不忍睹。萧衍委派韦叡为江夏太守,代行郢州刺史事,韦叡命人收葬死者、安抚生者,才使郢城人心迅速安定下来。加湖之战的全胜,显示萧衍"围城打援"的军事谋略取得了完全的成功。加湖之战,也是交战双方力量对比发生根本性变化的关键一役，自此，萧衍所率的西师势如破竹，顺流而下，如得劲风之助的战船，不可遏止了。

夺取了郢城、鲁山二城之后，众将领认为应该驻屯在夏口，让部队稍事修整。然而萧衍却以为宜乘胜东下，一鼓作气直指建康。萧衍的意见得到了车骑咨议参军张弘策、宁远将军庾域的坚定支持。自举事起兵以来，萧衍在事关军事谋略的重大问题上先后四次发表与众不同的见解。第一次，是荆、雍二州在永元二年十一月联手，结成共讨东昏侯的联盟之后，萧颖胄提出年月未利、须待来年二月再举兵的主张，萧衍明确表示反对，力主趁热打铁，不可使骁锐之心受挫，胡三省评论为"兵以气势为用者也，是以巧迟不若拙速"。① 第二次，是萧衍于次年二月率军出征抵达竟陵，命王茂、曹景宗为前锋，王茂、曹景宗至汉口，诸将议欲集中全力围郢城，同时分兵袭西阳、武昌，萧衍却不以为然，毅然做出了对郢城、鲁山二城围而不攻的部署。第三次，是萧衍在四月命王茂、萧颖达进军直逼郢城，守将薛元嗣不敢出战的情况下，诸将纷纷要求攻城，萧衍不许。胡三省评论：萧衍是"欲持久以全力弊郢、鲁二城"。② 第四次，便是此次鲁山、郢城相继投降之后，诸将主张驻屯夏口稍事休整，萧衍则认为宜乘胜直指建康。胡三省对此也有评论："郢、鲁未克，萧衍则违众议驻兵汉口而不轻进，图万全也。郢、鲁既克，衍遽督诸军直指建康，乘胜势也。"③值得指出的是，萧衍每一次在面对意见分歧时所持的见解及所作的部署均是审时度势的结果，均被此后的实践证明是正确的，由此也显示了萧衍作为一个军事家、战略家精于研判形势、准确把握战机的卓越才干。

萧衍既决定乘胜直下建康，即命令众军刻日出发，沿着长江顺流东进的下一个攻击目标便是江州。郢、鲁既克，为尽快拿下江州，从而扫清直逼建康的又一障碍，萧衍再次显示了一个军事家、

① 《资治通鉴》卷一四三《齐纪》九，"东昏侯永元二年"条胡三省注。
② 《资治通鉴》卷一四四《齐纪》一〇，"和帝中兴元年"条胡三省注。
③ 同上。

战略家的非凡智慧。

东昏侯在派遣吴子阳等救援郢州之时,改任豫州刺史陈伯之为江州刺史,以声援吴子阳。通过对江州刺史陈伯之的分析,萧衍认为有可能通过招降的方式夺得江州。他对诸将说:"用兵未必须实力,所听威声耳。今陈虎牙狼狈奔归,寻阳人情理当恟惧,可传檄而定也。"①他认为用兵作战不一定全靠实力,声势的威力也是很重要的。现今陈伯之的儿子陈虎牙狼狈逃回江州,寻阳城内必然恐惧不安,因而可以传檄而定。为此,萧衍下令搜检俘虏,从中发现了陈伯之的旧将苏隆之,萧衍对其厚加赏赐,让他前去说降陈伯之,并通过他转告陈伯之:如果归降,即授以安东将军、江州刺史。很快,陈伯之就让苏隆之带回口信,虽然许诺归附,但要求萧衍大军不必急于东下。萧衍识破了他的用心,对手下将领们说:"伯之此言,意怀首鼠。及其犹豫,急往逼之,计无所出,势不得不降。"②事态的演进果然如此,萧衍命邓元起领兵先行,自率大军随后。前锋邓元起将至寻阳,陈伯之犹心怀侥幸,收兵退保湖口,留其子陈虎牙驻守溢城。待萧衍率军到达寻阳,大军压境,陈伯之才不得不束手请降,西师兵不血刃就夺取了江州。萧衍也不食言,当即令陈伯之仍为江州刺史,其子陈虎牙为徐州刺史。

萧衍所率的军队节节胜利,而此时建康城内变乱又起。当初崔慧景起兵时,巴陵王萧昭胄、永新侯萧昭颖兄弟二人曾投奔崔慧景。及崔慧景失败,萧昭胄兄弟二人又出投台军,故未被东昏侯追究,各以王、侯归第,但毕竟心不自安。萧昭胄、萧昭颖是竟陵王萧子良之子,竟陵王故吏桑偃时为梅虫儿军副,见时局混乱,便与前巴西太守萧寅密谋拥立萧昭胄,又联络了驻屯新亭的军主胡松,准备乘东昏侯出城游玩时,由萧寅率兵奉萧昭胄进入台城,然后闭城号令。然而其时东昏侯新筑芳乐苑,竟一个多月不出游,打破了桑

① 《资治通鉴》卷一四四《齐纪》一〇,"和帝中兴元年"条。
② 同上。

偃等人的预定计划。桑偃等又商议招募勇壮健儿百余人突入宫城,但萧昭胄认为不可行。此时,参与桑偃密谋的同党王山沙觉得拖延太久而谋议难成,因而动摇,企图向东昏侯的亲信告发。虽然被萧寅发觉而被杀死在途中,但拥立萧昭胄的密谋还是外泄,结果萧昭胄、萧昭颖兄弟和桑偃等人均被诛杀。

谋立萧昭胄的事变刚被东昏侯粉碎,张欣泰等人图谋废黜东昏侯的变乱又起。七月,雍州刺史张欣泰与其弟张欣时密谋,暗中勾结了太子右率胡松、前南谯太守王灵秀、直阁将军鸿选等十余人,趁着佞臣茹法珍、梅虫儿及太子右率李居士、制局监杨明泰等人为出任监军的中书舍人冯元嗣送行之机,派人发起突然袭击,砍杀了冯元嗣、杨明泰,砍伤了梅虫儿,李居士翻墙逃走。王灵秀等前往石头城奉迎明帝第六子、建安王萧宝寅,直奔台城,因城门紧闭,加之城上兵士弓箭齐射,乌合之众一哄而散。张欣泰听闻事发,驰马入宫,寄希望于茹法珍等,可以里外呼应,实行废立。但茹法珍已逃回宫城,立即下令关闭城门,严加戒备,张欣泰等人策划的闹剧因之匆匆收场。没几天,事情败露,张欣泰、胡松等人均被杀。萧宝寅痛哭流涕,称自己失去了自由,不知何人逼迫他上车并把他带走。东昏侯一笑了之,并未追究这个兄弟。

在萧衍率军东下、一路奏凯的同时,坐镇荆州的萧颖胄却是左支右绌,疲于应付。按照荆、雍联手讨伐东昏侯的安排,萧衍率领荆州和雍州联军顺流而下,萧颖胄则留在江陵辅佐南康王萧宝融。永元三年正月,萧宝融称相国,萧颖胄为左长史,进号镇军将军。三月,萧宝融称帝,改元中兴,因江陵在西,史称西台。萧颖胄为侍中、尚书令、监八州军事、荆州刺史,成为西台的实际掌控者。但他"好文义",本质上是个文人,并不具备用兵作战的军事才干,在当时战事频仍的形势下,稍遇危急,便手足无措。当萧颖胄联手萧衍,举兵讨伐东昏侯时,荆州属下的巴西太守鲁休烈、巴东太守萧惠训拒不听从萧颖胄的命令,萧惠训更是委派自己的儿子萧璝率军会合鲁休烈一同攻打荆州。萧颖胄赶忙派汶阳太守刘孝庆驻屯西陵峡口,与辅国将军任漾之等一起拒守,但却无法阻挡萧璝、鲁休烈的进攻。这年八月,西陵峡口被攻破,任漾之战死,萧璝、鲁休烈进逼上明(今湖北松滋西北的长江南岸),江陵大震。"萧颖胄恐,驰告萧衍,令遣杨公则还援根本"。杨公则是西台任命的湘州刺史,此时正随萧衍从江州乘胜东下,萧璝、鲁休烈攻破西陵峡口后向江陵进发的举动,竟让萧颖胄慌了手脚,他匆忙派人驰告萧衍,命其派杨公则回军救援。萧衍对此不以为然,他说:"公则今溯流上江陵,虽至,何能及事!休烈等乌合之众,寻自退散,正须少时持重耳。良须兵力,两弟在雍,指遣往征,不为难至。"①依据他对此事的判断,此时让杨公则逆流而上,耗时费力,即使到了也无济于事。而鲁休烈等人不过是乌合之众,用不了多久就会自行退散,只需以静制动、稍待时日而已。如果确实需要援军,我有两个弟弟留守雍州,派人前往征兵,不难前来。萧衍说得合情合理,但萧颖胄虽与萧衍结成了携手合作的联盟,实际上仍心存疑忌,时时防范着萧衍,自然不敢也不愿把萧衍留守雍州的两个弟弟萧伟、萧憺征召到江陵来。无奈之下,萧颖胄只得派遣军主蔡道恭率军驻屯上明,加强防守。蔡道恭与萧璝、鲁休烈等相持不下,来自萧璝、鲁休烈的威胁迟迟不能消除,竟然让萧颖胄忧愤成疾。胡三省说:"萧颖胄以萧衍东伐,所向战克,而已辅南康居江陵,近不能制萧璝;外无以服奸雄之心而内有肘腋之寇,此其所以忧愤成疾也。"②如此评论,可谓一针见血! 一远一近、一内一外,深刻地揭示了萧颖胄忧愤成疾的原因。

七、朱雀航大捷

江州既破,萧衍没有停顿,立即乘胜东下。九月乙未,和帝颁诏:萧衍若定京邑,得以便宜从事。萧衍留骁骑将军郑绍叔驻守

---

① 《资治通鉴》卷一四四《齐纪》一〇,"和帝中兴元年"条。

② 《资治通鉴》卷一四四《齐纪》一〇,"和帝中兴元年"条胡三省注。

寻阳,自己与陈伯之引兵东下。临行前,他对郑绍叔说:"卿,吾之萧何、寇恂也。前途不捷,我当其咎;粮运不继,卿任其责。"[1]萧何,是汉高祖刘邦夺取天下时的重要助手,刘邦率军征战,留萧何镇守关中,专司前方粮草的供应;寇恂,则是辅佐汉光武帝刘秀创建东汉的功臣,受刘秀之命经营河内,负责筹措粮草送往前线。萧衍将郑绍叔视为自己的萧何、寇恂,就是希望他能确保前线军队的粮草供应。郑绍叔深知责任重大,也深感萧衍对自己的信任,流泪拜谢告辞。此后,直至萧衍攻克建康,郑绍叔果然不负重托,督办江州和湘州的粮运,前方将士从未有过粮草匮乏之忧。

萧衍夺取江州后,之所以带着陈伯之一起东下,是因为他明白,陈伯之只是在大军压境的形势下被迫投降的,并未心悦诚服。此时如果将其留在江州,很难让人放心,事实也证明了这一点。陈伯之随萧衍进抵建康,奉命驻守建康城的西门西明门,每当城内有投降的人出来,陈伯之总是与其窃窃耳语。萧衍得知后,唯恐陈伯之出现反复,曾敲打警告他:"闻城中甚忿卿举江州降,欲遣刺客中卿,宜以为虑。"陈伯之对此却并不相信。此时恰有东昏侯的将领郑伯伦来降,萧衍就让他去见陈伯之,对陈伯之说:"城中甚忿卿,欲遣信诱卿以封赏,须卿复降,当生割卿手足;卿若不降,复欲遣刺客杀卿。宜深为备。"[2]所述与萧衍的警告完全一致,这才使陈伯之感到非常恐惧,自此不敢再有异志。萧衍此举,是《孙子兵法》中"五间"中的"因间"计。他略施小计,就让陈伯之乖乖地俯首,不敢再有二心。

面对萧衍率军顺流而下的凌厉攻势,东昏侯虽然分派众将严加防守,以太子左率李居士总督西讨诸军事,驻守新亭;辅国将军申胄监郢州,驻守姑熟(今安徽当涂);光禄大夫张瑰驻守石头城,

---

①　《资治通鉴》卷一四四《齐纪》一〇,"和帝中兴元年"条。

②　同上。

但已经疲于应付,无力回天了。

九月甲申,萧衍的前军进至芜湖,毫无斗志的申胄虽有两万人,却弃姑熟望风而逃,萧衍当即占据姑熟,并派遣曹景宗等进屯距新亭仅有十里的江宁。李居士选精锐骑兵一千也来到江宁。见曹景宗部刚到,营垒未立,而且出征日久,器甲破弊,李居士顿生轻视之心,鼓噪趋前挑战。曹景宗率军奋击,大破之。李居士被迫退保朱雀门,企图凭借秦淮河继续顽抗。

冬十月甲戌,东昏侯再遣征房将军王珍国率精兵十万人列阵于朱雀航南,宦官王宝孙手持白虎幡督战,并且开闸放水,断绝退路,以示背水一战。但萧衍麾下将士们鼓噪声震天动地,无不殊死决战,奋勇向前,王珍国统帅的众军根本抵挡不住,任凭督战的王宝孙切齿辱骂,丝毫扭转不了土崩瓦解的颓势,赴秦淮河死者不计其数,河道内尸体堆积得与河岸一样高,后至者纷纷踏着尸体过河。纵然是东昏侯亲自登上朱雀门督战,也无法制止诸军望风而溃。萧衍率军长驱直入,进至宣阳门。东昏侯的手下眼见大势已去,纷纷临阵倒戈,甚至连受命总督西讨诸军事的太子左率李居士也以新亭归降了萧衍,镇守石头城的张瑰则放弃阵地逃回宫城。东昏侯下令烧毁朱雀门内营署、官府,驱逼士民尽入宫城,闭门自守。

十一月壬午,萧颖胄病卒。中领军夏侯详秘不发丧,派人密报萧衍,萧衍同样作出了暂不宣布的决定。夏侯详又派人到雍州征兵,总管雍州留守事务的萧伟派了他的弟弟萧憺领兵前往。此时萧璝得知建康已危在旦夕,其部属惊惧而散,萧璝、鲁休烈皆投降西台,事实证明萧衍先前的判断是正确的。萧璝之患解除,西台乃为萧颖胄发丧。夏侯详又请与萧憺共参军国大事,于是以萧憺行荆州府州军。

本来,萧衍联络萧颖胄,荆、雍联手共讨东昏侯,目标虽然一致,但毕竟只是一种联盟,双方都存有戒备和防范之心。而且由于共奉萧宝融为帝,作为荆州方面的代表,萧颖胄还占据着一定的优势。现在,随着萧颖胄的病逝,"于是众望尽归于衍"。[①]再加上萧憺来到荆州,掌握了西台的实权。胡三省评论道:"岂特众望归衍哉,西台之权又归于憺矣。"[②]可见,随着萧颖胄的病逝和萧憺执掌西台实权,荆州也在萧衍的掌控之下,萧衍的实力和声望又提升了一大步。

自萧衍率军团团围困宫城之后,东昏侯将宫城内的军事尽皆交由王珍国主持,又让入卫京师的兖州刺史张稷作为王珍国的副手。其时城中士卒还有七万人,就数量而言并不算少,即使与萧衍所率军队相比也未必处于弱势。但是东昏侯的应对之策连连失误,直接导致了最终城破人亡的悲剧结局。其一,不重人事信鬼神。当初崔慧景进逼建康的时候,东昏侯曾拜蒋侯神为相国、太宰、大将军、录尚书事、扬州牧、钟山王。这次被萧衍率军团团围困,东昏侯又故技重施,尊蒋侯神为灵帝,迎神像入后堂,命巫祝祷祀求福。其二,错误估计形势导致城内储备不足。萧衍举兵后,东昏侯与身边亲信商议,以为陈显达一战即败,崔慧景也是围城不久就败走,萧衍之兵也必定会如此,因此只让官衙置办可供百日的柴樵、粮米。及至朱雀航大败,群情惊惧,茹法珍等唯恐士民出逃,故紧闭城门不复出兵。随着围城日久,士民恐慌愈演愈烈。其三,吝惜金钱而不肯赏赐。为了激励士气,茹法珍等叩请东昏侯赏赐将士。东昏侯却说:"贼来独取我耶! 何为就我求物!"后堂储有榜木数百具,左右启请用作城防,东昏侯竟然不肯,而要留作以后建造宫殿。其结果就是"众皆怨怠,不为致力。围困既久,城中皆思早亡"。[③]其四,听信谗言,谋诛大臣。在人心惶惶之时,茹法珍、梅虫儿等佞臣竟然对东昏侯进谗言说:因为大臣们不留意、不用心,才使得围困迟迟不能化解,应该把这些大臣悉数诛杀。此言一出,顿时激起大臣们的惶恐不安,主持城内防务的王珍国、张稷更是惧怕

①　《资治通鉴》卷一四四《齐纪》一〇,"和帝中兴元年"条。
②　《资治通鉴》卷一四四《齐纪》一〇,"和帝中兴元年"条胡三省注。
③　《资治通鉴》卷一四四《齐纪》一〇,"和帝中兴元年"条。

灾祸临头。为求自保,王珍国秘密派亲信献明镜给萧衍,意在让萧衍以镜照其心;萧衍则回赠以断金,寓意"二人同心,其利断金"。王珍国既与萧衍达成默契,立即与张稷连夜密谋,商定谋弑东昏侯的计划。十二月丙寅夜,王珍国、张稷在事先串通的宫中内应配合下,率兵冲入后宫,虽已就寝而尚未熟睡的东昏侯闻变惊起,然而已无处可逃,被张稷的心腹张齐斩杀,时年十九。

东昏侯萧宝卷在历史上的名声甚为不好,戴在他头上的"东昏侯"这顶帽子,就是在他被杀以后,萧衍假借宣德皇太后的名义,依汉代海昏侯的故事,追封给他的。胡三省曰:"荆、雍在西,谓帝以昏虐居东,故废为东昏侯。"①为了坐实萧宝卷的昏虐无道,梁代萧子显所撰的《南齐书》、唐代李延寿所撰的《南史》等史书为其罗织了各种恶行和罪名,归结起来主要有六:一是好玩乐而荒于政事。据称萧宝卷自在东宫就喜好游乐而不喜欢学习,曾在宫中通宵达旦捕鼠以为笑乐。自江祏、萧遥光等人被诛杀后,更加无所忌惮,日夜于后堂戏马鼓噪为乐。每到夜晚便击金鼓、吹号角,令左右数百人狂呼乱叫,杂以羌、胡横吹诸伎。时常至五更方就寝,一直睡到傍晚才起。永元二年元旦朝会群臣,东昏侯自己吃饱了才出来,朝贺刚完,便扔下百官径自去睡觉,从巳时(上午九点至十一点)一直睡到申时(午后三点至五点),文武百官又饿又累,已经站立不稳,倒下一片。台阁的奏报少则一月多则数十日才有回复,有的甚至不知去向。阉宦们把鱼肉带回家的包裹用纸,竟然都是尚书省、中书省等呈上的奏折。二是四出游走。东昏侯让黄门五六十人为骑客,又选营署无赖小人善走者为逐马鹰犬,左右数百人,常以自随,奔走往来,略不暇息。陈显达起兵被平定后,东昏侯日渐出行游走,一个月内竟达二十多次。他出行时不想被人看见,为此而驱赶百姓,唯余空宅。其出行又无定处,手下唯恐获罪,往往东行驱西,南行驱北,本应早晨出行的,夜晚就开始驱赶。衙吏们驱赶时

---

① 《资治通鉴》卷一四二《齐纪》八,"东昏侯永元元年"条胡三省注。

一路呼叫和击鼓,百姓听到鼓声必须立即离开,很多人来不及穿上衣服和鞋子,违犯禁令者则随手格杀。有生病走不了的病人,被推入水中溺死;看到孕妇临产留在家中,东昏侯让手下剖腹看男女;死者来不及下葬又无人看护,竟被老鼠啃掉了双眼。扰民、残忍一至于此。三是宫室、服御恣为骄奢,因而大兴苛敛。东昏侯出游时宫内几次火灾,烧毁宫殿三千余间,于是重新大起诸殿,饰以金璧。凿金为莲花,铺设在地,让潘妃行走其上,称之为"步步生莲花"。以阅武堂为芳乐苑,穷奇极丽。暑天种树,朝种夕死,死而复种,率无一生。于是到民间征求,见树便取,甚至毁墙拆屋以移取大树。如此穷奢极欲而致日用开支不足,乃大肆搜敛,"亲幸小人,因缘为奸,科一输十","如此相仍,前后不息。百姓困尽,号泣道路"。① 东昏侯被杀后,宣德太后颁令历数其罪行时也称:"府帑既竭,肆夺市道,工商裨贩,行号道泣。"②四是赋役严急。《南史·东昏侯本纪》记载:"自永元以后,魏每来伐,继以内难,扬、南徐二州人丁,三人取两,以此为率。远郡悉令上米准行,一人五十斛,输米既毕,就役如故。""横调征求,皆出百姓。"五是迷信鬼神。史称东昏侯偏信蒋侯神,迎来入宫,昼夜祈祷。平定萧遥光后,加蒋侯神为相国,至末年,更尊为灵帝,车服羽仪,一如帝王。《资治通鉴》也称东昏侯"好巫觋,左右朱光尚诈云见鬼。东昏入乐游苑,人马忽惊,以问光尚,对曰:'向见先帝大嗔,不许数出。'东昏大怒,拔刀与光尚寻之。既不见,乃缚菰为高宗形,北向斩之,悬首苑门"。③ 六是不近朝士而亲信小人,佞臣群小擅作威福。《南齐书》称东昏侯"性重涩少言,不与朝士接,唯亲信阉人及左右御刀应敕等"。④《南史》则称"潘妃放恣,威行远近。父宝庆与群小共逞奸毒,富人悉诬为罪,田宅赀财,莫不启乞。或云寄附隐藏,复加收没,计一家见陷,祸及亲

---

① 《南史》卷五《东昏侯本纪》。
② 《南齐书》卷七《东昏侯本纪》。
③ 《资治通鉴》卷一四四《齐纪》一〇,"和帝中兴元年"条。
④ 《南齐书》卷七《东昏侯本纪》。

邻。又虑后患,男口必杀"。① 凡此种种,不一而足。

对于东昏侯背负的这些恶名,吕思勉先生有非常精辟的见解:"南北朝时,史所言无道之主甚多,其胪举罪状,连篇累牍,尤未有若东昏之甚者,然其见诬亦恐最甚也。"②吕思勉先生逐一加以辨析,认为东昏侯年未弱冠,喜好玩乐或许是实,但未必像史书所说的那样厉害;四出游走的危害如果像史书所说的那样剧烈,东昏侯之被杀岂能等到兵临城下之时? 而恣为骄奢,岂特东昏一人? 至于迷信鬼神、赋役严急,自明帝以来就已如此;尼媪纷纭,群小恣横,也不自东昏始。所以吕思勉先生得出的结论是:"要之,史于帝之所为,皆附会其罪状,明明人所共有之事,于帝则指为罪大恶极,此真所谓文致。"③应该说,吕思勉先生的分析是很有见地的。

其实,明末清初的王夫之早已指出:"乃自宋以来,天下之灭裂甚矣,一帝殂,一嗣子立,则必有权臣不旋踵而思废也。伺其失德,则暴扬之,以为夺之之名。"④

纵观历史,凡朝代末期的帝王大多失德,这确是屡见不鲜的事实,而继起者为彰显其夺位之正义,往往大肆宣扬被取代者的罪恶而极尽渲染之能事,即王夫之所说的"暴扬之"。更何况《南齐书》的作者萧子显就生活在萧梁时代,齐明帝萧鸾在位时大肆屠戮高帝和武帝的子孙,虽然萧子显的父亲萧嶷这一支没有受到直接的残杀,但遭屠戮者毕竟都是他的直系血亲,由此而痛恨东昏侯并不足奇;更重要的是,身为梁武帝萧衍的臣属,必须大肆渲染东昏侯的昏虐无道,以颂扬梁武帝取萧齐而代之的历史正义性,其用心是显而易见的。至于《南史》以及此后的其他史书,多以《南齐书》为基本史料来源,因此而沿袭萧子显的说法,也不足为怪。

不过,即使从《南齐书》《南史》等对东昏侯抱持否定和批判立

① 《南史》卷五《东昏侯本纪》。
② 吕思勉:《两晋南北朝史》(上),第439页。
③ 吕思勉:《两晋南北朝史》(上),第442页。
④ 王夫之:《读通鉴论》卷一六《东昏侯》。

场的史书中,我们仍可隐约看到东昏侯的另一面。永元元年二月,率军北伐的陈显达败绩于距襄阳三百里的马圈,时隔半年后的八月,东昏侯下诏"为马圈战亡将士举哀";秋七月,京师发大水,死者甚众,下诏"赐死者材器,并赈恤",又蠲免"京邑遇水资财漂荡者今年调税"。①这两件事都发生在永元元年,从中可以看到刚继位不久的东昏侯对于阵亡将士和遇灾民众的关切。萧遥光谋反被杀,东昏侯下诏敛葬遥光尸,而原宥其诸子,并未像其父萧鸾那样斩尽杀绝。《南史·萧遥光传》还记载:"东昏为儿童时,明帝使与遥光共斋居止,呼遥光为安兄,恩情甚至。及遥光诛后,东昏登旧宫土山望东府,怆然呼曰:'安兄!'乃呜咽,左右不忍视,见思如此。"可见东昏侯固然果于诛杀,但其性情中也尚存温厚。其六弟建安王萧宝寅被裹挟起事,事败后乞求宽恕,东昏侯一笑了之,并未予以追究。崔慧景起兵失败,收得朝野投往江夏王萧宝玄及崔慧景军名,东昏侯令悉烧之,曰:"江夏尚尔,岂复可罪余人!"②即使否定东昏侯的史家,也不能不赞赏他的这一处置。至于其即位不到一年就尽除受遗诏辅政的江祏、萧遥光等"六贵",也凸显了其遇事处置果断、抢抓先机的风格。"六贵"的相继被杀,也无不与他们策划或参与废黜东昏侯的密谋相关,东昏侯从稳固自身帝位的动机出发,对他们痛下杀手也是不足为怪的。

东昏侯继位时年仅十六,被杀时也不过十九岁,他自幼生长在深宫,不像他的祖辈有驰骋疆场、宦海沉浮的丰富历练,同时在即位后又必须面对齐明帝肆意杀戮所累积的尖锐矛盾,在位三年的大部分时间都在冲突和厮杀中度过,他最后被杀的结局,固然与他的处事风格相关,但归根结底还是其所处时代酿成的悲剧。

东昏侯的被杀是一个标志,意味着萧齐王朝的气数已尽,历史即将翻开新的一页。

---

① 《南齐书》卷七《东昏侯本纪》。
② 《南齐书》卷五〇《萧宝玄传》。

八、为登基而精心谋划

中兴元年(501 年)十二月丙寅夜,东昏侯萧宝卷被其麾下斩杀,头颅用黄油绢包裹着送给已进驻石头城的萧衍。次日,萧衍率军入城,随即派张弘策率先入宫清理,查封府库及图籍,此举非同一般。府库,是旧时国家储存财物、兵甲的处所;图籍,亦称图书,则指疆域版图与户籍簿册。府库,代表着封建国家的财力;疆域和户口,则代表着封建政权的控制力,因而府库与图籍在很大程度上就是封建时代执掌国家权力至为关键的两大要素,在很大程度上也可以说是国家权力的象征。当年汉高祖刘邦在楚汉相争时率先进入咸阳,"诸将皆争走金帛财物之府分之,(萧)何独先入收秦丞相御史律令图书藏之"。此后刘邦"所以具知天下阸塞,户口多少,强弱之处,民所疾苦者,以何具得秦图书也"。[①] 刘邦后来之所以能打败项羽、取得楚汉相争的最终胜利,萧何独具慧眼地收集的这些秦朝律令图书发挥了至关重要的作用。入咸阳后萧何先收取秦朝的律令图书,并非刘邦指派;而张弘策率先入宫查封府库及图籍,则是奉萧衍之命。当然,萧衍之所以命张弘策入宫查封图籍,也是接受了部下建议的结果。《梁书》载:"时东昏未平,士犹苦战,(柳)恽上笺陈便宜,请城平之日,先收图籍,及遵汉祖宽大爱民之义。高祖从之。"[②]南齐末年,柳恽为骠骑从事中郎,萧衍率军至京邑时,柳恽迎候于石头城,被萧衍委任为冠军将军、征东府司马。萧衍能接受柳恽的建议,显示了对府库图籍重要性的认识。萧衍进入建康后把查封府库及图籍作为头等大事,足见其起兵举事的终极目标,已经不仅仅是通过诛灭东昏侯来为冤死的兄长萧懿报仇,而是要夺取萧齐政权的最高权力了。

萧衍图谋取萧齐而代之的想法,是随着战事的进展而逐渐形

---

① 《史记》卷五三《萧相国世家》。
② 《梁书》卷二一《柳恽传》。

成并付诸实施的。

永泰元年(498年)七月,齐明帝萧鸾病逝,萧宝卷继位,萧遥光、江祏等"六贵"执政,身在襄阳的萧衍听闻以后,即对他的从舅张弘策说:"政出多门,乱其阶矣。《诗》云:'一国三公,吾谁适从?'况今有六,而可得乎!嫌隙若成,方相诛灭,当今避祸,惟有此地。勤行仁义,可坐作西伯。"①

齐明帝病逝后,幼主继位、六贵辅政,身为雍州刺史的萧衍敏锐地看到了政局中隐藏的危机和潜在的机遇,提出"勤行仁义,可坐作西伯",在冷静观察形势变化的同时暗中招兵买马、加强战备。萧衍所说的"西伯",即周文王姬昌,殷商时受封为西伯,在位励精图治,礼贤下士,得贤臣辅佐,改革政治,推行教化,争取民心,使国势日强,开始东进翦商,奠定了日后武王灭商的基础。不难发现,萧衍是自比为周文王的。虽然萧衍此时未必已经萌生翦灭南齐的志向,但已树立意欲效法周文王静观时变、积蓄实力、伺机而动的远大目标,则是不争的事实。

待其长兄萧懿从益州刺史卸任回到郢州刺史任上,萧衍又派张弘策前往郢州献策说:

> 今六贵比肩,人自画敕,争权眦眦,理相图灭。主上自东宫素无令誉,媟近左右,慓轻忍虐;安肯委政诸公,虚坐主诺!嫌忌既久,必大行诛戮。……吾兄弟幸守外藩,宜为身计;及今猜防未生,当悉召诸弟,恐异时拔足无路矣。郢州控带荆、湘,雍州士马精强,世治则竭诚本朝,时乱则足以匡济;与时进退,此万全之策也。若不早图,后悔无及。②

萧衍希望与兄长联手,合郢、雍二州之力,"虎眎其间,以观天

---

① 《梁书》卷一《武帝纪上》。
② 《资治通鉴》卷一四二《齐纪》八,"东昏侯永元元年"条。

下",达成"世治则竭诚本朝,时乱则足以匡济"的目标,由此可见其匡扶社稷、与时进退的雄心与志向。尽管他的建议未能获得萧懿赞同,但并没影响他在襄阳积极备战。

萧懿被杀后,萧衍立即联络荆州的萧颖胄,集荆、雍之力东下建康,讨伐东昏侯。举事之初,竟陵太守曹景宗劝萧衍把南康王迎到襄阳,待其称帝正尊号后再进军,萧衍没有接受;其手下长史王茂又私下跟张弘策说:现今南康王掌握在他人手中,别人就可以挟天子以令诸侯,我们前去受人家驱使,如此岂是长久之计? 张弘策转告了萧衍,萧衍的回答却是:"若使前途大事不捷,故自兰艾同焚;若功业克建,威詟四海,号令天下,谁敢不从! 岂是碌碌受人处分?"①兰花,有国香之称,人皆贵之;艾草,则为人所贱。萧衍之意很清楚:如若大事不捷,无论贵贱都同归于尽;但是如果建功立业、威震四海、号令天下,谁敢不从! 到那时岂会碌碌平庸而受人支配? 胡三省据此认为:"萧衍此言已有代齐之心,特权宜推奉南康以举兵耳。"②胡三省的这一剖析鞭辟入里,揭示此时的萧衍已经有了取萧齐而代之的念头。

中兴元年(501年)九月,萧衍兵不血刃拿下江州以后,和帝诏其若定京邑,得以便宜行事。萧衍留骠骑将军郑绍叔镇守寻阳,自己引兵东下,临行前,他对郑绍叔说:"卿,吾之萧何、寇恂也。前途不捷,我当其咎;粮运不继,卿任其责。"③萧衍将郑绍叔比喻为萧何、寇恂,无疑是自比为汉高祖、汉光武,此时其自比为开国帝王之心已昭然若揭。

上述萧衍自担任雍州刺史以来随着形势的发展变化而逐渐演进的心路历程,表明其图谋夺取皇位的想法日渐形成和清晰,并朝着实现这一目标而坚定地实践着。所以才会有甫入建康即派张弘策率先入宫清理,封府库及图籍这样的部署。

---

① 《梁书》卷一《武帝纪上》。
② 《资治通鉴》卷一四三《齐纪》九,"东昏侯永元二年"条胡三省注。
③ 《资治通鉴》卷一四四《齐纪》一〇,"和帝中兴元年"条。

萧衍进入建康后所做的另一件事,是尊崇宣德皇太后。宣德皇太后王氏讳宝明,于高帝建元四年被立为文惠皇太子妃,其一生经历颇为曲折。她本来是有可能成为皇后的,但随着文惠太子萧长懋于永明十一年正月病逝而化为泡影;四月,齐武帝萧赜立文惠太子的长子萧昭业为皇太孙,王氏由此成为皇太孙太妃;七月,武帝病逝,萧昭业继位,冬十月尊王氏为皇太后,称宣德宫。萧昭业登上皇位未满一年,于隆昌元年(494 年)七月被萧鸾废为郁林王。同年十月,萧鸾即皇帝位,宣德皇太后出宫居鄱阳王故第。直至中兴二年(502 年)正月,萧衍掌控了京城,迎宣德皇太后入宫称制。在中国古代历史上,除了个别例外,国家实权均操于男性之手,女性既无地位也无话语权。但在某些特定时期,也会出现抬出具有特殊身份的女性作为政治斗争工具的现象。在萧齐后期特殊的政治环境中,宣德皇太后王氏就因为其曾被郁林王萧昭业尊为皇太后的特殊身份,而一再被人抬出来加以利用。隆昌元年七月,执掌萧齐军政大权的萧鸾在废黜郁林王时,就曾利用过宣德皇太后,以她的名义发布废黜郁林王的政令;三个月后,萧鸾再次以宣德皇太后的名义发布政令,废黜海陵王,宣布萧鸾以高帝萧道成第三子的身份即位;永元二年(500 年)十二月,南康王萧宝融先后拒绝萧衍和荆州群僚劝其称尊号之议,却在骁骑将军夏侯亶从京师逃归江陵后突然改变态度,原因就在于夏侯亶自称带来了宣德皇太后令:"南康王宜纂承皇祚,光临亿兆,方俟清宫,未即大号;可封十郡为宣城王、相国、荆州牧,加黄钺,选百官,西中郎府、南康国如故。"[①]可见,有了宣德皇太后的懿旨,就为废黜当今皇帝、另立新主的行动披上了合法化的外衣。萧衍耳闻目睹了萧齐后期的这些变故,可谓深谙此道,所以也适时请出了宣德皇太后,借来为自己夺取帝位的行动铺平道路。

萧衍入城后,先命张弘策入宫查封府库及图籍,随即以宣德太

---

① 《资治通鉴》卷一四三《齐纪》九,"东昏侯永元二年"条。

后令,依照汉代海昏侯故事,追废涪陵王萧宝卷为东昏侯,诛杀茹法珍、梅虫儿等佞臣,委任萧衍为中书监、大司马、录尚书事、骠骑大将军、扬州刺史,封为建安郡公,依西晋武陵王司马遵承制故事,百僚致敬。所谓承制,即秉承皇帝的旨意而便宜行事。而此时齐和帝萧宝融并不在京师建康,秉承皇帝旨意在实际中并无可操作性,其实不过是一个幌子而已,只有所谓"便宜行事"才是实实在在的。胡三省对此评论道:"不待西台诏命而以宣德太后令高自署置,萧衍之心,路人所知也。"①事实确乎如此,萧衍假借宣德皇太后令的形式抢先发布重大消息,而且以承制的名义统揽军政大权,其谋夺帝位之心已经昭然若揭。

萧衍既受命承制,为显示除旧布新,在下令大赦的同时,还下令:"凡昏制、谬赋、淫刑、滥役,外可详检前源,悉皆除荡。其主守散失,诸所损耗,精立科条,咸从原例。"又下令,"以义师临阵致命及疾病死亡者,并加葬敛,收恤遗孤"。即使是"逆徒送死者,特许家人殡葬,若无亲属,或有贫苦,二县长尉即为掩埋。建康城内,不达天命,自取沦灭,亦同此科"。② 通过这些命令的颁布,萧衍要废除东昏侯执政时期的一切苛捐杂税、淫刑滥役,殓葬战争中的死者,甚至包括那些自取沦灭的逆徒送死者。萧衍此举,显然是要表明自己与东昏侯是截然不同的,是"明昏递运",即用圣明举措来取代东昏侯的倒行逆施,由此达到收揽朝野人心、稳定社会秩序的目的。

中兴二年(502 年)正月,萧衍迎宣德皇太后入宫,宣布由太后临朝称制,同时解除自己的承制之责,这又是萧衍实施的一箭双雕之策。萧衍再次将宣德皇太后请出并奉迎入宫,显然就是要凭借宣德皇太后的尊崇身份来与尚在江陵的齐和帝萧宝融抗衡。而且齐和帝之所以能在东昏侯未废时就宣布即位,宣德皇太后的所谓

---

① 《资治通鉴》卷一四四《齐纪》一○,"和帝中兴元年"条。
② 《梁书》卷一《武帝纪上》。

懿旨起了很重要的作用,请出宣德皇太后,完全可以压制住和帝,借此增加自己的权威性和正当性,此为萧衍的用意之一。与此同时,萧衍也想用解除自己承制身份的做法来侦伺人心,试探朝臣的反应。尽管萧衍被任命为都督征讨诸军事,作为前敌总指挥率领着雍、荆、湘联军一路势如破竹打进了京师建康,而且在拿下江州后和帝萧宝融又诏命其"若定京邑,得以便宜行事",①但"便宜从事"只是给了他临机处置之权,并没有授予其取萧齐天下而代之的特权。萧衍虽已有自立为帝的意向,但还需要侦伺人心向背以稳操胜算。此时宣布解除自己的承制之责,就是其欲擒故纵的一种手段。

萧衍虽有自立为帝之志,但实在不便自己说破。其实也无须他自己公然昭示于天下,自有洞悉其心中所思所想、并竭力助成之人。早在齐武帝永明年间,竟陵王萧子良开西邸,招文学,萧衍与沈约、范云、任昉等同在"竟陵八友"之列。萧衍与诸人常相唱酬,意好敦密。东昏侯被杀,将其头颅送诣石头城的就是时任国子博士的范云。萧衍见到范云,故友重逢,当即将其留下参与运筹帷幄。至其进入建康、手握朝廷实权之后,又引范云为大司马咨议参军、领录尚书府事,沈约为骠骑大将军府司马,任昉为记室参军,重用三人为心腹,参与谋议。沈约、范云等人都明白萧衍的心思,也期望能攀龙附凤,于是相继劝进。史载:"大司马内有受禅之志,沈约微扣其端,大司马不应。"②此处所说的大司马,即指以宣德皇太后令被任命为中书监、大司马、录尚书事的萧衍。沈约不愧为萧衍"意好敦密"的故友,他深知萧衍的心事,趁机劝说萧衍通过禅让的方式登上帝位。而萧衍依然要故作姿态地推托一番,不予答应。

沈约劝进未果,并不气馁,数日后再次进言道:

---

① 《资治通鉴》卷一四四《齐纪》一〇,"和帝中兴元年"条。
② 《资治通鉴》卷一四五《梁纪》一,"武帝天监元年"条。

今与古异，不可以淳风期万物。士大夫攀龙附凤者，皆望有尺寸之功，以保其福禄。今童儿牧竖，悉知齐祚已终，莫不云明公其人也。天文人事，表革运之征，永元以来，尤为彰著。谶云"行中水，作天子"，此又历然在记。天心不可违，人情不可失。苟是历数所至，虽欲谦光，亦不可得已。①

所谓"行中水"，即是"衍"字。沈约所说的这个谶言，可能确实流行于当时的民间，也可能是沈约为增加劝进的说服力而故意编造的。但不管出于哪种情况，都是要用来证明萧衍"作天子"是顺应天意和民情的。也许是认为时机尚未成熟，对于沈约的劝进，萧衍并未立即接受，而是回答："吾方思之。"沈约再次劝道：

公初杖兵樊、沔，此时应思；今王业已就，何所复思。昔武王伐纣，始入，民便曰吾君，武王不违民意，亦无所思。公自至京邑，已移气序，比于周武，迟速不同。若不早定大业，稽天人之望，脱有一人立异，便损威德。且人非金石，时事难保，岂可以建安之封，遗之子孙？若天子还都，公卿在位，则君臣分定，无复异心。君明于上，臣忠于下，岂复有人方更同公作贼！②

沈约的一番分析，特别是"若天子还都，公卿在位，则君臣分定，无复异心"一语，直指萧衍的心结。沈约辞出后，萧衍就召范云商量，听取他的意见，范云所说与沈约略同。

此时还出现了一个颇有意思的小插曲。史载萧衍被沈约、范云二人说服，在与范云交谈时嘱其明日一早与沈约一起再来。范云出来后把萧衍次日召见之事转告沈约，沈约关照范云明日一定要等他来了一同进见，得到了范云允诺。但沈约却于次日抢先入

① 《梁书》卷一三《沈约传》。
② 同上。

内去见萧衍,萧衍命沈约草拟文件,沈约从怀中取出早已拟好的诏书以及人选安排,完全符合萧衍的心意,一无所改。范云随即也来到殿门外,既不见沈约,又不得入内,只能独自在外徘徊,百思不解这咄咄怪事。沈约为争抢劝进之功竟然不守信诺,由此亦可见沈约之人品。待沈约出来,范云才知道自己遭到了沈约要弄。过了好一会,萧衍召范云入内,感叹沈约的才智纵横,并对范云说:"我起兵于今三年矣,功臣诸将实有其劳,然成帝业者,卿二人也。"①

其实,以萧衍的才智和经验,他又何尝不懂得沈约所分析的道理?特别是东昏侯被杀后,东、西两个政权并立的局面已不复存在,身在江陵的齐和帝萧宝融很快就要返回京城建康。一旦萧宝融回到建康,那时再要废帝自立,恰如沈约所说,便是"作贼"亦即乱臣贼子了。所以,抓住齐和帝尚未回到建康之机,尽快完成禅代,也必定是萧衍自己的打算。对此,胡三省很明确地指出:"萧衍之心,路人所知也,岂必待范云、沈约发其端哉?"②《梁书》《南史》的记载,显然有替萧衍避讳的用意,故意将萧衍代齐的举动说成是接受了沈约、范云建议的结果,而不是出自萧衍本人的策划,希图以此为萧衍粉饰而已。

萧衍虽解除承制之责,但随即又进为都督中外诸军事,而且特许剑履上殿、入朝不趋、赞拜不名。所谓"剑履上殿",是指经帝王特许,权臣上朝时可以不解佩剑、不脱鞋履,以示殊荣;"入朝不趋",是说权臣谒见天子时无须像其他官员那样小步疾行;"赞拜不名",是指权臣朝拜天子时,赞礼的司仪不直呼其姓名而只称官职。剑履上殿、入朝不趋、赞拜不名这些显示殊荣的特许之举,充分证明了权臣的荣耀和地位的尊崇。萧衍以宣德皇太后令的形式赋予自己如此尊崇的特权,正是要宣示自己的威权。不久,又以齐和帝的名义,进萧衍为相国,总百揆,封十郡为梁公,置梁百司,备九锡

---

① 《资治通鉴》卷一四五《梁纪》一,"武帝天监元年"条。
② 《资治通鉴》卷一四四《齐纪》一〇,"和帝中兴元年"条胡三省注。

之礼,位在诸王之上。所谓"九锡",就是九赐。《公羊传·庄公元年》:"锡者何?赐也。"九锡,本来是古代天子赏赐给立有大功或有权势的大臣的车马、衣服、虎贲、弓矢、斧钺等九种器物。但自魏晋至六朝,执掌朝政的权臣在夺取政权、建立新朝前,大都沿袭西汉末年王莽篡汉时先邀九锡的故事,因而"备九锡之礼"就成为权臣篡位的先声。萧衍假借齐和帝的名义给自己"备九锡之礼",其用意不言自明。这一加官进爵之举虽然系萧衍自编自导,但他还是要表示出谦让的态度来推辞再三,纵然有府僚们劝进,仍然不许。直到二月辛酉,府僚们再次恳请,称颂萧衍"据鞍辍哭,厉三军之志;独居掩涕,激义士之心,故能使海若登祇,罄图效祉,山戎、孤竹,束马景从,伐罪吊人,一匡静乱匪叨天功,实勤濡足。龟玉不毁,谁之功欤,独为君子,将使伊、周何地"。① 萧衍这才接受了相国、梁公之命。

仅仅数日之后,刚刚受封为梁公的萧衍,再一次以齐和帝诏命的形式进爵为梁王,封地由十郡增至二十郡,而其相国、扬州牧、骠骑大将军的职务如故。萧衍照例又是坚决推辞,文武百官敦请再三,才在三月癸巳接受了梁王的封号,并享有冕有十二旒,出警入跸,乘金根车、驾六马的特殊礼遇。所谓"十二旒",本意是指天子冕冠前后各有垂悬的十二条玉串。《礼记·玉藻》:"天子玉藻,十有二旒。"汉代郑玄注云:"天子以五采藻为旒,旒十有二。"而"金根车"则是以黄金装饰的帝王专用之车,驾六马。可见,冕冠垂悬十二旒为帝王专享,金根车为帝王专用,都是古代皇帝的标配。萧衍虽然只是梁王,却享有十二旒和金根车等天子专享的礼遇,已如天子一般,此时所缺的,只是还没穿上龙袍,尚未坐上龙椅而已。所有这一切均表明,萧衍离最终登上皇位已经只有一步之遥了。颇值得玩味的是胡三省特别指出:"自进爵为王已上,凡诏皆以宣德

---

① 《南史》卷六《梁本纪上》。

太后称制行之。"①换言之，包括封为梁公、进爵为梁王、备九锡、冕冠十二旒、乘坐金根车在内的所有诏令都是以宣德太后称制的形式发布的，与尚在江陵的齐和帝毫无关系，实际上也就是萧衍在给自己加封、进爵，只不过为了掩人耳目而蒙上了一层遮羞布。

萧衍进入建康，在查封朝廷府库和图籍的同时，还想要趁机接收东昏侯的后宫嫔妃。此时的萧衍年近四十，早已有了家室。其妻郗徽出身名门，母亲是刘宋文帝之女寻阳公主。因其自幼聪慧，仰慕她的王公贵族甚多，刘宋后废帝刘昱曾想纳其为皇后；萧齐初年，高帝萧道成之侄安陆王萧缅也想纳其为妃，郗徽均借口身体有病而予以推托。直到建元末年，萧衍娶其为妻，育有三个女儿。永泰元年（498 年）七月，萧衍出任雍州刺史，郗徽随其前往襄阳赴任。次年八月，郗徽病逝于襄阳，年仅 32 岁。萧衍到襄阳后，又纳年方十四的丁令光为妾，丁令光于中兴元年（501 年）九月生子萧统，即后来的昭明太子。但在萧衍起兵东下时，身怀六甲的丁令光不便随行，故留在襄阳城中，直至萧衍平定京师之后，才携褓褓中的萧统来到建康。

纵观中国历史，凡在改朝换代逐鹿竞争中的获胜者，便视一切皆为其所应得的战利品，不仅包括土地、财富、臣民，而且后宫嫔妃也是归属于他的战利品，萧衍自然也不例外。此时，他虽然在名义上只是梁王，但已与天子无异，冕冠十二旒，乘坐金根车，自然也渴望像天子一样拥有众多后宫佳丽。本来，张弘策率先入宫查封府库及图籍的同时，已将东昏侯极为宠爱的潘妃及嬖臣茹法珍、梅虫儿等人收押入狱。但是萧衍看到潘妃有倾城倾国之貌，便想将其留下，占为己有。这个潘妃并不是寻常的女人，因其貌美妖媚而深得东昏侯宠幸。东昏侯即位，由于太子的生母黄贵嫔早亡，便将太子交给潘妃抚养，拜潘妃为贵妃。史称"帝宠潘妃，后不被遇"，②自

---

① 《资治通鉴》卷一四五《梁纪》一，"武帝天监元年"条胡三省注。
② 《南齐书》卷二〇《皇后传》。

从有了潘贵妃,连褚皇后都备受冷遇。东昏侯对潘妃百般宠爱,出行时,潘妃乘坐卧舆,东昏侯则骑马跟随在后;宫内发生火灾,璿仪、曜灵等十余殿尽毁,东昏侯下令大起诸殿,特地为潘妃建造神仙、永寿、玉寿三殿,皆饰以金璧,其中的玉寿殿更是作飞仙帐,四面绣绮,窗间尽画神仙,凿金银为书字,灵兽、神禽、风云、华炬,为之玩饰;又凿金为莲花以贴地,令潘妃行走其上,谓之"步步生莲花";潘妃服饰极选珍宝,主衣库旧物不敷换用,就命人以高于市价数倍的价格购买人间金银宝物,仅一只琥珀钏就花了一百七十万,又四处搜寻雉头、鹤氅、白鹭缞等珍奇物,嬖幸们趁机从中谋利,课一输十,致使百姓困尽,号泣道路。潘妃恃宠而放恣,威行远近,其父潘宝庆也"恃势作奸,富人悉诬以罪,田宅赀财,莫不启乞,一家被陷,祸及亲邻;又虑后患,尽杀其男口"。① 所以当萧衍想要留下潘妃时,遭到了领军将军王茂的坚决反对,认为"亡齐者此物,留之恐贻外议"。② 王茂所言的前一半,是中国古代视女人为红颜祸水的陈词滥调的翻版,把萧齐的败亡完全归罪于潘妃,显然是不符合事实的,萧齐王朝之所以走到覆亡的境地,与东昏侯执政后期的倒行逆施导致社会矛盾急剧激化密切相关。当然,东昏侯在位期间弄得民怨沸腾,潘妃也多少起了推波助澜的作用,确实难辞其咎,但毕竟不能把主要责任甚至全部责任推到她的头上。而王茂所言的后一半,却说出了当时舆论的实情。如果萧衍不听劝告坚持留下潘妃,必将招致朝廷内外的非议,这是萧衍不能不重视的。取代萧齐的大业毕竟尚未完全实现,此时为了留下一个潘妃而功亏一篑,无疑是因小失大、得不偿失之举。在王茂义正辞严的反对下,萧衍的头脑还算清醒,没有坚持留下潘妃,而是下令将其缢杀于狱。

但萧衍终归心有不甘。虽然因为潘妃的名声太臭太坏,不得不下令将其处死,但萧衍想要接收东昏侯后宫嫔妃的念头并未就

---

① 《资治通鉴》卷一四三《齐纪》九,"东昏侯永元二年"条。
② 《资治通鉴》卷一四四《齐纪》一〇,"和帝中兴元年"条。

此打消。很快，他就收纳了东昏侯的另一宠姬余妃，并且因为沉湎其中而颇妨政事。眼见萧衍迷恋女色而无心处理政事，范云颇为着急，屡次向萧衍提出忠告，可是萧衍不以为然，依旧我行我素。范云决心再对萧衍进行劝谏，他联络了侍中、领军将军王茂，两人一同入见萧衍，范云劝谏道："昔沛公入关，妇女无所幸，此范增所以畏其志大也。今明公始定建康，海内想望风声，奈何袭乱亡之迹，以女德为累乎！"王茂也与范云密切呼应，下拜道："范云言是也。公必以天下为念，无宜留此。"①范云和王茂二人，一文一武，均是萧衍的心腹亲信，他们的劝谏，都是希望萧衍勿忘远大志向，应以天下大事为重，而不能沉迷于女色。毕竟，西晋时杜预就已指出："妇女之志，近之则不知止足。"②历史上因沉湎女色而致乱亡的教训实在太多了，熟知历史的萧衍对此自然不会不知，所以在范云、王茂的联合劝谏下，只能沉默无语。范云见状，立即趁热打铁，请求将余氏赏赐给王茂。萧衍理解范云、王茂二人劝谏的一片苦心，也赞赏他们的敢于直言，虽然不舍，但还是答应了范云的请求，将余氏赏给了王茂。为了表彰范云、王茂的耿耿忠心，次日又赏赐二人钱各百万。

　　萧衍想留下潘妃，遭到王茂反对而最终将潘妃缢杀；收纳了余妃，又因范云、王茂的劝谏而忍痛赏赐给王茂，这两件事情，均表明覆齐大业实现之前的萧衍虽然也迷恋女色，但仍然能以大局为重、以夺取天下为重，勇于接受臣属的劝谏，与东昏侯之类亡国之君有着很大的不同。不过，东昏侯的后宫嫔妃还是有几个被萧衍收为己有，其中史籍有明文记载的就有两个：一个是阮令嬴，一个是吴淑媛。阮令嬴，本姓石，会稽余姚人，初被始安王萧遥光所纳。萧遥光败死后，又入东昏侯后宫。从其先后被始安王萧遥光和东昏侯萧宝卷看中的经历看，应该是一个颇有姿色的女子。萧衍平定

---

①　《资治通鉴》卷一四五《梁纪》一，"武帝天监元年"条。
②　同上。

建康后,即将其纳为采女。阮令嬴于天监七年生萧绎,卒于大同六年,享年六十七。以此推算,萧衍纳其为采女时,阮令嬴年已三十,这在早婚早育的古代也算不年轻了,而萧衍依然宠幸她,足见其姿色不减。吴淑媛,史载其"自齐东昏宫得幸于高祖",[①]可知也是在萧衍平定京师后得之于东昏侯的后宫,而且因为在得到萧衍宠幸的七个月后即生萧综,"宫中多疑之",怀疑萧综实为东昏侯的遗腹子,由此还引出了后来萧综叛降北魏的闹剧。阮令嬴和吴淑媛之所以能够在史籍中留下记载,正是封建社会"母以子贵"的典型表现,因为她们都为萧衍生了儿子,而且萧绎后来成了梁元帝,萧综则被封为豫章王。萧衍在平定建康后汲汲于接收东昏侯的后宫嫔妃,固然是其迷恋女色的贪婪本性所致,但同时也是胜利者攫取战利品的一种表现,是其显示至尊特权的一种炫耀。

就在萧衍按照自己的设计,一步步走向权力之巅的时候,又发生了一个小小的插曲。

湘东王萧宝晊,是齐明帝萧鸾的亲兄弟萧缅之子。萧鸾与萧缅兄弟二人自幼就非常友爱,永明九年萧缅病逝后,萧鸾每次面对萧缅之灵都恸哭不已,泣不成声。建武元年,萧鸾即帝位,追赠萧缅为安陆王。萧宝晊作为萧缅的长子,袭封为安陆王,出任督湘州军事、辅国将军、湘州刺史,次年又进号为冠军将军。东昏侯继位,改封萧宝晊为湘东王。东昏侯被杀后,正在建康城里的萧宝晊自以为众望所归,而且齐明帝一系诸王以他最为年长,理应由他继位,满心期待着朝臣们备了法驾前来迎接。但是东昏侯的首级并未送到他的府邸,而是送到了萧衍那里。为此,他深感失落和不平。虽然萧衍给了他太常的职位,但他心里很是不安,结果在中兴二年二月被萧衍所杀。萧宝晊被杀的原因,史书所述不一。《南齐书》称"宝晊不自安,谋反,兄弟皆伏诛"。[②]《南史》记述基本一致,

---

① 《梁书》卷五五《豫章王萧综传》。

② 《南齐书》卷四五《萧宝晊传》。

称其"拜太常,不自安。谋反,与弟江陵公宝览、霄城公宝宏皆伏诛"。① 似乎是因为他谋反而被萧衍所杀。但《资治通鉴》的记述则有不同:"梁公称宝晊谋反,并其弟江陵公宝览、汝南公宝宏皆杀之。"②此处一个"称"字用得极妙。萧宝晊心内不满、不安,看来是确实的;但在萧衍已掌握绝对权势的情况下,萧宝晊以没有实权的湘东王而想与之抗争,则是不可思议的。故"谋反"的罪名应该是萧衍强加在其头上的,不过是萧衍诛杀其兄弟的一个借口。而且史籍并无其兄弟萧宝览、萧宝宏参与"谋反"的任何记载,也被萧衍一并诛杀,更可见所谓"谋反"是莫须有的罪名。萧宝晊兄弟的被杀,释放了一个信号,表明萧衍将要向齐明帝一系诸王动手了。果然,时隔不久的当年三月,萧衍就同时诛杀了邵陵王萧宝攸、晋熙王萧宝嵩、桂阳王萧宝贞,三王被杀的原因,据《南齐书》所载,邵陵王萧宝攸于"中兴二年,谋反,宣德太后令赐死";晋熙王萧宝嵩"中兴元年,和帝以为中书令。明年,谋反伏诛";桂阳王萧宝贞"中兴二年,谋反伏诛"。③ 这样的记述显然也是《南齐书》的作者萧子显为萧衍讳的曲笔,是要掩盖萧衍肆意屠戮的真相。加在三王头上的罪名都是"谋反",其实与萧宝晊三兄弟被杀应该是同样的原因,那就是萧衍为顺利登上皇位而大开杀戒。本来,萧鸾第六子鄱阳王萧宝寅也在萧衍计划诛杀之列,只因最初的防守措施不太严密,萧宝寅家的阉人颜文智与左右密谋,趁夜带着萧宝寅穿墙而出,登上江边事先准备的小船,换上黑布短衣,乔装打扮成钓鱼的人,骗过追赶的守兵,昼伏夜行,抵达寿阳东城投降了北魏,这才逃过一劫。

上述史实表明,萧衍在最终夺取萧齐政权之前,就已开始实施报复性的杀戮,而其杀戮的对象直指齐明帝一系的诸王。齐明帝

---

① 《南史》卷四一《萧宝晊传》。
② 《资治通鉴》卷一四五《梁纪》一,"武帝天监元年"条。
③ 《南齐书》卷五〇《明七王传》。

兄弟三人：萧凤、萧鸾、萧缅。兄长萧凤死于刘宋时期，留有三个儿子，长子萧遥光在东昏侯即位后因谋叛被杀，次子萧遥欣死于永元元年，三子萧遥昌卒于永泰元年，均死于萧衍起兵之前。萧缅也有三个儿子，即湘东王萧宝晊、江陵公萧宝览、汝南公萧宝宏，兄弟三人被萧衍于中兴二年二月同时诛杀。齐明帝萧鸾有子十一人，除了第七子、第八子早夭，其余九子分别是：巴陵隐王萧宝义、东昏侯萧宝卷、江夏王萧宝玄、和帝萧宝融、庐陵王萧宝源、鄱阳王萧宝寅、邵陵王萧宝攸、晋熙王萧宝嵩、桂阳王萧宝贞。其中，萧宝玄因在永元二年参与崔慧景叛乱，兵败后被东昏侯诛杀；东昏侯则在中兴元年十二月被属下所杀；萧宝攸、萧宝嵩、萧宝贞三王死于萧衍之手。加上萧宝寅逃奔北魏，至中兴二年三月和帝下诏宣布将皇位禅让给萧衍之前，齐明帝诸子仅剩萧宝义、萧宝融、萧宝源三人，而萧宝义因为自幼就有废疾、口不能言，构不成对萧衍的威胁；齐和帝萧宝融未至京师，暂时还不能对其下手。至于萧宝源，则在中兴二年三月和帝下诏的次日突然死亡。胡三省注曰："非疾也。"[1]很明显，既然"非疾"，萧宝源当是死于非命，而有能力致其于死地的，自然还是萧衍。至此，齐明帝的子侄几乎被萧衍屠戮殆尽。

对于残酷屠戮齐明帝一系诸王的行为，萧衍曾为自己作过辩解。天监元年四月，萧齐豫章王萧嶷的儿子萧子恪、萧子范因事入朝，萧衍在文德殿接见他们时说道："建武屠灭卿门，我起义兵，非惟自雪门耻，亦是为卿兄弟报仇。……我今为卿报仇，且时代革异，望卿兄弟尽节报我耳。且我自藉丧乱，代明帝家天下，不取卿家天下。"[2]萧衍的话，无非是要表明：当年萧鸾曾经残酷地屠戮高帝、武帝的子孙，他举事起兵，之所以诛杀齐明帝一系的诸王之由，其不仅是"自雪门耻"，也是为齐高帝和武帝的子孙报仇，以此来标

---

① 《资治通鉴》卷一四五《梁纪》一，"武帝天监元年"条。
② 《南史》卷四二《齐高帝诸子传上》。

榜自己行动的正义性,抢占道德的制高点。但"自雪门耻"一语,还是透露出萧衍之所以诛杀齐明帝一系诸王之由,其原因之一就是为了要报杀兄之仇,显然是一种"报复性杀戮"。其实,萧衍是没有资格说什么为高、武子孙报仇的,当年齐明帝屠戮高、武一系诸王,萧衍正是为虎作伥的帮凶之一。而且萧衍诛杀明帝诸子侄,与明帝屠戮高、武子孙的目的其实也是如出一辙,都不过是为了翦灭妨碍其夺取皇位的潜在威胁而已。至于"代明帝家天下,不取卿家天下"云云,则是竭力要证明自己覆齐建梁的历史正当性,以争取尽可能多的支持。历史往往会有惊人的相似之处。仅仅时隔不到十年,竟然先后出现了萧鸾和萧衍两次针对萧齐皇室诸王的大屠戮。吕思勉先生就此评论说:"争夺相杀之祸,推波助澜,至于如此,可惊,亦可哀矣。"①封建时代抢夺最高权力的斗争之激烈与惨酷,于此可见一斑。

就在萧衍诛杀萧宝晊三兄弟的同时,和帝萧宝融也从江陵踏上了东归建康之路。此时,萧衍的六弟萧宏为西中郎将、中护军,统领石头戍军事;七弟萧秀为南徐州刺史,镇守京口;八弟萧伟为雍州刺史,驻守襄阳;九弟萧恢在京师为冠军将军、右卫将军;幼弟萧憺以都督荆湘等六州诸军事、荆州刺史的身份留镇江陵,而萧衍则亲自兼任扬州刺史。萧齐疆域内的扬州、荆州、南徐州、雍州等重要州郡以及京师卫戍均在萧衍兄弟的掌握之下,和帝萧宝融实际上只是萧衍玩弄于股掌之中的傀儡而已。萧宝融从长江顺流而下,于三月庚戌行至姑熟即不再前进,并于六天后下诏禅位于梁。这又是一个让人颇为生疑的举动。姑熟即今安徽当涂,距建康不过一百余里的路程,而且其时并无战事,和帝为何抵达姑熟就裹足不前、滞留数天之久?究竟是什么原因致使萧宝融不能顺势东进至建康?又是谁命其在姑熟下诏禅位?合理的解释只有一个:担心萧宝融进入建康后可能会带来麻烦的人,只能是萧衍。联系到

---

① 吕思勉:《两晋南北朝史》(上),第413页。

萧衍平定建康后沈约劝进时所言:"若天子还都,公卿在位,则君臣分定,无复异心。君明于上,臣忠于下,岂复有人方更同公作贼!"①萧宝融尽管只是有名无实的皇帝,但毕竟是以宣德皇太后颁令的形式即位的,而且也得到了包括萧衍在内文武大臣的认可。如果他回到京师建康,则君臣名分已定,再要逼其禅位,就如乱臣贼子一般。所以,萧衍必须阻止萧宝融回到建康,而且必须抓紧时机逼迫他将皇位禅让给自己。于是,萧宝融进抵姑熟后就不得不停滞不前,并且在六天后的三月丙辰下诏称:"夫五德更始,三正迭兴,驭物资贤,登庸启圣,故帝迹所以代昌,王度所以改耀。革晦以明,由来尚矣。"这是说改朝换代的历史正当性;诏文又称:"相国梁王,天诞睿哲,神纵灵武,德格玄祇,功均造物。止宗社之横流,反生民之涂炭。扶倾颓构之下,拯溺逝川之中。九区重缉,四维更纽。绝礼还纪,崩乐复张。文馆盈绅,戎亭息警。浃海宇以驰风,馨轮裳而禀朔。八表呈祥,五灵效祉。岂止鳞羽祯奇,云星瑞色而已哉!勋茂于百王,道昭乎万代,固以明配上天,光华日月者也。"②这是称颂萧衍拯生民于涂炭,扶大厦于将倾,功勋胜过百王,道德昭彰万代,明配上天,光华日月,皇位自然应该由其继承。这篇禅位诏文,无疑也是在萧衍授意下写成的。

四月辛酉,禅位诏书送至建康。宣德皇太后再一次也是最后一次颁令:"西诏至,帝宪章前代,敬禅神器于梁,明可临轩遣使,恭授玺绂,未亡人便归于别宫。"③直至此时,萧衍仍然要谦让一番,抗表陈让,其辞让之举自然不会被接受。以豫章王萧元琳为首的萧齐百官八百一十九人、梁王属下的侍中范云等一百一十七人,联名上表劝进,萧衍依旧谦让不受。直至太史令蒋道秀陈述天文符谶六十四条,力证萧衍继位的合法性,加上群臣反复劝进,萧衍这才听从了臣僚们的劝进。五天后的四月丙寅,梁王萧衍即皇帝位于

---

① 《梁书》卷一三《沈约传》。
② 《梁书》卷一《武帝纪上》。
③ 《南史》卷六《梁本纪上》。

京城南郊,大赦,改元天监,是为梁武帝。齐和帝萧宝融降封为巴陵王,就居住于滞留不进的姑熟,不再具有利用价值的宣德皇太后则逊居外宫,萧齐王朝至此宣告正式终结。以禅让的方式取代刘宋的萧齐政权,最终被萧梁以同样的禅让方式所取代,南齐经历了高帝、武帝、郁林王、海陵王、明帝、东昏侯、和帝前后共七帝,只有短暂的二十四年。

第三章 治国方略

　　梁武帝萧衍自天监元年(502 年)四月登基,至太清三年(549 年)五月病逝,前后四十八年,其在位时间之长,历史上并不多见。在中国两千多年的封建社会历史上,在位时间最长的是清圣祖玄烨,其康熙年号自 1662 年至 1722 年,使用了整整六十一年。其实,玄烨早在顺治十八年(1661 年)正月就已继位,实际在位时间应该是六十二年。其次是清高宗弘历,于雍正十三年(1735 年)八月继位,次年改年号为乾隆,因为不能超过其祖父康熙帝,于乾隆六十年(1795 年)九月宣布明年禅位,自称太上皇帝。位居第三的是汉武帝刘彻,自公元前 140 年至公元前 87 年,在位五十三年有余。梁武帝萧衍在位时间之长,在中国古代历史上仅次于清圣祖、清高宗和汉武帝,位列第四。而在南朝宋、齐、梁、陈四个朝代中,萧衍则高居首位,被其取代的萧齐王朝前后经历了七个皇帝,加在一起,持续的时间也仅及萧衍一人执政时间的一半。处在南北对峙、社会动荡的艰难时势而能执政如此之久,不能不说是一个奇迹。这一奇迹的出现,固然因为随着当时南北对峙双方力量的消长,萧梁拥有一个相对有利的外部环境,从而使得萧衍能够将主要精力用于内部治理;但更重要的还是与萧衍即位后的治国方略密切相关。

萧衍建梁时,北方与之对峙的是北魏政权。此时,大力实施改革使北魏日益强盛的孝文帝元宏已于公元 499 年病逝,继位的宣武帝元恪无论是文韬还是武略都明显不及孝文帝,北魏的国力已呈衰颓之势。及至北魏后期,社会矛盾日益激化,更是相继爆发了六镇起义、河阴之变等重大事件,严重削弱了北魏的国力,并导致了东、西魏的分裂。北方政权自顾不暇,虽然与南方的对峙局面没有改变,南北双方的攻防战争时有发生,但北方政权对萧梁的威胁无疑已大大减弱,这就使得萧衍能够集中主要精力于内部的治理,通过一系列措施以缓解矛盾、稳定秩序、发展经济、倡导文教,并取得了明显的成效。

一、对前朝宗室打压与笼络兼施

对萧齐宗室实行区别对待、打压与笼络并举的政策,既清除潜在的危险,又争取尽可能多的支持,是萧衍登基后实施的一项重要的政治举措。

萧衍以禅让的方式夺取萧齐政权前后,就已开始实施报复性的杀戮。他要为死于东昏侯之手的兄长萧懿报仇,更因为他的帝位是从齐明帝萧鸾的儿子手中夺取的,因此为稳固自己的地位,必须将尚存的齐明帝诸子斩尽杀绝。至中兴二年三月丙辰齐和帝下诏禅位时,齐明帝的十一个儿子中,除两人早夭,东昏侯、萧宝玄、萧宝攸、萧宝嵩、萧宝贞等五人已经被杀,萧宝寅逃奔北魏,仅剩晋安王萧宝义、刚宣布禅位的和帝萧宝融、庐陵王萧宝源三人。但萧衍并不想就此罢手。

三月丁巳,即齐和帝下诏禅位的次日,齐明帝萧鸾的第五子萧宝源暴卒。胡三省指出:"非疾也。"[①]很明显,既然"非疾",萧宝源当是死于非命。

---

① 《资治通鉴》卷一四五《梁纪》一,"武帝天监元年"条。

同年四月丙寅,萧衍登基,宣布大赦,并改元天监。逊位的和帝萧宝融降为巴陵王,居于姑熟。本来梁武帝想以"滨际海隅"的南海郡为巴陵国,作为萧宝融的封地,让其远离京师,徙居该处。但是沈约却竭力主张斩草除根,他向萧衍建议说:"古今殊事,魏武云'不可慕虚名而受实祸'。"一席话提醒了萧衍,即派亲信携生金前往姑熟,令萧宝融吞金自杀。萧宝融说:"我死不须金,醇酒足矣。"①于是饮酒一升,沉醉后被杀,年仅十五。沈约这一力劝萧衍斩尽杀绝的"献言"确实是十分恶毒而狠辣的,据说沈约日后曾有齐和帝用剑割断其舌的噩梦,胡三省因此认为这是"天之报应固不爽也"。② 以沈约平素的为人,即使真的做过这样的噩梦,也绝不可能向别人吐露。因此,这只能是当时人或后来的史家为讥讽沈约而编排出来的。上天报应之说固然不能置信,由此却也折射出社会舆论对沈约的不屑。

至此,齐明帝萧鸾的众多子嗣中仅剩长子萧宝义一人。只是因为他"幼有废疾,不能言",③故才逃过诛杀,被萧衍封为巴陵王,奉齐祀。萧衍对齐明帝诸子可谓是绝不手软、斩草除根了。

天监元年(502年)四月,萧齐豫章王萧嶷的儿子萧子恪、萧子范因事入朝,萧衍在文德殿引见,对他们说:

> 夫天下之宝,本是公器,苟无期运,虽有项籍之力,终亦败亡。……我初平建康城,朝廷内外皆劝我云:"时代革异,物心须一,宜行处分。"我于时依此而行,谁谓不可?政言江左以来,代谢必相诛戮,此是伤于和气,国祚例不灵长。此是一义。二者,齐、梁虽曰革代,义异往时。我与卿兄弟宗属未远,卿勿言兄弟是亲,人家兄弟自有周旋者不周旋者,况五服之属邪?齐业之初,亦是甘苦共尝,腹心在我,卿兄弟年少,理当不悉。

---

① 《资治通鉴》卷一四五《梁纪》一,"武帝天监元年"条。
② 同上。
③ 同上。

我与卿兄弟便是情同一家,岂当都不念此,作行路事。此是二义。且建武屠灭卿门,我起义兵,非惟自雪门耻,亦是为卿兄弟报仇。卿若能在建武、永元之时拨乱反正,我虽起樊、邓,岂得不释戈推奉。我今为卿报仇,且时代革异,望卿兄弟尽节报我耳。且我自藉丧乱,代明帝家天下,不取卿家天下。①

萧衍洋洋洒洒的一大段话,无非是要表明:东晋以来凡王朝代谢必相诛戮,但这样做的结果既伤于和气又使国祚不能长久,他虽然取代了萧齐,但绝不会这样做。之所以诛杀齐明帝一系的诸王,不仅是"自雪门耻",也是为齐高帝和武帝的子孙报仇,以此来拉近与齐高帝、武帝子孙的关系,取得他们的支持。但"自雪门耻"一语,还是透露出萧衍之所以诛杀齐明帝一系诸王,就是为了要报杀兄之仇。至于"天下之宝,本是公器""代明帝家天下,不取卿家天下"云云,则是萧衍竭力要证明自己覆齐建梁的正当性,争取萧子恪兄弟的支持,使之"尽节报我"。

对萧齐宗室,萧衍并未采取一味诛杀的举措,而是实行了区别对待的政策,这是他吸取前朝"代谢必相诛戮"导致"伤于和气,国祚例不灵长"教训的高明之处。他竭力要打击和清除的只是齐明帝萧鸾一系诸王,对于齐高帝、武帝一脉的宗室子弟,不仅没有赶尽杀绝,反而任用他们为官,加以笼络和利用。在召见萧子恪、萧子范兄弟时,萧衍还说:"卿今日犹是宗室,我方坦然相期,卿无复怀自外之意! 小待,当自知我寸心。"②萧衍又曾让人传话给萧子恪兄弟:"汝比见北第诸郎不? 若见道我此意:今日虽是革代,情同一家;但今磐石未立,所以未得用诸郎。非惟在我未宜,我亦是欲使诸郎得安耳。但闭门高枕,后自当见我心。"③他之所以一再向萧子恪兄弟作这样的表示,希望他们能"自知我寸心""自当见我心",

---

① 《南史》卷四二《齐高帝诸子传上》。
② 《资治通鉴》卷一四五《梁纪》一,"武帝天监元年"条。
③ 《南史》卷四二《齐高帝诸子传上》。

固然不排除其中有分化拉拢的策略考虑,但也确实有推心置腹的诚意在。为了梁朝统治的长治久安,萧衍自然是希望萧子恪兄弟能接受他覆齐建梁的现实,体会他的坦然之心,不怀"自外之意"而为其效力。后来的事实也确乎如此,萧子恪兄弟十六人,在萧衍的感召下皆出仕为官,其中,萧子恪累迁都官尚书、吏部尚书,萧子范为秘书监、光禄大夫,萧子显历任国子祭酒、侍中、吏部尚书,萧子云官至吏部尚书、侍中、国子祭酒、宗正卿,萧子晖曾任安西武陵王咨议、新繁令、骠骑长史,兄弟诸人均以才能知名,历官清显,各以寿终。从《隋书·经籍志》的著录可见,萧子范、萧子云、萧子晖兄弟三人分别有文集传世,萧子显则在得到梁武帝许可之后撰写了留存后世的《南齐书》。史家认为这说明萧衍翦除的目标很明确,"所诛夷者齐明帝之后,高帝之后固无恙也",①体现了区别对待、分化瓦解的意图。萧衍之所以能这样对待萧子恪兄弟,表明他熟知并不遥远的刘宋、萧齐等前朝的历史,从前车之鉴中吸取了经验教训,如同他召见萧子恪、萧子范时所言:"江左以来,代谢必相诛戮,此是伤于和气,国祚例不灵长。"为了梁朝的国祚久远,就不能不有所改变。对此,史家亦有较公允的评价:"自宋受晋终,马氏遂为废姓;齐受宋禅,刘宗尽见诛夷。梁武革齐,弗取前辙,子恪兄弟,并皆录用。"并指出萧衍此举的深意在于"密图远算,意在求安"。② 观察和判断一个人,固然要看其"所为",更要看其"所不为",亦即不仅要看他做什么,更要看他不做什么。《荀子·儒效》说:"君子之所谓贤者,非能遍能人之所能之谓也;君子之所谓知者,非能遍知人之所知之谓也;君子之所谓辩者,非能遍辩人之所辩之谓也;君子之所谓察者,非能遍察人之所察之谓也,有所止矣。"也就是说,君子之所以为君子,并不是因为他比别人更贤能、更有知识、更善辩、更具洞察力,而是在于他知道"有所止"。因为"有所止",所以

---

① 《资治通鉴》卷一四五《梁纪》一,"武帝天监元年"条胡三省注。
② 《南史》卷四三《齐高帝诸子传下》"论曰"。

"有所不为"。萧衍在即位之初,应该就是这样一位"知其所止"的贤者。他通过禅代建立梁朝后,为实现长治久安的目标,对萧齐宗室实行区别对待、打拉兼施的策略;他"弗取前辙",亦即极力避免重蹈覆辙,表明他比刘裕、萧道成等开国君主站得更高、看得更远,因而胸襟也更开阔,采取的策略更稳妥,对于巩固其统治确实起到了一定的积极作用。

二、宽待有节之士

梁武帝为稳固统治而采取的又一政治举措,是特别宽容有节之士,既以此彰显儒家的忠节理念,又藉以争取更多的支持,扩大自己的统治基础。

早在中兴元年萧衍率师东下,四方纷起响应,各地守将纷纷倒戈归附时,豫州刺史马仙琕却拥众不肯归附。马仙琕是萧齐旧臣,"少以果敢闻",起家郢州主簿,迁任武骑常侍,在安陆王萧缅手下效力,萧缅卒后又追随萧鸾。东昏侯继位后的永元年间,萧遥光、崔慧景相继谋叛,马仙琕参与平定叛乱,屡立战功,以功勋升至前将军,出为龙骧将军,南汝阴、谯二郡太守。裴叔业降魏,寿阳沦陷,北魏将领王肃侵扰边境,马仙琕率军力战,以寡克众,其骁勇善战令北魏士卒甚为忌惮。不久,马仙琕又以战功升迁为宁朔将军、豫州刺史。对于这样一员勇将,萧衍自然想收为己用,因而便派马仙琕的故人姚仲宾前往劝说。故旧知己到来,马仙琕不为所动,先是摆下酒席以礼相待,随后却在军门前将姚仲宾斩首示众,以示绝不背弃萧齐朝廷之志。萧衍不甘心,再派马仙琕的族叔马怀远前去劝说,孰料马仙琕宣称大义灭亲,又下令斩杀其族叔。马怀远畏惧号泣,军中纷纷为其求情,其族叔才免一死。萧衍的军队进抵新林后,马仙琕仍然率兵在历阳钞略漕运船只,阻挠萧衍的进军步伐。直至萧衍占领宫城,马仙琕闻讯后号哭一宿,然后对手下将士说:"我受人任寄,义不容降,今众寡不侔,势必屠灭。公等虽无二心,其如亲老何。我为忠臣,君为孝子,各尽其道,不亦可乎!"①乃悉遣城内守军出降,自率数十壮士闭门固守。俄而萧衍的军队攻入,团团围困数十重,马仙琕命令士卒皆持满弓,围困的士兵不敢靠近,双方对峙直至日暮,马仙琕才扔下弓矢说:"诸君但来见取,我义不降。"②被俘获后槛车送往建康。

无独有偶,还有一个吴兴太守袁昂,当萧衍进围宫城、州郡牧守争相遣使请降时,唯有他拒不受命。袁昂出身名门,本名千里,永明年间齐武帝亲自为其改名为昂,字千里,可见对他的赏识非同一般。萧鸾为领军时也钦慕袁昂风素,礼遇其隆,即位后更是"奏事多留与语",③深为器重。袁昂的从叔袁粲在刘宋后废帝时与萧道成、褚渊、刘秉并为"四贵",轮流入值,平决万机。顺帝即位后,袁粲迁中书监,司徒、侍中如故。其时萧道成正加紧策划取代刘宋,袁粲"自以身受顾托,不欲事二姓,密有异图",④事败后被杀。袁昂继承了其家族的门风,在萧衍起兵后州郡望风皆降之时,唯独袁昂以区区吴兴太守而坚拒不从。萧衍并不因其官职低而漠视,相反对其十分看重,亲笔写下书信劝谕说:

> 足下欲以区区之郡,御堂堂之师,根本既倾,枝叶安附?童儿牧竖,咸谓其非,求之明鉴,实所未达。今竭力昏主,未足为忠;家门屠灭,非所谓孝。忠孝俱尽,将欲何依?岂若翻然改图,自招多福,进则远害全身,退则长守禄位。去就之宜,幸加详择。⑤

袁昂接书,当即回复道:

---

① 《南史》卷二六《马仙琕传》。
② 《资治通鉴》卷一四四《齐纪》一〇,"和帝中兴元年"条。
③ 《南史》卷二六《袁昂传》。
④ 《南史》卷二六《袁粲传》。
⑤ 《梁书》卷三一《袁昂传》。

自承麾旆届至，莫不膝坦军门，唯仆一人敢后至者，政以内揆庸素，文武无施，直是东国贱男子耳。虽欲献心，不增大师之勇；置其愚默，宁沮众军之威。幸籍将军含弘之大，可得从容以礼。窃以一餐微施，尚复投殒；况食人之禄，而顿忘一旦。非唯物议不可，亦恐明公鄙之。所以踌躇，未遑荐璧。[1]

表明了自己绝不"食人之禄，而顿忘一旦"的态度。萧衍进入建康之后，袁昂"举哀恸哭"。即使在萧衍派兵抵达吴兴后，袁昂知道众寡不敌，也只是开门撤防、放弃抵抗而已，却依然不肯请降。

对于马仙琕、袁昂这两个拒不归附、执意与自己为敌的州郡牧守，萧衍既未恼怒也不斩杀，反而表现出了宽宏大量的气度。他派豫州刺史李元履巡抚东土时特意告诫说："袁昂道素之门，世有忠节，天下须共容之，勿以兵威陵辱。"[2]当槛车把马仙琕送到建康时，萧衍将其从槛车中释放，并让他等袁昂到了一起进入，说要"令天下见二义士"。[3] 萧衍将两个宁死不降的州郡牧守称为义士，显然是要借此表达自己宽容大度的胸襟，收揽人心以为己用；同时也是要旌扬"忠节"，让臣下们死心塌地为己效忠。果然，马仙琕在向萧衍致谢时说："小人如失主犬，后主饲之，便复为用。"[4]为表忠诚，不惜自贬为犬，也可见萧衍的举动确实收到了成效。此后，马、袁二人都得到了萧衍的厚遇和重用，马仙琕成为萧衍手下的一员猛将，在与北魏的历次攻防中战功卓著，"每战，勇冠三军，当其冲者，莫不摧破"，"战多克捷，士卒亦甘心为之用，高祖雅爱仗之"；[5]袁昂也先后担任吏部尚书、中书监、尚书令等显要官职，深受萧衍器重。东晋以来，随着门阀制度的确立，享有特权的门阀世家对于君统的

---

① 《梁书》卷三一《袁昂传》。
② 《资治通鉴》卷一四四《齐纪》一〇，"和帝中兴元年"条。
③ 同上。
④ 《梁书》卷一七《马仙琕传》。
⑤ 同上。

变易、朝代的更迭不甚介意,唯独对自己的门第和利益却百般维护,所谓"虽市朝革易,而我之门第如故"。① 正是在这种观念的支配下,东晋南朝很少有尽忠朝廷、为君王死节的大臣,用赵翼的话来说,就是"江左世族无功臣"。这是与儒家所倡导的封建纲常相悖的。在"晋、宋以降,为大臣者,怙其世族之荣,以瓦全为善术,而视天位之去来,如浮云之过目"②的时势下,萧衍宽容反对者、旌扬"义士"之举,既宣扬了忠节,又收揽了人心,无疑是大有利于稳固其统治的。

三、重用贤臣良将

"为政之要,惟在得人",这是历来治国理政的宝典,也是无数历史经验的总结。熟知历史的萧衍,自然对此有非常清醒的认识,他晚年曾在诏令中说过:"为国在于多士,宁下寄于得人。"③如同历史上创立新朝的开国帝王大多注重任用贤臣一样,梁武帝萧衍在其执政的相当一段时期内也非常注重任贤臣、用良将。这是他在政治上实施的重要措施之三。

在任用贤臣方面,史称梁世贤相的范云、徐勉等人是其典型代表。

范云是晋代平北将军范汪的六世孙,六岁就跟其姑父读《毛诗》,日诵九纸,时人赞誉其有公辅之才。他"性机警,有识具,善属文,下笔辄成,时人每疑其宿构",多年追随竟陵王萧子良,被尊为上宾,深相亲任。范云性颇激厉,"每陈朝政得失于子良",并时常对萧子良进行规谏。史载萧子良曾为范云向齐武帝求禄,齐武帝却认为范云谄事萧子良,不仅不应加禄,相反还要处罚。萧子良回答说:"云之事臣,动相箴谏,谏书存者百有余纸。"齐武帝细读谏

---

① 赵翼:《廿二史札记》卷一二《江左世族无功臣》。
② 王夫之:《读通鉴论》卷一七《梁武帝》。
③ 《梁书》卷三《武帝纪下》。

书，发现"言皆切至"，磋叹良久，感叹道："不意范云乃尔。"①范云与萧衍更是故交，两人同在竟陵王萧子良西邸"八友"之列，意好敦密，非同一般。萧衍进入建康、执掌朝政之后，就将范云召至麾下，命其统管录尚书府事。范云为人耿直，敢言直谏。萧衍甫入建康，即纳东昏侯余妃，范云劝谏而不听。但他并不就此作罢，又与领军将军王茂一起进入萧衍卧室再次劝谏："昔汉祖居山东，贪财好色；及入关定秦，财帛无所取，妇女无所幸，范增以为其志大故也。今明公始定天下，海内想望风声，奈何袭混乱之踪，以女德为累。"一番话说得萧衍无言以对，只得接受范云的建议，把余妃转送给了王茂。萧衍接受禅让礼毕，范云又告诫他："愿陛下日慎一日。"②说得萧衍连连称善。当日，范云被任命为吏部尚书，担负起选官用人的重任。自掌管选官，范云"以旧恩见拔，超居佐命，尽诚翊亮，知无不为"。史称其"任守隆重，书牍盈案，宾客满门，云应对如流，无所壅滞，官曹文墨，发摘若神，时人咸服其明赡"。萧衍"亦推心任之，所奏多允"。③范云比萧衍年长十三岁，萧衍称帝后，曾在宴会上对临川王萧宏、鄱阳王萧恢两个兄弟说："我与范尚书少亲善，申四海之敬。今为天下主，此礼既革，汝宜代我呼范为兄。"④二王即下席拜范云，并与之同车还尚书下省，时人荣之。天监二年，范云病卒，梁武帝萧衍闻讯为之流涕，当即舆驾亲往吊唁，伤悼于怀。

范云卒后，萧衍又以尚书左丞徐勉和右卫将军周舍二人同参国政。徐勉"幼孤贫，早励清节。年六岁，时属霖雨，家人祈霁，率尔为文，见称耆宿。及长，笃志好学"。太尉王俭时为祭酒，每次见到徐勉，常目送之，说："此子非常器也。"每每称赞徐勉有宰辅之量。徐勉起家王国侍郎，补太学博士，"时每有议定，勉理证明允，

---

①　《南史》卷五七《范云传》。
②　《梁书》卷一七《范云传》。
③　同上。
④　《南史》卷五七《范云传》。

莫能贬夺,同官咸取则焉"。①徐勉在与萧懿交游时,就已经得到了萧衍的器重和欣赏。及至萧衍兵临建康,徐勉前往新林谒见,萧衍甚加恩礼,命其掌管书记。萧衍即位后,又拜中书侍郎,进领中书通事舍人,入值内省。"自掌枢宪,多所纠举,时论以为称职"。②天监二年,徐勉出任给事黄门侍郎、尚书吏部郎,参掌大选。天监六年,再迁给事中、吏部尚书。徐勉与周舍"两人俱称贤相,常留省内,罕得休下"。③据史书记载,徐勉参掌政务,夙夜辛劳,经常数旬才回家一次,以致家中群犬因陌生而对其狂吠不止。他位居吏部尚书之职,虽文案填积,坐客充满,应对如流,手不停笔。"禁省中事,未尝漏泄。每有表奏,辄焚其稿"。虽居显位,不营产业,家无蓄积,俸禄分赡亲族之穷乏者,门人故旧劝他留给子孙,他却答道:"人遗子孙以财,我遗之以清白。子孙才也,则自致辎轺;如其不才,终为他有。"④徐勉于大同元年病卒,时年七十。梁武帝闻而流涕,即日车驾临殡。徐勉身处权要三十余年,"虽骨鲠不及范云,亦不阿意苟合,故梁言贤相者称范、徐云"。⑤

至若周舍,自幼聪颖,"既长,博学多通,尤精义理,善诵书,背文讽说,音韵清辩"。⑥萧衍即位后,广求异能之士,吏部尚书范云素与周舍之父友善,很器重周舍的才干,便向萧衍推荐,召拜为尚书祠部郎,后又为中书通事舍人,累迁为太子洗马、散骑常侍、中书侍郎、鸿胪卿,也是日夜侍奉武帝,参预机密,二十余年未尝离左右。素有辩才,与人谈论可以终日滔滔不绝,却绝无一言泄漏机密,深为众人叹服。周舍雅量不及徐勉,而清简过之,"终亡之日,内无妻妾,外无田宅,两儿单贫,有过古烈"。普通五年,周舍病卒,时年五十六。梁武帝亲临痛哭,哀恸左右,并罕见地先后两次下

① 《南史》卷六〇《徐勉传》。
② 《梁书》卷二五《徐勉传》。
③ 《资治通鉴》卷一四五《梁纪》一,"武帝天监元年"条。
④ 《梁书》卷二五《徐勉传》。
⑤ 《资治通鉴》卷一五七《梁纪》一三,"武帝大同元年"条。
⑥ 《梁书》卷二五《周舍传》。

诏,称周舍"义该玄儒,博穷文史,奉亲能孝,事君尽忠,历掌机密,清贞自居。食不重味,身靡兼衣";认为周舍"学思坚明,志行开敏,劬劳机要,多历岁年,才用未尽,弥可嗟悼"。[①] 由此可见梁武帝对周舍的器重和赞扬。梁武帝执政时间如此之久,与其数十年来重用范云、徐勉、周舍等贤臣是有很大关系的。

在夺取皇位之前,梁武帝本人就是有着卓越军事才干的将领,而且从征战中一路走来,因此他除了重用贤臣,也很重视能征善战的良将。

梁世名将,当首推韦叡。韦叡是雍州集团的成员,也是自萧衍在襄阳起兵时就率众投奔的坚定支持者,因而萧衍视其为心腹干将。天监四年,梁武帝下令大举北伐,韦叡受命都督众军,派遣长史王超宗等攻打北魏的小岘城,但未能攻拔。韦叡亲自前去巡行围栅时,城中的北魏军突然涌出数百人列阵于门外。韦叡准备攻击,却遭到所有将领的反对。韦叡坚持己见,说:"不然。魏城中二千余人,闭门坚守,足以自保,无故出人于外,必其骁勇者也,若能挫之,其城自拔。"见众人还是迟疑,韦叡指着都督节钺说:"朝廷授此,非以为饰,韦叡之法,不可犯也。"[②]于是下令进兵,士卒皆殊死作战,北魏军果然败走,韦叡率军乘胜急攻,很快就攻克了小岘城。此战显示了韦叡判断精确、令行禁止的军事才干。

天监五年,北魏中山王元英率军攻伐梁朝,号称部众百万,连城四十余,围困了钟离城。梁武帝派征北将军曹景宗率军二十万迎战。次年二月,武帝又派韦叡率豫州军队前往救援,接受曹景宗指挥。曹、韦二人均是名将,武帝特地提醒曹景宗说:"韦叡,卿之乡望,宜善敬之!"曹景宗也能从大局出发,对韦叡非常恭谨地以礼相待,武帝得知后高兴地说:"二将和,师必济矣。"[③]韦叡亲赴前线,冒着如雨飞矢,指挥若定,与曹景宗分兵南北两路,以小船载着茅

---

① 《梁书》卷二五《周舍传》。
② 《梁书》卷一二《韦叡传》。
③ 同上。

草,灌以油膏,发起火攻,风怒火盛,军人奋勇,无不以一当百,北魏军大败,死者十余万,被擒五万人。连北魏将士都不能不佩服韦叡的勇猛善战,视其为"韦虎"。韦叡身体羸弱,不能跨马征战,每有战事,常乘坐板舆督励将士,勇气无敌。他白天接待宾客,夜半即起阅读兵书、筹划战略,张灯至天亮;善抚部众,投募之士争相归附。胡三省给予韦叡极高的评价,称"梁之将帅,韦叡一人而已"。①这当然是极而言之,有点言过其实了,但韦叡在萧梁前期军事行动中所发挥的作用确实是巨大的。

韦叡之外,裴邃是梁朝的又一名将。裴邃,河东闻喜人,出身部伍,父祖均为刘宋将领。裴邃"十岁能属文,善《左氏春秋》",先为萧遥光所赏识,引为参军。萧遥光谋叛事败后,裴邃回到寿阳,又因豫州刺史裴叔业以寿阳降魏而随众北徙,但他一直密图南归,终在天监初年自寿阳归梁,求守边境以立功自效。天监五年,时任庐江太守的裴邃奉命在韦叡的指挥下出战,每战必克,相继攻克了北魏所占的羊石城和霍丘城,初露锋芒。普通四年,裴邃进号宣毅将军,梁军将北伐,以裴邃督征讨诸军事,率骑三千先袭寿阳。次年,又攻破北魏新蔡郡,略地直至郑城。北魏寿阳守将长孙稚等率众五万出城挑战,裴邃部署诸将布下四甄以待,又令部将假装战败逃遁以引诱魏军进入设伏圈。长孙稚果然中计,率众倾巢而出,裴邃下令四甄齐发,大败魏军,斩首万余级。长孙稚逃奔回城,闭门自固,不敢复出。裴邃还在镇守州郡时率部开垦屯田,在任北梁、秦二州刺史期间,"开创屯田数千顷,仓廪盈实,省息边运,民吏获安"。史称裴邃"少言笑,沉深有思略,为政宽明,能得士心。居身方正有威重,将吏惮之,少敢犯法。及其卒也,淮、肥间莫不流涕,以为邃不死,洛阳不足拔也"。② 其受敬重及爱戴,于此可见一斑。

当然,有梁一代的名将,绝不止韦叡、裴邃二人,前述马仙琕、

① 《资治通鉴》卷一五一《梁纪》七,"武帝大通元年"条胡三省注。
② 《梁书》卷二八《裴邃传》。

曹景宗以及陈庆之、韦放等人,也都是声震一时的良将、名帅。

梁武帝登基后,内有范云、徐勉、周舍等贤臣为其出谋划策,外有韦叡、裴邃、马仙琕、曹景宗等良将守边御敌,其统治得以稳定相当一段时间,也就不足为怪了。

四、尊世族更重寒门

协调世族与寒门的矛盾,努力达成两者间的平衡以扩大统治基础,是梁武帝在政治上采取的重要措施之四。

梁武帝所处的南朝,是门阀制度由极盛渐趋衰落的时代。所谓门阀制度,或称门阀政治,按照田余庆先生的论述:"质言之,是指士族与皇权的共治,是一种在特定条件下出现的皇权政治的变态。"[①]门阀制度发展的重要标志,就是严格按照品级分配权力,使门阀特权急剧膨胀,造成排他性日益严重的"士庶天隔"现象,高门世族垄断了一切特权。他们严格区别门第的尊卑,在高门世族和寒门庶族间筑起一道等级森严的壁垒:表现在思想观念上,就是傲视一切,"服冕之家,流品之人,视寒素之子,轻若仆隶,易如草芥,曾不以之为伍"。[②]在政治生活中,门阀世族可以"平流进取,坐致公卿",[③]"举贤不出世族,用法不及权贵",[④]"甲族以二十登仕,后门以过立试吏";[⑤]门阀世族不仅独占清流美选,而且鄙视武事,"不乐武位",视戎武为庶族寒门之业。在社会生活中,士庶不得同坐交往,也不得通婚,否则就是"婚宦失类"。高门世族将此视为天经地义、国家之典章,所谓"士庶之际,实自天隔"[⑥]"士庶区别,国之章也"。[⑦]

---

① 田余庆:《东晋门阀政治》"自序"。
② 《文苑英华》卷七六〇引《寒素论》。
③ 《南齐书》卷二三《褚渊王俭传》论。
④ 《资治通鉴》卷九〇《晋纪》一二,"元帝太兴元年"条。
⑤ 《梁书》卷一《武帝纪上》。
⑥ 《宋书》卷四二《王弘传》。
⑦ 《南史》卷二三《王惠传附王球传》。

　　但是,门阀世族政治在东晋达到顶点之后,进入南朝就逐渐衰落。门阀世族为维护自身特权地位而采取的排他性举措,本意是要加强对权力的垄断,结果却适得其反,既加速了自身的腐朽,又促成了寒门庶族的崛起和壮大。高门世族鄙视武事、不乐武位,结果是把极为重要的军队指挥权拱手让给了寒门庶族,使其得以凭借武功迅速崛起并跻身于权力中枢,甚至通过建立军功而最终夺取皇位,南朝宋、齐、梁、陈四代开国君主,无一不是如此。高门世族"平流进取,坐致公卿",崇尚玄虚,鄙薄吏事,结果导致了寒人典掌机要局面的形成。

　　当然,进入南朝以后,虽然最高统治权掌握在寒门出身的皇帝之手,典掌朝廷机要、控制地方实权、统领内外军队的,几乎都出自寒门庶族,门阀世族一统天下的局面已被打破,但高门世族在政治上、社会上仍然保有相当的影响,依然是新建王朝的统治者不能忽视的力量。为了争取尽可能多的支持,扩大自己的统治基础,梁武帝在笼络、利用高门世族以借助其社会影响的同时,也对寒门庶族实行了不拘一格大力提拔的措施。

　　天监五年正月,萧衍下诏:"凡诸郡国旧族邦内无在朝位者,选官搜刮,使郡有一人。"天监七年二月,又"诏于州郡县置州望、郡宗、乡豪各一人,专掌搜荐"。[①] 东晋以来最为显赫的高门大族莫过于琅邪王氏和陈郡谢氏,分别是东晋名相王导和谢安的后人。萧衍即位后,对出自王、谢家族的名士给予了特别的关注和厚待。如王亮,为王导六世孙,因为是"名家子",在刘宋末年和萧齐时均颇受器重,齐明帝建武末年为吏部尚书,但到东昏侯执政时,王亮"外若详审,内无明鉴,其所选用,拘资次而已,当世不谓为能"。既而"东昏肆虐,淫刑已逞,亮倾侧取容,竟以免戮"。萧衍入京城后,虽斥其为"颠而不扶,安用彼相",但并未加罪,建梁后用其为侍中、尚

----

① 《梁书》卷二《武帝纪中》。

书令、中军将军,"引参佐命,封豫宁县公"。① 即便后来因无病称疾
不参加元旦朝会而被削爵废为庶人,未过几年又起为秘书监,再转
中书监。同样出自琅邪王氏的王莹,被萧衍先后任用为侍中、丹阳
尹、尚书令;王瞻,官至侍中、左民尚书、吏部尚书;王志,先后任丹
阳尹、中书令;王峻,萧衍"甚悦其风采,与陈郡谢览同见赏擢",②历
任侍中、度支尚书、起部尚书、吏部尚书;王暕,官至侍中、五兵尚
书、吏部尚书、尚书左仆射;王份,官至侍中、尚书左仆射。至于出
自陈郡谢氏的名家子,萧衍同样给予厚待。如谢朏,其祖谢弘微、
父谢庄,"并有名前代"。萧道成谋禅代时,"思佐命之臣,以朏有重
名,深所钦属",但身为侍中、掌中书和散骑二省诏册的谢朏,却不
愿依故事解玺绶以授齐王,为此险遭杀身之祸。齐明帝及东昏侯
时,谢朏又一再拒绝征召,由此名声更高,俨然成为士族的首领,自
然也引起了萧衍的关注,在平定京邑、进位相国后,萧衍即表请谢
朏为丞相府军谘祭酒、加后将军,但谢朏不至;萧衍称帝后,再征召
谢朏为侍中、左光禄大夫、开府仪同三司,依然不至。萧衍并不恼
怒,仍遣领军司马前去"宣旨敦譬"。直到次年六月,谢朏才"轻舟
出,诣阙自陈",③萧衍即任其为侍中、司徒、尚书令,对其礼遇有加。
谢朏有脚疾,不堪拜谒,萧衍特许其"乘小车就席""乘小舆升殿";
谢朏诣阙的次日,萧衍即"出幸朏宅,宴语尽欢";谢朏要返回迎母,
萧衍又在其临行时"舆驾临幸,赋诗钱别,王人送迎相望于道";又
下诏"停诸公事及朔望朝谒";天监五年冬,谢朏病逝,萧衍"车驾出
临哭",④诏给东园秘器、钱十万、布百匹、腊百斤,赠侍中、司徒,可
谓备极哀荣。

在给予王、谢等高门大族的名家子厚遇和尊崇的同时,萧衍更
关注出身寒门的士人,毕竟他自己也并非高门大族出身,而且其时

---

① 《梁书》卷一六《王亮传》。
② 《梁书》卷二二《王峻传》。
③ 《梁书》卷一五《谢朏传》。
④ 《南史》卷二〇《谢朏传》。

具有真才实学、对于巩固政权能发挥更大作用的也多为寒门士人。为此,萧衍在称帝后即从培养和选拔人才的制度层面颁布了一系列举措。天监元年四月,萧衍登基伊始,就下诏宣布:"可分遣内侍,周省四方,观政听谣,访贤举滞。……若怀宝迷邦,蕴奇待价,蓄响藏真,不求闻达,并依名腾奏,罔或遗隐。"天监四年正月诏:"今九流常选,年未三十,不通一经,不得解褐。若有才同甘、颜,勿限年次。"天监八年五月,下诏曰:"学以从政,殷勤往哲,禄在其中,抑亦前事。朕思阐治纲,每敦儒术,轼闾辟馆,造次以之。故负袟成风,甲科间出,方当置诸周行,饰以青紫。其有能通一经、始末无倦者,策实之后,选可量加叙录。虽复牛监羊肆,寒品后门,并随才试吏,勿有遗隔。"①直至其晚年的太清二年五月,梁武帝还颁诏称:"为国在于多士,宁下寄于得人。朕暗于行事,尤阙治道,孤立在上,如临深谷。凡尔在朝,咸思匡救,献替可否,用相启沃。班下方岳,傍求俊乂,穷其屠钓,尽其岩穴,以时奏闻。"②又据《隋书·百官志》记载,"旧国子学生,限以贵贱",即入国子监学习者有贵贱之限。但梁武帝"欲招来后进,五馆生皆引寒门俊才,不限人数"。③从梁武帝这些诏令和举措可以看出,为了网罗堪受治国理政之任的人才,可以不论出身、不限人数,不拘一格选人才,显然突破了士庶之隔、贵贱之分,无疑有助于扩大政治基础,稳固其统治。

值得注意的是,梁武帝颁布了一系列广招寒门士人的诏令,本意是缓解高门大姓与寒门庶族之间的矛盾,扩大其统治基础,却在不经意间促成了中国古代选官制度的重大变革。自三国时曹魏文帝于黄初元年(220年)采纳吏部尚书陈群的建议,在选官用人上开始实施九品中正制。所谓九品中正制,亦称九品官人法,即在郡县择"贤有识鉴"的官员兼任本地中正官,负责察访本地人才高下,采择舆论,按照家世门第和道德才能,分别评定为三等九品,由吏

① 《梁书》卷二《武帝纪中》。
② 《梁书》卷三《武帝纪下》。
③ 《隋书》卷二六《百官志上》。

部按品授官。九品中正制实行之初,尚能既重门第高下又看才能优劣,但在两晋以后,由于世家大族势力急剧膨胀,中正官均由著姓世族把持,选取原则变成唯以门第高下是论,九品中正制成为门阀世族操纵政权的工具,形成了所谓"上品无寒门,下品无势族"的局面,激化了高门大姓与寒门庶族之间的矛盾,也加剧了门阀世族的腐朽衰落。并非出自高门大族的梁武帝对此是有深切体会的,因而他在还未称帝前,就在中兴二年二月给齐和帝萧宝融的上表中阐述了自己的见解,他认为一味讲求门第高下的结果,是"冒袭良家,即成冠族;妄修边幅,便为雅士;负俗深累,遽遭宠擢;墓木已拱,方被徽荣",以至"甲族以二十登仕,后门以过立试吏","世禄之家,无意为善;布衣之士,肆心为恶"。其原因"良由乡举里选,不师古始,称肉度骨,遗之管库"。他痛斥这样的状况"岂所以弘奖风流,希向后进?此实巨蠹,尤宜刊革"。为此,他明确提出了"设官分职,惟才是务"①的主张。正是基于这样的认识,萧衍在登基后,即次第颁行了一系列诏令,对选官用人制度加以改革。据《文献通考·选举典》:"梁初无中正制,年二十五方得入仕。天监中,又制九流常选,年未满三十,不通一经者,不得为官。若有才同甘、颜,勿限年次。至七年,州置州重、郡置郡崇、乡置乡豪各一人,专典搜荐,无复膏粱、寒素之隔。"此处所说的"州重""郡崇",即天监七年诏令中的"州望""郡宗"。由此可以看到,梁武帝在选官用人上强调不拘门第,"无复膏粱、寒素之隔";规定九流常选、试经授官,"年未满三十,不通一经者,不得为官"。具体考试内容,据史籍记载,梁时立五经博士为五馆,"馆有数百生,给其禀,其射策通明者,即除为吏"。② 朝廷的选官用人由此渐入制度化的轨道。梁武帝在选官制度上所作的选举不论门第、任官须经考试这两大改革,虽然并未彻底废除九品中正制,但已开了隋唐科举制的先河。对于梁武

---

① 《梁书》卷一《武帝纪上》。
② 《梁书》卷四八《儒林传序》。

帝提倡"设官分职,惟才是务"的思想,以及所促成的从九品中正制向科举制的过渡这一历史性的进步,无疑是应该加以充分肯定的。

田余庆先生指出:"东晋门阀政治,终于为南朝皇权政治所代替。南朝皇帝恢复了绝对权威,可以驾驭士族;而士族纵然有很大的社会、政治优势,却绝无凭陵皇室之可能。只是士族有人物风流的优势,皇帝擢才取士,赞礼充使,都离不开士族,甚至还要向士族攀结姻娅。过去优容士族的各种成规还没有立即失效,士族特殊性的消失还有待时日。从这些方面看来,宋代、齐代以至梁代的某些制度设施带有相当的过渡性质,就不难解释了。"①田先生在一千多年后对于门阀制度演变趋势所作的这一高屋建瓴的概括,置身其中的梁武帝自然是不可能认识到的,但是他能从稳固统治的角度出发,竭力协调高门世族与寒门庶族的矛盾、维系两部分群体间的平衡,仍然是很不容易的。

五、招抚北来侨人

如果说梁武帝所采取的上述举措奠定了其长期执政的政治基础,那么,奖劝农耕、重视生产,社会经济得到恢复和发展,便是梁武帝得以执政长达近半个世纪的重要物质基础。

封建政权直接掌控的民户、人口的多少,是衡量古代中国封建王朝国力强弱的重要标志,也是决定社会经济发展速度的重要因素。因此,梁武帝即位后,为恢复和发展经济而采取的一项重要措施,就是尽力招诱、安顿北方流民和优抚由于种种原因而流离失所的民众,并着力将他们纳入朝廷的户籍,成为国家直接控制的编户齐民。

在南北对峙的形势下,北方的社会动荡远甚于南方,因而掀起了北方民众不断渡江南下、侨居江南的浪潮。中原士民避乱南徙的大规模人口流动始于东汉末年。至西晋末年"永嘉之乱"爆发

① 田余庆:《东晋门阀政治》"后论"。

后,北方战乱更烈,社会动荡更剧,在饥馑、疾疫、锋镝下幸存的北方民众纷纷迁徙南方,出现了迁徙规模大、持续时间长的移民狂潮。《晋书》称:"洛京倾覆,中州士女避乱江左者十六七。"①《宋书》也记载说:"晋永嘉大乱,幽、冀、青、并、兖州及徐州之淮北流民,相率过淮,亦有过江在晋陵郡界者。"②为了安置北方南迁的士民,东晋和南朝的刘宋政权在扬、荆、梁、益等州设置了不少侨州郡县。所谓侨州郡县,就是在侨寓北人聚居的地区设置与其原籍同名的州郡县,有一些则在前面冠以"南"字以示区别。《宋书·州郡志》称:"晋永嘉大乱,幽、冀、青、并、兖州及徐州之淮北流民,相率过淮,亦有过江在晋陵郡界者。晋成帝咸和四年,司空郗鉴又徙流民之在淮南者于晋陵诸县,其徙过江南及留在江北者,并立侨郡县以司牧之。徐、兖二州或治江北,江北又侨立幽、冀、青、并四州。"又称:"中原乱,北州流民多南渡,晋成帝立南兖州,寄治京口。时又立南青州及并州。"③侨郡县的数量更多,如萧齐时的南徐州辖下就有南东海、南琅邪、南东莞、南清河、南彭城、南高平、南济阴、南濮阳、南泰山、南济阳、南平昌等侨郡。西晋时为淮阴令的萧整,本为兰陵郡人,因中朝变乱,"过江居晋陵武进县之东城里。寓居江左者,皆侨置本土,加以南名,于是为南兰陵兰陵人也"。④可知作为萧衍籍贯的南兰陵,就是东晋所置的侨郡,其始迁祖萧整也是渡江南下的侨人。

这些侨置的州郡县,往往寄寓在其他州郡,有虚名而无实土,"遗民南渡,并侨置牧司,非旧土也"。⑤《隋书·食货志》也称:"晋自中原丧乱,元帝寓居江左,百姓之自拔南奔者,并谓之侨人。皆取旧壤之名,侨立郡县,往往散居,无有实土。"⑥其时南方政权之所

① 《晋书》卷六五《王导传》。
② 《宋书》卷三五《州郡志一》。
③ 同上。
④ 《南齐书》卷一《高帝纪上》。
⑤ 《宋书》卷三五《州郡志一》。
⑥ 《隋书》卷二四《食货志》。

以实行侨置州郡制度,是对注籍侨立州郡的北方南迁民户实行免除调役的优惠,借以吸引更多的中原士民涌向江南。当然,至刘宋后期,出于攻防形势的需要,也有侨置州郡实土化的,如雍州,"晋孝武始于襄阳侨立雍州,并立侨郡县。宋文帝元嘉二十六年,割荆州之襄阳、南阳、新野、顺阳、随五郡为雍州,而侨郡县犹寄寓在诸郡界。孝武大明中,又分实土郡县以为侨郡县境"。[①] 雍州由此成为此后齐梁时期极为重要的地区之一。

萧齐建立后,继续实行东晋、刘宋以来的侨置制度,侨州有南徐州、北徐州、南豫州、南兖州、北兖州,均侨置于扬州之地。南徐州镇京口,领江左诸郡,京口"因山为垒,望海临江,缘江为境,似河内郡,内镇优重。宋氏以来,桑梓帝宅,江左流寓,多出膏腴"。[②] 北徐州镇钟离,所辖之地在两晋时属淮南郡,刘宋泰始末年属南兖州,元徽元年(473年)置北徐州,目的在于"防镇缘淮"。[③] 南兖州镇广陵,北兖州镇淮阴,分领江北诸侨郡,与刘宋时侨立兖州变化不大。唯有南豫州变化较频繁。刘宋永初二年(421年),分淮东为南豫州,治历阳,而淮西为豫州。此后终宋一代,时分时合。齐高帝建元二年(480年),"以西豫吏民寡刻,分置两州,损费甚多,省南豫"。[④] 齐武帝永明二年(484年),又因防务之需,"割扬州宣城、淮南,豫州历阳、谯、庐江、临江六郡,复置南豫州"。[⑤] 侨州之下,亦有并无实土的侨立郡县。如南徐州名下有十六个郡,其中明确标明"郡无实土"的就有临淮、淮陵等十二个郡,占了四分之三。

北方民众大批南下的过程自东晋开始,一直延续到南朝前期。民众避乱南迁后的寓居地域,主要集中于长江流域的扬、荆、益、梁等州。谭其骧先生曾对当时迁徙到南方的中原人口进行过考证和

---

① 《宋书》卷三七《州郡志三》。
② 《南齐书》卷一四《州郡志上》。
③ 同上。
④ 同上。
⑤ 同上。

统计,他以《宋书·州郡志》中记载的侨州郡县的户口数作为南渡人口的约数,认为自永嘉末年至南朝刘宋之季,南下至长江流域的侨人总数约在七十万人以上,另有约二十万人没有到达长江流域而聚居在今山东境内。总数约九十万的南迁人口,是当时刘宋政府领有的五百四十万人口的六分之一。又据《晋书·地理志》记载,西晋太康初年,北方诸州及徐州之淮北共有约一百四十万户,若以一户五口计,约为七百余万。其中的九十万人南渡,约占八分之一强。① 需要指出的是,这一统计数字还不包括由于种种原因而未被政府直接控制的人口。《南齐书》称:"时百姓遭难,流移此境,流民多庇大姓以为客。"②《世说新语·政事篇》注引檀道鸾《续晋阳秋》也说:"自中原丧乱,民离本域,江左造创,豪族并兼,或客寓流离,民籍不立。"可见当时不入户籍的流寓北人绝不是一个小数。如果再加上这部分未登记入籍的人口,其时南迁的北方民众在人口总数中所占的比例将远远不止六分之一。北方人口的大规模南迁,不仅给地广人稀的南方增加了大量的劳动人手,而且也把北方先进的生产工具和耕作技术带到了南方,从而有力地促进了南方的开发和社会经济的发展。

北方人口的大批涌入,也给政府治理带来了新的问题。一方面,东晋南朝政府欢迎并招抚北方民众南下,因为劳动力是以农立国时代经济发展的关键性因素,封建政权所控制人口的多寡历来是衡量其国力强盛与否的重要指标之一,而入籍户口则是国家据以征调赋税和劳役的基准,国家控制的户口数量与财税收入和经济实力是密切相连的。但在另一方面,妥善地安置侨寓士民,避免社会的动荡不安,也是政府必须要着力加以解决的。

东晋南朝政权在最初的一段时期内,为了吸引北方民众南下,实行了不少笼络和优惠政策,诸如侨州郡县的文武官职,多由南下

---

① 参见谭其骧:《晋永嘉丧乱后之民族迁徙》,载《燕京学报》第 15 期。
② 《南齐书》卷一四《州郡志上》。

的侨寓士族担任,既可收笼络、利用之效,又可凭藉他们的影响力更好地控制北方流寓的民众;特别是为吸引和安抚北方南来的民众,规定侨州郡县内的侨人可以免予征调赋税和徭役。这些政策的实行,曾经在一定时期内起到了招抚和安集侨寓民众的积极作用。但是由于侨置郡县的情况非常复杂,有的有实土,有的没有实土;而且时置时省、时分时合,行政系统十分混乱。《宋书》曾指出其时户籍混乱的情况:"魏晋以来,迁徙百计,一郡分为四五,一县割成两三。或昨属荆、豫,今隶司、兖,朝为零、桂之士,夕为庐、九之民,去来纷扰,无暂止息。版籍为之浑淆,职方所不能记。……既而民单户约,不可独建,故魏邦而有韩邑,齐县而有赵民。且省置交加,日回月徙,寄寓迁流,迄无定托。"①

针对侨州郡县设置多、开支大而无实效的情况,东晋、刘宋、萧齐政权先后都实行过土断省并政策。所谓土断,或称土断人户,是把散居侨人断入所在籍贯,纳入政府的控制之下;有的是省并没有实土或人户太少的侨置郡县;当然更主要的是整顿户籍,便于政府征收统一的赋税和徭役。有学者认为,自东晋以来至萧齐时期,曾先后进行过七次土断,②土断反复进行的事实,从另一侧面表明侨置州郡的政策一直在延续。永明元年,南兖州刺史柳世隆上奏称:"尚书符下土断条格,并省侨郡县。凡诸流寓,本无定憩,十家五落,各自星处。一县之民,散在州境,西至淮畔,东届海隅。今专罢侨邦,不省荒邑,杂居舛止,与先不异。离为区断,无革游滥。谓应同省,随界并帖。"柳世隆的奏疏得到了采纳,"于是济阴郡六县,下邳郡四县、淮阳郡三县、东莞郡四县,以散居无实土,官长无廨舍,寄止民村,及州治立,见省,民户帖属"。③ 这是萧齐时期省并郡县的一个实例。

与《宋书》和《南齐书》不同,《梁书》没有《州郡志》,因而萧梁时

① 《宋书》卷一一《律志序》。
② 参见王仲荦:《魏晋南北朝史》(上),上海人民出版社,1979年,第351页。
③ 《南齐书》卷一四《州郡志上》。

期侨置州郡的情况难以详察。从《梁书》《隋书·地理志》及清代学者洪齮孙所撰《补梁疆域志》的记载,约略可见萧梁时不仅继承了南齐时设置的侨州郡县,而且也曾侨置临淮郡,治东葛,领四里;天监三年八月,"魏陷司州,诏以南义阳置司州",[①]司州在萧齐时就是侨立于汝南的,天监三年被北魏攻陷后,萧梁又在南义阳(今湖北孝感北)再置司州,其侨州性质并无改变;大通元年又"以涡阳置西徐州",[②]涡阳在萧齐时是南彭城郡的治所,可见这个西徐州乃是在南彭城郡基础上侨置的。

继宋、齐之后,萧梁也实行过土断。天监元年,梁武帝即位伊始,就下诏"土断南徐州诸侨郡县"。[③] 这是史书记载的萧梁时期为数不多的一次土断,意味着东晋、南朝不断进行的土断已经临近尾声。

诚如有专家所指出的:"在东晋、南朝,设置侨州郡和实行土断基本上是两个并行不悖的措施。就实质而言,这不过是如何处置流民的两个方面。封建政府通过设置侨州郡吸引安置北来侨人,当他们在南方大致安顿下来后,又势必把他们作为剥削和奴役的对象,这就要通过土断来实现。"[④]因此,在东晋及南朝时期,一方面有侨立州郡县的不断设置,一方面又不断进行土断。而这两种措施的实行,显然都是有利于南方经济发展的。梁武帝即位后同样实施了这两种措施,表明他非常重视招引和安置北来侨人,特别是通过土断来整理户籍和加强对民众的控制以发展经济、增强朝廷实力。

六、关注离乡流民

在注重招抚北来侨人的同时,梁武帝还特别关注流离失所的

---

① 《梁书》卷三《武帝纪下》。
② 同上。
③ 《梁书》卷二《武帝纪中》。
④ 许辉、蒋福亚主编:《六朝经济史》,江苏古籍出版社,1993 年,第 197 页。

贫民。熟知历代治乱兴衰的梁武帝很清楚,因战乱和饥馑而背井离乡的流民的大量存在,既加剧了社会的不稳定,也影响了经济的发展和国家财力的增加。把流离失所的民众安抚、安置好,不仅有利于争取民心、稳定社会秩序,而且有利于经济的恢复和发展,既利国又利民,一举而两得。为此他多次下诏要求以蠲除租赋等优惠措施鼓励流移他境者还本归乡。

天监元年四月,梁武帝即位伊始,就颁布诏令:

> 大运肇升,嘉庆惟始,劫贼余口没在台府者,悉可蠲放。诸流徙之家,并听还本。①

天监三年六月,诏曰:

> 总总九州,远近民庶,或川路幽遐,或贫羸老疾,怀冤抱理,莫由自申,所以东海匹妇,致灾邦国,西土孤魂,登楼请诉。念此于怀,中夜太息。可分将命巡行州部,其有深冤钜害,抑郁无归,听诣使者,依源自列。庶以矜隐之念,昭被四方,遏听远闻,事均亲览。②

天监十七年正月,诏曰:

> 夫乐所自生,含识之常性;厚下安宅,驭世之通规。朕矜此庶氓,无忘待旦,亟弘生聚之略,每布宽恤之恩;而编户未滋,迁徙尚有,轻去故乡,岂其本志? 资业殆阙,自返莫由,巢南之心,亦何能弭。今开元发岁,品物惟新,思俾黔黎,各安旧所。将使郡无旷土,邑靡游民,鸡犬相闻,桑柘交畛。凡天下

之民,有流移他境,在天监十七年正月一日以前,可开恩半岁,悉听还本,蠲课三年。其流寓过远者,量加程日。若有不乐还者,即使著土籍为民,准旧课输。若流移之后,本乡无复居宅者,村司三老及余亲属,即为诣县,占请村内官地官宅,令相容受,使恋本者还有所托。凡坐为市埠诸职割盗衰减应被封籍者,其田宅车牛,是民生之具,不得悉以没入,皆优量分留,使得自止。其商贾富室,亦不得顿相兼并。遁叛之身,罪无轻重,并许首出,还复民伍。若有拘限,自还本役。并为条格,咸使知闻。①

天监十七年正月发布的这一诏令,在梁武帝有关招集流亡的一系列诏令中内容最为详备、措施最为具体,因而也最能体现他的思想。在这一诏令中,梁武帝指出虽然登基已有十多年,但"迁徙尚有,轻去故乡"的情况依然存在,而且这些民庶之所以离乡去土、流移他境,并非是其"本志"。为了达到"郡无旷土,邑靡游民,鸡犬相闻,桑柘交畛"的目标,必须要招集流亡,使其"各安旧所"。为此,梁武帝规定:其一,凡在天监十七年正月一日之前流移他境者,均给予半年时间,悉听返还故土,并蠲免三年的课税,路程过远者,还可以酌情增加时日;其二,如果流移他境者不愿返回原籍,准其在流寓之处入籍为民,照旧课税;其三,若流移之民在原籍没有居住之处,可由村司三老及其亲属为其到县里申请占用村里的官地官宅,以使"恋本者还有所托",居有定所;其四,凡因犯割盗诸税而应被封籍者,其田宅车牛是民生之具,不得悉数没收入官,应适当留一部分,以便其日后生活,商贾富室也不得乘机兼并;其五,凡遁叛逃亡者,无论罪行轻重,一律准许其自首,还复民伍,若在拘限之内,仍可回去服役;其六,上述诸项,"并为条格,咸使知闻",即著为条令,务使民众均能知晓。由此可见,梁武帝对于招集流亡并非

---

① 《梁书》卷二《武帝纪中》。

只是泛泛地发几条诏令而已,而是希望通过各项优待措施,尽可能多地把离乡去土、流移他境的流民招纳回到原籍,成为国家的编户齐民。这样的举措,对于争取人心、安定社会、恢复和发展生产,无疑是有着积极的促进作用的。

此后,梁武帝在大通元年、大同七年、大同十年、中大同元年、太清元年又一再颁布内容类似的诏令,对因饥逐食、离乡去土者,均悉听返乡复本,予以蠲除租赋的优待,表明直至晚年梁武帝仍然非常关注流民问题。

梁武帝之所以如此关注离乡去土的流移之民,一再颁布优待诏令吸引他们还本归乡,首要目的自然是为了增加朝廷所控制的编户齐民,从而增加朝廷征缴租赋的对象。但不可否认的是,梁武帝的这一举措对于改善流徙他境的贫民生产生活状况、恢复和发展社会经济,从而稳固其统治,是发挥了积极作用的。

七、奖劝农耕

在以农立国的古代,发展经济首先就是发展农业。梁武帝对此有清醒的认识,他在位期间恢复和发展社会经济的又一举措就是劝督农耕。

如同历史上不少帝王通过亲行籍田礼以奖劝农耕一样,梁武帝在位期间也曾多次躬耕籍田。所谓"籍田",也作"藉田",是中国古代的天子举行的一种仪式。《礼记·祭义》载:"是故昔者天子为藉千亩,冕而朱纮,躬秉耒。"每年春耕前,由天子亲执耒耜象征性地在籍田上三推或一拨,称为"籍礼",以示对农业的重视。相传商周时天子有籍田千亩,秦汉后,籍礼作为帝王仪式保留下来。《汉书·文帝纪》:"夫农,天下之本也,其开藉田,朕亲率耕,以给宗庙粢盛。"可见"籍田"是与以农为本联系在一起的。虽然这种"籍田"仪式只是帝王做出的一种姿态,其象征性的意义远大于实际意义,但毕竟向民众传递了帝王重视农事的信息和奖励农耕的政策导向。其实,历来的帝王在公众场合所进行的此类活动,基本上都只是而且只能是一种姿态和象征,只要通过这种姿态和象征能够向民众传递积极的信息和能量,就应该予以肯定。对于梁武帝亲自参加籍田仪式,自然也应作如是观。据史书记载,梁武帝执政的四十多年间,曾经在天监十三年、十六年,普通四年,中大通六年,大同元年、二年、三年、四年、六年、七年,先后十次躬耕籍田,尤其是从中大通六年(534 年)至大同七年(541 年)的八年中,其间除大同五年之外,每年都躬耕籍田,这在历代帝王中是不多见的。

普通四年(523 年)二月,梁武帝在躬耕籍田的当日,下诏曰:

> 夫耕籍之义大矣哉!稼盛由之而兴,礼节因之以著,古者哲王咸用此作。睿言八政,致兹千亩,公卿百辟,恪恭其仪,九推毕礼,馨香靡替。兼以风云叶律,气象光华,属览休辰,思加奖劝。可班下远近,广辟良畴,公私畎亩,务尽地利。若欲附农而粮种有乏,亦加贷恤,每使优遍。孝悌力田赐爵一级,预耕之司,刻日劳酒。[1]

此外,《全三国两晋南朝文补遗》也收录了不见于《梁文纪》《汉魏六朝百三家集》的《藉田劝农大赦诏》,虽未注明该诏颁予何时,但充分体现了梁武帝的一贯思想:

> 门下:敬授人时,义高前典,日中星鸟,平秩东作。朕率先公卿,躬执罩耜,上供粢盛,下训黔黎,式怀古昔,茂斯博爱。川泽不竭,山林不焚,祀辄牺牲,荐用珪璧,皆所以乘和布政,因时育物也。今三推礼毕,九谷方硕,庶百室盈止,万箱遗滞。俯兹农庆,宜弘宽泽。凡天下罪无轻重,未发觉已发觉,在今年二月十日昧爽以前,一皆赦宥。[2]

---

[1] 《梁书》卷二《武帝纪中》。
[2] 《全三国两晋南朝文补遗》,文下注云:"本文见《日藏弘仁本文馆词林校证》273 页。"

从其所颁诏令中不难看到,梁武帝意识到躬耕籍田的意义极大,并希望通过效法"古者哲王"以"思加奖劝","乘和布政,因时育物",达到"班下远近,广辟良畴,公私畎亩,务尽地利"的目的。

除了躬耕籍田以奖劝农耕这一仪式性为主的举措外,梁武帝还颁布了一系列恢复和发展社会经济的诏令,其中一部分是通过赈灾、免租来减轻百姓负担,纾缓民众压力,为他们从事生产提供较为有利的条件;另一部分则直接关乎促进农耕和社会经济发展。

天监元年四月,在梁武帝即位之初颁发的普惠官民各色人等的诏令中,就包含了赈恤鳏寡孤独以及免除欠税宿债的内容:"鳏寡孤独不能自存者,人谷五斛。逋布、口钱、宿债勿复收。"①

天监二年六月,"诏以东阳、信安、丰安三县水潦,漂损居民资业,遣使周履,量蠲课调"。②

天监十六年,诏曰:

> 尤贫之家,勿收今年三调。其无田业者,所在量宜赋给。若民有产子,即依格优蠲。孤老鳏寡不能自存,咸加赈恤。班下四方。③

普通元年正月,因为改元,大赦天下,"赐文武劳位,孝悌力田爵一级,尤贫之家,勿收常调,鳏寡孤独,并加赡恤"。④

普通二年正月,武帝又下诏:

> 凡民有单老孤稚不能自存,主者郡县咸加收养,赡给衣食,每令周足,以终其身。又于京师置孤独园,孤幼有归,华发

---

① 《梁书》卷二《武帝纪中》。
② 同上。
③ 同上。
④ 《梁书》卷三《武帝纪下》。

不匮。若终年命,厚加料理。尤穷之家,勿收租赋。①

大通元年正月,诏曰:

奉时昭事,虔荐苍璧,思承天德,惠此下民。凡因事去土,流移他境者,并听复宅业,蠲役五年。尤贫之家,勿收三调。②

大同四年八月,武帝下诏:

南兖、北徐、西徐、东徐、青、冀、南北青、武、仁、潼、睢等十二州,既经饥馑,曲赦逋租宿责,勿收今年三调。③

大同十年四月,梁武帝从兰陵回京后,"诏鳏寡孤独尤贫者赡恤各有差"。④

上述诏令中一再提及的"三调",按照胡三省的注释:"谓调粟、调帛及杂调也",⑤也就是编户齐民必须向国家交纳和承担的租、布和杂税。梁武帝一再实施对尤贫之家免除租赋的优待和对孤老鳏寡的赈恤,其用意自然是要减轻尤贫之家和受灾百姓的租赋负担,以利于生产恢复和发展。至于在京城设立孤独园以收养"单老孤稚",有点类似现今的孤儿院和养老院,更是要体现其关心民间疾苦的慈悲心怀。

赈灾、免租对于减轻百姓的负担,缓解他们的压力,无疑是有效的。但仅靠这方面的举措只能治标,要从根本上解民倒悬,关键还是要靠发展,即发展生产、发展经济。为此梁武帝也颁布了不少

---

① 《梁书》卷三《武帝纪下》。
② 同上。
③ 同上。
④ 同上。
⑤ 《资治通鉴》卷一三八《齐纪》四,"武帝永明十一年"条胡三省注。

直接劝督农耕的诏令。

天监十五年春正月,梁武帝诏曰:

> 可申下四方,政有不便于民者,所在具条以闻。守宰若清洁可称,或侵渔为蠹,分别奏上,将行黜陟。长吏劝课,躬履堤防,勿有不修,致妨农事。①

这是要求地方官员革除不便于民的弊政,并加强对江河堤防等设施的整修和维护,以免因年久失修而妨害农事,他认为这是"实惟务本,移风致治"的大事。

普通四年二月,梁武帝在躬耕籍田的当日下诏:

> 可班下远近,广辟良畴,公私畎亩,务尽地利。若欲附农而粮种有乏,亦加贷恤,每使优遍。②

这一诏令除了强调躬耕籍田的意义,也有奖劝农耕的实际举措:"若欲附农而粮种有乏,亦加贷恤,每使优遍",即对缺乏粮种者予以贷恤,帮助其解决困难。

大同七年十一月,"诏停在所役使女丁"。又诏:"用天之道,分地之利,盖先圣之格训也。凡是田桑废宅没入者,公创之外,悉以分给贫民,皆使量其所能以受田分。"③既下诏停止役使女丁,又将没入官府的田宅分给贫民,都是要减轻民众的徭役负担,稳定和促进农业生产。

大同十一年三月,诏曰:

> 凡远近分置、内外条流、四方所立屯、传、邸、冶,市埭、桁

---

① 《梁书》卷二《武帝纪中》。
② 《梁书》卷三《武帝纪下》。
③ 同上。

渡,津税、田园,新旧守宰,游军戍逻,有不便于民者,尚书州郡各速条上,当随言除省,以舒民患。[①]

梁武帝关注缺乏田地、粮种的百姓,下诏要地方官吏通过贷恤粮种、分给公田等措施帮助解决他们的困难;停止征调女丁,缓解徭役负担;革除不便于民的弊政,以舒民患,等等,都是直接有利于奖劝农耕的举措,对于促进农业生产发挥了积极作用。

八、重视兴修水利

为了促进农业生产,梁武帝在位期间,萧梁境内兴修了不少水利工程。水利是农业的命脉。所谓"水功至大,与农事并兴",[②]水利设施的兴建与修缮,直接影响着农业的收成,是农业和社会生产力进步的重要标志之一。重视水利建设是中国古代社会的传统,萧梁时期亦不例外。基于江南地区的水利条件和地理环境特征,承继此前孙吴、东晋、刘宋、南齐各朝水利兴修的传统,萧梁时期的水利建设又有了新的发展。

曾有学者指出:"中国历史的每一个时期,有一些地区总是比其他地区受到更多的重视,这种受到特殊重视的地区,是在牺牲其他地区利益的条件下发展起来的,这种地区就是统治者想要建立和维护的所谓'基本经济区'。"[③]这一论述是很精辟的。一般地说,封建政权所在的京师地区,便是这样的"基本经济区"。因为封建王朝的京师地区,即为全国的政治中心,是封建政权赖以安身立命的根本,同时也是其对其他地区进行政治控制时成为支撑点的经济基地。历代统治者从巩固和维系其统治秩序的需要出发,特别重视京师及附近地区,是必然的。历史上,各个时期的基本经济区

---

① 《梁书》卷三《武帝纪下》。
② 《晋书》卷四七《傅玄传》。
③ 冀朝鼎:《中国历史上的基本经济区与水利事业的发展》,中国社会科学出版社,1981年,第8页。

与水利建设有着非常密切的联系。有统计资料显示,两汉时期的水利工程主要集中在当时的关中和河内两地区(即今之陕西和河南两省),见于记载的水利工程,关中有 18 项,河内有 19 项,两者相加,占了当时全国总计 56 项的三分之二左右。[①] 这显然不是偶然的巧合,而是充分表明了两汉统治者对基本经济区的特殊重视。

萧梁时期同样如此。长江下游的江南地区,是萧梁政权的政治中心,也是最重要的经济中心即基本经济区,所谓"三吴内地,国之关辅,百度所资"。[②] 出于政治上和军事上的需要,梁武帝理所当然地特别关注这一基本经济区的农业生产,因而农田水利的建设也主要集中在这一地区。虽然与东晋和刘宋相比,萧梁的国祚短促,水利兴修也不及前代,因而史籍记载寥寥,但并不等于毫无作为。从为数不多的记载中,仍可以梳理出萧梁时期水利兴修的轨迹。

江南地区丘陵岗阜多,湖沼洼地也多,有"江南水乡"之称。"以众水所聚名以为湖,以其筑埂蓄水名之为塘",[③]因此这一地区的水利设施是以修筑堤塘为特点的。萧梁之前的江南各政权已经兴修了不少堤塘,如孙吴时在今句容西南开凿赤山塘,在今南京东南凿娄湖,在今湖州筑孙塘、皋塘、青塘;晋室南渡前陈敏据有江东,在今丹阳西北筑练塘,溉田数百顷;东晋时在今丹阳北立曲阿新丰塘,溉田八百余顷,在湖州开获塘,后更名为吴兴塘;刘宋时,修建吴兴塘,在长兴凿西湖,在常州修阳湖,疏浚秦淮河。这些水利设施的相当一部分在萧梁时期得到了进一步修缮,继续发挥着灌溉农田、支持农业生产的作用。

进入萧梁以后,水利的兴修比萧齐时明显增多,这不仅因为萧梁的国祚历时五十六年,为南朝时期仅次于刘宋的朝代,而且在梁武帝统治的近半个世纪中,社会相对安定,因而从中央到地方都重

---

① 冀朝鼎:《中国历史上的基本经济区与水利事业的发展》,第 36—38 页。

② 《南齐书》卷二六《王敬则传》。

③ 《练湖志》卷八《题请修复练湖碑记》。

视农田水利建设,修建了不少水利工程。据《新唐书·地理志》《读史方舆纪要》《建康实录》《江南通志·水利治绩》《至顺镇江志》等典籍记载,萧梁时修建的水利设施有:天监九年(510年),谢法崇主持修建谢塘,在金坛县北;天监九年还新作缘淮塘;天监年间,在今浙江丽水兴建通济堰,溉田数十万亩;普通五年(524年),谢德威在金坛东南修建南北谢塘,各灌溉农田千余顷;大同五年(539年),谢贺之在金坛东南主持修建莞塘;还有吴游主持修建吴塘,塘周四十里,金坛、丹阳二县农田受益;武帝时在丹阳还兴建了思湖、长塘湖、高湖等,用以灌溉农田。这些塘堰虽然规模不是很大,但数量众多,在农田灌溉方面发挥了重要的作用。

太湖地区濒临长江,地势自东北向西南微倾,高地病旱,低处易涝。当地人民因地制宜,利用江水潮汐资源,开凿通江港浦,又在低洼处筑土成围。西晋太康年间在此设置海虞县时,尚是人口稀少的荒僻小县,至萧梁时,"高乡濒江有二十四浦,通潮汐,资灌源,而旱无忧。低乡田皆筑圩,足以御水,而涝亦不为害",旱涝保收,"岁常熟",故在大同六年(540年)改海虞县为常熟县。[①]

萧梁时期,太湖排水通道壅塞、易使洪涝成灾的问题,也引起了人们的关注。中大通二年(530年),由于"吴兴郡屡以水灾失收",有官员提出"当漕大渎以泄浙江",梁武帝诏命前交州刺史王弁等人征发吴郡、吴兴、义兴三郡民丁,"开漕沟渠,导泻震泽"。震泽即太湖,"导泻震泽",即宣泄太湖洪水,以"使吴兴一境,无复水灾"。[②] 虽然这项计划因昭明太子萧统从体恤民艰的角度出发加以反对而最终未能实施,但凸显了当时人在开发利用太湖水土资源的同时,已经在关注解决洪涝出路问题的思考和努力。

除了江南地区以外,梁武帝也非常重视江北、淮南地区的水利兴修。江淮之间一直是萧梁与北方政权抗衡与对峙的前沿,由于

---

① 光绪《常昭合志稿》卷一。
② 《梁书》卷八《昭明太子传》。

其在军事上的特殊重要性,为了维持人数众多的军队士卒的粮食供应,萧梁在这一地区实施了军屯,农田水利设施的兴修也相应地得到了高度重视。

寿阳是当时抵御北方政权的前线,位于芍陂灌区。芍陂是著名的水利工程,始筑于战国时期。《水经·肥水注》载:"陂周百二十许里,在寿春县南八十里,言楚相孙叔敖所造。陂有五门,吐纳川流,西北为香门陂。陂水北经孙叔敖祠下,谓之芍陂渎。"芍陂自兴筑以后,历代屡有修浚,在农田灌溉方面发挥着重要作用。东晋、刘宋、南齐出于军事上的需要,也曾多次整治芍陂水利工程。东晋末,刘裕北伐后秦,首先采取的一个举措是派毛修之"复芍陂,起田数千顷"。[①] 宋文帝谋划收复河南,于元嘉七年(430 年)派长沙王刘义欣坐镇寿阳,其时"芍陂久废,义欣修治堤防,引河水入陂,溉田万余顷,无复旱灾"。[②] 南齐时,芍陂的修治依然是淮南水利工程的重要内容。萧道成即位后,以垣崇祖为豫州刺史,镇守寿春,"敕崇祖修治芍陂田"。[③] 萧衍覆齐建梁后,多次谋划北伐,因而也很重视芍陂的修治。普通四年(523 年),梁军将北伐,以裴邃为率骑三千先袭寿阳,是年冬,"始修芍陂"。[④] 其后,裴邃之侄裴之横也"于芍陂大营田墅,遂致殷积"。[⑤] 中大通六年(534 年),夏侯夔转任豫州刺史,"豫州积岁寇戎,人颇失业,夔乃帅军人于苍陵立堰,溉田千余顷,岁收谷百余万石,以充储备,兼赡贫人,境内赖之"。[⑥] 苍陵在今安徽寿县西南之淮河南岸,应该也是芍陂水利工程的一部分。

萧梁时期的水利兴修工程虽然都不能算大,但值得注意的是此时水利兴建的陂塘化倾向有了新的发展。有学者指出:"陂塘化

① 《宋书》卷四八《毛修之传》。
② 《资治通鉴》卷一二一《宋纪》三,"文帝元嘉七年"条。
③ 《南齐书》卷二五《垣崇祖传》。
④ 《梁书》卷二八《裴邃传》。
⑤ 《梁书》卷二八《裴邃传附裴之横传》。
⑥ 《梁书》卷二八《夏侯夔传》。

以后,既有防洪的功能,又有蓄水的效用,可以利用江河水盛之时储水以备旱灾。且启闭由人,大小任意,视农田需要而定,不若渠灌之被动。因此,当时的陂塘,实类似于今天的水库,它较之单纯依赖自然水源的利用,具有明显的优越性,也大大提高了对自然水资源的利用率和人工控制水利的能力,对农业的发展无疑起着巨大作用。"[①]萧梁时修筑的塘堰,以农田灌溉为目的,促进了农业的发展,推动了江南地区水利建设陂塘化的进程。

唐代史家姚思廉评论说:梁武帝执政时期,"征赋所及之乡,文轨傍通之地,南超万里,西拓五千。其中瑰财重宝,千夫百族,莫不充牣王府,蹶角阙庭。三四十年,斯为盛矣。自魏晋以降,未或有焉"。[②] 这是对梁武帝在位期间政局稳定、经济发展的高度评价。其中虽然也不乏溢美之词,但梁武帝统治时期社会秩序较为稳定、社会经济得以恢复和发展,的确也是事实。

九、倡导"三教同源"

在政治上、经济上采取措施以巩固统治、发展经济的同时,梁武帝也非常注重思想文化的作用,推行了一系列崇尚教化、倡导文治的举措,作为其治国方略的重要组成部分。

倡导"三教同源",对儒、佛、道三者间的矛盾与冲突加以调和,鼓励兼容并蓄、多元发展,便是梁武帝在思想文化上实行的一项重要国策。

梁武帝的"三教同源"说,是在东晋南朝以来儒、佛、道三教之间既相互冲突和排斥、又逐渐相互影响和吸收的背景下提出来的。从儒学与佛、道二教的关系看,自东晋以后,代表着中国本土传统文化主体的儒学,与代表着外来文化的佛教之间,曾经发生过尖锐、激烈的冲突。而道教虽与儒学也存在着矛盾和冲突,但与儒学

---

① 高敏主编:《魏晋南北朝经济史》(上),上海人民出版社,1996 年,第 35 页。
② 《梁书》卷三《武帝纪下》。

一样生长于本土,而且出于跟佛教争夺宗教世界支配地位的考虑,因而与儒学结成了联合抗衡佛教的同盟。早在东晋成帝时,辅政的庾冰就代成帝作诏,令沙门跪拜王者,创议"欲使沙门敬王者,后桓玄复述其义,并不果行"。① 这是从"率土之滨,莫非王臣"的儒学立场出发,要沙门向帝王行臣服之礼,虽然最终未能实行,但儒学与佛教的冲突于此可见一斑。进入南朝,佛教发展更为迅速,坚持儒学立场的士大夫们为了维护儒学的伦常纲纪和礼乐制度,对佛教展开了激烈的抨击和斗争。刘宋文帝元嘉九年(432年),时任衡阳太守的何承天作《报应问》,对佛教的因果报应说加以批判:"西方说报应,其枝末虽明,而即本常昧。其言奢而寡要,其譬迂而无征。乖背五经,故见弃于先圣;诱掖近情,故得信于季俗。"他通过引证生活中的事例,认为"群生万有,往往如之,是知杀生者无恶报,为福者无善应"。② 又如萧梁时,荀济上书梁武帝,批判佛教"使父子之亲隔,君臣之义乖,夫妇之和旷,友朋之信绝",直斥"佛妖僧伪,奸诈为心"。③ 值得注意的是,在儒学与佛教冲突与斗争的同时,也存在着二者相互靠拢和影响的另一面。儒学竭力对佛教施加影响,佛教则努力设法调和跟儒学的矛盾与冲突,由此促进了外来佛教本土化的改造过程,也使儒学与佛教并立共存的局面逐步形成。

东晋时,在庐山东林寺居留三十余年的高僧慧远等人着手对佛教的教义加以改造。慧远将佛教分为两科:处俗弘教和出家修道。其中的处俗者"奉上之礼,尊亲之敬,忠孝之义,表于经文;在三之训,彰乎圣典。斯与王制同命,有若符契"。④ 依此解释,奉上、尊亲、忠孝这些儒学的纲常伦理,同样表彰于佛教经典,儒、佛便是不谋而合了。慧远又针对沙门是否应礼敬王者的争论,既强调佛法是"不变之宗",反对沙门礼敬王者;也设法调和儒、佛之间的矛

---

① 《宋书》卷九七《天竺迦毗黎国传》。
② 何承天:《报应问》,《广弘明集》卷二。
③ 荀济:《叙列代王臣滞惑解》,《广弘明集》卷七。
④ 慧远:《答桓玄书》,《全晋文》卷一六一。

盾,得出"内外之道,可合而明""虽曰道殊,所归一也"的结论。他提出:"常以为道法之与名教,如来之与尧、孔,发致虽殊,潜相影响,出处诚异,终期则同",并明确宣示:佛教"所以重资生,助王化于治道者也"。① 慧远对佛教的改造,使佛教向儒学靠拢,通过折衷的手法兼顾了儒、佛两方面的尊严和特点,从理论上沟通了佛教与儒学的联系,从而在一定程度上缓解了儒佛之间的矛盾和冲突。

再从道、佛二教的关系看,东晋南朝时期,道教与佛教互争雄长,两者关系的主流是相互攻击、相互排斥。刘宋时,陆修静奉诏入建康,即已开始道、佛之争,至宋、齐间,信奉道教的顾欢发表《夷夏论》,称中国自有三皇五帝以来,唯有周、孔儒学和老、庄道教,并无佛教。他指斥佛教出于"夷"俗,与中夏的礼教迥然有异:"端委搢绅,诸华之容;剪发旷衣,群夷之服。擎跽磬折,候甸之恭;狐蹲狗踞,荒流之肃。棺殡椁葬,中夏之制;火焚水沉,西戎之俗。全形守礼,继善之教;毁貌易性,绝恶之学。"将佛教斥为"西戎之俗""绝恶之学"。所以他坚决反对丢弃华夏的礼俗教化而去效法来自西戎的佛教,提出:"理之可贵者,道也;事之可贱者,俗也。舍华效夷,义将安取?"②此后又有道士伪托萧齐贵族张融之名发表《三破论》,指斥佛教剃度出家之法有悖中华礼教人伦,是"入国破国,入家破家,入身破身",因而不宜在中国传播。同时又沿用西晋《老子化胡经》之说,贬毁佛教:"胡人无仁,刚强无礼,不异禽兽,不信虚无,老子入关,故作形象以化之。"又称:"胡人粗犷,欲断其恶种,故令男不娶妻,女不嫁夫。一国伏法,自然灭尽。"③这些充斥着侮辱性的言语,无疑进一步加剧了道、佛二教之间的对立。

道教信徒对佛教的指斥与诋毁,反映了中国传统儒道文化对外来佛教的排斥,由此也激起了佛教僧众的强烈反驳和回击。刘宋司徒袁粲托名道人通公,著论对《夷夏论》进行辩驳,他认为华夷

---

① 慧远:《沙门不敬王者论》,《全晋文》卷一六一。
② 《南齐书》卷五四《顾欢传》。
③ 刘勰:《灭惑论》,《弘明集》卷八。

礼义不同,但并无太大差别,无所谓优劣:"孔、老治世为本,释氏出世为宗,发轸既殊,其归亦异。"①其后,明僧绍的《正二教论》、谢镇之的《折夷夏论》、朱昭之的《难夷夏论》、释慧通的《驳夷夏论》等,都从不同的角度反驳《夷夏论》,而其主旨则都是贬斥道教而推崇佛教。《三破论》出笼后,先后有刘勰作《灭惑论》、释僧顺作《释三破论》、释玄光作《辩惑论》,均是针对《三破论》的反驳文章,文中同样充斥着诋毁谩骂之辞,致使道、佛二教之间的斗争更趋激烈。

然而,道、佛二教之间,虽然有相互诋毁和冲突的一面,但也有相互融汇和调和的一面。特别是道、佛二教的教义中均有适应封建统治的成分,上层统治者中兼崇道、佛的不少,这就促使不少士人和信徒出面调和道、佛二教。如南齐的张融在其所作《门律》中说:"吾门世恭佛,舅门奉道。道也与佛,逗极无二。寂然不动,致本则同。感而遂通,达迹成异。"②与张融同时的刘法先,"每见道、释二众吜相是非,乃著息争之论"。③佛教信徒中也有许多人力主调和,如笃信佛教的南齐竟陵王萧子良提出:"真俗之教,其致一也。"④至萧梁时,居士沈约认为:"内圣外圣,义均理一";⑤笃信佛教的文学家刘勰也提出:"至道宗极,理归乎一。妙法真境,本固无二";⑥而道教的重要人物陶弘景则说:"万物森罗,不离两仪之育;百法分凑,无越三教之境。"⑦由此不难看出,道、佛二教的对立与争斗虽然激烈,但在双方信徒的调和折衷下,原来紧张的关系逐渐缓和,出现了相互容纳、相互吸收的趋势。

道、佛二教的相互吸收和相互融汇,大抵始于东晋末年。为了改变与佛教竞争中落于下风的状况,增强道教的吸引力,一些道教

---

① 《南齐书》卷五四《顾欢传》。
② 张融:《门律》,《弘明集》卷六。
③ 《太平御览》卷六六六引《道学传》。
④ 萧子良:《与孔中丞书》,《弘明集》卷一一。
⑤ 沈约:《均圣论》,《广弘明集》卷五。
⑥ 刘勰:《灭惑论》,《弘明集》卷八。
⑦ 《华阳陶隐居集》卷下。

徒开始从佛教中寻求借鉴,其中最重要的一项内容,就是引入了佛教的因果报应、五道轮回思想,不少道教经书都增加了这方面的内容。如《灵宝智慧本愿大戒上品经》说:"生时不修善治身,忍割可欲,死方殡葬其骸骨,不知魂魄已更五毒,幽囚地狱,苦恼三涂,轮转五道也。"又说:"若于今世忍苦甘贫,悔往修来,趣求奉法,以自解脱者,亦现世渐报,来生将受大福。"①《四极明科经》也说:"善恶相缘,莫不有报,生世施功布德,救度一切,身后化生福堂,超过八难,受人之庆,天报自然。"②

　　在道教吸收佛教的教义以丰富自身的同时,佛教也在从道教中摄取有利于吸引更多信众的内容,例如长生久视说。佛教本来倡导以"出世为宗",视追求人生解脱为最高境界。而道教则追求长生、成仙,所谓"道家之所至秘而重者,莫过于长生之方也"。③ 两相比较,对于身处战乱频仍、社会动荡之世而又醉生梦死的统治阶级而言,追求长生的说教显然具有很大的吸引力。有鉴于此,佛教经典也开始掺入讲求"不老""不死"的内容。如《大涅槃经》卷三《名字功德品》在论述"佛性"时就说:"善男子! 譬如甜酥,八味具足,大般涅槃,亦复如是,八味具足。云何八味? 一者常,二者恒,三者安,四者清凉,五者不老,六者不死,七者无垢,八者快乐。是为八味具足,具足八味,是故名为大般涅槃。"

　　道、佛二教一面在相互吸收、相互融汇,一面不约而同地吸收儒家的伦理道德观念,以调和与儒学的矛盾,更好地适应封建统治的需要,借此争取统治者的支持,拓展自身生存和发展的空间。就佛教而言,其不嫁娶、不拜君和三世轮回的理论,与儒家的忠孝思想是矛盾的。不娶妻则无后,儒家视为大不孝;不拜君则不合君臣之义,儒家视为大不敬;三世轮回则与儒家的三纲相悖。如果不对此作相应的修改,就很难调和与儒学的矛盾,显然不利于佛教的发

---

① 《灵宝智慧本愿大戒上品经》,《正统道藏》第6册,第159—160页。
② 《太真玉帝四极明科经》,《正统道藏》第5册,第3534页。
③ 《抱朴子内篇·勤求》。

展。为此,佛教不得不在忠孝问题上向儒学靠拢。萧梁时笃信佛教的刘勰主张"弘孝于梵业",认为"夫孝理至极,道俗同贯,虽内外迹殊,而神用一揆"。[1] 同为萧梁时的佛教徒萧琛也提出,佛理应服从儒家的忠孝仁义,即使因违背佛教戒律应受业报的人,只要他"事君以忠,奉亲唯孝,与朋友信",就不可"以一眚掩德,蔑而弃之"。[2] 正是从这样的理念出发,一些实际上是宣扬儒家忠孝思想的佛教《报恩经》便应运而生。撰写于齐梁之际的《大方便佛报恩经》即是其中的典型。该经虽取材于《涅槃经》《贤愚经》等佛教经典,但却是经过汉僧按照儒家模式截取、增删、纂集而成的,实际上是儒学化的佛经,佛教化的《孝经》。

相较于佛教对儒学的吸收,道教对儒学的吸收更加广泛,最突出的表现也是像佛教一样,把儒学的忠孝仁义等伦理观念引入道教的戒律。南朝时期的上清派和灵宝派所造的许多戒律经书,形式上似乎仿照佛教,实际内容却大多采自儒学。如《正一法文天师教戒科经》称:"事亲不可不孝,事君不可不忠","仁义不可不行"。《灵宝智慧罪根上品大戒经》则提出:"与人君言则惠于国,与人父言则慈于子,与人师言则爱于众,与人兄言则悌于行,与人臣言则忠于君,与人子言则孝于亲,与人友言则信于交,与人妇言则贞于夫,与人夫言则和于室",[3]几乎囊括了儒学伦理的所有方面。

梁武帝之所以能够提出"三教同源"说,固然脱离不了他身处的上述时代背景,同时也与其独特的学术经历以及对儒、佛、道三教的深厚造诣密不可分。梁武帝曾有《会三教诗》叙述自己学习并信奉儒、道、佛三教的过程:

> 少时学周孔,弱冠穷六经;孝义连方册,仁恕满丹青;践言贵去伐,为善在好生。中复观道书,有名与无名;妙术镂金版,

---

① 刘勰:《灭惑论》,《弘明集》卷八。
② 萧琛:《难神灭论》,《弘明集》卷九。
③ 《灵宝智慧罪根上品大戒经》《道藏》第 6 册,第 887 页。

真言隐上清;密行遗阴德,显证表长龄。晚年开释卷,犹月映
众星;苦集始觉知,因果方昭明;示教唯平等,至理归无生。分
别根难一,执着性易惊。穷源无二圣,测善非三英。大椿径亿
尺,小草裁云萌。大云降大雨,随分各受荣。心想起异解,报
应有殊形。差别岂作意,深浅固物情。①

　　如果据此而机械地将梁武帝对儒、道、佛三教的信仰,划分为
截然分割的青少年时期习奉儒学、中年信仰道教、晚年改崇佛法三
个阶段,显然是有失偏颇的。事实上,梁武帝的《述三教诗》向世人
揭示了两点:其一,他对儒、道、佛的接触、学习和信奉,是有先后
次序的,大体上按照先儒学、次道教、再佛教的顺序次第进行。天
监三年(504年)四月,梁武帝写有《舍道事佛文》:"弟子经迟迷荒,
耽事老子。历叶相承,染此邪法。习因善发,弃迷知返。今舍旧
医,归凭正觉。"②这表明梁武帝在天监三年正式宣布舍道事佛,由
此可证其信奉道教在前,改崇佛法在后。其二,梁武帝对儒、佛、道
三教兼修,而且造诣深厚。《梁书》称其"少而笃学,洞达儒玄。虽
万机多务,犹卷不辍手,燃烛侧光,常至戊夜。造《制旨孝经义》《周
易讲疏》,及六十四卦、二《系》《文言》《序卦》等义,《乐社义》《毛诗
答问》《尚书大义》《中庸讲疏》《孔子正言》《老子讲疏》,凡二百余
卷,并正先儒之迷,开古圣之旨"。又"兼笃信正法,尤长释典,制
《涅盘》《大品》《净名》《三慧》诸经义记,复数百卷"。③可见梁武帝
博学多通,对儒、道、佛均有研究,这就为其倡导"三教同源"说提供
了相应的理论基础。加上其对儒、道、佛三教之间既相互冲突和排
斥,又逐渐相互影响和吸收的状况有着非常清晰的了解,明白儒、
道、佛三者对于稳固封建统治各有其难以相互取代的作用,因而顺
应时代的要求,提出了"三教同源"说。一方面,梁武帝认为,儒、

---

① 萧衍:《会三教诗》,《艺文类聚》卷七八。
② 萧衍:《舍道事佛文》,《广弘明集》卷四。
③ 《梁书》卷三《武帝纪下》。

道、佛三教旨趣虽然各不相同,但各有妙用而不可偏废,儒学主张人们要恪守伦理纲常,道教劝说人们不要计较争夺,佛教引导人们向往极乐净土。三教在理论上可以融会贯通,在实践上可以互为补充,三教合而为一,显然更有利于封建统治的巩固。正缘于此,梁武帝把三教的始祖孔子、老子、释迦牟尼合称为"三圣",甚至在《舍道事佛文》中把老子、孔子、颜渊等人都说成是如来的弟子,以此来调和三教之间的矛盾、冲突。在《敕答臣下神灭论》一文中,他就说:"观三圣设教,皆云不灭。"在前引《述三教诗》中,他又强调"差别岂作意,深浅固物情",主张三教会通、融汇,三教可以并存共生,交相辉映。另一方面,梁武帝又极力抬高佛教在三教中的地位,把佛教奉为国教,认为儒、道都源自佛教,孔子、老子均是释迦牟尼的弟子;佛之于儒、道,"犹月映众星",即把佛教喻为月亮,而儒、道不过是"众星",从而形成一个以佛教为主体、以儒学和道教为辅翼的佛学理论。

当然,梁武帝的"三教同源"说本身并没有提出完善而深刻的佛学理论,而且还存在着自相矛盾之处,例如他在《舍道事佛文》中说:"唯佛一道,是于正道,其余九十五种,名为邪道。朕舍邪道,以事如来。"这就把儒、道归入了"邪道"之列,与"犹月映众星"显然是矛盾的。尽管如此,"三教同源"说的提出,毕竟是梁武帝的一个创造。他顺应了东晋南朝以来儒、道、佛三教既相互冲突斗争、又相互吸收融汇的趋势,旨在建立起更富于本土特色的儒学化的佛教,以加强封建统治。有学者指出:"梁武帝的这个尝试,在中国思想史上占有重要的地位,他给儒、佛、道三家在历史发展过程中所表现出来的错综复杂的关系,作了一次初步的总结,为隋唐时期封建统治者调和三教之争提供了借鉴。两宋时期的理学,就是沿着这条纵线发展和完善起来的官方哲学。"[①]这一评价是比较贴切的。"三教同源"说对隋唐三教并立及其后的三教合流所产生的重大影

---

① 罗宏曾:《魏晋南北朝文化史》,四川人民出版社,1989年,第215页。

响,是应予肯定的。同时,还应看到,"三教同源"说的提出,顺应了儒、道、佛三教既相互冲突又相互融汇的发展趋势,鼓励了其时思想文化的兼容并蓄、多元发展。数年前出版的《剑桥中国文学史》对萧梁时期思想文化的发展给予了很高的评价:"统治延续到六世纪中叶的萧梁王朝代表了南朝文化成就的最高点","梁朝在很多方面都达到了中国唐前文学和思想的顶峰"。[①] 这一局面的出现,应该也是与其时思想文化的兼容并蓄、多元发展密切相关的。

十、大力弘扬儒学

梁武帝虽然在晚年佞信佛教,甚至把佛教提到"国教"的地位,但在其执政的大部分时间内仍然把弘扬儒学作为其思想文化政策的最主要内容。《梁书·武帝纪》有上、中、下三卷,中、下两卷所载为梁武帝自即位至去世的四十八年间事,其中记载了很多梁武帝在位期间颁布的诏令。据笔者粗略统计,《梁书·武帝纪》以"诏"或"诏曰"的形式记录了梁武帝在位期间颁布的各种诏令总计七十八条,其中没有一条与弘扬佛教相关,而以弘扬儒学为宗旨或浸润着儒学思想的诏令却比比皆是。这是一个很有意思的现象。由此足以证明,梁武帝虽然有"皇帝菩萨"之称,但其治国理政的根本指导思想仍然是传统儒学。对此,还可以从梁武帝所颁的诏书内容中得到证明。天监七年,诏曰:"建国君民,立教为首。砥身砺行,由乎经术。"[②]天监八年五月壬午,诏曰:"学以从政,殷勤往哲,禄在其中,抑亦前事。朕思阐治纲,每敦儒术,轼间辟馆,造次以之。"[③]上述诏令中所称"建国君民,立教为首""思阐治纲,每敦儒术"等语,非常清晰地表明梁武帝确实是在实践着以儒学为治国理政的根本指导思想。

---

① 孙康宜、宇文所安主编,刘倩等译:《剑桥中国文学史》(上卷),生活·读书·新知三联书店,2013年,第286、288页。
② 《梁书》卷四八《儒林传序》。
③ 《梁书》卷二《武帝纪中》。

梁武帝弘扬儒学的具体表现之一,就是广开庠序、崇尚教化。史称梁武帝具有深厚的儒学造诣,"少而笃学,洞达儒玄。虽万机多务,犹卷不辍手,燃烛侧光,常至戊夜"。① 他深知"育才造士,为国之本"的道理,懂得崇尚教化对于巩固统治的重要性,因此即位后多次下诏要求广开庠序、延师劝学。

天监四年正月,梁武帝下诏曰:

> 二汉登贤,莫非经术,服膺雅道,名立行成。魏、晋浮荡,儒教沦歇,风节罔树,抑此之由。可置五经博士各一人,广开馆宇,招纳后进!②

梁武帝颁布诏令后,朝廷即付诸实施,"乃诏开五馆,建立国学,总以《五经》教授,置《五经》博士各一人。于是以平原明山宾、吴郡陆琏、吴兴沈峻、建平严植之、会稽贺玚补博士,各主一馆"。③每馆有学生数百人,由朝廷提供膳食和日常所需生活用品,凡策试优异者即选用任官。数年之间,怀经负笈者云集。被梁武帝延揽为经学博士者,皆为精通经学的硕儒。如贺玚,是晋代司空贺循的玄孙,"世以儒术显",其祖父"善《三礼》,有盛名",④贺玚"少传家业",时人称其"神明聪敏,将来当为儒者宗"。天监初,为太常丞,"有司举治宾礼,召见说《礼》义,高祖异之,诏朝朔望,预华林讲"。天监四年,初开五馆,以贺玚兼五经博士。贺玚"于《礼》尤精,馆中生徒常百数,弟子明经对策至数十人"。⑤ 明山宾,"七岁能言名理,十三博通经传,居丧尽礼"。萧衍建梁后,明山宾"为尚书驾部郎,迁治书侍御史,右军记室参军,掌治吉礼。时初置《五经》博士,山

---

① 《梁书》卷三《武帝纪下》。
② 《资治通鉴》卷一四六《梁纪》二,"武帝天监四年"条。
③ 《南史》卷七一《儒林传序》。
④ 《南史》卷六二《贺玚传》。
⑤ 《梁书》卷四八《贺玚传》。

宾首膺其选"。明山宾"累居学官,甚有训导之益"。^① 沈峻,家世农夫,但他好学,"师事宗人沈驎士,在门下积年,昼夜自课,时或睡寐,辄以杖自击,其笃志如此。驎士卒后,乃出都,遍游讲肆,遂博通《五经》,尤长《三礼》"。吏部郎陆倕向尚书仆射徐勉推荐,认为沈峻特精《周官》,"比日时开讲肆,群儒刘艾、沈宏、沈熊之徒,并执经下坐,北面受业,莫不叹服,人无间言"。徐勉采纳了他的建议,奏请沈峻兼《五经》博士。沈峻"于馆讲授,听者常数百人",^②传承沈峻学业的弟子中也有数人官至《五经》博士。严植之,"少善《庄》《老》,能玄言,精解《丧服》《孝经》《论语》"。及长,遍治郑氏《礼》《周易》《毛诗》《左氏春秋》"。天监初,梁武帝"诏求通儒治五礼,有司奏植之治凶礼。四年,初置《五经》博士,各开馆教授,以植之兼《五经》博士。植之馆在潮沟,生徒常百数。植之讲,五馆生必至,听者千余人"。^③ 由此可见当时开馆讲学之盛况。

梁武帝又下令选拔学生前往会稽若邪山,跟随隐居在此的宿学名儒何胤求学,又命何胤在门徒中挑选经明行修者向朝廷报告。何胤出身名门,其祖为刘宋司空何尚之,何胤"既长好学。师事沛国刘瓛,受《易》及《礼记》《毛诗》;又入钟山定林寺听内典,其业皆通"。^④ 何胤在萧齐时颇受重用,官至中书令。但何胤位居贵显,却常怀退隐之心,终在齐明帝建武年间辞官退隐会稽若邪山云门寺。萧衍建霸府后,引何胤为军谋祭酒,何胤不至。萧衍即位后再召其入朝为右光禄大夫,何胤依然固辞。萧衍无奈,乃敕何胤曰:

> 顷者学业沦废,儒术将尽,闾阎搢绅,勘闻好事。吾每思弘奖,其风未移,当宸兴言为叹。本欲屈卿暂出,开导后生,既属废业,此怀未遂,延伫之劳,载盈梦想。理舟虚席,须俟来

① 《梁书》卷二七《明山宾传》。
② 《梁书》卷四八《沈峻传》。
③ 《梁书》卷四八《严植之传》。
④ 《梁书》卷五一《何胤传》。

秋,所望惠然申其宿抱耳。卿门徒中经明行修,厥数有几? 且欲瞻彼堂堂,置此周行。便可具以名闻,副其劳望。

又曰:

> 比岁学者殊为寡少,良由无复聚徒,故明经斯废。每一念此,为之慨然。卿居儒宗,加以德素,当敕后进有意向者,就卿受业。想深思诲诱,使斯文载兴。①

从萧衍写给何胤的两封敕文中,可以看到其对复兴儒学、延师授徒的重视。

天监四年三月,梁武帝下令设置胄子律博士;天监五年,又在京城设立集雅馆,以招徕远学;中大通四年三月,特设制旨《孝经》助教一人,招收学生十人,专门教授萧衍亲自诠释的《孝经》义理。梁武帝还派遣博士祭酒分巡州郡,于各州郡建立学校,"于是四方郡国,莫不向风"。②

天监七年春正月,梁武帝再次下诏;

> 建国君民,立教为首。不学将落,嘉植靡由。朕肇基明命,光宅区宇,虽耕耘雅业,傍阐艺文,而成器未广,志本犹阙,非所以镕范贵游,纳诸轨度。思欲式敦让齿,自家刑国。今声训所渐,戎夏同风,宜大启庠斆,博延胄子,务彼十伦,弘此三德,使陶钧远被,微言载表。③

这是强调立教劝学的极端重要性。

天监九年三月,梁武帝又下诏规定:

---

① 《梁书》卷五一《何胤传》。
② 《南史》卷七《梁本纪中》。
③ 《梁书》卷二《武帝纪中》。

王子从学，著自礼经，贵游咸在，实惟前诰，所以式广义
方，克隆教道。今成均大启，元良齿让，自斯以降，并宜肄业。
皇太子及王侯之子，年在从师者，可令入学。①

这一诏书显示了萧衍对皇室子弟教育的重视，希望藉此以"克
隆教道"。萧衍的儿子萧统、萧纲、萧绎等人日后均在儒学和文学
方面有很深的造诣，显然与萧衍重视教育密不可分的。

大同七年十二月，梁武帝又于宫城西立士林馆。士林馆与天
监五年设立的集雅馆一样，都是梁武帝延纳各地学者以讲学和研
究的场所，其时有不少学者都奉梁武帝之命在此讲学，时任太子右
卫率朱异、尚书左丞贺琛、御史中丞张绾等在士林馆轮流讲述梁武
帝亲撰的《制旨礼记中庸义》。"通《三礼》《春秋左氏传》""《五经》
章句，诸子史书，问无不答"②的尚书祠部郎沈洙也深得朱异、贺琛
的赞赏，时常被邀请到士林馆讲学。此外，通经术、尤精《古文尚
书》的中书通事舍人孔子祛也是与朱异、贺琛等奉敕递相讲授经义
的主讲人之一；年仅十岁即"通《老子》《周易》"的国学博士周弘正
在士林馆讲学，更是"听者倾朝野"。③ 由此可见，士林馆已经成为
梁武帝倡导下研习、讲授儒学经典的重要讲堂。

武帝不仅颁发诏令要求广立学馆、教授学生，而且多次前往国
子学视察，亲临讲舍，策试胄子，赏赐国子祭酒以下数额不等的绢
帛，以此弘扬尊师重教的风气，仅天监九年就在三月和十二月两次
亲临国子学。在梁武帝的倡导和推动之下，萧梁时期的儒学呈现
出繁盛景象。史称："武帝亲屈舆驾，释奠于先师先圣，申之以谶
语，劳之以束帛，济济焉，洋洋焉，大道之行也如是。"④便是对梁武
帝弘扬儒学所取得成效的赞扬。

---

① 《梁书》卷二《武帝纪中》。
② 《南史》卷七一《沈洙传》。
③ 《陈书》卷二四《周弘正传》。
④ 《南史》卷七一《儒林传序》。

梁武帝在尊崇儒学、"大启庠斅,博延胄子"的同时,也非常重视宣扬礼教、修订律令。这是其弘扬儒学的又一重要举措。

对于礼教在经邦济世、教化人心方面的作用,《左传》有明确的阐述:"礼,经国家,定社稷,序民人,利后嗣者也。"[1]明末清初的思想家王夫之也曾评论说:"夫礼之为教,至矣大矣,天地之所自位也,鬼神之所自绥也,仁义之以为体,孝悌之以为用者也;五伦之所经纬,人禽之所分辨,治乱之所司,贤不肖之所裁者也;舍此而道无所丽矣。"[2]礼的地位如此重要,无怪乎历代统治者都高度关注礼教的实行,梁武帝自然也不例外。

还在齐武帝萧赜执政时,太子步兵校尉伏曼容就上表请求制定一代礼乐,齐武帝诏令选拔学士十人修订五礼,由丹阳尹王俭总负责。王俭病逝后,此事交付给了国子祭酒何胤。不久,何胤遁隐会稽若邪山,齐明帝萧鸾又命尚书令徐孝嗣掌管修礼。徐孝嗣被诛杀后,参与修订五礼者大多离散,明帝诏令骠骑将军何佟之接掌修礼,但萧齐末年战火四起,五礼修订迟迟无成。梁武帝萧衍即位后,主掌此事的何佟之启奏武帝,请求就负责修订五礼的礼局究竟是撤消还是继续保留给出明确意见,武帝命交朝臣详议后再定。其时,尚书认为王业创始、百废待举,宜待国家昌盛太平之后再修五礼,礼局可以撤销,并入尚书省的仪曹。梁武帝对此建议大不以为然,下诏曰:"礼坏乐缺,实宜以时修定。但顷之修撰不得其人,所以历年不就,有名无实。此既经国所先,可即撰次。"[3]梁武帝的态度非常明确,他是把宣扬五礼视为"经国所先"的,既然"礼坏乐缺",就必须即时修订。武帝态度既明,时任尚书仆射的沈约等人紧紧跟上,建议以往选学士十人共修五礼,现在可以分立五礼,各置旧学士一人,令其自举精通古礼者一人协助抄撰。其中若遇疑惑难决者,可依照西汉宣帝时石渠阁会议和东汉章帝时白虎观会

---

① 《左传·隐公十一年》。
② 王夫之:《读通鉴论》卷一七《梁武帝》。
③ 《资治通鉴》卷一四七《梁纪》三,"武帝天监十一年"条。

议的故事,呈请武帝制旨断决。于是,梁武帝命明山宾等分掌五礼修订,仍然由何佟之总其事。何佟之病卒后,又由伏曼容之子、镇北咨议参军伏暅接替。天监十一年,《五礼》修订完成,共计一千余卷、八千零一十九条。呈上后,武帝下诏有司遵照实行。有关五礼的修订,如果不计自萧齐武帝永明年间起时断时续的近二十年时间,至少也经历了梁初的十一年之久。

与《五礼》的修订同时提上日程的,是律令的修订。根据《晋书·刑法志》的记叙,中国最早的比较完整的成文法典,当属战国时期魏相李悝编纂的《法经》,分为《盗法》《贼法》《囚法》《捕法》《杂法》《具法》六篇。前四篇是惩办"盗""贼"和加以"囚""捕"的法律,《杂法》是处罚狡诈、越狱、赌博、贪污、淫乱的法律,《具法》是规定刑罚加重或减轻的法律。李悝之后,商鞅"受之以相秦",改《法经》为秦律。汉承秦制,萧何增加三篇成《九章律》,叔孙通又增益《傍章》十八篇。汉武帝时,张汤作《越宫律》二十七篇,赵禹作《朝律》六篇,连同萧何、叔孙通所作,合计六十篇;同时又把朝廷的法令集为《令甲》,将审判的判例和断事成案汇称为"比"(即"决事比"),开后世律、令、比之先河。此后"世有增损,率皆集类为篇,结事为章"。三国时,魏文帝命陈群、刘劭等"删约旧科,傍采汉律,定为魏法",制定了《新律》十八篇,《州郡令》四十五篇,另有《尚书官令》《军中令》,合计一百八十余篇。西晋初,晋武帝命贾充、郑冲等参照汉、魏法律,"蠲其苛秽,存其清约,事从中典,归于益时",[①]加以增损而成晋律,共二十篇六百二十条,因颁行于泰始四年(268年),史称《泰始律》。《泰始律》兼重礼律,并由张斐、杜预为之作注,是魏晋南北朝时期唯一颁行全国的法典。与律同时颁行的还有《晋令》四十卷。进入南朝,刘宋沿用《晋律》,萧齐的《永明律》则大体沿袭《晋律》而略有增损。由于法典是统治者意志和利益的集中体现,对于维持和巩固统治有着十分重要的作用。从战国到南

---

① 《晋书》卷三九《刑法志》。

朝,历代法典的编纂与沿革,表明历代统治者均很重视律令的编纂和修订,梁武帝自然也不例外。

天监元年八月丁未,也就是正式登上皇帝宝座的四个月后,萧衍即"命尚书删定郎济阳蔡法度损益王植之集注旧律,为《梁律》,仍命与尚书令王亮、侍中王莹、尚书仆射沈约、吏部尚书范云等九人同议定"。① 晋时张斐、杜预共注《晋律》三十卷,自泰始以来沿用之,但"律文简约,或一章之中,两家所处,生杀顿异,临时斟酌,吏得为奸"。② 齐武帝萧赜继位后留心法令,诏命狱官详正旧注。永明七年,尚书删定郎王植集定二注,表奏朝廷。齐武帝诏命竟陵王萧子良总其事,由公卿、八座参议考正,众议异同不能统一者,由武帝亲自定夺。至永明九年,书成,是为《永明律》。梁武帝深知时移世易、律令也必须随之增损修订的道理,所以在登基后不久就下令对王植集注的齐律加以损益,并命王亮、王莹、沈约、范云、蔡法度等九人共同议定。在萧衍的亲自过问下,数月后的次年四月,蔡法度等就完成了律令的修订,计《梁律》二十卷,《令》三十卷,《科》四十卷。奏上之后,梁武帝下诏颁行。

历来论者都将梁武帝下令及时修订五礼和律令视为当时的一件大事,认为是武帝对传承和延续传统礼学和法律所作的重要贡献,同时也是其巩固统治的重要举措。《梁书》作者姚思廉就评论说:"兴文学,修郊祀,治五礼,定六律,四聪既达,万机斯理,治定功成,远安迩肃。"③

综上所述,梁武帝萧衍称帝之后在政治、经济、文化等领域提出并实施的一系列举措,是在吸取历史上治乱兴衰的经验教训的基础上审时度势的结果,是顺应当时社会发展趋势的,因而在其执政的近半个世纪里,虽然时有南北间的战争,但江南社会总体上是安定的;经济在前代发展的基础上又有了新的增长,为促进全国经

---

① 《资治通鉴》卷一四五《梁纪》一,"武帝天监元年"条。
② 《资治通鉴》卷一三七《齐纪》三,"武帝永明九年"条。
③ 《梁书》卷三《武帝纪下》"史臣曰"。

济重心的南移发挥了重要推动作用；文化更是得到了全方位的发展，成就斐然，光彩夺目。尤其是萧梁时期在政治、经济、文化等各方面所订立并实施的一些制度，不仅在当时发挥了积极的作用，而且对后世也有着深远的影响。对于梁武帝的政绩，唐代史家姚思廉作了如此评价：

> 高祖英武睿哲，义起樊、邓，仗旗建号，濡足救焚，总苍兕之师，翼龙豹之阵，云骧雷骇，翦暴夷凶，万邦乐推，三灵改卜。于是御凤历，握龙图，辟四门弘招贤之路，纳十乱引谅直之规。兴文学，修郊祀，治五礼，定六律，四聪既达，万机斯理。治定功成，远安迩肃。加以天祥地瑞，无绝岁时。征赋所及之乡，文轨傍通之地，南超万里，西拓五千。其中瑰财重宝，千夫百族，莫不充牣王府，蹶角阙庭。三四十年，斯为盛矣。自魏、晋以降，未或有焉。①

王夫之也评论说：

> 武帝之始，崇学校，定雅乐，斥封禅，修五礼，六经之教，蔚然兴焉，虽疵而未醇，华而未实，固东汉以下未有之盛也。②

史家所言，难免有歌功颂德之嫌，但大体上还是有史实依据的。萧梁时期在政治、经济、文化上所取得的成就与进步，当然不能统统都记在梁武帝萧衍的名下，但不可否认的是，梁武帝作为执掌政权的最高统治者，他的治国理念以及在他主导下所制定并实施的方略，无疑起到了积极的引领和促进作用。

---

① 《梁书》卷三《武帝纪下》。
② 王夫之：《读通鉴论》卷一七《梁武帝》。

第四章 南 北 和 战

在梁武帝萧衍执政近半个世纪的时间里,立足于江南的萧梁政权,一直与同时期的北方政权处于对峙竞争的状态。其间又可以公元534年北魏裂变后分成东魏、西魏为界,划分为前后两个时期:534年以前是萧梁与北魏政权对峙;534年以后则是"后三国"时期,先是萧梁与东魏、西魏鼎立,随后是萧梁与北齐、西魏并存。萧梁时期的南北关系是错综复杂的,对峙、并立的南北政权既有剑拔弩张的交锋与交战,又有官方及民间的交往与交融。交锋与交战、交往与交融,共同交织成其时的历史图景。

美国学者理查德·内德·勒博在其所著《国家为何而战?——过去与未来的战争动机》一书中,基于1648—2000年爆发的国家间战争的数据集,"从四种普遍动机的角度分析了战争——安全、利益、地位、复仇,以及其他类别的动机"。作者同时认为,"其他动机的案例很少,不能说明任何趋势"。[①] 因此,安全、利益、地位、复仇,实际上是战争的四个最主要的动机。作者在该

---

① [美]理查德·内德·勒博:《国家为何而战?——过去与未来的战争动机》,上海人民出版社,2014年,第197页。

书的中文版前言中很自信地写道:"我的数据集和分析很大程度上
是基于欧洲的历史,因为直到 19 世纪末才产生了国际体系,但是
我的观点对于历史上和现在的中国也同样适用。"确实,该书为我
们观察和分析历史上的战争提供了很好的切入点。诚如理查德·
内德·勒博所分析的那样,对于安全的关切,是任何一个政权都必
须考虑的问题;以利益为基础的战争都与领土扩张挂钩,从历史上
看,大多数以利益为动机的战争都试图控制更多的领土;而展示军
事实力往往是获得地位认可的重要手段;至于复仇,通常是在地位
受到侮辱时的一种反应,以复仇为动机的战争几乎都以重新夺回
上一场战争中被占领的领土或攫取新的领土为目标。从安全、利
益、地位、复仇这四个普遍动机的观察视角出发,大体可以解释历
史上的战争之所以爆发的原因。当然,某一次具体的战争,未必同
时具备这四个动机,但基本上是从四个动机中的一个或几个动机
出发的。萧梁时期南北方之间的战争也是如此。其实,战争就是
流血的政治,推而广之,从更广阔的视野看,并立政权之间相互关
系的状况及其走向,大体上也可以从安全、利益、地位、复仇这四个
角度进行观察。

一、"索虏""岛夷"争正统

争夺"正统"地位,是萧梁与北方政权间交锋的一个重要内容。
所谓"正统",亦称"正朔""正闰",是封建政权合法性的标志,又是
争取人心、号令天下的旗帜,还是贬抑对手、抬高自己的工具。纵
观中国古代历史,但凡有数个政权并存、分治的时期,围绕着"正
统"旗帜的争夺总是十分激烈。早在春秋时期,齐桓公就打出"尊
王攘夷"的旗帜,为实现其争当天下霸主的目标服务。又如三国鼎
立时期,蜀汉的刘备凭借皇叔的身份,打出"汉贼不两立"的旗号,
宣称自己是汉家正统;而曹操则采用"挟天子以令诸侯"的手法,力
图证明自己才是正统。及至西晋,面对着北方少数民族日渐强盛、
少数民族政权纷纷建立的严峻局势,江统"深惟四夷乱华,宜杜其

萌,乃作《徙戎论》",提出了"内诸夏而外夷狄""非我族类,其心必异"①的观点,强调要明"夷夏之辨",严"夷夏之防"。到了南北朝时期,南北对峙的政权围绕"正统"的竞争更为激烈。究其原因,一是不同于西晋时期一家独大的形势,并存的政权形成典型的南北分治格局;二是与三国鼎立的各家均为汉族统治不同,南方为汉族统治,北方系少数民族统治,南北之间的对立在相当程度上烙有夷夏之争的印记。南北双方为标榜自己是正统而竞相贬抑对手,出现了南指北为"索虏"、北则称南为"岛夷"的奇特现象。

据《北史》载,李延寿之父李大师"少有著述之志,常以宋、齐、梁、陈、魏、齐、周、隋南北分隔,南书谓北为'索虏',北书指南为'岛夷'"。② 事实确乎如此,《宋书》有《索虏传》,《魏书》则有《岛夷刘裕传》《岛夷萧道成传》《岛夷萧衍传》。司马光对此也有类似的评论:"宋、魏以降,南、北分治,各有国史,互相排黜,南谓北为索虏,北谓南为岛夷。"胡三省注曰:"索虏者,以北人辫发,谓之索头也。岛夷者,以东南际海,土地卑下,谓之岛中也。"③可见,无论是"索虏"还是"岛夷",都是其时南北政权互相贬抑对方的蔑称。南北方之所以互相诋毁,其实质是双方的统治者均想以正统自居。关于这一点,唐代史学家刘知幾在《史通·断限》中说得很明白:"自五胡称制,四海殊宅。江左既承正朔,斥彼魏胡。故氐羌有录,索虏成传。"将对方贬斥为"索虏"或"岛夷",目的还是为了凸显自己的正统地位。

历来的封建史家往往因为东晋南朝与之前的西晋同为汉族政权,而视之为正统的继承者,就如刘知幾说的"江左既承正朔"一样。出于同样的理由,萧梁统治者也以自己为正统,而贬斥同时期的北魏为"索虏"。但是北魏统治者虽然出自鲜卑游牧民族,属于传统观念中"夷"的范畴,却并不承认南朝的正统地位,而认为只有

---

① 《晋书》卷五六《江统传》。
② 《北史》卷一〇〇《序传》。
③ 《资治通鉴》卷六九《魏纪》一,"文帝黄初二年"条。

北魏才是正统的继承者。

北齐魏收所撰的《魏书》,一开头就在其"序纪"中叙述了北魏创建者的先祖源流:

> 昔黄帝有子二十五人,或内列诸华,或外分荒服,昌意少子,受封北土,国有大鲜卑山,因以为号。其后,世有君长,统幽都之北,广漠之野,畜牧迁徙,射猎为业,淳朴为俗,简易为化,不为文字,刻木契而已,世事远近,人相传授,如史官之纪录焉。黄帝以土德王,北俗以土为拓,谓后为跋,故以为氏。[①]

这是一段很有意思的记述。在魏收的笔下,创建北魏的鲜卑拓跋氏是黄帝少子昌意的后裔,因昌意受封北土而居于鲜卑山,拓跋氏的得名也是因为黄帝土德为王的缘故。鲜卑拓跋氏既是黄帝少子昌意的后裔,自然也就是黄帝的后裔。黄帝是中华民族的始祖,远绍黄帝的目的,无非是为了显示拓跋氏的正宗和北魏的正统。把鲜卑拓跋氏设计为黄帝的后裔,显然对树立北魏的正统地位十分有利。当然,魏收此说并无史实依据,纯粹是为了凸显北魏的正统而编造出来的。

魏收不仅把拓跋氏描述成黄帝的苗裔,而且在《魏书》的列传中刻意贬抑南方政权的创立者,不仅司马叡是"僭晋",而且萧衍与刘裕、萧道成一样均被冠以"岛夷"之称。在其笔下,既然司马叡所建的东晋是"僭越"的伪政权,那么承继东晋的宋、齐、梁等王朝自然也就缺乏正当性和合法性,这些王朝的开创者刘裕、萧道成、萧衍等人无一例外都是"岛夷"。隐藏在这一判断背后的潜台词是:只有像西晋一样立足中原、以北方为核心统治区域的政权,才具有传承正统的合法性。依此标准衡量,同时并存的南北政权中,拥有正统地位的自然非北魏莫属。

---

① 《魏书》卷一《序纪第一》。

值得注意的是,魏收的叙述并不仅仅是他个人的观点,而是代表了北魏统治者的看法。北魏孝文帝在太和二十年(496 年)宣布改鲜卑姓氏为汉姓时就非常明确地说过:"北人谓土为拓,后为跋。魏之先出于黄帝,以土德王,故为拓跋氏。夫土者,万物之元也,宜改姓元氏。"①孝文帝之所以不遗余力地推进汉化改革,固然是为了稳固其统治,但也是出于与南朝争正统地位的目的。

究竟以什么标准来辨别"正朔"或者"正闰"? 司马光曾有过很精辟的议论:

> 臣愚诚不足以识前代之正闰,窃以为苟不能使九州合为一统,皆有天子之名而无其实者也。虽华夷仁暴,大小强弱,或时不同,要皆与古之列国无异,岂得独尊奖一国谓之正统,而其余皆为僭伪哉! 若以自上相授受者为正邪,则陈氏何所受? 拓跋氏何所受? 若以居中夏者为正邪,则刘、石、慕容、苻、姚、赫连所得之土,皆五帝、三王之旧都也。若以有道德者为正邪,则蕞尔小国,必有令主,三代之季,岂无僻王! 是以正闰之论,自古及今,未有能通其义,确然使人不可移夺者也。②

司马光认为,究竟如何辨识正闰,其实并没有一个可以使大家都信服的标准,无论华夷、仁暴、大小、强弱,或者是否自上授受、是否占据中土,都不能成为判别是否正统的依据。只要没有实现全国统一,都"与古之列国无异",都不应"独尊奖一国谓之正统,而其余皆为僭伪"。应该说,司马光的见解是深刻、精辟的,也是客观、公允的。

然而,南北朝时期的对峙双方从维持统治的立场出发,从未放弃对于正统地位的争夺。萧梁政权以夷夏之辨为依据,宣称自己

---

① 《资治通鉴》卷一四〇《齐纪》六,"明帝建武三年"条。
② 《资治通鉴》卷六九《魏纪》一,"文帝黄初二年"条。

是华夏正统；而北魏则以占据中土为理由，力主自己是正统。南北双方各执一词，均不遗余力地宣称只有自己才是正统，目的就是要占领法统的制高点，在南北对峙中赢得主动，纵然不能由自己一方实现统一全国的目标，也要在南北分治中占据上风。虽然这是南北双方为争取竞争优势而实行的一种策略，但对于其时南北间关系的处理仍然有着重大影响。

彰显正统的重要标志之一，就是尊崇儒学。中国古代社会封建统治模式和封建文化的深层结构，就是儒家的传统思想。这一传统思想自春秋战国形成以后，至两汉已日臻完备并基本定型，成为封建统治的正统思想。此后的各代政权为了争夺和确保自己的正统地位，几乎无一例外地实行崇尚儒家思想文化的政策，因而对于自汉武帝"罢黜百家，独尊儒术"以来一直居于统治地位的儒家思想的态度，便在事实上成为衡量正统与否的一个重要标志。南方的萧梁政权自不待言，即使源自塞外游牧民族的北魏鲜卑统治者，也逐渐采取了接受、融合、尊崇儒家思想文化的举措，尤其是北魏孝文帝实行的改革，更是大大提升了北魏的综合国力和竞争力。

拓跋鲜卑是我国历史上第一个入主中原的少数民族。同入主中原的其他少数民族一样，拓跋鲜卑是以一个远远落后于中原发展水平的民族而成为北方统治者的。随着与中原汉族通过战争与和平等诸种方式交往的日趋频繁，以及统治区域的日渐扩大，中原地区的先进生产方式与先进文化日益深刻地浸润和影响着拓跋鲜卑，推动着北魏政权的急剧转变。至孝文帝元宏即位后，特别是太和十四年（490 年）实际掌控朝政的冯太后去世以后，孝文帝亲掌国政，为了争取中原士大夫的支持和合作以巩固其统治，更是为了与南朝争夺正统地位，他亲自主持改革，进行了长达十年的持续改制，广泛涉及经济、政治、文化、习俗等各个方面，堪称一场全方位的社会变革，其实质就是借鉴和吸取中原汉族的封建统治经验和思想文化，用以改变拓跋鲜卑原有的统治方式和文化习俗，也就是所谓"用夏变夷"。

史称魏孝文帝"雅好读书,手不释卷","五经之义,览之便讲,学不师援,采其精奥。史传百家,无不该涉。善谈老庄,尤精释义。才藻富赡,好为文章,诗赋铭颂,任兴而作"。① 元宏能做到儒、道、佛俱通,诗、赋、文并茂,足见其在汉族传统文化方面的深厚造诣。孝文帝熟读儒家经典,深知孔子所倡导的"礼"对于维系社会秩序和国家稳定的支柱作用,他多次阐发对"礼"的认识,诸如"夫先王制礼,内缘人子之情,外协尊卑之序";②"礼乐之道,自古所先,故圣王作乐以和中,制礼以防外",③等等。孝文帝从迁都洛阳,到行汉制、改汉姓、说汉话、穿汉服,为尊崇中原文化实行了一系列改革措施,被胡三省评论为"汲汲于用夏变夷"。④ 虽然胡三省仍未跳出"夷夏之防"的窠臼,但对孝文帝锐意改革的举措还是大加赞赏的。

南北分治的双方不约而同地尊崇儒家传统思想文化,极力争夺正统的地位,深刻地影响到了其时的南北关系。南北双方对于正统的争夺,不仅以军事斗争的形式表现出来,而且往往表现在思想文化的竞争上。齐明帝永泰元年(498 年),北魏孝文帝亲赴悬瓠,准备大举攻齐,但当他得知齐明帝萧鸾病逝后,即中止了军事行动,"下诏称'礼不伐丧',引兵还"。按照胡三省的注释,孝文帝所称"礼不伐丧",援引的是春秋时期晋国"士匄侵齐,及穀,闻丧而还,礼也"之例。⑤ 北魏孝文帝连你死我活的军事斗争都要讲"礼",乍看似乎与春秋时宋襄公"不鼓不成列"之类愚蠢的仁义道德如出一辙,其实却是以退为进的策略,向世人宣示其尊崇儒家传统思想文化的姿态。

还有一个事例也可证明当时人对于礼乐与正朔之间关系的认识。东魏初年,高欢以大丞相的身份掌控朝政,深受其器重的杜弼

---

① 《魏书》卷七下《高祖纪下》。
② 《魏书》卷一〇八之一《礼志一》。
③ 《魏书》卷一〇九《乐志》。
④ 《资治通鉴》卷一四二《齐纪》八,"东昏侯永元元年"条。
⑤ 《资治通鉴》卷一四一《齐纪》七,"明帝永泰元年"条。

眼见文武官员多有贪污，为此向高欢建言，认为应严加惩治。高欢则意味深长地答复说："天下浊乱，习俗已久。今督将家属多在关西，黑獭常相招诱，人情去留未定。江东复有一吴儿老翁萧衍者，专事衣冠礼乐，中原士大夫望之以为正朔所在。我若急作法网，不相饶借，恐督将尽投黑獭，士子悉奔萧衍，则人物流散，何以为国？尔宜少待，吾不忘之。"①高欢所称"黑獭"，指的是西魏的宇文泰。由于同时面对西部的宇文泰和南方的萧衍两个劲敌，高欢为稳定局势而实行暂时容忍官员贪腐的举措，诚如胡三省所论是"权时施宜以凝固其众，舍小过以成大功"，②是其审时度势之举。值得注意的是高欢认为萧衍"专事衣冠礼乐"的结果，导致"中原士大夫望之以为正朔所在"。显然，当时的中原士大夫是将衣冠礼乐与正朔联系在一起的，而且认为其时的萧梁才是正朔所在，而这正是高欢等北方统治者不能不时刻警惕的。同时也说明，由于梁武帝萧衍"专事衣冠礼乐"，不仅自认居于正统，而且连中原士大夫也认同其为"正朔所在"。可见在南北双方对正统地位的争夺中，萧梁是处于优势的。

　　与此同时，南方萧梁的君臣对于中原的衣冠人物也颇为看重。大通二年（528年），梁武帝以南奔的北魏北海王元颢为魏王，命东宫直阁将军陈庆之领兵护送其还北，陈庆之因此曾到过洛阳，待其兵败返回后，特别看重北人。有人怪而问之，陈庆之说："吾始以为大江以北皆戎狄之乡，比至洛阳，乃知衣冠人物尽在中原，非江东所及也，奈何轻之？"③大同三年（537年），东魏派散骑常侍李谐出使萧梁，梁武帝亲自接见，与其交谈，李谐应答如流。谈话结束，梁武帝目送李谐等退出，对身边大臣说："朕今日遇劲敌。卿辈尝言北间全无人物，此等何自而来！"④陈庆之称"衣冠人物尽在中原，非

①　《北齐书》卷二四《杜弼传》。
②　《资治通鉴》卷一五七《梁纪》一三，"武帝大同三年"条。
③　《资治通鉴》卷一五三《梁纪》九，"武帝中大通元年"条。
④　《资治通鉴》卷一五七《梁纪》一三，"武帝大同三年"条。

江东所及",梁武帝通过与李谐的一番交谈即视之为"劲敌",对其刮目相看,无疑颠覆了此前鄙视北方士人的看法。

南北双方为争抢正统地位而进行的各种努力和交锋,在相当程度上促进了思想文化的传承和弘扬。特别是南北双方均以华夏正统自居,都在大力弘扬儒家传统文化,客观上为该时期思想文化的繁荣创造了良好的条件。而南北双方为维护正统地位而进行的战争,正是南北分治的统治者追求统一这个终极目标的体现,虽然给当时的社会带来了灾难和破坏,但从历史发展的长时段视角看,却也在一定程度上推进了国家由分治走向统一的进程。

二、围绕中间地带的争夺

萧梁时期,南北双方处于对峙状态,规模大小不一、激烈程度不等的军事冲突和战争频繁发生,成为其时司空见惯的常态。但纵观萧梁时期南北方政权之间的战争,可以发现,当时的战争无论是由南北政权的哪一方主动发起,基本上都是围绕着秦岭—淮水一线展开,向纵深挺进的极为罕见。换言之,当时的战争主要是对于中间地带的争夺。

所谓"中间地带",是指处于分治双方实际控制区边缘的缓冲地带,也是双方频繁展开拉锯式军事争夺并长期对峙的地带。这一地带相对稳定,但也时常会随着南北分治政权实力及形势的变化而推移。因此,对峙双方时有进退,从而其实际军事控制线也随之相应推移,由此而形成在一定意义上表现为"两不相属而又两皆相属"的边缘地带,可以称之为"南北争夺与对峙地带",亦即"中间地带"。①

西晋末年,永嘉丧乱使中原陷于分崩离析的局面。司马叡南渡建立东晋之后,与北方各政权对峙的分界长期维持在秦岭、淮河

---

① 陈金凤先生著有《魏晋南北朝中间地带研究》(天津古籍出版社,2005年)一书,对魏晋南北朝时期的中间地带问题论述颇详,可资参阅。

一线。其后南北的军事控制线时有推移，但没有太大的变动。东晋末年刘裕北伐，相继灭亡南燕、后秦，把实际控制的疆域推进至黄河以南。进入南北朝后，刘宋前期与北魏围绕河南、淮北展开了长期争夺，与北魏之间大致保持了东晋末年的疆界。宋明帝泰始年间兄弟阋墙、宗室内乱，北魏乘势攻城略地，淮北之地尽入北魏之手，南方政权所控制的地域退缩至东晋初年的秦岭、淮水一线。齐、梁时期，继续与北魏对峙，基本维持在此边界。萧梁前、中期虽曾一度恢复、推进至淮北，但主要还是与北魏相持于淮水一线，"两国交兵，争沿淮之地者十余年，互有胜负"。① 因此，秦岭、淮水一线就成为萧梁与北魏争夺与对峙的中间地带。

中间地带对于对峙的南北双方都有着特别重要的意义。同样以正统自居的南北方政权，实现天下一统的抱负虽然有强弱之分，但守住既有疆土的底线则是一致的。而且如要发动打击甚至吞并对方的战争，首先必须夺取对中间地带的控制权，随后才能展开进一步的军事行动。自刘宋泰始之后，南方控制的疆域大幅度退缩，北强南弱的格局逐渐形成，但北方尚未达到拥有压倒优势的地步，因而在很长一段时间里基本上还是处于双方拉锯而北方略占上风的态势，而双方对峙、争夺的主战场就是中间地带。

在整个萧梁时期，义阳、寿阳、襄阳是位于中间地带的三个军事重镇，夺取了这些重镇，实际上也就夺得了中间地带的控制权，因而这几个军事重镇就成为南北双方全力争夺的重点。南方政权要守住与北魏交接的疆界，争夺对中间地带的控制，就必须投入重兵，委派得力将领驻守秦岭、淮水一线。颇有意味的是，先后创立南齐、萧梁的萧道成和萧衍都曾是驻守北边重镇的将领，而且都是由此起家的。

刘宋建立后，刘裕吸取东晋的教训，实行将外藩托付给宗室近戚的政策，企图借此把军事重镇掌握在自己信得过的宗室近戚手

① 《廿二史札记》卷一二"南朝陈地最小"条，中华书局，1963 年。

中。刘裕下诏："京口要地,去都邑密迩,自非宗室近戚,不得居之。"①又"以荆州上流形胜,地广兵强,遗诏诸子次第居之"。② 不仅荆、扬二州是这样,即使边境重镇也同样如此。但是随着时间的推移,特别是南北对峙格局的变化,面对北魏越来越严重的威胁,刘宋统治者不得不改用得力将领驻守边境重镇,而且赋予边境守将自行募兵之权,由此便造成边防重镇的守将往往实力雄厚的结果。这种局面的出现,一方面固然出于争夺中间地带、防御北魏军事进攻的需要,有利于保境戍边;但另一方面也会形成尾大不掉、对抗中央政权的威胁。萧道成有过两次出镇淮阴的经历,对此有着直接的认识。但是在他建齐以后,这种状况并无改变。《南齐书·李安民传》载:"宋泰始以来,内外频有贼寇,将帅已下,各募部曲,屯聚京师,安民上表陈之,以为'自非淮北常备,其外余军,悉皆输遣,若亲近宜立随身者,听限人数'。上纳之,故诏断众募。"萧道成称帝后,采纳李安民的建议,下诏禁止将领招募兵士,唯独对沿淮等中间地带的将领网开一面,原因就在于来自北魏的威胁不仅没有消除,反而日益加剧。南齐政权注重沿淮防御的措施,使得南北双方的攻防一度形成了某种平衡态势。

但南齐末年发生的裴叔业逃奔北魏事件,使得南齐与北魏之间围绕中间地带的竞争态势发生了重大变化。镇守寿阳的南齐豫州刺史裴叔业,因东昏侯一再诛杀大臣而心不自安,于永元二年(500年)正月暗中与北魏豫州刺史薛真度联络归降北魏之事,"数遣密信,往来相应和",③并派儿子裴芬之等奉表降魏。北魏派出彭城王元勰、车骑将军王肃率步骑十万前往接应,并委任裴叔业为都督豫、雍等五州诸军事、征南将军、豫州刺史,封兰陵郡公。南齐朝廷闻讯,下诏讨伐裴叔业,另派卫尉萧懿为豫州刺史。而北魏则以

---

① 《宋书》卷七八《刘延孙传》。
② 《宋书》卷六八《南郡王义宣传》。
③ 《资治通鉴》卷一四三《齐纪》九,"东昏侯永元二年"条。

彭城王元勰领扬州刺史,镇守寿阳,并在裴叔业病卒、南齐讨伐军队赶到之前,抢先进入寿阳,北魏未经征战便夺取了至关重要的沿淮要塞寿阳。对于南方政权而言,寿阳的失陷是一个沉重的打击,不仅失去了一个沿淮重镇,更使京师建康的安全受到了极大的威胁,南北对峙中相对平衡的格局进一步被打破,由此更加剧了北强南弱的态势。

萧衍建立梁朝后,先后多次发动攻魏战争,南齐时北攻南守的局面为之一变,形成了由北攻南守转为互有攻守的新格局。不过,萧衍称帝之初根基未稳,因而不能不将主要精力用于内部治理,在最初的一段时间里无暇顾及与北魏的争夺。而北魏统治者则乘其立足未稳,利用投靠自己的南齐叛臣,发动了与萧梁之间的首次战争。

齐和帝中兴二年(502 年),萧衍将军政大权统揽在手之后,为扫清最终取萧齐而代之的障碍,先后杀戮齐明帝诸子。时年十六的齐明帝第六子萧宝寅在身边侍从的谋划下,趁着其时防备还不甚严密,乔装改扮后逃离建康,昼伏夜行,或乘驴,或徒步,历尽艰辛,抵达寿阳城外。驻守寿阳的北魏扬州刺史元澄闻讯,派出车马侍卫将其迎接入城。当年闰四月,魏宣武帝元恪下诏,命人前往寿阳迎接萧宝寅至北魏都城洛阳。萧宝寅到了洛阳,宣武帝“礼之甚重”,而萧宝寅则“伏诉阙下,请兵南伐,虽遇暴风大雨,终不暂移”。[①] 萧宝寅坚请魏帝出兵南伐,无非是要借助北魏的力量向夺取了萧齐政权的萧衍复仇。他的悲情陈诉显然打动了年轻气盛的元恪。此时的元恪继位未满三年,自然也希望能像其父孝文帝一样建功立业,实现一统天下的雄心。萧宝寅的到来,无疑激起了元恪趁机南伐的欲望,但他一时还下不了决心。恰在此时,萧梁的江州刺史陈伯之起兵反抗萧衍失败,也在当年冬天叛逃至北魏,并且请兵自效。这使元恪大受鼓舞,认为机不可失,遂在翌年二月与御

---

① 《魏书》卷五九《萧宝寅传》。

前大臣议定南伐大计。四月,萧宝寅被委任为使持节、都督东扬等三州诸军事、镇东将军、东扬州刺史,加封齐王,配兵一万,并允许其自行招募天下壮勇,驻屯东城(今安徽定远东南);同时,委任陈伯之为都督淮南诸军事、平南将军、江州刺史,驻屯阳石(今安徽庐江西北);又发冀、定、瀛、相、并、济六州兵二万人,马一千五百匹,令其在仲秋前集结于淮南;再加上原已驻守寿阳的三万军队,全归任城王元澄统一指挥,萧宝寅、陈伯之也受元澄节度,待准备就绪,于秋冬大举南伐。时在梁武帝天监二年(503年)。

这年八月,北魏军队大举南伐,以镇南将军元英为都督征义阳诸军事,率军进逼义阳(治今河南信阳)。萧梁义阳守将、司州刺史蔡道恭闻魏军将至,虽派部将杨由率城外居民三千余家筑三栅以自保,但在魏军的重压下,有栅民杀害杨由而降魏,蔡道恭只能尽力坚守义阳。十月,元澄派遣部将党法崇、傅竖眼、王神念等分兵进攻东关、大岘、淮陵、九山等地(均在今安徽境内),元澄亲率大军继其后。魏军所到之处,梁军纷纷溃败,唯有戍守阜陵(今安徽全椒东)的南梁太守冯道根与众不同。他初到阜陵,就下令修缮城防,并派出斥候远远地打探消息,仿佛已面临大敌将至的局面,由此引发众人嗤笑。冯道根不为所动,坦然说道:"怯防勇战,此之谓也。"[1]意即布防若怯,而临敌则勇。果然,城防修缮未毕,党法崇等已率众二万进抵城下,众人皆惊慌失色,冯道根却异常镇定,命部下大开城门,自己从容登城,又选精锐二百人,乘敌不备时突然出城接战,大破魏军。魏军见其从容不迫,摸不清虚实,加之初战失利、粮运未能及时跟上,不敢久留而引军撤走。

天监三年(504年)二月,北魏任城王元澄率军进攻钟离(今安徽凤阳东北)。梁武帝派遣冠军将军张惠绍等率兵士五千运粮增援钟离。元澄接报,即派出部将在途中邀击,梁军大败,张惠绍等十名将领被俘,五千士卒或死或俘,损失殆尽。三月,连降大雨,淮

---

① 《资治通鉴》卷一四五《梁纪》一,"武帝天监二年"条。

水暴涨。北魏朝廷此前已有诏令给元澄，称"淮水将涨，舟行无碍，南军得时，勿昧利以取后悔"。[1] 面对暴涨的淮水，元澄不敢违迕朝廷诏令，不得不引军撤还寿阳。由于撤军匆忙，还因此而损失了将士四千余人。被魏军俘获的张惠绍，在萧衍于襄阳起兵之初就投归其麾下，追随萧衍屡立战功，深得赏识和器重。所以他被俘后，萧衍竭力想将其救回，因而提出以所俘获魏军将士交换张惠绍，北魏接受了他的建议，双方交换成功，于此也可见梁武帝对亲信旧部的情义。

在派张惠绍等救援钟离的同时，梁武帝又派平西将军曹景宗、后军将军王僧炳等率步骑三万救援义阳。王僧炳率二万人进据凿岘（今河南信阳南），曹景宗则率一万士卒为后继。三月，王僧炳与元英所派的冠军将军元逞等激战于樊城，梁军大败，被俘斩四千余人。此时义阳已被元英所率的魏军围困数月，城中守军不满五千，粮食也仅供支撑半年。面对魏军昼夜不息的攻城，刺史蔡道恭沉着应对，积极防御。魏军用大车装土，想填平城外的沟堑，蔡道恭就在沟堑内陈列了艨冲战舰，严阵以待，魏军不得前进；魏军又想挖地道以决沟堑之水，蔡道恭针锋相对，命士卒用土堵塞地道；魏军大造云梯，攻城日急，蔡道恭就在城内垒筑土山，厚二十余丈，制作长达两丈五尺的大槊，选派壮士用大槊和长刀专刺登城的魏军。蔡道恭率领守城将士，一次次成功地化解魏军的攻势，与魏军相持百余日，前后斩获不可胜计。守城将士坚守至五月，魏军久攻不下，已生忌惮之心，元英也打算撤围退兵。孰料恰在此时，蔡道恭却因积劳成疾而病重，临终前把守城重任交给从弟蔡灵恩、侄子蔡僧勰等人。本已打算撤退的魏军得知蔡道恭病死，当即取消了撤退的打算，转而加紧了攻城，失去主帅的义阳守军压力骤增。

本来，梁武帝派遣的援军在曹景宗的率领下已经进至距义阳仅三十余里的凿岘，筑造城池，因名曹城。然而曹景宗见魏军强

① 《资治通鉴》卷一四五《梁纪》一，"武帝天监三年"条。

盛,竟顿兵不前,闭门不出,每日只是耀军游猎而已。得知义阳告急,梁武帝只得再派宁朔将军马仙琕率军救援。马仙琕率军急进,兵势甚锐。元英在义阳之东的士雅山结垒,留以老弱士卒,而分命诸将率精兵埋伏于四周,向马仙琕示弱。马仙琕不知有诈,乘胜直抵长围,攻击魏营。元英佯败,诱梁军至平地,伏兵四起,马仙琕大败而退。但马仙琕虽遭败绩,并不甘心,率万余人再次进击,又被元英击破。马仙琕深知义阳危急,因而尽锐决战,一日三交,可惜皆大败而返。当马仙琕与元英激战之时,近在咫尺的曹景宗却没有任何配合动作。胡三省为此评论说:"马仙琕力战,使曹景宗以大军继之,魏必败退,义阳全矣。"[1]马仙琕与曹景宗二人都是梁武帝麾下的骁将,遗憾的是在救援义阳的过程中,一个因轻敌而急躁冒进,一个则因畏敌而顿兵不前,致使义阳之围迟迟未能打破,义阳守军难以为继。八月,坚守义阳的梁军粮尽力竭,接替蔡道恭担负守城重任的蔡灵恩未能践行蔡道恭"以死固节"的嘱托,投降了北魏。义阳三关的戍将闻讯,相继弃城而走。御史中丞任昉据此弹劾曹景宗,要追究其顿兵不进之罪。但是梁武帝却因为曹景宗是辅佐自己建立梁朝的功臣而予以袒护,"寝而不治",不予追究。

义阳的失陷,意味着继萧齐末年失去寿阳之后,与北方抗衡的又一重镇也落入了北魏之手。对于萧梁而言,这是一个重大的失利,梁武帝自然不愿善罢甘休。史载天监四年(505 年)二月,"上谋伐魏,壬午,遣卫尉卿杨公则将宿卫兵塞洛口",[2]此时距义阳失陷仅仅半年,当可视为梁武帝的复仇之举。洛口,即今安徽淮南东北的青洛河北入淮河之口,杨公则率师进军洛口,是准备攻伐北魏的先头部队。这年八月,杨公则进至洛口,与北魏豫州长史石荣交战获胜,石荣被斩杀。但在九月与魏扬州刺史元嵩作战中遭遇败绩。此时,北魏发生了内乱,仇池氏王杨绍先因魏军进入汉中,唯

---

① 《资治通鉴》卷一四五《梁纪》一,"武帝天监三年"条胡三省注。
② 《资治通鉴》卷一四六《梁纪》二,"武帝天监四年"条。

恐不能保持自立的地位,率领群氐反魏,北魏朝廷命镇西将军邢峦率军攻打杨绍先。

十月,梁武帝乘北魏内乱之机,以自己的六弟、扬州刺史、临川王萧宏为都督南兖、北兖、北徐、青、冀、豫、司、霍八州北讨诸军事,尚书右仆射柳惔为副,下令大举伐魏。萧宏"以帝之介弟,所领皆器械精新,军容甚盛,北人以为百数十年所未之有"。[①] 此次北伐,器械精良,军容盛大,被北魏视为"百数十年所未之有",可知规模之大实属罕见。萧宏率军出征,扎营于洛口。次年二月,徐州刺史昌义之与逃奔北魏的陈伯之战于寿阳东北的梁城,遭遇败绩。萧宏派遣部属致书招降陈伯之,陈伯之为其恳切的言辞所打动,随即率部众八千投降。为应对萧梁的进攻,北魏以中山王元英为都督扬、徐二州诸军事,率众十余万拒击梁军,还特许其便宜从事,拥有临机处置之权。南北两军对垒,战场在沿淮一线展开。

萧宏北伐之初,先后攻占了宿预(今江苏宿迁东南)、梁城、淮阳(今江苏淮安西南)、小岘(今安徽含山北)等地,名将韦叡乘胜攻下合肥,"俘斩万余级,获牛羊以万数"。[②]

面对萧梁咄咄逼人的攻势,北魏加紧调兵遣将,先是在六月委派度支尚书邢峦为都督东讨诸军事,又在七月征发"定、冀、瀛、相、并、肆六州十万人以益南行之兵",[③]命平南将军、安乐王元诠督率后发诸军赶赴淮南,形势迅速逆转。至九月,宿预、淮阳等地相继得而复失。

萧宏虽然以皇弟的身份统帅诸军,但生性怯懦,又不懂军事,实在不堪担当统帅之大任。当前锋攻克梁城时,诸将都希望乘胜深入,然而身为统帅的萧宏得知北魏的邢峦率军渡过淮河、与中山王元英联合攻打梁城的消息,竟然心中胆怯,召集诸将商议撤退之事,虽有吕僧珍赞同"知难而退",但裴邃、柳惔、马仙琕、昌义之等

---

① 《梁书》卷二二《临川王萧宏传》。
② 《资治通鉴》卷一四六《梁纪》二,"武帝天监五年"条。
③ 同上。

绝大多数将领均坚决反对撤军。萧宏不敢公然违拗众将领的意见，既不愿乘胜前进，又不敢贸然撤军，只能停滞不前。魏军知其怯懦畏战，竟派人送来巾帼衣物，而且还唱起了歌谣："不畏萧娘与吕姥，但畏合肥有韦虎。"歌谣中的"萧娘"指萧宏，"吕姥"是吕僧珍，"韦虎"则指韦叡。北魏如此羞辱，连主张撤军的吕僧珍都感到无法忍受，想派遣裴邃分兵攻取寿阳，大军则停驻洛口。孰料萧宏固执不听，下令称："人马有前行者斩！"梁军将士人人愤怒，却又不能违抗军令。魏将奚康生派人驰告中山王元英说："梁人自克梁城已后，久不进军，其势可见，必畏我也。王若进据洛水，彼自奔败。"①虽然元英因顾忌萧宏手下有韦叡、裴邃等名将，没有采纳奚康生的意见，但随后的进程却证明了奚康生判断的正确。

数日后，半夜突降暴雨，萧梁军中莫名惊慌，萧宏竟然置全军于不顾，带着左右数骑逃窜。将士遍寻萧宏不得，军中没了主帅，萧梁军心涣散，将士纷纷撤退，弃甲投戈，填满水陆，捐弃病者及羸老，死者近五万人。"百万之师，一朝鸟散"。② 萧梁发动的第一次空前规模的北伐以惨败而收场。《梁书》所称"会征伐久，有诏班师"，③显然与事实不符，是作者姚思廉为萧梁掩饰失败的隐晦曲笔。

北魏宣武帝元恪得到前方捷报大喜，诏令中山王元英乘胜平荡东南。元英率军追击，攻陷了马头（今安徽凤阳东北），将城中粮草辎重悉数席卷而去。梁朝诸臣听说魏军北归，都认为"魏运米北归，当无复南向"。梁武帝却不以为然，他说："不然，此必进兵，非其实也。"④下令增派工匠加固钟离城防，并命冠军将军昌义之主持钟离防务，为战守之备。后来的事实证明梁武帝的判断是准确的。

果然，北魏中山王元英、平东将军杨大眼等，在攻陷马头、携所

---

① 《资治通鉴》卷一四六《梁纪》二，"武帝天监五年"条。
② 同上。
③ 《梁书》卷二二《临川王萧宏传》。
④ 《梁书》卷一八《昌义之传》。

获粮草辎重北归时,乘胜于天监五年十月向东进围钟离。

十一月,梁武帝得知元英等率师进攻钟离,即下诏命右卫将军曹景宗都督诸军二十万驰救钟离。临行前,梁武帝特意关照曹景宗不可孤军独进,必须待众军齐集之后再一起进攻。曹景宗不以为然,一再请求让其先占据邵阳洲尾,梁武帝不许。然而曹景宗邀功心切,竟然违抗梁武帝的诏令,决意按照自己的设想先占邵阳洲,结果突遇暴风,淹死不少士卒,这才不得不放弃孤军冒进的打算。梁武帝闻讯,没有责怪曹景宗,反而颇感庆幸地说:"景宗不进,盖天意乎! 若孤军独往,城不时立,必见狼狈。今得待众军同进,始大捷矣。"①

在围困钟离两个多月之后,北魏中山王元英与平东将军杨大眼等所率的魏军数十万人,于天监六年正月向钟离城发动了进攻。钟离紧邻淮水南岸,魏军在淮水中的邵阳洲向两岸搭建了浮桥,作为跨淮通道,元英在南岸亲自指挥攻城,杨大眼则在北岸构筑土城以保障粮运。此时城中守将昌义之手下只有三千士卒,情势非常危急。但昌义之镇定自若,毫不慌乱,随机处置,井井有条。魏军用车装土填塞壕沟,又令士卒背土跟随其后,骑兵则在后督战,那些没来得及返回者便被土埋入沟中,壕沟很快就被填满,元英和杨大眼亲自督战,魏军分为多个梯队,轮番攻打,昼夜不息。魏军又用冲车等攻城用具撞击城墙,所撞之处的城墙泥土纷纷颓落。昌义之命士兵用湿泥填补缺口,随缺随补,城墙一直保持着完好的状态。在形势危急之时,昌义之身先士卒,昼夜坚持在城墙上指挥防御,哪里出现险情,他就亲自前往施救。昌义之善射,箭术精良,每弯弓所向,魏军莫不应弦而倒。在主帅的感召下,守城将士无不斗志旺盛,英勇杀敌,一日激战数十个回合,魏军始终不能越城池一步。两军对峙一月,魏军死伤以万计,尸体堆积如山,跟义阳城墙一样高。

---

① 《梁书》卷九《曹景宗传》。

二月,魏主见元英等围困钟离久攻不下,下诏召其撤军。元英心有不甘,上表称:"臣志殄逋寇,而月初以来,霖雨不止,若三月晴霁,城必可克,愿少赐宽假!"魏主回复道:"彼土蒸湿,无宜久淹。势虽必取,乃将军之深计;兵久力殆,亦朝廷之所忧也。"①元英依然不肯撤军,再次上表称钟离必克。魏主无奈,派出步兵校尉范绍前去与元英商议攻取形势。范绍到达前线,见钟离城池坚固,再劝元英班师。魏主元恪及范绍的意见无疑是正确的,但元英却固执己见,不肯撤兵。胡三省就此评论说:"元英违众议,志在必克钟离,恃义阳之胜而骄也。《兵法》曰:'常胜之家,难与虑敌。'又曰:'兵骄者败。'其谓是欤!"②如此评论,可谓一针见血,深刻地揭示了元英此战必败的缘由。随着梁军援兵纷纷赶到,战场上的形势很快发生逆转,元英离惨败的结局不远了。

也是在二月,魏主下诏召元英撤兵而被拒的同时,梁武帝再命豫州刺史韦叡率军救援钟离,并接受曹景宗的指挥。韦叡受命,即从合肥抄近道疾行,仅用了十天就赶到邵阳洲。在命韦叡前去救援时,梁武帝已预先敕命曹景宗:"韦叡,卿之乡望,宜善敬之。"曹景宗虽然桀骜不驯,但对韦叡却素怀敬意,所以韦叡率军到达后,曹景宗待之礼敬有加。梁武帝知道后,高兴地说:"二将和,师必济矣。"③韦叡与曹景宗会合后,进至邵阳洲,在曹景宗构筑的营垒之前二十里处,连夜掘长堑,树鹿角,截洲筑土城,韦叡指挥有方,将士们无不拼死效命,新筑的营垒一夜而成。如此神速的行动,惊得元英以杖击地,连呼神奇。韦叡构筑的城寨,离魏军营垒仅百余步,对魏军构成了严重威胁。元英亲率大军发起攻击,韦叡乘坐素木车,手执白角如意,从容指挥,一日数战,连元英都不得不忌惮其勇武。入夜,魏军又来攻打,飞矢如雨,韦叡之子韦黯担心其安危,劝其下城避箭,韦叡却坚持在城上指挥战斗。将士们深受鼓舞,更

---

① 《资治通鉴》卷一四六《梁纪》二,"武帝天监六年"条。

② 《资治通鉴》卷一四六《梁纪》二,"武帝天监六年"条胡三省注。

③ 《梁书》卷一二《韦叡传》。

是锐不可当。魏军不仅未达目的，反倒被梁军杀伤了十之二三，自此魏军不敢再逼近。曹景宗等率领的梁军器甲精新，军仪甚盛，魏军相形见绌，望之夺气。为了鼓舞城中守军的士气，曹景宗又以重赏招募熟谙水性的军士数人，让他们潜行于淮河水下，带着朝廷的敕文进入钟离城，把援军已经抵达的消息告知守城将士。守城将士得知援军已至，无不欢呼雀跃，更加勇气百倍。凭借着城池的坚固和士卒的勇猛，自天监五年十月至六年三月，梁军顽强坚守了半年之久。

梁武帝虽身在京城，却高度关注着前方的战事，并频频发出作战的部署指令。他诏命曹景宗等"豫装高舰，使与魏桥等，为火攻之计"；又令曹景宗与韦叡各攻一桥，"叡攻其南，景宗攻其北"。① 天监六年三月，利用淮水暴涨六七尺之机，韦叡令部将冯道根、裴邃等为水军，乘坐战舰从水上发起进攻，"斗舰竞发，皆临敌垒，以小船载草，灌之以膏，从而焚其桥。风怒火盛，烟尘晦冥，敢死之士，拔栅斫桥，水又漂疾，倏忽之间，桥栅尽坏。而道根等皆身自搏战，军人奋勇，呼声动天地，无不一当百，魏人大溃"。② 在梁军势不可挡的进攻面前，元英、杨大眼等魏军将帅不得不弃城而走，魏军士卒争相逃命，投淮水而溺死者十余万，被斩杀者也有十余万。此战结束后，缘淮百余里，死尸枕藉，梁军俘敌五万，并缴获了大批物资、粮食和牛马。《梁书·韦叡传》称"魏军趋水死者十余万，斩首亦如之。其余释甲稽颡，乞为囚奴，犹数十万"。对此记载，宋代学者已指出过于夸大："按魏军共止数十万，如《叡传》所言，似为太过。"③但不管怎么说，钟离之战的大获全胜，使得萧梁在遭遇洛口之溃的尴尬之后，打出了自己的士气和威风，是萧衍建梁以后与北魏之间战争的第一次重大胜利。

值得一提的是，史书的记载证明，钟离之战从一开始就是按照

---

① 《资治通鉴》卷一四六《梁纪》二，"武帝天监六年"条。
② 《梁书》卷一二《韦叡传》。
③ 《资治通鉴》卷一四六《梁纪》二，"武帝天监六年"条胡三省注。

梁武帝的亲自谋划和部署一步步向前推进的,其间的几个重大决策和部署,都是梁武帝通过诏令的形式加以实施的。其一,在萧宏统帅的首次北伐遭遇洛口溃败,元英率军追击,攻陷马头并将城中粮草辎重悉数席卷而去时,朝廷诸臣都认为"魏运米北归,当无复南向",唯独梁武帝不以为然,下令增派工匠加固钟离城防,并命冠军将军昌义之主持钟离防务,为战守之备。可知增派工匠修固城防、派遣昌义之前往钟离主持防务,是梁武帝未雨绸缪所作出的预防性举措。其二,元英等率魏军于天监五年十月进围钟离,梁武帝在十一月即派曹景宗率军救援,并叮嘱其不得孤军独进。其三,当魏军于天监六年正月向被围的钟离发起进攻,形势趋于危急时,梁武帝在二月下令增派名将韦叡从合肥驰援钟离,他深知"二将和,师必济"的道理,事先敕命曹景宗务必要尊重韦叡,搞好团结,为曹景宗、韦叡二人的精诚合作奠定了基础。其四,当战事即将转入全面反攻时,梁武帝诏命曹景宗等"豫装高舰,使与魏桥等,为火攻之计";又令曹景宗与韦叡各攻一桥,"叡攻其南,景宗攻其北"。在实际作战中,曹景宗、韦叡确实是按照梁武帝的诏令予以实施的。因此,虽然此次钟离之战的前方统帅是曹景宗,但梁武帝才是实际上的最高统帅。萧梁得以在钟离之战中大获全胜,表明梁武帝虽然远在京城,但他对前线情势的分析和判断是准确的;梁武帝以此为基础,在关键时刻作出的部署也是符合实际的。这充分反映了梁武帝在面对复杂而危急的形势时,能够审时度势、准确决断,体现了其政治家、军事家的杰出才干。明末清初的思想家王夫之特别称赏梁武帝通过"动之以情,折之以礼"的举措,力促曹景宗与韦叡以礼相待、团结对敌的做法,认为武帝深得"将将之术",他评论说:"武帝曰:'二将和,师必济。'自信其御之之道得也。钟离之胜,功侔淝水,岂徒二将之能哉。"①当然,凡事都有另一面。前线形势是错综复杂的,若缺乏洞察力,即使身临其境也未必能准确把握,更

---

① 王夫之:《读通鉴论》卷一七《梁武帝》。

遑论远在京城的朝廷君臣;更关键的是,战场上的情况是瞬息万变的,所以历来就有"将在外,君命有所不受"之说,就是要授予前线指挥者以临机处置之权,根据变化了的形势随时调整战略战术,而不能固守成说、以不变应万变。在钟离之战的过程中,梁武帝甚至连采取火攻以及韦叡攻南、曹景宗攻北这样战术层面的事务也要亲自决策,命令前线统帅完全按照他的部署进行,其实是束缚了前方将帅的手脚,反而不利于他们发挥自己的聪明才智并根据实际情况指挥作战。韦叡、曹景宗都是能征善战的骁将,完全可以放心地把指挥权交给他们,可惜梁武帝并没有这样做。当然,要求出征的将帅严格按照朝廷的旨意行事,是中国古代不少帝王的通病,并非梁武帝所独有,因而也不应多加苛责。只是在这样的运行体制下,最终的结局很难都像钟离之战这样圆满,特别是在君主决策失误、一意孤行的情况下,更可能酿成失败的恶果。这样的情景,很快就在数年之后的天监十三年出现了。

三、构筑浮山堰之昏招

天监十三年十月,北魏降将王足向梁武帝提出筑堰拦截淮水以灌寿阳的计策。古代战争中经常采用以水御敌或攻城的策略,而且梁武帝早就有从北魏手中夺取寿阳之念,对于王足的建议深以为然,当即委派水工陈承伯、材官将军祖暅前去考察地形。孰料陈承伯、祖暅等考察后均认为"淮内沙土漂轻,不坚实,其功不可就",[①]也就是说淮河的沙质河床不适宜建造坝堰。本来这是水利专家实地考察后得出的结论,可是梁武帝根本听不进去。由此也可见梁武帝之所以派出水利专家前去考察,并不是要进行筑堰工程的可行性评估,无须论证坝堰能不能建,而是必须遵照梁武帝的旨意抓紧筑建。梁武帝一意孤行,下令征发徐、扬二州民众,每二十户取五丁前往钟离南修筑浮山堰,征调服劳役的民众和士兵合

---

① 　《梁书》卷一八《康绚传》。

计二十万。又委派太子右卫率康绚为都督淮上诸军事,主持筑堰。工程开始于天监十三年冬,按照"依岸以筑土,合脊于中流"的方案施工。至次年四月,浮山堰行将建成,却在淮河大水的冲击下功亏一篑,虽经再三努力仍无法合龙,主持者康绚一时也无计可施。此时,有人提出"江、淮多有蛟,能乘风雨决坏崖岸,其性恶铁"。于是,在禀报梁武帝之后,从京城建康的东、西二冶调运铁器数千万斤,大则釜鬲,小则𬭤锄,沉于浮山堰中流合龙处,但仍然无济于事。最后,还是康绚组织民夫和士卒砍伐大树捆绑成井字形大木框,填以巨石,加土其上,这才使浮山堰得以合龙。至天监十五年四月,浮山堰终于建成。浮山堰在当时是一项耗费巨大的工程,光是征调民夫及兵士就有二十万人,前后历时长达一年半。为了筑建坝堰,大肆砍树、觅石,"缘淮百里内木石无巨细皆尽,负担者肩上皆穿,夏日疾疫,死者相枕,蝇虫昼夜声合"。夏日疾疫流行,冬季则天寒地冻,天监十四年冬,"寒甚,淮、泗尽冻,浮山堰士卒死者十七八"。① 据此记载,为筑造浮山堰,仅死于疾疫和冻死者就达数万之多,至于因强征民夫和滥砍林木给沿淮地区社会经济所造成的破坏,更是毋庸细说,由此可见浮山堰的建造实在是萧梁时期的一场人为的浩劫。更为严重的是该坝堰长九里,下宽一百四十丈,上宽四十五丈,高二十丈,深十九丈五尺,拦水太多,大坝仅露出水面五尺;加上淮河的沙质基础不牢,体量如此庞大的巨坝建在沙质河床之上,随时都有溃决崩塌的危险。而浮山堰一旦溃决,后果将不堪设想,因此对坝堰的维护就显得特别重要。坝堰建成后,有人向康绚提出:"四渎,天所以节宣其气,不可久塞。若凿湫东注,则游波宽缓,堰得不坏。"②颇通水利的康绚深表赞同,立即采纳了这一建议,开湫东注,淮水日夜分流,大大减轻了堰坝的压力。但是,浮山堰建在萧梁徐州界内,徐州刺史张豹子原以为必定由其主持,

---

① 《资治通鉴》卷一四八《梁纪》四,"武帝天监十四年"条。
② 《梁书》卷一八《康绚传》。

但梁武帝却委派康绚前来主事，而且还命张豹子受其节度。张豹子非常不悦，遂向梁武帝进谮言，称康绚私下与北魏交通。梁武帝虽然不信，但还是以浮山堰已经建成为由召康绚回朝。康绚离开后，张豹子便不再关注堰坝的维护。结果，就在浮山堰最终建成四个月后的八月，淮河暴涨，浮山堰溃决，水声如雷，声闻三百里外，"漂其缘淮城戍居民村落十余万口，流入于海"。[①] 再看北魏方面的反应。镇守寿阳的北魏扬州刺史李崇得知浮山堰建成，即在八公山东南新筑了魏昌城，又把城内居民疏散到地势高亢之处，做好了万一寿阳被水冲垮的最坏打算。北魏朝廷原本也担忧浮山堰建成后的威胁，曾决定以任城王元澄为大将军、大都督南讨诸军事，率众十万前来攻打浮山堰。但尚书右仆射李平却认为"不假兵力，终当自坏"。[②] 事态的发展果然如李平所预料，元澄率领的军队尚未出发，就传来了浮山堰崩塌的消息。北魏临朝的胡太后闻报大喜，赏赐李平甚厚。浮山堰的建造，不仅没有实现淹灌并趁机夺回寿阳的目标，反而成为一场空前惨酷的浩劫。梁武帝之所以遭后人诟病，一意孤行建造浮山堰也是一个重要原因。王夫之就此评论说："壅水以灌人之国邑，未闻其能胜者也，幸而自败，不幸而即以自亡，自亡者智伯，败者梁武也"，"梁人十余万漂入于海，而寿阳如故"，"阻滔天之浸，不择顺逆，而逞其欲以使奸焉，方谓我能杀彼而彼不能加我也，然而还自杀矣。志憯而行逆，岂有生理哉？"[③]一针见血地批判了梁武帝纵水害民的弊政。

浮山堰的建而复溃，使萧梁的元气颇受损伤。此后数年间，萧梁与北魏互有攻守，而以北魏的进攻为多，但由于韦叡、马仙琕等萧梁名将尚在，北魏的攻势未能取得预期成效，双方围绕着中间地带的争夺呈现出拉锯的局面。

① 《魏书》卷九八《岛夷萧衍传》。
② 《资治通鉴》卷一四八《梁纪》四，"武帝天监十五年"条。
③ 王夫之：《读通鉴论》卷一七《梁武帝》。

四、萧梁的北伐

梁武帝普通五年(524年),北魏因发生六镇起义而内部混乱,给萧梁带来了可趁之机。是年六月,梁武帝以豫州刺史裴邃为都督征讨诸军事,再次出兵伐魏。北魏正穷于应付六镇变乱,北伐的梁军屡屡获胜,先后攻拔了北魏的童城(今江苏睢宁西北)、睢陵(今江苏睢宁)、狄城(又称获城,今安徽寿县东南)等地,北魏守将多弃城而走。但在袭寿阳、围涡阳、攻淮阳时均遇到了魏军的顽强抵抗;西线则在收复了平靖关(今湖北广水市区北桐柏山脉与大别山脉交会处)、武阳关(今河南罗山县南)、黄岘关(今河南信阳南)等义阳三关之后,进围郢州近百日,但因北魏援军赶到而退兵。

普通六年正月,北魏徐州刺史元法僧谋反,自称为帝。北魏发兵前往攻击,元法僧投降萧梁,萧梁由此得到了彭城。梁武帝召元法僧至建康,命皇子豫章王萧综驻守彭城,总督众军。当年梁武帝萧衍在进入建康后纳东昏侯宠姬吴淑妃,七月而生萧综,故萧综向来怀疑自己为东昏侯之子,奉命来到彭城以后,恰遇北魏二万军队进逼,胜负久久未决,梁武帝担忧萧综战败,敕命其领军撤回。萧综唯恐一旦南归将无缘再至北边,于是与左右亲信趁夜投降北魏。梁军突然失去主帅,军心大乱,溃不成军,彭城得而复失,重归北魏。魏军乘胜追击,至宿预而还,梁军将佐士卒死伤者十有七八。

普通七年,北魏因连年穷于应对六镇变乱而财政困难,竟预征六年租调,萧梁趁机第三次出兵伐魏。当年七月,梁武帝派郢州刺史元树等自北道攻黎浆(今安徽寿县东南),豫州刺史夏侯亶等自南道攻寿阳。夏侯亶等率军深入魏境,所向披靡,连获胜绩,直逼寿阳。当年十一月,北魏扬州刺史李宪在梁军的压力下投降,梁将陈庆之入据寿阳城。自永元二年(500年)裴叔业归降北魏,寿阳落入北魏之手,二十六年之后又重回南方政权的掌控。颇有意味的是,当年寿阳失陷是缘于裴叔业的归降北魏;如今重回南方政权版图,也是因为北魏扬州刺史李宪的输诚投降。失陷与复得,竟然都缘于守城将领的主动投降。由此更可证北魏侍中游肇所说"往昔开拓,皆因城主归款,故有征无战",①很大程度上是当时南北双方围绕中间地带争夺的真实反映。此次北伐,"凡降城五十二,获男女七万五千口"。② 寿阳在汉魏时为扬州之所,刘宋以来,以寿阳为豫州;裴叔业叛齐降魏后,北魏以寿阳为扬州;萧梁重新夺得寿阳以后,把天监五年徙治合肥的豫州迁回寿阳,而以合肥为南豫州,收复寿阳有功的夏侯亶则被任命为豫、南豫二州刺史。

在寿阳失而复得的鼓舞下,梁军再接再厉,向北魏发起了新的攻击。大通元年(527年)正月,萧梁谯州刺史湛僧智围困了北魏的东豫州(治所在今河南息县);司州刺史夏侯夔率军出义阳道,攻克了今湖北与河南交界处的平静(即平靖关)、穆陵(一作木陵关,在今湖北麻城县北)、阴山(在今湖北麻城东北)三关。而曹仲宗、陈庆之等将领则率军攻打涡阳,名将韦叡之子韦放随后也领兵前来会合。北魏紧急派遣五万军队救援涡阳,前锋进至离涡阳四十里的驼涧,萧梁军队则连营而进,背涡阳城而与魏军相持。双方自春至冬,数十百战。魏军筑十三城,企图扼制梁军。陈庆之衔枚夜袭,破其四城,北魏涡阳守城主将王纬乞降,韦放从投降者中选择了三十余人分头至北魏诸营报告,陈庆之则展示被俘杀的魏军首级,鼓噪尾随其后,北魏未被攻破的九城悉数崩溃,梁军乘胜追击,"俘斩略尽,尸咽涡水,所降城中男女三万余口"。③继寿阳之后,涡阳也失而复得,梁武帝派护军萧渊藻为北讨都督,镇守涡阳,又以涡阳为西徐州。此次北伐是萧梁建立以来成效最大的一次,不仅收复了寿阳和涡阳,而且把实际控制的疆域向北推进了一大步。

大通二年四月,北魏再次发生了严重变乱。奉北魏孝明帝征召领兵赴京的车骑将军、六州讨虏大都督尔朱荣进至河阳(今河南孟县西),拥立长乐王元子攸为帝,是为北魏孝庄帝,随即溺杀操纵

---

① 《资治通鉴》卷一四七《梁纪》三,"武帝天监十三年"条。
② 《资治通鉴》卷一五一《梁纪》七,"武帝普通七年"条。
③ 同上。

朝政的胡太后和年仅三岁的幼主元钊,又在河阴(今河南洛阳东北)杀丞相高阳王元雍及以下二千余人,是为"河阴之变"。尔朱荣兵入洛阳,士民纷纷逃散。汝南王元悦、临淮王元彧、北海王元颢等北魏宗室得知尔朱荣大杀宗室及大臣,为自保而相继投奔萧梁。郢州刺史元显达等也举州降梁。北魏郢州治义阳(今河南信阳南),萧梁由此重新夺得义阳等地。

当年十月,梁武帝以魏北海王元颢为魏王,派东宫直阁将军陈庆之护送其北还,实际上是要扶植元颢为傀儡。就其实质而言,陈庆之护送元灏北还之举,或可视为梁武帝在位期间的第四次北伐。北魏文武大臣多认为自南方北还的元颢势单力薄并不足虑,决定先镇压在山东聚众反魏的邢杲,待平定邢杲后再对付元颢。元颢和陈庆之得以乘虚北上,在中大通元年(529 年)三月攻克了梁国(治睢阳,今河南商丘南)。四月,元颢在睢阳城南即位,改元孝基。五月,北魏在镇压了邢杲之后,以东南道大都督杨昱镇守荥阳,尚书仆射尔朱世隆镇守虎牢,侍中尔朱世承镇守洛阳东南门户崿坂(即崿坂关,在今河南登封东南崿岭上),宣布内外戒严,严阵以待,全力对付元颢。陈庆之率梁军西行,直指洛阳,先攻荥阳。镇守荥阳的杨昱拥众七万,魏上党王元天穆等又率军先后赶到。面对在数量上占据绝对优势的北魏军队,陈庆之秣马厉兵,对将士们宣谕说:"我等才有七千,虏众三十余万,今日之事,义不图存。吾以虏骑不可争力平原,及未尽至前,须平其城垒,诸君无假狐疑,自贻屠脍。"[①]陈庆之既有对将士"置之死地而后生"的训诫,又有正确的战略战术,因而当杨昱掉以轻心、疏于防范时,陈庆之率军突然攻城,将士们无不奋勇争先,一举攻拔了荥阳。随后元天穆等领兵围城,陈庆之又以背水一战的勇气率骑兵三千背城而战,大破魏军,元天穆等狼狈败逃。陈庆之再攻虎牢,尔朱世隆也弃城而走。梁军逼近洛阳,魏孝庄帝为避元颢锋芒,渡黄河北撤。留在洛阳未走的北

魏文武官员迎接元颢入城,改元建武。陈庆之仅率七千军队护送元颢北还,一路攻关夺隘,凡取三十二城,历经四十七战,每战皆胜,而且突破历来只围绕着中间地带展开争夺的惯例,绝无仅有地长驱直入,甚至进入了北魏都城洛阳。这一战争史上的奇迹,固然证明了主将陈庆之的足智多谋、能征善战;同时也因为陈庆之既是主将又是主帅,没有昏庸、怯懦的萧宏之流掣肘;更因为北魏内部混乱以及将领的轻敌,给了梁军以乘虚进攻的可乘之机。

但是,陈庆之率领的毕竟只是一支仅有七千人的队伍,虽然可以乘虚取胜于一时,却不可能巩固成果于长久。更何况元颢进入洛阳之后就自以为得志,密谋叛梁,只是以局势尚未平定,还需要凭借陈庆之的兵力,所以外同内异,言辞多有猜忌。陈庆之也知道元颢的企图,同样在暗中加强防备,并对元颢说:"今远来至此,未服者尚多,彼若知吾虚实,连兵四合,将何以御之!宜启天子,更请精兵,并敕诸州,有南人没此者悉须部送。"元颢担心梁军增援后更难以制御陈庆之,拒绝了他的提议,又顾虑陈庆之密启梁武帝,抢先上表称:"今河北、河南一时克定,唯尔朱荣尚敢跋扈,臣与庆之自能擒讨。州郡新服,正须绥抚,不宜更复加兵,摇动百姓。"[1]而梁武帝竟然听信了元颢的鬼话,诏令准备随后跟进的诸军停顿不进。在此形势下,部将马佛念向陈庆之进言:"功高不赏,震主身危,二事既有,将军岂得无虑?自古以来,废昏立明,扶危定难,鲜有得终。今将军威震中原,声动河塞,屠灏据洛,则千载一时也。"[2]马佛念所言是有道理的,或许是陈庆之摆脱险境的一条可行之策。不过,陈庆之并未听从他的建议。其实,对于陈庆之此次率军护送元颢北还,早已有人预见到了必败的结果。当陈庆之"尅复洛阳,百僚称贺"时,中书黄门侍郎王规却在退朝后说道:"道家有云,非为功难,成功难也。羯寇游魂,为日已久,桓温得而复失,宋武竟无成

---

① 《资治通鉴》卷一五三《梁纪》九,"武帝中大通元年"条。
② 《梁书》卷三二《陈庆之传》。

功。我孤军无援,深入寇境,威势不接,馈运难继,将是役也,为祸阶矣。"①此后的事态发展,果然被王规不幸而言中。由于没有后续部队的增援,陈庆之很快就被从北面渡过黄河南下的尔朱荣击败,所率军队丧亡殆尽,陈庆之化装为僧人才得以逃还建康。匆匆逃亡的元颢被杀,陈庆之一路攻占的城池又悉数落入北魏之手。对于梁武帝诏令增援诸军停顿不进的处置是否得当,历来也有不同的看法。胡三省认为:"陈庆之非尔朱荣敌也;是时梁之诸将又皆出庆之下。使相与继进至洛,与元颢互相猜阻,亦必同归于陷没。梁兵之不进,梁之幸也。"②不过,这只是事后的一种假设,并不能掩盖一个基本事实,那就是陈庆之最终惨败的重要原因之一,肯定与未能得到继进诸军的有力支援密切相关。毕竟,陈庆之所率的军队只有七千人,得不到后援部队的及时增援,而且又处在与元颢互相猜忌和防范的尴尬境地,从而铸定了最终失败的结局。对此,梁武帝的处置失当是难辞其咎的。

此后数年间,梁武帝一心事佛,无意伐魏,曾经的主动进攻态势荡然无存。反倒是北魏将领贺拔胜于中大通五年攻打萧梁的雍州诸城戍,梁军屡遭败绩,沔北悉成丘墟。

中大通六年,在高欢的攻击下,魏孝武帝逃奔关中,投靠宇文泰。高欢领兵进入洛阳,另立年仅十一岁的元善见为帝,改元天平,是为东魏孝静帝,北魏分为东魏和西魏,加上南方的萧梁,自此开始了延续四十四年的后三国时代。

东魏和西魏分立以后,彼此争抢地盘和正统地位,无暇顾及与南方的争夺,北方陷于战争状态。王夫之指出:"于时拓拔衰乱,高欢、宇文泰方争閧其穴,梁多收其不守之土、不服之人,高欢西掣而请和,盖中原大有可图之机矣。帝知其可图,亟思起而有事。"③这是说梁武帝看到北方东魏和西魏分立并陷于战争,"中原大有可

---

① 《梁书》卷四一《王规传》。
② 《资治通鉴》卷一五三《梁纪》九,"武帝中大通元年"条胡三省注。
③ 王夫之:《读通鉴论》卷一七《梁武帝》。

图之机",因而再次刺激起了乘机扩张的欲望。只是此时的梁武帝已没有了当年发奋进取的锐气,虽有进图中原之心,已无筹谋规划之力,仅在大同元年(535年)二月派遣司州刺史陈庆之攻伐东魏。陈庆之率军与东魏豫州刺史尧雄战于汝南,失利而还。此后,萧梁再也没有主动发起进攻北方的军事行动,而东、西魏之间激战正酣,无暇南顾,南北方之间处于难得的十余年相安无事的休战状态。

直到太清元年(547年)六月,东魏的侯景反叛,在悬瓠降梁,打破了南北间的平静。七月,率军三万北上接应的司州刺史羊鸦仁等进入悬瓠。八月,梁武帝下诏大举讨伐东魏,以镇守寿阳的南豫州刺史、贞阳侯萧渊明为都督。然而萧渊明却并不是领军作战的将才,"诸将与渊明议军事,渊明不能对,但云'临时制宜'"。[①] 远在建康的梁武帝还要遥控指挥,命萧渊明在寒山(今江苏铜山县东南)堰塞泗水以灌彭城,待夺取彭城后再进军与侯景互为犄角。萧渊明驻扎在寒山,在距彭城十八里处断流立堰,侍中羊侃监督筑堰,两旬而成。羊侃提出乘水攻打彭城的建议,被萧渊明拒绝,以致错失了良机。当年十一月,东魏尚书左仆射慕容绍宗率众十万前来救援。羊侃再三规劝萧渊明趁东魏军远道而来、立足未稳之际主动出击,却遭到萧渊明一再拒绝。羊侃无奈,知萧渊明必败,因而率领所部出屯堰上。慕容绍宗进至寒山城下,率步骑万人急攻梁军营寨,主帅萧渊明竟然醉酣而不能起,只能命诸将救援,结果将领们都不敢出战,只有北兖州刺史胡贵孙率部下与东魏军作战,斩首二百级。东魏军败走,梁军轻敌而尾随追击,在东魏将士奋勇反击下大败,萧渊明等均被东魏俘虏,失亡士卒数万人。正在昼寝的梁武帝接报,恍惚得差点从床上摔下,恐怕是意识到危亡将至而神不守舍了。

纵观梁武帝执政时期南北双方的军事冲突和战争,可以看

---

① 《资治通鉴》卷一六〇《梁纪》一六,"武帝太清元年"条。

到其发展演变的基本态势,一是交战的主战场基本上在沿淮一线,至萧梁后期则逐渐由东而西,转向长江中上游的雍州、荆州、益州地区;二是梁武帝发动的数次北伐,都是在北方出现变乱或动荡之时,意在趁机收复失地,拓展自己的疆域,虽然最终结局都不理想,但梁武帝图谋夺取中原、进而实现统一的努力还是应该肯定的。三是南齐时发起进攻的多是北方,主动权掌握在北方政权手中,至萧梁则转变为互有攻守,但北强南弱的格局不仅未变而且还在不断加强,从而推动着南北方由分裂走向最终的统一。

五、南北政权间的通使交往

萧梁时期的南北政权为维护自身统治,都在审时度势,根据南北形势和双方力量对比的变化而采取不同的对策,或诉之以武力,或报之以友好。在此期间,既有剑拔弩张的激烈战争,也有显示友好的相互通使。

萧衍建立萧梁以后,在很长的一段时间里,南北双方的遣使通好都没有恢复。究其原因,主要是太和二十三年(499年)雄才大略的孝文帝元宏在南伐返回洛阳的途中病逝,此后北魏政权内部纷争不息,北方动荡不稳,梁武帝以为有机可乘,先后发动了多次攻打北魏的战争,南北间处于交战状态,遣使通好自然无从说起。

天监八年,北魏与萧梁两军战于义阳。魏主派中书舍人董绍至前线慰劳,遇袭被俘,被送往建康。领军将军吕僧珍与董绍交谈后,"爱其文义,言于上"。梁武帝派主书霍灵超向董绍转达:"今听卿还,令卿通两家之好,彼此息民,岂不善也!"随即又亲自召见董绍,赏赐衣物,令中书舍人周勉加以慰劳,并且说:"战争多年,民物涂炭,吾是以不耻先言与魏朝通好,比亦有书全无报者,卿宜备申此意。今遣传诏霍灵秀送卿至国,迟有嘉问。"又对董绍说:"夫立君以为民也,凡在民上,岂可以不思此乎! 若欲通好,今以宿豫还彼,彼当以汉中见归。"①应该说,此时的梁武帝对于与北魏通好是有诚意的。董绍返回后立即向魏主转达了梁武帝谋求通好的意见,可惜并没有被接受,南北间的通好因此又被耽搁了十年。

直至普通元年(520 年),北魏派遣使者刘善明出使萧梁,南北间的通好才得以恢复。胡三省曰:"自齐明帝建元二年卢昶北归之后,魏不复遣使南聘,至是复通。"②这里所说的"建元二年"是有误的。"建元"是齐高帝萧道成在位时的年号,齐明帝自立后改年号为"建武",与齐明帝相连的只能是"建武",此其一;其二,根据《魏书》的记载,太和十八年"六月己巳,诏兼员外散骑常侍卢昶、兼员外散骑侍郎王清石使于萧昭业"。③ 北魏太和十八年,即南齐郁林王隆昌元年,当年十月萧鸾自立,改元建武,故又称建武元年。卢昶等人六月出使南齐,如在建武二年北归,则北归路途用了至少半年。而当时从北魏平城至南齐建康,少则两月,多则三月,如《魏书》记邢峦于永明十一年正月出使南齐,《南史》则称该年夏四月"魏人来聘",正月是从平城出发的时间,四月则是邢峦到达建康的时间,路上用时三个月;再如《魏书》记高聪于永明十一年九月出使南齐,《南史》记为该年十一月"魏人来聘",路上所花时间是两个月,可见卢昶等北归的时间不应超过三个月。又加上北魏反对萧鸾自立的态度极为鲜明,作为北魏使臣的卢昶等人在萧鸾自立后不可能继续留在南方,卢昶、王清石应该是在建武元年返回北方的。因此,准确的说法应该是"齐明帝建武元年卢昶北归"。自建武二年开始,北魏不再派遣使臣前往南方,直到梁武帝普通元年才恢复通好,其间中断了整整二十六年。不过,普通元年恢复通好以后,由于北魏朝廷内乱以及六镇起义爆发,北方陷入战乱,南北间的通使并未能顺利进行。比较正常的南北方遣使通好,是从北魏分裂为东、西两个政权之后的东魏天平五年(即梁武帝大同三年,

---

① 《资治通鉴》卷一四七《梁纪》三,"武帝天监八年"条。
② 《资治通鉴》卷一四九《梁纪》五,"武帝普通元年"条胡三省注。
③ 《魏书》卷七下《高祖纪下》。

公元 537 年)开始的。此后南北间维持了十多年互派使臣通好的
关系(参见下表)。

梁武帝在位时期南北互派使臣通好一览表

序号	遣使方	前往地	时　　间	所派使臣及身份
1	北魏	萧梁	普通元年	使者刘善明
2	东魏	萧梁	大同三年七月	兼散骑常侍李谐、兼吏部郎中卢元明、兼通直散骑常侍李邺
3	萧梁	东魏	大同三年十一月	兼散骑常侍张皋
4	东魏	萧梁	大同四年五月	兼散骑常侍郑伯猷
5	萧梁	东魏	大同四年七月	兼散骑常侍刘孝仪
6	东魏	萧梁	大同四年十一月	陆操
7	萧梁	东魏	大同五年六月	萧衍遣使朝贡
8	东魏	萧梁	大同五年十一月	兼散骑常侍王元景、兼通直散骑常侍魏收
9	萧梁	东魏	大同五年十二月	兼散骑常侍柳豹
10	东魏	萧梁	大同六年七月	兼散骑常侍李象
11	萧梁	东魏	大同六年十月	散骑常侍陆晏子
12	东魏	萧梁	大同六年十二月	兼散骑常侍崔长谦
13	萧梁	东魏	大同七年五月	兼散骑常侍明少遐
14	东魏	萧梁	大同七年十二月	兼散骑常侍李骞
15	萧梁	东魏	大同八年正月	兼散骑常侍袁狎
16	东魏	萧梁	大同八年四月	兼散骑常侍李绘
17	萧梁	东魏	大同八年十月	萧衍遣使朝贡

序号	遣使方	前往地	时 间	所派使臣及身份
18	东魏	萧梁	大同八年十二月	兼散骑常侍杨斐
19	萧梁	东魏	大同九年六月	萧衍遣使朝贡
20	东魏	萧梁	大同九年八月	兼散骑常侍李浑
21	萧梁	东魏	大同十年三月	萧衍遣使朝贡
22	东魏	萧梁	大同十年五月	散骑常侍魏季景
23	萧梁	东魏	大同十年十一月	萧衍遣使朝贡
24	东魏	萧梁	大同十一年正月	兼散骑常侍李奖
25	萧梁	东魏	大同十一年七月	萧衍遣使朝贡
26	东魏	萧梁	大同十一年十月	中书舍人尉景
27	萧梁	东魏	中大同元年五月	萧衍遣使朝贡
28	东魏	萧梁	中大同元年七月	散骑常侍元廓
29	东魏	萧梁	太清元年四月	兼散骑常侍李系
30	萧梁	东魏	太清二年二月	"萧衍遣使诣阙乞和,并修书吊齐文襄王"
31	萧梁	东魏	太清二年五月	建康令谢挺、散骑常侍徐陵等
32	萧梁	东魏	太清二年七月	兼散骑常侍谢班

　　上述梁武帝在位期间南北遣使通好的统计,资料源于《魏书》《梁书》《南史》《北史》《资治通鉴》等史书。据统计,梁武帝在位期间南北双方互派使臣通好的交往共计三十二次,其中萧梁遣使十六次,北魏遣使一次,东魏遣使十五次。《魏书》《北史》与《梁书》

《南史》所记历次遣使通好的时间略有出入,基本上是由于所记或为委派及出发时间,或为抵达对方京城时间,二者存在着一定时间差的缘故。

上表所列,传递了一些颇值得玩味的信息:

其一,对于萧梁使臣出使东魏,《魏书》无一例外地都记述为"萧衍遣使朝贡",其中的八次在《南史》《资治通鉴》中得到印证和补充;太清二年二月的一次记为"萧衍遣使乞和";其余七次无法得到印证,因而原样保持了"萧衍遣使朝贡"的记述。对于萧梁时有关南北使臣的穿梭出使,《魏书》的记载是相关史书中最多的。而《梁书》则仅记录了大同三年、四年、五年、六年、七年、十一年等六次"魏遣使来聘",不仅比《魏书》所载少了九次,而且没有萧梁遣使前往东魏通好的任何痕迹。虽然比起《南齐书》的只字未提,《梁书》已经有所记录,但仍然不及《魏书》记录得多而详。这种差别,或可证明遣使通好的活动在当时的南北方统治者和撰史者心目中的不同地位。

其二,《魏书》对于双方使臣的奉命出使有着完全不同的叙述。以大同八年(即东魏兴和四年,483 年)南北双方的遣使为例:该年萧梁和东魏各遣使两次,《魏书》的表述是:"正月丙辰,萧衍遣使朝贡";"夏四月丙寅,遣兼散骑常侍李绘使于萧衍";"冬十月甲寅,萧衍遣使朝贡";"十有二月辛亥,遣兼散骑常侍阳斐使于萧衍。"[①]其中,对于萧梁派来的使臣,《魏书》均记录为"萧衍遣使朝贡"。所谓"朝贡",指的是藩属国派使臣入朝,贡献方物,两者之间并非平起平坐的平等关系,而是藩属国与宗主国之间的主从关系。北魏孝文帝就曾明确说过:"贡物乃人臣之礼。"[②]《魏书》在记录萧梁使臣前后十六次来东魏的史实时,除了太清二年(东魏武定六年)记为"二月,萧衍遣使款阙乞和,并修书吊齐文襄王",[③]其余十五次无一

---

① 《魏书》卷一二《孝静帝纪》。

② 《资治通鉴》卷一三七《齐纪》三,"武帝永明十年"条。

③ 《魏书》卷一二《孝静帝纪》。

例外地都记为"萧衍遣使朝贡"。从"遣使朝贡"一词,可以看到北方统治者以正统自居、鄙视萧梁的居高临下之态。其实,当时萧梁的国力明显在北方之上。北魏普泰元年(即萧梁中大通三年,531年)四月,北魏节闵帝"诏有司不得复称伪梁"。①胡三省对此注释道:"魏不竞于梁故也。"②胡三省的这一分析是准确的。普泰元年正是北魏陷入混乱之时,尔朱世隆废黜长广王元晔,另立广陵王元恭为节闵帝;而高欢则起兵讨伐尔朱氏,立勃海太守元朗为帝,一时间北魏出现了两个皇帝同时并存的混乱局面,自然难以与萧梁匹敌。由此可见,明明是萧梁居于强势地位,而北方的统治者偏要以"遣使朝贡"来记述萧梁遣使臣来访的活动,实际上是一种妄自尊大的表现。而《梁书》对于东魏使臣前来,一概记叙为"魏遣使来聘"。此处所说的"聘",专指天子与诸侯或诸侯与诸侯间的遣使通问。《礼记·曲礼下》:"诸侯使大夫问于诸侯曰聘。"相较而言,《梁书》显然比《魏书》的记载更符合当时的实际。而《南史》和《北史》均出自唐代李延寿之手,因而所用的笔法也完全相同:《南史》记为"魏人来聘",《北史》则记为"梁人来聘",表现出一种不偏不倚的态度。

其三,如同遣使通好在南齐时并未贯穿始终而是集中在永明年间一样,梁武帝在位期间南北政权的遣使通好也主要集中在大同年间。据统计,自大同三年(537 年)至中大同元年(546 年)的十年里,萧梁和东魏先后遣使二十七次,其中萧梁遣使十三次,东魏遣使十四次,几乎占到了梁武帝时期南北通好的百分之八十五。遣使通好活动如此密集地集中在某一时段,与其时的南北实力对比和总体形势显然是密不可分的。

其四,值得注意的是上表所列遣使通好活动,除了普通元年是北魏派遣使者刘善明前往萧梁恢复南北通好之外,其余各次都在

---

① 《北史》卷五《魏本纪第五》。
② 《资治通鉴》卷一五五《梁纪》一一,"武帝中大通三年"条胡三省注。

萧梁与东魏之间进行,完全没有涉及当时存在于北方的另一个西魏政权,这是很耐人寻味的。从某种意义上说,这是萧梁与东魏在寻求达成和解并尝试建立一种联盟以避免两线作战的危险,进而共同应对建都长安的西魏。在三足鼎立的大格局下,萧梁与东魏的遣使通好,显然是权衡利弊后的一种较为明智的选择。

最后,再从梁武帝时期南北通好的走势来看,大体上经历了由南强北弱到势均力敌再回复到南弱北强的发展过程。在南北通好中断二十六年之后,是北魏提出要恢复南北通好,并在普通元年派遣使者刘善明出使萧梁。《南史·梁本纪》中有梁武帝多次派使臣"报聘"的记录,如大同六年"秋七月丁亥,东魏人来聘。遣散骑常侍陆晏子报聘";大同七年"夏四月戊申,东魏人来聘,遣兼散骑常侍明少遐报聘";大同七年"十二月壬寅,东魏人来聘,遣兼散骑常侍袁狎报聘"。① 所谓"报聘",《汉语大词典》解释为"指派使臣回访他国";《辞海》的表述大同小异:"他国来聘,遣使回访。"②"报聘"是古代诸侯礼尚往来的基本规则,所谓"来而不往非礼也"。其实古今中外国与国之间的交往,基本上都是如此。但是普通元年北魏使者刘善明出使萧梁后,梁武帝并没有派出使臣回访北魏。这表明当时虽然北魏希望与萧梁通好,而梁武帝对此并不以为然,因为其时萧梁处于相对强势的地位。时隔十多年以后,主动派使臣通好的仍然是北方的东魏。《梁书·武帝纪》称:大同二年"十二月壬申,魏请通和,诏许之"。③ 可见萧梁占据了主动地位。在一般情况下,主动示好的往往是力量较弱的一方。这也证明梁武帝在位的相当一段时间内,萧梁处在比较强势的地位,掌握着处置南北关系的主动权,究竟是选择战争还是通好,很大程度上取决于萧梁,亦即处于南强北弱的态势。待到萧梁大同年间,梁武帝已步入老境,他专心事佛,倦于政事,进取之心渐失,南北间的力量对比发生

---

① 《南史》卷七《梁本纪中》。
② 《辞海》,上海辞书出版社,1999年。
③ 《梁书》卷三《武帝纪下》。

了变化,萧梁与东魏之间达到了某种均衡态势,双方的遣使通好反而得以比较正常地开展起来。在十多年的时间里,双方你来我往,萧梁遣使十三次,东魏遣使十四次,甚至在大同八年的一年中双方各遣使两次,通好的频率明显超过以往。

梁武帝统治的末年,轻信背叛东魏投靠萧梁的侯景,一系列举措处置失当,激化了与东魏的矛盾,执掌东魏大权的高澄为离间萧梁与侯景的关系,挑起萧梁的内乱而提出愿与萧梁通好。此时的梁武帝已厌恶用兵,决计与东魏通好。太清二年二月,梁武帝遣使前往东魏,吊唁不久前去世的高欢。对于此次萧梁遣使,《魏书》记载为"萧衍遣使诣阙乞和,并修书吊齐文襄王"。[1] 同年五月,梁武帝又"遣建康令谢挺、散骑常侍徐陵等聘于东魏,复修前好"。[2]《魏书》用了"乞和"二字,《资治通鉴》用了"复修前好",形象地反映了萧梁与东魏关系的逆转。大同二年是"魏请通和",到了太清二年则变为萧梁"诣阙乞和",两者间的关系完全颠倒,再次出现了南弱北强的格局。

太清二年八月,投降萧梁的侯景于寿阳谋反,并迅速渡过长江,直指建康,侯景之乱由此爆发,萧梁陷于恐慌和混乱之中。次年三月,台城在被围四个半月后陷落,梁武帝也成了侯景手中的傀儡。自此以后,南北之间的遣使通好虽然还时有所见,但实际上已经不是南北双方的对等交往了。

事实证明,南北方之间的遣使通好,对于同时并存的各个政权来说,都不是他们所要实现的终极目标,充其量只是时机尚未成熟前为最终消灭对方而积蓄力量的一种政治策略。一旦时机成熟,依然要通过兵戎相见的武力来解决问题。

颇有意思的是,"时南、北通好,务以俊义相夸,衔命接客,必尽一时之选,无才地者不得与焉。每梁使至邺,邺下为之倾动,贵胜

---

① 《魏书》卷一二《孝静帝纪》。
② 《资治通鉴》卷一六一《梁纪》一七,"武帝太清二年"条。

子弟盛饰聚观，礼赠优渥，馆门成市。宴日，高澄常使左右觇之，一言制胜，澄为之抃掌。魏使至建康亦然"。①重视使臣的选派，是自古以来就有的传统，因为使臣其实是国家形象和文化的代表。说到底，南北朝时期彼此使臣"务以俊义相夸"的背后，其实质还是文化实力的比拼。大同三年六月，东魏派遣以"风流"著称的李谐、卢元明等出使萧梁，于七月抵达建康，梁武帝亲自接见并与他们交谈，李谐等应对如流。谈话结束，梁武帝目送李谐等人退出，对身边大臣说："朕今日遇劲敌，卿辈尝言北间全无人物，此等何自而来！"②

与此同时，随着使臣穿梭来往于南北，也在客观上促进了文化的交流。《资治通鉴》记载："自梁、魏通好，魏书每云：'想彼境内宁静，此率土安和。'"梁武帝回复时，则把"彼"字去除。大同十年，东魏以散骑常侍魏收兼中书侍郎，掌修国史，因而从魏收开始，东魏致萧梁的书信确定为"想境内清晏，今万里安和。"③这一行文格式也得到了梁武帝的认同和效仿。看似个别文字的更改，却也是南北双方在文化上的一种交流和沟通，同时也是彼此在文化上的认同。

遣使通好还带动了南北之间的互市贸易。齐梁时期正值南北分裂之时，商旅往来与南北贸易遇到很大困难，而遣使通好却给南北方的互市带来了契机。《北齐书·崔暹传》载："魏、梁通和，要贵皆遣人随聘使交易。"④北朝官员利用手中权势，借使臣出使萧梁之机，派人随同前往通过交易获利，南方的官员自然也不会比北方逊色。

综上所述，萧梁时期南北方之间的遣使通好，在一定程度上使南北关系得到缓和，有利于社会的稳定和安宁。除了政治上的作用外，遣使通好还促进了南北方的文化交流和互市交易，其积极意义应该得到肯定。

---

① 《资治通鉴》卷一五七《梁纪》一三，"武帝大同三年"条。
② 同上。
③ 《资治通鉴》卷一五八《梁纪》一四，"武帝大同十年"条。
④ 《北齐书》卷三〇《崔暹传》。

第五章　博　学　多　才

在南朝宋、齐、梁、陈四朝开国皇帝中,梁武帝无疑是最有才华的一位。无论是在他之前的刘裕、萧道成,还是在他之后的陈霸先,都无法与之比肩。这应该与他们的出身及经历不无关系。刘裕、萧道成、萧衍、陈霸先这四位开国皇帝,大体分为两类。刘裕、陈霸先可以归为一类,其出身大致相同,均出自贫寒之家。史称刘裕"家贫,有大志,不治廉隅",年轻时经常至新洲砍柴,"初高祖家贫,尝负刁逵社钱三万,经时无以还,逵执录甚严",[①]还是与其有深交的琅琊人王谧悄悄地代为偿债,才帮他解围。刘裕"微时躬于丹徒业农,及受命后,耨耕之具颇有存者,皆命藏之,留于后"。[②] 大明年间,宋孝武帝刘骏下令拆除刘裕的居室,于其处起玉烛殿,在拆除现场,孝武帝与群臣看到刘裕的床头有土障,壁上挂葛灯笼、麻绳拂。侍中袁𫖮曾称其俭素之德,刘裕不答,独言曰:"田舍公得此,以为过矣。"[③]不难发现,刘裕出自贫贱之家,躬耕于陇亩,发达后仍自称"田舍公",当年务农的耨耕器具都不舍得扔掉。陈霸先

---

① 《宋书》卷一《武帝纪上》。
② 《建康实录》卷一一《宋高祖武皇帝》。
③ 《宋书》卷三《武帝纪下》。

同样出身贫寒,史称其"不事产业,家贫,每以捕鱼为事"。① 刘裕与陈霸先,一个务农,时常"伐荻于新洲";一个"每以捕鱼为事",虽然二人的庙号及谥号也是"高祖武皇帝",与萧衍完全相同,但由于家庭背景方面的差异,在学术功底上确实无法跟"少时学周孔,弱冠穷六经"的萧衍相比。

至于萧道成,与萧衍可以归为另一类。两人同出于南兰陵萧氏,同样在年少时就接受儒学教育,萧道成"年十三,从雷次宗学于鸡笼山,受《礼》及《左氏春秋》"。② 及长,"博涉经史,善属文,工草隶书,弈棋第二品。虽经纶夷险,不废素业",③同样具有相当的学术根底。但萧道成毕竟在称帝前长期处于军旅戎马生涯之中,而且在登基后仅四年就病逝,享年五十六。相比之下,享寿八十六的萧衍比萧道成整整多活了三十年,而且在位近半个世纪期间社会相对平静安定,得以比较从容地展示自己各方面的才华,萧衍的学术成就显然是萧道成难以望其项背的。

如前所述,梁武帝曾有《会三教诗》叙述自己学习并信奉儒、道、佛三教的过程,表明梁武帝对儒、佛、道三教兼修,而且造诣深厚。《梁书》称其"少而笃学,洞达儒玄。虽万机多务,犹卷不辍手,燃烛侧光,常至戊夜。造《制旨孝经义》《周易讲疏》,及六十四卦、二《系》《文言》《序卦》等义,《乐社义》《毛诗答问》《尚书大义》《中庸讲疏》《孔子正言》《老子讲疏》,凡二百余卷,并正先儒之迷,开古圣之旨"。又"兼笃信正法,尤长释典,制《涅盘》《大品》《净名》《三慧》诸经义记,复数百卷"。④ 可见梁武帝博学多通,对儒、道、佛均有研究。

明代胡应麟所著《少室山房笔丛正集》卷二二称:

---

① 《建康实录》卷一九《陈高祖武皇帝》。
② 《建康实录》卷一五《齐太祖高皇帝》。
③ 《南齐书》卷二《高帝纪下》。
④ 《梁书》卷三《武帝纪下》。

古今人主,才美之盛盖无如梁武者。阴阳算历,弈射琴书,靡不冠代。而赋诗谭道,征事缀文,每出一长,辄与专门名世并驱。至著述之饶,尤为惊绝。经则《九经义疏》二百余卷,《三礼断疑》一千余卷;史则历朝通史六百卷;子则二氏《经解》数百卷;集则自制诗文百二十卷。其富皆古今未有,而所命诸儒纂辑《华林遍略》六百卷弗与焉。可谓学总三涂,业兼七录。而表章六籍,有功圣门。

胡应麟认为梁武帝"阴阳算历,弈射琴书,靡不冠代";而"赋诗谭道,征事缀文",则与当世名家并驾齐驱;并从经史子集四个方面概述了梁武帝的著述之饶,所谓"学总三涂,业兼七录",称颂梁武帝的才美之盛,古今人主中无人可及,对梁武帝才学的评价之高,几乎达到了空前绝后的程度。这一评价难免溢美之词,不过也为我们探析梁武帝的才学提供了可资借鉴的视角。下文即从经、史、子、集四个侧面逐一观照梁武帝的学术造诣;随后,对梁武帝在琴棋书画等多方面的才艺,也择其要者予以展示。

一、儒学的深厚造诣

梁武帝虽然在晚年佞信佛教,甚至把佛教提到"国教"的地位,但在其执政的大部分时间内仍然把弘扬儒学作为其思想文化政策的最主要内容,其治国理政的根本指导思想仍然是传统儒学。对此,梁武帝所颁的诏书内容提供了证明。天监七年正月乙酉,诏曰:"建国君民,立教为首。砥身砺行,由乎经术。"[1]天监八年五月壬午,又诏曰:"学以从政,殷勤往哲,禄在其中,抑亦前事。朕思阐治纲,每敦儒术,轼闾辟馆,造次以之。"[2]上述诏令中所称"建国君民,立教为首""思阐治纲,每敦儒术"等语,非常清晰地表明梁武帝

---

① 《梁书》卷四八《儒林传序》。

② 《梁书》卷二《武帝纪中》。

确实是在实践着以儒学为治国理政的根本指导思想,而这是与其儒学的深厚造诣密不可分的。

儒学中,最重要的是"经"。所谓"经",即儒家经典,或称"五经",是始称于汉武帝时期的五部儒家经典,即《诗》《书》《礼》《易》《春秋》;或称"六经",即在"五经"之外再加《乐经》,也有称"六经"为"六艺"的。梁武帝既著有《五经讲疏》,又有"弱冠穷六经"的自述,可见无论"五经"还是"六经",均指儒家经典,是封建统治时期的教科书,历来受到统治者的高度重视。"六经"之重要,体现在"其为人也,温柔敦厚,《诗》教也;疏通知远,《书》教也;广博易良,《乐》教也;洁静精微,《易》教也;恭俭庄敬,《礼》教也;属辞比事,《春秋》教也"。① 史称梁武帝萧衍"少而笃学,洞达儒玄。虽万机多务,犹卷不辍手,燃烛侧光,常至戊夜"。② 萧衍自年少时就笃志向学,"少时学周孔,弱冠穷六经",对于儒学的经典有相当深入的研究。他还多次亲临国子学为生员们讲学,仅天监九年就曾于三月和十二月两次"驾幸国子学,亲临讲肆","策试胄子"。③ 梁武帝喜欢向人讲述自己学习儒家经典的心得,并多有撰述。根据《梁书》《南史》《隋书·经籍志》《旧唐书·经籍志》《新唐书·艺文志》等史籍的记载,梁武帝所撰的讲解儒学经典的著述有《五经讲疏》《春秋答问》《三礼大义》《礼记大义》《制旨革牲大义》《尚书大义》《孔子正言》《孝经义疏》《中庸讲疏》《周易大义》《周易大义疑问》《周易讲疏》《周易系辞义疏》《二〈系〉义》《六十四卦义》《毛诗答问》《毛诗大义》《毛诗发题序义》等。尽管这些著述均已亡佚,现已无法得知其全貌,但通过史籍的记述,多少仍可窥其一斑。《梁书》载:"高祖撰《五经讲疏》及《孔子正言》,专使(孔)子祛检阅群书,以为义证。事竟,敕子祛与右卫朱异、左丞贺琛于士林馆递日执经。"④《梁书》又

---

① 《隋书》卷三二《经籍志一》。
② 《梁书》卷三《武帝纪下》。
③ 《梁书》卷二《武帝纪中》。
④ 《梁书》卷四八《孔子祛传》。

载：高祖所制《五经讲疏》，简文帝萧纲"尝于玄圃奉述，听者倾朝野"。① 中大通四年"十月，侍中、领国子祭酒萧子显表置《孝经》助教一人，生十人，专通上所释《孝经义》"。②《经义考》卷二四〇评论说："六代之主，笃好儒术，莫如梁武。立士林馆，躬御国子讲肄，五经皆有讲说。何佟之、严植之、贺玚、明山宾等复述制旨，朱异、贺琛、孔子祛等递相讲述，经义多至二百余卷。"正是在梁武帝身体力行的倡导下，儒学大盛，"于是四方郡国，趋学向风，云集于京师矣"。③

二、《通史》的编撰

"古者天子诸侯，必有国史，以纪言行，后世多务，其道弥繁"。陈寿撰《三国志》之后，"自是世有著述，皆拟班、马，以为正史，作者尤广"。④ 对于史学，梁武帝亦颇为熟谙。萧衍建梁后，吴均"表求撰《齐春秋》，书成奏之，高祖以其书不实，使中书舍人刘之遴诘问数条，竟支离无对，诏付省焚之"。⑤ 此后，又有萧子显"启撰《齐史》，书成，表奏之，诏付秘阁"。⑥ 同样是撰述南齐历史，吴均所撰的《齐春秋》"诏付省焚之"，而萧子显的《齐史》则"诏付秘阁"。梁武帝截然不同的两种处置，表明他对于如何撰写前朝史有着自己的标准。而梁武帝在史学方面的突出贡献则是亲自主持编撰了《通史》。梁武帝对《汉书》等断代史的编撰甚为不满，认为如此写法割断了本应连贯一气的历史，因而召见吴均，命其撰写《通史》，"起三皇，迄齐代，（吴）均草本纪、世家功已毕，唯列传未就"。⑦ 刘知幾所撰《史通》评论说："至梁武帝，又敕其群臣，上自太初，下终

---

① 《梁书》卷四《简文帝纪》。
② 《建康实录》卷一七《梁高祖武皇帝》。
③ 《梁书》卷三《武帝纪下》。
④ 《隋书》卷三三《经籍志二》。
⑤ 《梁书》卷四九《吴均传》。
⑥ 《梁书》卷三五《萧子显传》。
⑦ 《梁书》卷四九《吴均传》。

齐室,撰成《通史》六百二十卷。其书自秦以上皆以《史记》为本,而别采他说,以广异闻。至两汉以还,则全录当时《纪》《传》而上下通达,臭味相依。又吴、蜀二主皆入《世家》,五胡及拓跋氏列于《夷狄传》,大抵其体皆如《史记》。其所为异者,唯无表而已。"①《梁书》载,梁武帝"又造《通史》,躬制赞序,凡六百卷"。② 综合以上记述,可知《通史》是在梁武帝的亲自主持下,由以吴均为主的群臣集体撰写而成的,其体例仿照司马迁的《史记》。《通史》一书在史学上的贡献,一是所记述的时间跨度,上自三皇五帝,下迄南齐,体现了"上下通达",成为《史记》之后的又一部长时段纪传体通史;二是"其书自秦以上皆以《史记》为本,而别采他说,以广异闻",相比《史记》又有新的拓展,因而在内容上更为丰富;三是"吴、蜀二主皆入《世家》,五胡及拓跋氏列于《夷狄传》",对三国两晋直至南齐的历史重新作了梳理和归类,进一步丰富并发展了司马迁所开创的《史记》体例。在《通史》一书的编撰过程中,梁武帝的作用颇有几分类似于现今的主编:编撰体例的基本设想是他提出的,主要编撰人员也是他钦定的,并且还"躬制赞序",为《通史》撰写了序赞。梁武帝本人对此书的编撰颇为自负,曾对萧子显说:"我造《通史》,此书若成,众史可废。"③关于《通史》,长期以来有着两方面的分歧:一是《通史》的体例。《史通》认为"大抵其体皆如《史记》",即与《史记》一样属于纪传体。《资治通鉴》序则云,自荀悦《汉纪》以下,独梁武帝《通史》至六百卷,此似以《通史》与《汉纪》《通鉴》同为编年体。但从《通史》有《本纪》《世家》《列传》等类目看,其与《史记》同属纪传体,大抵是正确的。二是《通史》的卷数。《隋书·经籍志》《江南通志·艺文志》等书称"四百八十卷";《梁书》《南史》《资治通鉴》等则称"六百卷";《旧唐书·经籍志》《新唐书·艺文志》《通志》《史通》等记为"六百二十卷"。众说纷纭,或许各有所本。由于《通

① 《史通》卷一。
② 《梁书》卷三《武帝纪下》。
③ 《梁书》卷三五《萧子显传》。

史》一书已经亡佚，现在已不能断定上述诸种说法中究竟何者为正。不过，这并不是判断《通史》学术价值的关键因素，也不妨碍我们对梁武帝史学造诣的认识。梁武帝倡导并主持《通史》编撰，甚至"躬制赞序"，对于中国古代史学的发展所做的贡献，是应予充分肯定的，可惜《通史》未能逃脱兵火战乱的厄运，我们现在已无缘得见其真实面貌。

三、广涉诸子百家

所谓"子"，指先秦诸子百家的著作，在图书四部（经、史、子、集）分类法中列为第三部。在《隋书·经籍志》中，"子"部大抵包括儒、道、法、名、墨、纵横、杂、农、小说、兵、天文、历数、医等各家。前引《少室山房笔丛正集》称梁武帝"子则二氏《经解》数百卷"，此处所称"二氏"，或指老、庄二氏。但从史籍记载看，仅见梁武帝著有《老子讲疏》。梁武帝儒、道、佛三教兼修，他自述"中复观道书，有名与无名；妙术镂金版，真言隐上清；密行贵阴德，显证表长龄"，对于道教有相当的造诣，因而对被尊为道教始祖的老子自然也非常关注，《老子讲疏》应该就是其讲解老子《道德经》义旨之作。关于《老子讲疏》，《梁书》仅称梁武帝著"《乐社义》《毛诗答问》《尚书大义》《中庸讲疏》《孔子正言》《老子讲疏》，凡二百余卷"，[①]并未言及《老子讲疏》的卷数。而《隋书·经籍志》《旧唐书·经籍志》等史籍则称该书为六卷。由于《老子讲疏》已经亡佚，我们现在无从得知其具体内容，但《梁书》和《南史》等史书还是记载了梁武帝著述《老子讲疏》并亲自讲解《老子》的一些细节。吴郡盐官人顾越，"遍该经艺，深明《毛诗》，傍通异义。特善《庄》《老》，尤长论难"。梁武帝"尝于重云殿自讲《老子》，仆射徐勉举越论义，越抗首而请，音响若钟，容止可观，帝深赞美之"。[②]事见于《南史》。又据《梁书》载，大

---

① 《梁书》卷三《武帝纪下》。
② 《南史》卷七一《顾越传》。

同六年,时任右卫将军的朱异"启于仪贤堂奉述高祖《老子义》,敕许之。及就讲,朝士及道俗听者千余人,为一时之盛"。① 可知梁武帝所撰《老子讲疏》,当时可能又称为《老子义》。

梁武帝的著述被《隋书·经籍志》收入"子"部的,除了《老子讲疏》之外,还有《兵书钞》《兵书要钞》《围棋品》《棋法》各一卷,均被归入兵家类。此外,《通志》卷六八也载有梁武帝《兵法》一卷、《兵书钞》一卷、《兵书要钞》一卷。就书名推测,《兵法》《兵书钞》《兵书要钞》应该都是梁武帝研究兵法、阅读历代兵书的体会之作,其中可能也包含他自己领军用兵的经验总结。而《围棋品》《棋法》则是有关围棋方面的著作,将在下文展示梁武帝琴棋书画方面的才艺时再予评说。

饶有趣味的是,还有一本题为梁武帝所撰的兵家类著作,我国古今公私目录皆未见著录,亦无影印本及相关介绍,却被收录在日本的汉籍目录中。日本《内阁文库汉籍分类目录》兵家类著录《军胜》三卷,题梁武帝撰,称"室町时期抄本。存三卷"。据《日本国见在书目》,该抄本现藏日本国立公文书馆,存卷八、卷九、卷十,为日本旧抄本。从仅存三卷的内容看,《军胜》一书似为占候之书。该书每卷分章,每章之首多有《序》,有图有文,且多为一图一文。其图多为云气、星宿、鸟兽,其文是讲解说明,或占辞,或引前人占书,或记有关史例。所记史例多魏晋时事,且多见于《晋书·天文志》,似抄自《晋书》。有学者认为:"根据内容判断,《军胜》盖成书于初唐以后,署'梁武帝'乃好事者妄题。"② 不过,"好事者妄题"为梁武帝撰,却也从另一方面证明梁武帝熟谙兵法的军事才干是得到了后世认可的。

四、诗赋才华与成就

经史子集的第四部分,是"集"。"别集之名,盖汉东京之所创

---

① 《梁书》卷三八《朱异传》。
② 参见张敏著:《南兰陵萧氏著作综录》,上海古籍出版社,2015 年,第 81 页。

也。自灵均已降,属文之士众矣,然其志尚不同,风流殊别。后之君子,欲观其体势,而见其心灵,故别聚焉,名之为集"。① 《梁书》赞誉梁武帝"天情睿敏,下笔成章,千赋百诗,直疏便就,皆文质彬彬,超迈今古。诏铭赞诔,箴颂笺奏,爰初在田,洎登宝历,凡诸文集,又百二十卷"。② 前引《少室山房笔丛正集》也称梁武帝"集则自制诗文百二十卷",可知梁武帝所作诗文的数量之多。从《隋书·经籍志》《旧唐书·经籍志》《新唐书·艺文志》《通志》《江南通志》等文献的记载看,梁武帝所作诗文被时人或后人汇聚成集的有:《梁武帝集》,《隋书》记为二十六卷(注云"梁三十二卷"),《旧唐书》《新唐书》均称十卷,《通志》则记为三十二卷。《梁武帝诗赋集》,《隋书》《江南通志》等均记为二十卷。《梁武帝杂文集》,《隋书》《通志》《江南通志》等均记为九卷;《梁武帝别集目录》,《隋书》记为二卷。《梁武帝净业赋》,《隋书》记为三卷。《梁武帝制旨连珠》,《隋书》记为十卷,分别有劭陵王萧纶和陆涵为之作注,又载《梁武连珠》一卷,由沈约作注;《旧唐书》《新唐书》均记为四卷;《江南通志》则记为十卷。成书于清朝乾隆年间的《四库全书总目》卷一四八称:"集始于东汉。……梁武帝有诗赋集,有文集,有别集;梁元帝有集,有小集;谢朓有集,有逸集,与王筠之一官一集,沈约之《正集》百卷,又别选《集略》三十卷者,其体例均始于齐、梁。盖集之盛,自是始也。唐、宋以后,名目益繁。然《隋》《唐志》所著录,《宋志》十不存一;《宋志》所著录,今又十不存一。"据此可知,"集"肇始于东汉而兴盛于齐、梁。唐、宋时还能见到的历代诗文集,至元朝时已十不存一;成书于元朝顺帝至正年间的《宋史》所著录的诗文集,至清朝乾隆时又已十不存一。换言之,唐、宋时还能见到的历代诗文集,至清朝乾隆时已百不存一。梁武帝的诗文集自然也是如此。所幸的是,相较于经、史、子三部分的著述而言,梁武帝所作的诗文留存

---

① 《隋书》卷三五《经籍志四》。
② 《梁书》卷三《武帝纪下》。

至今的数量是最多的，目前存世的有明代张溥《汉魏六朝百三家集》辑本一卷，《全上古三代秦汉三国六朝文》《先秦汉魏晋南北朝诗》则较为完备地收录了梁武帝的诗文；此外，梁武帝的不少诗作还被《玉台新咏》《艺文类聚》《文苑英华》《乐府诗集》分别收录。这就为我们探讨梁武帝诗文创作的成就提供了难得的基础。

梁武帝雅好诗文，每每在召集群臣宴饮时以赋诗为乐，《梁书》《南史》等史籍中留下了不少这方面的记述。兹不避冗繁，撷取数例于下：其一，南齐司空柳世隆之子柳惔，南齐末年为梁、南秦二州刺史，萧衍在襄阳起兵时，柳惔举汉中响应。萧衍称帝后，论功封柳惔为曲江县侯。"高祖因宴为诗以贻惔曰：'尔寔冠群后，惟余实念功。'"① 其二，柳惔之弟柳恽，"早有令名，少工篇什"，每次参加梁武帝的游宴，"必被诏赋诗。尝奉和高祖《登景阳楼》中篇云：'太液沧波起，长杨高树秋。翠华承汉远，雕辇逐风游。'深为高祖所美。当时咸共称传"。② 其三，到沆，善属文，美风神，"高祖初临天下，收拔贤俊，甚爱其才"，"时高祖宴华光殿，命群臣赋诗，独诏沆为二百字，三刻使成。沆于坐立奏，其文甚美"。③ 其四，出身陈郡谢氏的谢览，"为人美风神，善辞令，高祖深器之。尝侍座，受敕与侍中王暕为诗答赠，其文甚工。高祖善之，仍使重作，复合旨。乃赐诗云：'双文既后进，二少实名家。岂伊止栋隆，信乃俱国华。'"④其五，天监六年，曹景宗与韦叡等将领率军取得钟离大捷后班师回朝，梁武帝"于华光殿宴饮连句，令左仆射沈约赋韵。景宗不得韵，意甚不平，启求赋诗。帝曰：'卿伎能甚多，人才英拔，何必止在一诗。'景宗已醉，求作不已。时韵已尽，唯余'竞''病'二字。景宗便操笔，斯须而成，其辞曰：'去时儿女悲，归来笳鼓竞。借问行路人，何如霍去病。'帝叹不已。约及朝贤惊嗟竟日。诏令

---

① 《梁书》卷一二《柳惔传》。
② 《梁书》卷二一《柳恽传》。
③ 《梁书》卷四九《到沆传》。
④ 《梁书》卷一五《谢朏传附谢览传》。

上左史"。① 其六,天监年间,"武帝时因宴幸,令沈约、任昉等言志赋诗,(刘)孝绰亦见引。尝侍宴,于坐作诗七首,武帝览其文,篇篇嗟赏,由是朝野改观"。② 其七,南齐太尉王俭之孙王规,好学有口辩,且识达事机。普通六年,梁武帝在文德殿设宴为出任广州刺史的元景隆饯行,王规也在座。武帝"诏群臣赋诗,同用五十韵,规援笔立奏,其文又美。高祖嘉焉,即日诏为侍中"。③ 其八,谢徵,"美风采,好学善属文"。普通七年,"魏中山王元略还北,高祖饯于武德殿,赋诗三十韵,限三刻成。徵二刻便就,其辞甚美,高祖再览焉"。④ 其九,出自萧氏皇舅房的萧介,"少颖悟,有器识,博涉经史,兼善属文","初,高祖招延后进二十余人,置酒赋诗,臧盾以诗不成,罚酒一斗,盾饮尽,颜色不变,言笑自若;介染翰便成,文无加点,高祖两美之曰:'臧盾之饮,萧介之文,即席之美也。'"⑤其十,彭城人刘孺,自幼聪敏,七岁能属文,"少好文章,性又敏速,尝于御坐为《李赋》,受诏便成,文不加点,高祖甚称赏之。后侍宴寿光殿,诏群臣赋诗,时孺与张率并醉,未及成,高祖取孺手板题戏之曰:'张率东南美,刘孺洛阳才。揽笔便应就,何事久迟回?'其见亲爱如此。"⑥

　　由上举事例可见,梁武帝与群臣以宴饮赋诗为乐,一是名目繁多,既有祝捷,也有饯行,更有无须任何事由的宴饮,只要梁武帝来了雅兴,随时都可以召集群臣在华光殿、文德殿、寿光殿、乐游苑等皇家苑囿边宴饮边赋诗。二是持续的时间长,既有梁武帝刚即位的天监初年,也有其执政中后期的普通、中大通年间。三是参与者众,其中固然以文人学士为多,但也不乏军事将帅。如曹景宗振旅奏凯,梁武帝为祝捷而"宴饮连句",当时在场者,包括武帝在内,谁

---

① 《南史》卷五五《曹景宗传》。
② 《南史》卷三九《刘孝绰传》。
③ 《梁书》卷四一《王规传》。
④ 《梁书》卷五〇《谢徵传》。
⑤ 《梁书》卷四一《萧介传》。
⑥ 《梁书》卷四一《刘孺传》。

都没想到曹景宗竟然也会作诗。然而曹景宗却在几乎已经喝醉的情况下提笔便写,斯须而成,所赋之诗既自然流畅,又非常切题,致使沈约等朝廷文臣"惊嗟竟日",连梁武帝都感叹不已,并下令载入国史。四是宴饮赋诗多为君臣互动,梁武帝既命臣属赋诗,同时也一再亲自操刀,显示了在诗赋方面的过人才华。包括诗赋在内的文学创作之所以能在萧梁时期得到迅速的发展,达到了东晋以来最为繁荣的阶段,与梁武帝矢志不移地身体力行和大力提倡是密不可分的。

梁武帝在诗、文、赋三种文体方面均有创作,其中诗歌的成就最大。梁武帝一生究竟创作了多少诗歌,由于唐、宋以后散佚严重,虽然明、清二代有所辑录,但已经无法进行确切的统计。现存梁武帝诗歌的数量,学界观点不一,有认为梁武帝现存诗歌有 80 多首;①也有认为现存诗 94 首、赋 4 篇;②还有认为应是 106 首,理由是逯钦立所辑《先秦汉魏晋南北朝诗》收录了梁武帝诗歌 106 首。③ 导致统计数据不同的一个重要原因,也许与对其中一些诗歌是否确系梁武帝所作存有不同意见相关。但在历经一千多年的风雨之后,即使是最保守的数字,也为我们探析梁武帝的诗歌才华提供了弥足珍贵的原始资料。梁武帝所作诗歌,从其题材和内容的角度看,其种类纷繁多样,最主要的是言情、写景、述怀三大类,此外还有咏物、仙游、赠答、佛理等;而从其诗歌形式看,自然以五言居多,但也有六言、七言和杂言;再从体裁类型看,梁武帝所创作的诗歌,数量最多而且最能代表其诗歌才能与文学成就的,多属乐府诗。

乐府,本是古代掌管音乐的官署。"乐府"一名始于秦朝,西汉惠帝时已设有"乐府令"一职。汉武帝时,乐府的官署规模较以前

---

① 参见张慧诚著:《梁武帝萧衍传》,吉林人民出版社,2008 年,第 108 页。

② 参见刘志伟等著:《齐梁萧氏文化概论》,第 218 页。

③ 参见林大志著:《萧衍评传》,载薛锋、储佩成主编:《南兰陵萧氏人物评传》,上海古籍出版社,2015 年,第 180 页。

扩大,掌管朝会宴飨、道路巡游、朝廷祭祀时所用的音乐,兼采民间诗歌和音乐。凡由乐府官署所采制的诗歌,均被称作"乐府诗"或"乐府","乐府"由此也成了诗体的名称。进入魏晋以后,"乐府"的外延逐渐扩大,成为可以入乐的诗歌以及后人仿效乐府古题之作的统称。换言之,乐府诗存在两种形制,一为民间乐歌,一为文人拟作,而民歌则是乐府诗中最有生气的部分。

　　东晋、南朝时期,南方的民歌在两汉乐府的基础上得到了长足的发展,并且迥然有别于北方慷慨明快的民歌,以描写男女恋情为主,歌风缠绵委婉。依据产生和流行地域的不同,此时的民歌又可分为"吴歌"和"西曲"两类。沈约在其所著《宋书·乐志》中说:"吴歌杂曲,并出江东。"①《晋书·乐志》也说:"吴歌杂曲并出江南。"②建康及其周边地区,历来被称为吴地,故产生并流行于这一地区的民歌就被称为"吴歌",又称江南吴歌。以当时的都城建康为中心的长江下游地区经济文化发展较迅速,堪称繁华之地,因而不少"吴歌"具有较浓厚的脂粉气。在曲调方面,"吴歌"有《子夜歌》《读曲歌》《春歌》《秋歌》等;在内容方面,则以歌唱男女爱恋为主,也有织情入景,较多运用比喻、谐音、双关隐语的手法,或以素雪、松柏为喻,或以芙蓉、莲子双关,既丰富了想象思维,又增添了委婉含蓄,成为"吴歌"的一大特色。

　　"西曲",按照宋代《乐府诗集》作者郭茂倩的说法,"出于荆、郢、樊、邓之间",③即流行于荆、郢、樊、邓一带的民歌。江汉流域的荆、郢、雍数州是南朝西部军事重镇和区域经济文化中心,故该地区的民歌便被称作"西曲",亦称荆楚西曲。"西曲"的曲调与"吴歌"有所不同,比"吴歌"更丰富,有《石城乐》《乌夜啼》《莫愁乐》《三洲歌》等。"西曲"的主题大都描写商贾的水上生活、商妇送别怀人之情和离愁别绪。在艺术表现手法上,语言自然真率、清

---

①　《宋书》卷一九《乐志一》。
②　《晋书》卷二三《乐志下》。
③　《乐府诗集》卷四七《西曲歌》。

新活泼,感情明朗、朴素大方,情思缠绵婉转,音节和谐流畅,极富表现力。

梁武帝是南兰陵人,自幼即生活在吴地,而且其漫长一生的绝大部分时间是在江南度过的,"吴歌"对他的影响和熏陶可谓耳濡目染、潜移默化。同时,他又曾出任雍州刺史,有机会接触到荆楚民歌,因而对"西曲"也有着深刻的了解。梁武帝的这一特殊经历,使得其仿效乐府古题的诗歌创作同时烙上了"吴歌"和"西曲"的印记。而以"竟陵八友"的身份积极参与竟陵王西邸诗赋文学活动的萧齐永明年间和作为雍州刺史驻屯襄阳时期,是梁武帝萧衍乐府创作的两个高峰期,其数量可观的乐府诗,大多创作于这两个时期。

仿作乐府诗,是南朝文人的一种时尚,或同题同咏,或同题异声,以乐府旧题,咏自己之情。萧衍自然也不例外。其模仿汉魏乐府之作,著名者如《拟青青河畔草》《拟明月照高楼》。《青青河畔草》本为古诗十九首之一,不仅萧衍有拟作,与其同时的王融、谢朓、沈约等都有同题之作,但萧衍好以乐府写男女之情,更显儿女情长,同是模拟《青青河畔草》,同是写相思离别,萧衍揣摩细腻,更显缠绵。《拟明月照高楼》则是一首妇人自述离别忧思、内心哀伤的诗。清代吴兆宜《玉台新咏笺说》云:"此拟曹植《怨诗行》也。"点明了萧衍此诗与曹植诗的关联。与曹植的《怨诗行》相比较,萧衍的这首拟作巧妙地师其意而改其句,尽力不在字词的运用上留下明显的痕迹,同时又能不逊于所模拟的原作,体现了萧衍的高明之处。①

萧衍善于模仿,但又不止于模仿。他并不固守成式而拘滞不变,相反,他对新曲新声颇感兴趣,而且喜欢创制新曲,体现了诗歌创作中的创新与求变。梁武帝的乐府诗作,对于中国古代诗歌的

---

① 参见曹旭等:《齐梁萧氏诗文选注》,上海古籍出版社,2015 年,第 145—146 页。

发展有着积极的影响,具体表现在以下几个方面:

其一,萧衍主动创制新曲,对乐府诗的改制做出了贡献。学界多以为梁武帝的乐府诗以《江南弄》(七首)最佳,最能体现其乐府诗的风格特征。而《江南弄》(七首)恰恰是梁武帝对西曲进行改制创新的产物。关于此点,有《古今乐录》为证:"梁天监十一年冬,武帝改西曲,制《江南上云乐》十四曲,《江南弄》七曲:一曰《江南弄》,二曰《龙笛曲》,三曰《采莲曲》,四曰《凤笛曲》,五曰《采菱曲》,六曰《游女曲》,七曰《朝云曲》。"[①]为了更好地了解梁武帝是如何对西曲进行改制的,兹录《江南弄》(七首)于下:

> 《江南弄》:"众花杂色满上林,舒芳耀绿垂轻阴,连手躞蹀舞春心。舞春心,临岁腴。中人望,独踟蹰。"

> 《龙笛曲》:"羌人绵眇在云堂,雕金镂竹眠玉床,婉爱寥亮绕红梁。绕红梁,流月台。驻狂风,郁徘徊。"

> 《采莲曲》:"游戏五湖采莲归,发花田叶芳袭衣,为君艳歌世所希。世所希,有如玉。江南弄,采莲曲。"

> 《凤笙曲》:"绿耀克碧雕琯笙,朱唇玉指学凤鸣,流速参差飞且停。飞且停,在凤楼。弄娇响,间清讴。"

> 《采菱曲》:"江南稚女珠腕绳,金翠摇首红颜兴,桂棹容与歌采菱。歌采菱,心未怡。翳罗袖,望所思。"

> 《游女曲》:"氛氲兰麝体芳滑,容色玉耀眉如月,珠佩婐婗戏金阙。戏金阙,游紫庭。舞飞阁,歌长生。"

> 《朝云曲》:"张乐阳台歌上谒,如寝如兴芳晻暧,容光既艳复还没。复还没,望不来。巫山高,心徘徊。"

《江南弄》(七首)有着浓郁的民歌风味,并且以组曲的方式在宫廷谱曲演唱,表现的是年轻的江南女子的生活环境和感情世界。

---

① 《乐府诗集》卷五〇,第726页。

《江南弄》（七首）又是齐梁文人乐府诗中艺术形式非常特别的作品。《古今乐录》称《江南弄》是梁武帝"改西曲"之作，又云"《江南弄》，三洲韵"。《三洲歌》是西曲，是商贾游巴陵三峡所作，梁武帝则对《三洲歌》加以改制创新，具体表现在形式上，《三洲歌》基本是五言四句，一韵到底，而《江南弄》（七首）则每首都是三句七言、四句三言，前面三个七言句，句句押韵，后面四句三言转韵，并隔句押韵。三言第一句与七言最后一句用"顶针"的修辞格式，读来长短参差，音韵调谐而有变化，声情并茂，极有韵味，而且便于入乐。梁武帝创制的这种艺术形式，随后逐渐成为一种定格，萧纲、沈约等均有拟作，格调、字句与梁武帝的《江南弄》完全一致。这种按照一定格式依声填词的创作模式，与中唐以后兴起的词颇为接近，实为后世词的滥觞。明人杨慎《词品》卷一评价梁武帝《江南弄》云："此词绝妙。填词起于唐人，而六朝已滥觞矣。"清人徐釚《词苑丛谈》在评价此诗时也说："此绝妙好辞，已在《清平乐》《菩萨蛮》之先矣。"①可见在明清学者的眼中，已将梁武帝的《江南弄》视为词，并对梁武帝于乐府诗所做的创新改制给予了充分的肯定。

其二，梁武帝创作的七言乐府诗，推进了七言诗的进一步发展。现存梁武帝所作乐府诗中，纯为七言的有四首，其中《白纻辞》二首，另有《河中之水歌》《东飞伯劳歌》各一首。后世学者认为，梁武帝的七言诗以《东飞伯劳歌》最为著名。其诗曰：

> 东飞伯劳西飞燕，黄姑织女时相见。谁家女儿对门居，开颜发艳照里闾。南窗北牖挂明光，罗帷绮帐脂粉香。女儿年几十五六，窈窕无双颜如玉。三春已暮花从风，空留可怜谁与同。

伯劳，又名鵙或鶪，是一种善鸣的鸟。因为有了梁武帝的这首

---

① 徐釚：《词苑丛谈》，上海古籍出版社，1982 年。

诗,后世遂有了"劳燕分飞"这一成语,"伯劳"与"劳燕"也成了离别的代名词,可见此诗影响之大。明人陆时雍对梁武帝此诗赞赏有加:"梁人多妖艳之音,武帝启齿扬芬,其臭如幽兰之喷,诗中得此,亦所称绝代之佳人矣。'东飞伯劳西飞燕',《河中之水歌》,亦古亦新,亦华亦素,此最艳词也。所难能者,在风格浑成,意象独出。"①

在关注梁武帝《东飞伯劳歌》《河中之水歌》等诗作内容与表现手法的同时,更值得注意的是梁武帝对七言诗发展的推动。七言诗的创作始于三国时期的魏文帝曹丕,其所作《燕歌行》是现存最早、最完整的七言诗。此后,南朝宋、齐时的鲍照、汤惠休等人也间有七言诗创作,但对后世的影响均不及梁武帝。梁武帝的《东飞伯劳歌》《河中之水歌》等七言诗上承汉魏乐府,下启后世七言歌行,平仄互换,抑扬起伏,颇具创新性。唐代七言诗的繁荣,与梁武帝的开拓之功是密不可分的。

除了歌咏风花雪月、男女情爱,梁武帝还创作了一些与其治国理政密切相关的诗篇,反映了其诗歌的另外一面。如《赠逸民》(十二章):

> 任重悠悠,生涯浩浩。善难拔茅,恶易蔓草。逆思药石,逊求非道。珠岂朝珍,璧宁国宝。想贤若焚,忧人如捣。
>
> 我闻在昔,有古天子。虞华骈圣,周昌多士。缉熙朝野,体邦经始。
>
> 惟河出图,唯岳降神。是代皆有,何代无人。怀宝述邦,高尚隐沦。价待哲后,见须明君。伊予不聪,故阙斯闻。
>
> 目因见生,才为时育。何为山阿,何为空谷。声殊雊雉,响异呦鹿。岂须托梦,宁俟延卜。想象屠钓,跚蹰板筑。
>
> 仁者博爱,大士兼抚。慈均春阳,泽若时雨。心忘分别,情无去取。等皆长养,同加妪煦。譬流趋海,如子归父。

---

① (明)陆时雍编:《古诗镜》"总论",《钦定四库全书》"集部"八。

顾探怀抱,非为富贵。代既同人,时亦皆醉。六合岳崩,九州海沸。事须经纶,属当连师。投袂剑起,澄清泾渭。

念我栖迟,安步任心。夏兴石泉,春游香林。欢逾丝竹,乐过瑟琴。无疑无难,谁诃谁禁。百非不起,万累俱沉。

思怀友朋,远至欢适。躬开二敬,径延三益。缱绻故旧,绸缪宿昔。善言无违,相视莫逆。情如断金,义若投石。

仲节犹嫩,春色始娇。湛露未晞,轻云已消。绿竹猗猗,红桃夭夭。香气四起,英蕊六摇。蜂开采花,雀戏新条。

风光绿野,日照青丘。孺鸟初飞,新泉始流。乘舆携手,连步同游。采芳中阿,折华道周。任情止息,随意去留。

如垄生木,木有异心。如林鸣鸟,鸟有殊音。如江游鱼,鱼有浮沉。岩岩山高,湛湛水深。事迹易见,理相难寻。

晨朝已失,桑榆复过。漏有去箭,流无还波。切念不减,疑虑益多。季俗易骄,危心少和。我之忧矣,用是作歌。

以上所录梁武帝的《赠逸民》(十二章),亦作《逸民吟》《逸民诗》《赠逸人诗》。此为组诗,全诗共十二章,每章十句,是梁武帝为数不多的长篇四言诗。其中的第二章今残缺四句,但还不至于影响对此诗的赏析。曹旭先生认为:"诗之主旨与曹操《短歌行》略为相类,是一曲'求贤歌'。诗人巧妙地运用了诗歌的形式,推心置腹地自叙心迹,含有浓厚的抒情成分。"[1]确实,梁武帝以颇为独特的清丽语言,向隐居不仕的"逸民"们袒露自己"想贤若焚,忧人如捣"的心迹,表明自己效法古代圣明天子经邦治国、朝野缉熙、贤士济济的愿望,坦言愿以平等相待、亲密无间的态度礼贤下士,期待与贤士们"投袂剑起,澄清泾渭",共同奋发努力治理国家,还洒脱地表示"任情止息,随意去留",实行来去自由的政策。梁武帝此诗颇为后世学者所赞赏。明代的钟惺、谭元春在其所著的《古诗归》中

---

① 曹旭等:《齐梁萧氏诗文选注》,第182页。

赞曰："质健渊浑，魏武而后，此诗差有帝王气。"①

如果说《赠逸民》所表现的是梁武帝求贤若渴的胸怀，那么《宴诗》则宣示了他的治国纲领：

> 止杀心自详，胜残道未遍。四主渐怀音，九夷稍革面。世治非去兵，国安岂忘战。钓台闻史籍，歧阳书记传。

此诗虽题为《宴诗》，但实际上无关宴饮歌舞，而是梁武帝借召集群臣欢宴之际发表的治国大纲。诗的前两句语出《论语·子路》："子曰：善人为邦百年，亦可以胜残去杀矣。诚哉斯言也！"梁武帝此诗虽然篇幅不大，但却向群臣明确宣示：一方面，要使国家长治久安，就应战胜残暴，去除杀戮，唯其如此，方能使四夷归服。另一方面，"世治非去兵，国安岂忘战"，必须做到居安思危、不忘战备。"国之大事，唯祀与戎"，战备是关系到国家存亡的大事，切不可因为"世治""国安"而放松战备。如能同时做到了这两点，其功绩自会彪炳史册。不难发现，梁武帝的诗歌创作主题确实是丰富多面的，堪称文学禀赋甚高的诗人政治家。

作为诗人、文学家，梁武帝一生成就非凡，在历代帝王中可谓罕有其匹。他喜好文学，勤于著述，同时又凭借其特殊的政治地位大力提倡文学，重用能文之士，奖掖年轻后学，身体力行投身于诗歌创作，为萧梁时期的文学繁荣做出了积极的贡献。唐代史家姚思廉赞扬说："高祖聪明文思，光宅区宇，旁求儒雅，诏采异人，文章之盛，焕乎俱集。每所御幸，辄命群臣赋诗，其文善者，赐以金帛，诣阙庭而献赋颂者，或引见焉。其在位者，则沈约、江淹、任昉，并以文采，妙绝当时。至若彭城到沆、吴兴丘迟、东海王僧孺、吴郡张率等，或入直文德，通宴寿光，皆后来之选也。"②同为唐代史家的李

---

① （明）钟惺、谭元春：《古诗归》，《续修四库全书》"集部"。
② 《梁书》卷四九《文学传上》。

延寿也称颂道："自中原沸腾,五马南度,缀文之士,无乏于时。降及梁朝,其流弥盛。盖由时主儒雅,笃好文章,故才秀之士,焕乎俱集。于时武帝每所御幸,辄命群臣赋诗,其文之善者赐以金帛。是以缙绅之士,咸知自励。"①姚思廉和李延寿都是初唐人,可见早在唐初学者们就已经认为,正是缘于"聪明文思""笃好文章"的梁武帝的大力提倡和推动,才促成了萧梁文学的繁盛。

梁武帝的才学突出地表现在文学方面,这是毋庸置疑的。但梁武帝的才学又绝不仅仅表现在文学上,其在佛学方面的深厚造诣同样是历代帝王中并不多见的,尽管晚年佞佛是导致对其严厉批评乃至否定的重要因素。有关梁武帝的佛学造诣,将在下章予以探析。

除了儒学、佛学、文学方面的深厚造诣,梁武帝在音乐、书法、围棋等领域也都有很高的禀赋,所取得的成就同样令人瞩目,史称其"六艺备闲,棋登逸品,阴阳、纬候、卜筮、占决、草隶、尺牍、骑射,莫不称妙"。②

五、浓厚的音乐兴趣和素养

"夫音本乎太始,而生于人心,随物感动,播于形气。形气既著,协于律吕,宫商克谐,名之为乐。乐者,乐也。圣人因百姓乐己之德,正之以六律,咏之以九歌,舞之以八佾。实升平之冠带,王化之源本。"③

上述出自《隋书》的文字阐明了音乐的重要性。对于音乐所具有的"动天地,感鬼神,格祖考,谐邦国。树风成化,象德昭功,启万物之情,通天下之志"④的功用,梁武帝萧衍有着深刻的认识,即位

① 《南史》卷七二《文学传序》。
② 《南史》卷七《梁本纪中》。
③ 《隋书》卷一三《音乐志上》。
④ 同上。

伊始，就下诏与百僚探讨厘定正乐之事。《隋书·音乐志》记载：

> 梁氏之初，乐缘齐旧。武帝思弘古乐，天监元年，遂下诏访百僚曰："夫声音之道，与政通矣，所以移风易俗，明贵辨贱。而《韶》《护》之称空传，《咸》《英》之实靡托，魏晋以来，陵替兹甚。遂使雅、郑混淆，钟石斯谬，天人缺九变之节，朝宴失四悬之仪。朕昧旦坐朝，思求厥旨，而旧事匪存，未获厘正，寤寐有怀，所为叹息。卿等学术通明，可陈其所见。"[①]

由此可见，梁武帝深知音乐之道与治国理政息息相通的道理，建梁之初就向百僚提出了厘正乐律的要求。时任散骑常侍、尚书仆射沈约立即呼应，奏曰：

> 汉氏以来，主非钦明，乐既非人臣急事，故言者寡。陛下以至圣之德，应乐推之符，实宜作乐崇德，殷荐上帝。而乐书沦亡，寻案无所。宜选诸生，分令寻讨经史百家，凡乐事无小大，皆别纂录。乃委一旧学，撰为乐书，以起千载绝文，以定大梁之乐。[②]

正是基于厘定乐律、定"大梁之乐"的目的，梁武帝召集群臣撰著了《乐义》十一卷、《乐论》三卷，还有据称是梁武帝亲自撰著的《乐社大义》十卷、《钟律纬》六卷。这些音乐艺术方面的著作都已亡佚，唯《钟律纬》一书的部分内容尚见于《隋书·律历志》。萧子云曾奉梁武帝之命撰定郊庙歌辞，在答武帝敕中曰："伏以圣旨所定《乐论》，钟律纬绪，文思深微，命世一出，方悬日月，不刊之典，礼乐之教，至治所成。谨一二采掇，各随事显义，以明制作之美。"[③]可

---

①　《隋书》卷一三《音乐志上》。

②　同上。

③　《梁书》卷三五《萧子云传》。

知奉梁武帝圣旨所定的《乐论》之作,是为了"礼乐之教,至治所成"的目的。

梁武帝既对音乐之道与政相通的功用有着清醒的认识,又对音乐有着浓厚的兴趣,还有很高的音乐艺术素养。《隋书》称其"素善钟律",《旧五代史》则称其"素精音律",一称"善",一称"精",均是对其音乐艺术造诣的充分肯定。

梁武帝精通音律、造诣颇深的表现之一,是自造了律器"四通十二笛"。《旧五代史》记载:"梁武帝素精音律,自造四通十二笛,以鼓八音。"①《隋书》对此记载更详:"是时对乐者七十八家,咸多引流略,浩荡其词,皆言乐之宜改,不言改乐之法。帝既素善钟律,详悉旧事,遂自制定礼乐。又立为四器,名之为通。通受声广九寸,宣声长九尺,临岳高一寸二分。每通皆施三弦。……因以通声,转推月气,悉无差违,而还相得中。又制为十二笛,……用笛以写通声,饮古钟玉律并周代古钟,并皆不差。于是被以八音,施以七声,莫不和韵。"②梁武帝"自造四通十二笛"是其"自制定礼乐"所实施的重要举措。根据《隋书》的记述,梁武帝自造的四通,规格为宽九寸、长九尺,临岳(亦名岳山,是承弦的硬木架)高一寸二分。梁武帝为四具通分别命名为玄英通、青阳通、朱明通、白藏通。每具通上装三根弦,每条弦都有相对应的名字,三条弦粗细、长短各不相同,发出的音高自然也各有差等。梁武帝又以四通为准,制作了十二笛,与十二律相对应,由低至高分别命名为黄钟笛、大吕笛、太簇笛、夹钟笛、姑洗笛、中吕笛、蕤宾笛、林钟笛、夷则笛、南吕笛、无射笛、应钟笛,十二笛的长度,由三尺八寸至二尺三寸不等。值得一提的是,《旧五代史》引北周兵部尚书张昭等议曰:"梁武帝素精音律,自造四通十二笛,以鼓八音。又引古五正、二变之音,旋相为宫,得八十四调。与律准所调,音同数异。"③这是说梁武帝运用三

---

① 《旧五代史》卷一四五《乐志下》。
② 《隋书》卷一三《音乐志上》。
③ 《旧五代史》卷一四五《乐志下》。

分损益法,依据"四通"十二律制作十二笛,各笛的开口亦以"四通"为准,每一笛可翻七调,十二笛即合八十四调。梁武帝"四通十二笛"的音律理论和实践,对我国古代音乐的发展做出了重要贡献。有学者认为,梁武帝萧衍的八十四调乐律理论,要早于龟兹乐人苏抵婆传入的八十四调理论。[①] 显然,梁武帝"四通十二笛"的音律学理论和实践,对南北朝时期音乐的发展,贡献重大。

　　梁武帝精通音律、造诣颇深的表现之二,是自制新曲,自造新声,显示了不凡的音乐禀赋。《隋书》记载:"鼓吹,宋、齐并用汉曲,又充庭用十六曲。高祖乃去四曲,留其十二,合四时也。更制新歌,以述功德。"[②]萧衍建立梁朝后,将南朝宋、齐时已成定制的鼓吹十六曲删去四曲而成十二曲,以与四季十二月之数相合,又修改了曲名,用以记录和歌颂自己建立新朝的功德。梁武帝又在荆楚地区"西曲"的基础上加以改造,制作了《江南上云乐》十四曲。《乐府诗集·清商曲辞》引《古今乐录》云:"梁天监十一年冬,武帝改西曲,制《江南上云乐》十四曲,《江南弄》七曲:一曰《江南弄》,二曰《龙笛曲》,三曰《采莲曲》,四曰《凤笛曲》,五曰《采菱曲》,六曰《游女曲》,七曰《朝云曲》。"又云:"《上云乐》七曲,梁武帝制,以代西曲。一曰《凤台曲》,二曰《桐柏曲》,三曰《方丈曲》,四曰《方诸曲》,五曰《玉龟曲》,六曰《金丹曲》,七曰《金陵曲》。"[③]由以上《江南弄》《采莲曲》《采菱曲》《金陵曲》等乐曲的名称,可知梁武帝所创制、改编的乐曲均属独具江南风格的清商乐。而梁武帝对西曲词曲的改编则表明其对荆楚西曲的情有独钟。有学者就此指出:"梁武帝改制西曲之举,无疑可以起到促进江南地区民间音乐繁荣的作用。而梁武帝的音乐、文学造诣之深厚,以及对文艺创作的兴趣之浓烈,由此可见一斑。"[④]

---

① 田青:《梁武帝与音乐》,《音乐学习与研究》1985 年第 3 期。
② 《隋书》卷一三《音乐志上》。
③ 郭茂倩编:《乐府诗集》,中华书局,1979 年,第 726 页。
④ 刘志伟等:《齐梁萧氏文化概论》,第 329 页。

梁武帝精通音律、造诣颇深的表现之三,是创作了一批富有中国化特色的佛曲。《隋书·音乐志》载:梁武帝"既笃敬佛法,又制《善哉》《大乐》《大欢》《天道》《仙道》《神王》《龙王》《灭过恶》《除爱水》《断苦轮》等十篇,名为正乐,皆述佛法。又有法乐童子伎、童子倚歌梵呗,设无遮大会则为之"。① 上述十首佛曲的词、曲如今已无从知晓,但从"名为正乐,皆述佛法"的记述可知,晚年崇信佛教的梁武帝是将这些佛曲视为具有正统地位的雅乐的,而且是为宣扬、阐释佛教思想服务的。与这些佛曲相联系,梁武帝还创制了此前从未有过的童声演唱佛曲的新形式。如上引《隋书》所述,"又有法乐童子伎、童子倚歌梵呗,设无遮大会则为之",也就是说,在举行无遮大会时,都有童声演唱这些佛曲,这就大大增强了无遮法会的趣味性以及对信众的吸引力。梁武帝创制的这种童声演唱佛曲的表演形式,大大丰富了法会音乐的内容与形式,对佛教音乐的本土化做出了贡献。

六、理论与实践俱佳的书法家

精于书法,是南兰陵萧氏家族的文化传统之一。擅长书法的萧氏名人层出不穷,其中著名者如齐高帝萧道成,史称"太祖善书,及即位,笃好不已",②曾与当时公认书法第一的王僧虔一较高下,并有一段很有趣的对话:高帝"与僧虔赌书毕,谓曰:'谁为第一?'对曰:'臣书第一,陛下亦第一。'帝笑曰:'卿可谓善自为谋。'或云帝问:'我书何如卿?'答曰:'臣正书第一,草书第二;陛下草书第二,而正书第三。臣无第三,陛下无第一。'帝大笑曰:'卿善为辞;然天下有道,丘不与易也。'"③可见"善属文,工草隶书"的萧道成书法水平确实不低。

与萧道成一样,梁武帝的书法也很有功力。《梁书》称其"草隶

① 《隋书》卷一三《音乐志上》。
② 《南齐书》卷三三《王僧虔传》。
③ 《南史》卷二二《王僧虔传》。

尺牍,骑射弓马,莫不奇妙"。① 梁武帝不仅有书法作品流传存世,而且有书法论著传世,使我们能够据以了解其书法成就。

梁武帝擅长草书、隶书、楷书,运笔讲究神韵而自成一格,其书法成就得到后世书家的肯定。唐代的张怀瓘著有书法理论著作《书断》,精选自先秦至唐代的知名书法家 230 人加以点评,梁武帝名列其中,被赞为好写草书,具有状貌古雅的特点。《述书赋》是唐代另一部书法史上的名作,该书作者窦臮认为,从先秦至中唐,有资格入品的书法家计有 214 人,而梁武帝萧衍和其子萧纲、萧绎父子三人均在入品之列。当然,梁武帝之所以能够入选,或许得益于其帝王的特殊身份和极高的知名度,但其书法水平得到后世高度评价,依然是不争的事实。尤其是其书法作品仍有《异趣帖》《众军帖》《数朝帖》等数种流传至今,为今人了解其书法成就提供了实物,其中值得一提的是《异趣帖》。该帖所存十四字以草书写就:"爱业愈深,一念修怨,永堕异趣,君示。"对于《异趣帖》的作者,后世的书家和学者存在争议,有人认为系王献之所书,如明代的王肯堂、王野;但赞同作者是梁武帝萧衍的占多数。董其昌将《异趣帖》收入《戏鸿堂法帖》,并冠于历代帝王法帖之首,实即认定此帖为梁武帝所书;清乾隆皇帝刻《三希堂石渠宝笈法帖》时,也认定此帖为梁武帝所书。当代书法大家启功先生有《论书绝句百首》,其第三十五云:"或言《异趣》出钩摹,章草如斯世已无。梁武标名何足辨,六朝柔翰压奇觚。"②一句"梁武标名何足辨",对《异趣帖》作者为何人的公案给出了定论。启功先生还这样评论《异趣帖》:"笔势翔动,点划姿媚,而古意盎然,绝非唐以后人所能到";"此帖真虽未足,而美善有加,章草之帖,端推上选",③给《异趣帖》给予了很高的评价。若再换另一个角度看,王献之乃"二王"之一,是历史上声名

---

① 《梁书》卷三《武帝纪下》。
② 《启功全集》第二卷,北京师范大学出版社,2009 年,第 121 页。
③ 同上。

卓著的大书法家,后世书家难以分辨王献之与梁武帝的手迹,既表明梁武帝的书法是师法和继承了"二王",同时也说明其书法水平相当高超,已臻与王献之的手书难以区分的境界。

梁武帝既是书法家,同时又是书法理论家。不过,与其书法作品相比,梁武帝在书法理论方面的贡献更为世人所关注,对后世的影响也更大。他写了不少讨论书法的文章,在与友人的书信中也有关于书法的议论,至今仍流传于世的就有《答陶隐居论书》四则、《草书状》《观钟繇书法十二意》《论萧子云书》,以及还有一篇题为梁武帝撰的《古今书人优劣评》。

陶弘景字通明,丹阳秣陵人,因隐居不仕,自号华阳陶隐居。他"善琴棋,工草隶"。萧衍"既早与之游,及即位后,恩礼逾笃,书问不绝,冠盖相望"。① 除了咨问朝廷政事,萧衍也常与陶弘景探讨书法。其《答陶隐居论书》云:

> 夫运笔邪则无芒角,执笔宽则书缓弱;点撇短则法臃肿,点撇长则法离澌;画促则字势横,画疏则字形慢;拘则乏势,放又少则;纯骨无媚,纯肉无力,少墨浮涩,多墨笨钝,比并皆然。任之所之,自然之理也。若抑扬得所,趣舍无为;值笔连断,触势峰郁;扬波折节,中规合矩;分简下注,浓纤有方;肥瘦相和,骨力相称。婉婉暧暧,视之不足;棱棱凛凛,常有生气,适眼合心,便为甲科。②

书法作为我国的传统艺术之一,在技法上精研执笔、用笔、用墨、点画、结构、分布、体貌风格等,尤须注重笔法、笔势、笔意,体现气质和韵致。梁武帝深谙此道,在与陶弘景书信往复、探讨书法艺术时,对执笔、用墨、点画等均有很精当的论述,尤其是一再提及用

① 《梁书》卷五一《陶弘景传》。
② 萧衍:《答陶隐居论书》,《全梁文》,商务印书馆,1999 年,第 58—59 页。

笔之"势",强调"任之所之,自然之理",认为"棱棱凛凛,常有生气,适眼合心,便为甲科",都是颇为独到的。

在《草书状》一文中,梁武帝以诗赋般的优美语言描绘了草书的奇妙:

> 疾若惊蛇之失道,迟若绿水之徘徊。缓则鸦行,急则鹊厉,抽如雉啄,点如兔掷。乍驻乍引,任意所为;或粗或细,随态运奇;云集水散,风回电驰。及其成也,粗而有筋,似葡萄之蔓延,女萝之繁萦,泽蛟之相绞,山熊之对争。若举翅而不飞,欲走而还停;状云山之有玄玉,河汉之有列星。①

在书法各体中,梁武帝最擅草书,对草书之妙也深有体会。他在《草书状》中,或用蛇、鸦、鹊、雉、兔、蛟、熊等动物为喻,或以葡萄、女萝等植物为比,把草书的恣肆狂放之状,描绘得惟妙惟肖。草书多率性而为,故梁武帝主张"乍驻乍引,任意所为;或粗或细,随态运奇"。他认为草书"厥体难穷,其类多容,婀娜如削弱柳,耸拔如裛长松;婆娑而飞舞凤,宛转而起蟠龙",②可见其对草书的钟爱与赞赏,也可见其对草书精髓理解之深刻。

而在《观钟繇书法十二意》一文中,梁武帝用"平""直""均""密""锋""力""轻""决""补""损""巧""称"等十二个字,分别从笔画构成、间架结构、用笔方法、谋篇布局等四个方面,对钟繇的书法艺术进行了理论上的总结和探讨。随后笔锋一转,重点评析了张芝、钟繇、王羲之、王献之等前代书法家的优劣,并且表明了自己的观点:

> 字外之奇,文所不书。世之学者宗二王,元常逸迹,曾不

---

① 萧衍:《草书状》,《全梁文》,第69页。
② 同上。

睥睨。羲之有过人之论，后生遂而雷同。元常谓之古肥，子敬谓之今瘦。今古既殊，肥瘦颇反，如自省览，有异众说。张芝、钟繇，巧趣精细，殆同机神。肥瘦古今，岂易致意。真迹虽少，可得而推。逸少至学钟书，势巧形密，及其独运，意疏字缓。譬犹楚音习夏，不能无楚。过言不悒，未为笃论。又子敬之不迨逸少，犹逸少之不迨元常。学子敬者如画虎也，学元常者如画龙也。①

由此不难看出，梁武帝最推崇张芝、钟繇，认为他们的书法"巧趣精细，殆同机神"；与此同时，他也赞赏王羲之，指出其学习钟繇之书法，"势巧形密"，只是"及其独运，意疏字缓"。而王献之则不如其父王羲之，就像王羲之不如钟繇一样。当时，王献之在书法艺术上的声望比其父王羲之更高，晋宋以来习书法者大多在学王献之，陶弘景在给梁武帝的信中就说"比世皆高尚子敬"（"子敬"是王献之的字）。而梁武帝的看法却与众不同，认为王羲之的书法更胜于王献之，"子敬之不迨逸少"，表达的就是这一观点。梁武帝还在评价萧子云之子萧特的书法时表达过同样的意思："子敬之迹不及逸少。"②梁武帝在对前代书法家的评判上绝不人云亦云，显示了书法鉴赏方面独到的眼光，也由此对王羲之"书圣"地位的形成起到了重要的推动作用。

梁武帝赞赏并钟爱王羲之的书法，还因此而命人编订了《千字文》。《千字文》既是教小儿识字的蒙学书，也是我国较早的字学书之一。有关《千字文》的编撰，《梁书·周兴嗣传》记载：

是时，高祖以三桥旧宅为光宅寺，敕兴嗣与陆倕各制寺碑，及成俱奏，高祖用兴嗣所制者。自是《铜表铭》《栅塘碣》

---

① 萧衍：《观钟繇书法十二意》，《全梁文》，第69页。
② 《南史》卷四二《萧子云传附子特传》。

《北伐檄》《次韵王羲之千字》,并使兴嗣为文,每奏,高祖辄称善,加赐金帛。

对于《千字文》的编订更具体的记述,是唐代韦绚所撰的《刘宾客嘉话录》:

> 《千字文》,梁周兴嗣编次,而有王右军书者,人皆不能晓其始。梁武教诸王书,令殷铁石于大王书中撮一千字不重者,每字一片纸,杂碎无叙。武帝召兴嗣谓曰:"卿有才思,为我韵之。"兴嗣一夕编次进上,须发皆白。而赏赐甚厚。

据此可知,《千字文》的编订,其大致经过是:梁武帝要求诸王子练习书法,命殷铁石从"大王书"即王羲之的书法手迹中撮取了一千个不同的单字,但一字一张纸,既杂乱无序,又不便记忆。于是又命周兴嗣编辑整理成有意味的韵文,周兴嗣仅用一夜时间就编订成文,但为了把杂乱无序的一千字改编成为富有条理的四言韵文,周兴嗣也是颇费思量、绞尽脑汁,以致一夜间鬓发尽白。经过周兴嗣编次的《千字文》,四言一句,总计二百五十句,句句押韵,对仗工整,条理清晰,文采斐然。以首句"天地玄黄"开篇,从天地开辟讲起,举凡天文地理、果蔬物产、中华历史、文化典籍、山川风貌、生活习俗、人文修养、伦理纲常,无所不包。《千字文》构思精巧,令人称绝,深受历代文人的赞誉。《千字文》虽然是蒙学读物,但在文采上独领风骚,堪称训蒙长诗,因而又有《千文诗》之称。《南史·沈约传附沈众传》就记载说:沈约之孙沈众,"字仲师,好学,颇有文词。仕梁为太子舍人。时梁武帝制《千文诗》,众为之注解"。[①]

不仅如此,《千字文》由周兴嗣编订后,又由书法名家加以书

---

① 《南史》卷五七《沈约传附沈众传》。

写,成为童稚乃至成人学习书法的绝佳范本。第一个书写《千字文》的,是萧子云。萧子云"善草隶,为时楷法,自云善效钟元常、王逸少而微变字体。……其书迹雅为武帝所重,帝尝论书曰:'笔力劲骏,心手相应,巧逾杜度,美过崔寔,当与元常并驱争先。'其见赏如此"。① 当周兴嗣编就《千字文》后,梁武帝即命萧子云书写而进呈。书作章草,惜已散佚。继萧子云之后,王羲之七世孙智永禅师是书写《千字文》的第二人,也是现今尚能见到的时代最早的真草《千字文》。智永禅师既上承先祖王羲之家学,又得名师萧子云悉心指导,加以闭门习书三十年,终使书法水平突飞猛进,其摹写的《千字文》功力深厚,形神俱佳,受到后世书家的普遍喜爱,因此而广为流行,都穆《寓意编》给予了极高的评价:"智永真草《千文》真迹,气韵飞动,优入神品,为天下法书第一。"《千字文》作为一本蒙学和字学的小书,却能给后世带来如此深远的影响,与梁武帝的倡议成书无疑是密不可分的。

七、擅长博弈的围棋高手

擅弈围棋,是南兰陵萧氏家族的又一文化传统。围棋是诞生于中国的古老益智娱乐活动,先秦典籍《世本》就有"尧造围棋,丹朱善之"的记载。西晋时人张华的《博物志》更进一步发扬光大,说"尧造围棋,以教于丹朱。或云:舜以子商均愚,故作围棋以教之"。可知"尧造围棋"的说法已为世人普遍接受。秦汉以来,围棋日益盛行,至南朝,又进入了蓬勃发展的高峰时期。根据《南齐书》《南史》等史籍的记载,南齐时的高帝萧道成、武帝萧赜、明帝萧鸾等诸位帝王,以及萧遥光、萧缅、萧晔等皇族,都是弈棋的高手。到了萧梁时期,围棋更是得到了长足的发展,这与梁武帝对围棋的喜好是分不开的。出于对围棋超乎寻常的爱好,梁武帝身体力行,极大地推动了围棋的普及和繁荣,为我国围棋运动的发展做出了很

---

① 《南史》卷四二《萧子云传》。

大的贡献。

梁武帝对围棋的兴趣极浓,于是在萧梁的宫廷内外、朝野上下形成了一股围棋热。从《梁书》《南史》的记载可见,萧梁时朝野善弈围棋者不在少数:王瞻"涉猎书记,于棋射尤善","高祖每称瞻有三术:射、棋、酒也";①朱异"涉猎文史,兼通杂艺,博弈书算,皆其所长";②陆云公"善弈棋,常夜侍御坐";③庾诜"纬候书射,棋算机巧,并一时之绝";④陶弘景"善琴棋,工草隶";⑤到溉"弈棋入第六品,常与朱异、韦黯于御坐校棋比势,复局不差一道"。⑥

而经常被梁武帝召来陪其弈棋的臣属则有朱异、陈庆之、到溉、韦黯、陆云公等人,这些文武之臣都是围棋高手,他们与梁武帝既是君臣,又是对弈切磋的棋友。史籍中留下了不少梁武帝与大臣们弈棋的记载。萧梁名将陈庆之,"幼而随从高祖。高祖性好棋,每从夜达旦不辍,等辈皆倦寐,惟庆之不寝,闻呼即至,甚见亲赏"。⑦梁武帝酷爱围棋,兴之所至,不肯罢手,动辄通宵达旦,臣属们困倦不支,唯有陈庆之能熬夜,一呼即至,因此甚得武帝亲赏。性素谨厚的到溉就没有陈庆之的能耐了,他"特被武帝赏接,每与对棋,从夕达旦。或复失寝,加以低睡,帝诗嘲之曰:'状若丧家狗,又似悬风槌。'当时以为笑乐"。⑧因弈棋时间过长,到溉瞌睡难支,昏昏欲睡,被梁武帝嘲笑为像丧家狗,又像风中的木槌左右摇晃,陪君主弈棋,确实也非易事。梁武帝还曾与到溉赌棋。到溉府第靠近秦淮河,斋前山池有奇礓石,长一丈六尺,梁武帝很喜欢,提出与到溉赌棋,若到溉输了,这块大奇石就归武帝,此外还要加上

---

① 《梁书》卷二一《王瞻传》。
② 《梁书》卷三八《朱异传》。
③ 《梁书》卷五○《陆云公传》。
④ 《梁书》卷五一《庾诜传》。
⑤ 《梁书》卷五一《陶弘景传》。
⑥ 《南史》卷二五《到彦之传附到溉传》。
⑦ 《梁书》卷三二《陈庆之传》。
⑧ 《南史》卷二五《到彦之传附到溉传》。

《礼记》一部。君臣相赌,最终的赢家自然是梁武帝。到溉输棋后,奇石没有立即送到,"高祖谓朱异曰:'卿谓到溉所输可以送未?'溉敛板对曰:'臣既事君,安敢失礼。'高祖大笑,其见亲爱如此"。①其实,即使到溉的棋艺高于武帝,也绝不敢赢;更何况到溉当时弈棋的水平只入第六品,而梁武帝却是第一品。武帝能入一品,自然并不完全凭借围棋水平,但其棋艺高于到溉应该是没有问题的。

梁武帝大力倡导围棋,还多次举行品棋活动。所谓品棋,就是评定棋手的优劣,给出不同的品第。当今实行围棋段位制,段位数越大,棋艺越高。我国古代则实行品位制,即按照棋艺水平的高低分为九个等级,称为"九品",品级越小,水平越高,一品最高,其余依次降低。学界一般认为给围棋手评定品级始于三国时期。钟嵘《诗品》称:"昔九品论人,《七略》裁士。校以宾实,诚多未值。至若诗之为技,较尔可知,以类推之,殆均博弈。"②由此可见,随着三国曹魏根据司空陈群的提议,实行"九品官人之法"品评人才高下以选官用人的制度以后,以"九品"来评定等第高下的做法也引入诗赋、围棋等领域,围棋水平的"九品"制逐渐成熟定型。

进入南朝后,刘宋时就有评定围棋品级的活动。《南史·虞愿传》载:

> 帝好围棋,甚拙,去格七八道,物议共欺为第三品。与第一品王抗围棋,依品赌戏。抗饶借帝,曰:"皇帝飞棋,臣抗不能断。"帝终不觉,以为信然,好之弥笃。③

从这一记载看,宋明帝刘彧也喜好围棋,但棋艺并不怎样,充其量只能是第三品,而当时公认的第一品是王抗,可知其时确有围棋品级评定。

---

① 《梁书》卷四〇《到溉传》。
② 杨明:《文赋诗品译注》,上海古籍出版社,1999年,第41页。
③ 《南史》卷七〇《虞愿传》。

萧齐时，也有评定围棋品级的活动。《南齐书·萧惠基传》载：

> 当时能棋人琅邪王抗第一品，吴郡褚思庄、会稽夏赤松并第二品。赤松思速，善于大行；思庄思迟，巧于斗棋。……太祖使思庄与王抗交赌，自食时至日暮，一局始竟。上倦，遣还省，至五更方决。抗睡于局后，思庄达晓不寐。世或云："思庄所以品第致高，缘其用思深久，人不能对也。"抗、思庄并至给事中。永明中，敕抗品棋，竟陵王子良使惠基掌其事。[①]

这一记载表明：被评为"弈棋第二品"的太祖萧道成也酷爱围棋，命第二品褚思庄与第一品王抗对弈，他在旁亲自观战。所谓"食时"，是指古人"朝食"之时，即每天7—9时。褚思庄与王抗这一场高手之间的对决，从食时到日暮才下完一局棋，耗时实在太久，一旁观战的萧道成疲惫不堪，只能命王、褚二人先休息，待五更时再决战。齐武帝萧赜同样爱好围棋，在永明年间命第一高手王抗品棋，竟陵王萧子良则让萧惠基主持其事。

梁武帝即位后，继续实行品棋，并且进行了多次。其中一次，是在天监年间。《南史》载：

> 梁武帝好弈棋，使（柳）恽品定棋谱，登格者二百七十八人，第其优劣，为《棋品》三卷。恽为第二焉。[②]

《梁书·柳恽传》也记载曰："恽善弈棋，帝每敕侍坐，仍令定棋谱，第其优劣。"《梁书》将此事系于天监二年柳恽出为吴兴太守之前，则此次品棋应在天监元年，此时柳恽官居长兼侍中。梁武帝命精于围棋的柳恽主持品棋，依据棋手们的水平及博弈成绩，评选出

---

① 《南齐书》卷四六《萧惠基传》。
② 《南史》卷三八《柳元景传附柳恽传》。

二百七十八位优胜者,逐一评定其品级,随后登记造册,记录在案,"为《棋品》三卷"。评上品级的棋手数量如此之多,足见其时品棋活动的规模之大,围棋在当时普及程度之高。

大同末,梁武帝又命人品棋。《南史》载:"大同末,(陆)云公受梁武帝诏校定棋品,到溉、朱异以下并集。"①这一次品棋与天监元年的相比较,有相同之处,即主持者柳恽和陆云公既是朝廷命官,又都是擅长围棋的高手;也有不同之处:天监元年是"品定棋谱",此次则是"校定棋品",显然是要对此前已经评定的棋手品级进行校定,以作相应调整。

梁武帝在位期间进行的数次品棋活动,无疑大大促进了棋手之间的切磋和交流,促进了棋艺水平的提高,从而促进了中国古代围棋的进一步发展。

梁武帝在围棋方面的造诣,还体现在围棋理论的研究和阐发上。据《隋书》《旧唐书》《新唐书》《通志》等典籍记载,梁武帝以围棋为主题的撰著有《棋法》一卷、《棋评》一卷、《棋势》六卷、《围棋品》一卷、《围棋赋》一卷、《围棋后九品序录》一卷、《竹苑仙棋图》一卷。② 这些著述多已散佚,无法得窥全貌。不过幸赖敦煌写本《棋经》的发现,附于其后的《棋评》得以重现;而《围棋赋》则保存在《全梁文》中。

梁武帝的《围棋品》已佚,但沈约为此书所写的《棋品序》却保留了下来。从沈约的这篇精彩的序文中,约略可见梁武帝撰写《围棋品》的主要旨趣。序文的开头说道:"弈之时义大矣哉! 体希微之趣,含奇正之情。静则合道,动必适变。若夫入神造极之灵,经武纬文之德,故可与和乐等妙,上艺齐工。"说明围棋之趣如老子的"道"一般神奇微妙而不可捉摸,下棋与治国、用兵有着相通的道理,具有堪与音乐等量齐观的陶冶性情的功能。沈约又说:"圣上

---

① 《南史》卷四八《陆慧晓传附陆琼传》。
② 参见张敏著:《南兰陵萧氏著作综录》,第88—89、92、93、105 页。

听朝之余,因日之暇,回景纡情,降临小道。以为凝神之性难限,入玄之志不穷。今撰录名氏,随品详书。俾粹理深情,永垂芳于来叶。"①既说梁武帝在听政之闲暇,也寄情于围棋以陶冶性情;又说明梁武帝撰《围棋品》,就是为了收录定级入品围棋高手的名氏与品格,垂芳于后世。

梁武帝的《棋评》也已亡佚。但清华大学历史系张荫麟教授1933年在英国伦敦大英博物馆见到了收藏于此的《敦煌棋经》,抄录了其附录的《梁武帝棋评要略》,回国后作了评述,《棋评要略》这一围棋理论研究的珍贵文献由此为人所知。《棋评要略》主要讲述行棋时的基本原理及要领,如"棋之大要,当立根源。根源之意,以蒂生为先。根元既同,引以陵敌"。强调要注重形势的判断:"若我权有宜,虽少必取;彼得相匹,虽大可遗。"又论述了弈棋中攻守取舍、抢占要地的战术问题:"凡略道,依傍将军,又先争彼此所共形处。将军为柱石,又如山岳,是以须先据四道,守角依傍。"这与晋代蔡洪所撰《围棋赋》提出的"取坤象于四方,位将军乎五岳"是同样的意思。《棋评要略》还提到了抢夺先手的重要性:"宁我薄人,无人薄我,此先行之谓也。"②《围棋要略》的篇幅不长,但涉及了把握根源、判断形势、抢占要地、先手行棋等围棋的战略战术,从中可见梁武帝对于围棋的精辟见解,以及从理论到实战的不俗水平。

梁武帝的《围棋赋》,由于被《全梁文》收录,使我们得以比较全面地了解其内容及主旨。《围棋赋》全文四百余字,以战争喻弈棋,体现了梁武帝对棋道的感悟和思考。其文曰:

> 圆奁象天,方局法地。枰则广羊文犀,子则白瑶玄玉。方目无斜,直道不曲。尔乃建将军,布将士,列两阵,驱双轨。徘徊鹤翔,差池燕起。用忿兵而不顾,亦凭河而必危。无成术而

---

① 沈约:《棋品序》,《全梁文》,第324页。
② 郝春文、许福谦:《敦煌写本围棋经校释》,《敦煌学辑刊》1987年第2期。

好斗,非智者之所为。运疑心而犹豫,志无成而必亏。今一棋之出手,思九事而为防;故谋断而计屈,欲侵地而无方。不失行而致寇,不助彼而为强;不让他以增地,不失子而云亡。落重围而计穷,欲佻巧而行促。剧疏勒之迍邅,甚白登之困辱。或龙化而超绝,或神变而独悟。勿胶柱以调瑟,专守株而待兔。或有少棋,已有活形;失不为悴,得不为荣。若其苦战,未必能平。用折雄威,致损令名。故城有所不攻,地有所不争。东西驰走,左右周章。善有翻覆,多致败亡。虽畜锐以将取,必居谦以自牧。譬猛兽之将击,亦俯耳而固伏。若局势已胜,不宜过轻。祸起于所忽,功坠于垂成。至如玉壶、银台、车厢、井栏,既见知于曩日,亦在今之可纲。或非劫非持,两悬两生,局有众势,多不可名;或方四聚五,花六持七,虽涉戏之近事,亦临局而应悉;或取结角,或营边鄙;或先点而亡,或先撇而死;或君子以之游神,先达以之安思。尽戏弈之要道,穷情理之奥秘。①

梁武帝在《围棋赋》的开篇描述围棋的形制,称盛放棋子的圆盒像天,四方棋盘则像地,围棋的棋具天圆而地方,围棋不是"小数",而是"雅戏",由此肯定了围棋的地位与社会功能。梁武帝在《围棋赋》中用兵家谋略、用兵作战的术语描述围棋的基本原理和战术,也提出了"或取结角,或营边鄙"的布局策略。特别值得注意的是,梁武帝非常强调弈棋并无定式,认为"局有众势,多不可名。或方四聚五,花六持七",主张"勿胶柱以调瑟,专守株而待兔","或龙化而超绝,或神变而独悟",显示了梁武帝力主根据具体情况而灵活运用定式、布局的思想。因此,梁武帝的《围棋赋》除了深厚的文学素养和深刻哲理之外,还每每显露其专业的知识与精深的棋理。梁武帝在围棋方面的造诣,是古代帝王中不多见的。《南史》

---

① 萧衍:《围棋赋》,《全梁文》,第7页。

评价其"六艺备闲,棋登逸品",①并非虚言。同时,梁武帝对围棋的发展所作出的积极贡献,也是应该充分肯定的。

综上所述,梁武帝博学多才,能文能武,在儒学、文学、佛学等领域的学术造诣,以及在音乐、书法、围棋等方面所展现的才华,都表明他确实是一个多才多艺的通才皇帝,他在文化艺术方面所作的贡献,在历代帝王中罕有其匹。唐代魏徵评价说:"高祖固天攸纵,聪明稽古,道亚生知,学为博物,允文允武,多艺多才。"②李延寿称赞梁武帝"及据图录,多历岁年,制造礼乐,敦崇儒雅,自江左以来,年逾二百,文物之盛,独美于兹"。③姚思廉则认为"历观古昔帝王人君,恭俭庄敬,艺能博学,罕或有焉"。④唐代的这三位史家对梁武帝在文化艺术上的成就以及在历史上的地位所作的高度评价,大体上是符合史实的。

---

① 《南史》卷七《梁本纪中》。
② 《梁书》卷六《敬帝纪》"史臣曰"。
③ 《南史》卷七《梁本纪中》"论曰"。
④ 《梁书》卷三《武帝纪下》。

第六章 皇帝菩萨

　　皇帝,封建时代国家最高统治者的称号,始自秦始皇;菩萨,佛教名词,梵语"菩提萨埵"的略称,意即"以智上求菩提,以悲下救众生",原为释迦牟尼修行而未成佛时的称号,后泛用为对修持大乘六度、求无上菩提、利益众生者的称呼。将皇帝与菩萨合称,亦即将原本并无交集的两种身份合为一体;而且按照汉语措辞的习惯,"皇帝菩萨"是一个偏正词组,最终的落脚点是"菩萨",是表示当皇帝的菩萨。皇帝菩萨之称始于梁武帝萧衍,并且在隋唐以前一直是梁武帝的专称,其原因就在于萧衍是南朝时期最笃信佛教的皇帝,而且在其执政期间有过一系列尊崇佛教的举措。梁武帝在天监十八年(519年)四月,从释慧约受菩萨戒。受戒是皈依佛教的必要程序和重要标志,梁武帝受戒,表明其决心皈依佛教,成为佛门弟子。而且在其执政的中后期,梁武帝还大造佛寺,频繁举行佛教法会,更数次舍身事佛。梁武帝的这一系列崇佛举措,在当时的社会上产生了很大的影响,朝野上下称其为皇帝菩萨。《魏书》卷九八《岛夷萧衍传》称:萧衍"每礼佛,舍其法服,着乾陁袈裟,令其王侯子弟皆受佛戒,有事佛精苦者,辄加以菩萨之号。其臣下奏表上书,亦称衍为'皇帝菩萨'"。虽然在萧衍之后,隋炀帝杨广及唐太宗李世民也曾有"皇帝菩萨"之称,但首次指称的却是梁武帝,由此也可见其与佛教的渊源之深,对佛教的溺信之笃。

一、舍道事佛

天监三年(504年)四月,梁武帝写下了《舍道事佛文》:"弟子经迟迷荒,耽事老子,历叶相承,染此邪法。习因善发,弃迷知返。今舍旧医,归凭正觉。"①这是他正式宣布舍道事佛。梁武帝的这一决定,不仅意味着其本人在宗教信仰上的重大转变,而且对萧梁时期思想文化的发展也产生了非常重大的影响。

魏晋南北朝时期,是我国历史上动荡不安的"乱世"。在将近四百年的时间里,各种社会矛盾都在激烈运动,大小战争连绵不绝,南北政权对峙、更迭频繁,以致"天下骚然,民不堪命"。② 社会的动荡,民众的苦难,正是宗教得以发展和传播最适宜的社会条件;世俗社会的黑暗,恰为宗教的兴盛提供了极好的契机。因此,土生土长的道教及域外传入的佛教皆乘时而兴,竞相以各自的教义和活动方式影响当时社会,使东晋南朝成为宗教异常活跃和兴盛的时代。

混合了古老的民间巫术、鬼神信仰、谶纬迷信、黄老学说等思想资料而成的早期道教,正式形成于东汉后期,五斗米道和太平道作为早期道教的两大派别,主要活动于民间,并且因为宣传和组织民众反抗封建统治而遭到统治者的镇压和封杀。进入东晋以后,经过葛洪、杨羲、葛巢甫等人对道教教义和修炼方法的改造,清理了早期道教中不利于封建统治的成分,修行方法更加简便易行,道教得到了更快的发展。而道教以追求长生、成仙为最高理想的教义,恰与动荡政局中寻求精神安慰和寄托的统治阶层的情绪与欲望相吻合,信奉道教的世族高门和士大夫人数激增,东晋南朝出现

---

① 萧衍:《舍道事佛文》,《广弘明集》卷四。
② 《宋书》卷八《明帝纪》。

了不少世代信奉道教的家族。梁武帝萧衍的家族也是如此。萧衍在《舍道事佛文》中所说"弟子经迟迷荒,耽事老子,历叶相承,染此邪法",表明其家族历代均是信奉道教的。萧衍宣布舍道事佛之后,其第六子萧纶在《遵敕舍老子受菩萨戒启》也说:"今启迷方,粗知归向,受菩萨大戒,戒节身心,舍老子之邪风,入法流之真教。"①可知不仅萧衍原本信奉道教,连他的儿子也是道教的信奉者,并且是在他的影响和敕令下,由信奉道教而改信佛教的。

对于萧衍舍道事佛的缘由,汤用彤先生曾有过论述:"武帝弱年之所以奉道,当由家世之熏染。而中年之改奉佛,当由其在竟陵门下与名僧及信佛之文人交游,而渐有改变也。"②结合着考察萧衍的经历,可以看到汤先生关于梁武帝舍道事佛原因的分析是非常精辟、中肯的。

如前所述,萧衍在踏上仕途之初,就得到了竟陵王萧子良的赏识和器重,成为萧子良门下的"竟陵八友"之一。萧子良是文惠太子萧长懋一母所生的兄弟,史称其"与文惠太子同好释氏,甚相友悌。子良敬信尤笃,数于邸园营斋戒,大集朝臣众僧,至于赋食行水,或躬亲其事,世颇以为失宰相体",③足见萧子良对佛教敬信之笃。他在永明二年"移居鸡笼山西邸,集学士抄《五经》百家,依《皇览》例为《四部要略》千卷。招致名僧,讲论佛法,造经呗新声,道俗之盛,江左未有"。④ 萧子良作为齐武帝的次子,官至司徒,又在鸡笼山开西邸,身边聚集的一群文学名士和名僧,在他的召集下积极从事研讨文学和弘扬佛教的活动。文学名士以萧衍、沈约、范云等"竟陵八友"为代表;名僧则有释昙准、释僧辩、释僧钟、释僧柔、释慧次等高僧大德。萧子良时常召集众僧集聚于其府邸,讲论佛法,创制"经呗新声"。据史载,每一开讲,"其会如市,山

---

① 萧纶:《遵敕舍老子受菩萨戒启》,《全梁文》卷二二。
② 汤用彤:《汉魏两晋南北朝佛教史》,武汉大学出版社,2008年,第323页。
③ 《南齐书》卷四〇《萧子良传》。
④ 《南史》卷四四《齐武帝诸子传》。

栖邑寺,莫不掩扉毕集,衣冠士子,四衢辐凑,坐皆重膝,不谓为连"。① 如此空前的盛况,在当时的反响无疑是巨大的。萧衍作为追随萧子良的"竟陵八友"之一,耳濡目染之下,对其所产生的影响也是不言而喻的。汤用彤先生认为:梁武帝萧衍"原在竟陵门下,所受影响似甚深,其行事与学说因多相同也",②这一推断是有道理的。

对于萧衍舍道事佛的原因,周一良先生也很关注,他从对佛道二教进行比较的角度予以阐述:"佛教对于东晋南朝的士大夫具有更强的吸引力。因为佛教经和论的唯心主义哲学思想,各宗派严整完备的戒律,以及与佛教相关联的文学、绘画、雕刻、音乐等等,都远比道教内容丰富。"③周先生的见解,为我们剖析梁武帝舍道事佛的缘由提供了又一思路。联系到梁武帝在文学、音乐等方面的不少成就均与佛教紧密相连,可以证明周先生的阐述是颇为深刻的。在文学方面,《隋书·经籍志四》载有梁武帝《净业赋》三卷,元代释念常所撰《佛祖历代通载》卷九则称:天监十一年,梁武帝著《净业赋》。《净业赋》是一篇宣扬佛理的辞赋,与《立神明成佛义记》的主旨相同,宣扬"外清眼境,内清心尘,不与不取,不爱不嗔",以达到"观人生之天性,抱妙气而清净"的境界。《净业赋》也是梁武帝具有代表性的礼佛之赋,以文学形式宣扬佛教祛除污垢、神明清净的教义,梁武帝曾在佛前宣读此文,借以表明自己内净于心,外净于行。梁武帝的辞赋数量本就不多,却有《净业赋》这样与佛教密切相连的作品,表明其与佛教渊源之深。而在音乐方面,《隋书·音乐志上》载:梁武帝"既笃敬佛法,又制《善哉》《大乐》《大欢》《天道》《仙道》《神王》《龙王》《灭过恶》《除爱水》《断苦轮》等十篇,名为正乐,皆述佛法。又有法乐童子伎、童子倚歌梵呗,设无遮

---

① 释道宣:《续高僧传》卷五《释僧旻传》。
② 汤用彤:《汉魏两晋南北朝佛教史》,第483页。
③ 周一良:《论梁武帝及其时代》,载《魏晋南北朝史论集》,北京大学出版社,1997年,第361页。

大会则为之"。梁武帝在音乐上的成就与佛教关系之密切,由此可见一斑。

梁武帝不仅与笃信佛教的萧子良、沈约、何点等名士有着非常密切的关系,而且与其时的高僧大德也有着广泛的交游。

释宝志,一作保志,齐梁时期最负盛名的高僧,因言行怪异,曾被齐武帝拘禁,不许其出入禁中。梁武帝即位后,一反齐武帝的做法,下诏允许宝志"自今行来随意出入,勿得复禁"。① 入梁以后,宝志甚至被冠以"志公"之称。天监初年,梁武帝曾与宝志同登幕府山,见林密殊胜,敕命在其地建寺,名"同行",亦名"圣游"。天监十三年,宝志病卒,梁武帝哀恸之情溢于言表,下诏"以金二十万易钟山之独龙冈葬之,建浮图五级于其上,敕王筠勒碑,葬之日,车驾亲临祭奠",②亲自为宝志致悼词,又在其墓所设立开善精舍,传其遗像,凡此种种,无不表明梁武帝对宝志的礼敬之诚之深。

释僧祐,齐梁时期著名的律学大师,南齐时已深得竟陵王萧子良的敬重,每每延请其开讲律学。梁武帝即位后,对僧祐同样深相礼遇,凡遇僧事疑难,必以敕文请其审决。僧祐晚年罹患足疾,梁武帝命人以乘舆载其入内殿,为六宫受戒。

释宝唱,僧祐的弟子,天监四年一到建康,梁武帝即敕命其为新安寺主。天监七年十一月,梁武帝敕命释宝唱等在定林寺编纂《众经要抄》并目录八十卷,抄一切经论,以类相从,于次年四月完成。天监十六年,梁武帝再敕宝唱等总撰集录《众经忏悔灭罪方法》三卷;又以佛法深奥,近识难通,命宝唱集录东汉以来讲论佛理的著作,号曰《续法轮论》,合七十余卷;宝唱又撰《法集》一百四十卷,"搜求遗逸,皆令具足"。③ 宝唱在整理、集录佛学著作方面的成就,无一不与梁武帝息息相关。

释僧旻,也是南齐时就已闻名遐迩的高僧,天监五年来到京城

---

① 《神僧传》卷四《宝志传》。
② 《释氏稽古略》卷二。
③ 《续高僧传》卷一《释宝唱传》。

建康,梁武帝甚礼遇之,敕命僧正慧超引僧旻与法宠、法云等高僧,不时前往华林园讲论佛理。自此以后,对僧旻的优礼日渐隆厚,每次众法师一起开讲,僧旻总是坐在首席。又敕命僧旻于慧轮殿讲述《胜鬘经》,梁武帝亲自临听。前述《众经要抄》的编撰,僧旻也是重要的参与者,而且梁武帝规定,编撰中凡有歧义,皆以僧旻的意见为准。僧旻病逝于普通八年二月,梁武帝为之悲惜不已。

释法云,早在南齐初年就讲经于京城,名满朝野。梁武帝代齐后,凡延请僧人入宫讲论,总是先敕令请法云先入,然后再下诏令。为了表示对法云的尊敬,梁武帝颁布诏敕,为其提供出行的车辆和牛力。天监七年,梁武帝注《大品经》,朝中权贵请法云前去讲解,法云以身体有疾婉拒。梁武帝亲自出面,说:"弟子既当今日之位,法师是后来名德,流通无寄,不可不自力为讲也。"①法云为梁武帝的诚意所感动,欣然从命。不久,梁武帝又下诏礼请法云为家僧,待遇极为优厚。

除了上述诸名僧之外,梁武帝还与智藏、法宠、僧达、僧智、僧晃、明彻等高僧往来不绝,与他们一起讲经、注经,探讨佛理、辩论问题。梁武帝的佛学造诣在南朝帝王中罕有其匹,与他跟名僧大德的广泛交游是大有关系的。

提及梁武帝与名僧的交游,不能不说一下他与菩提达摩的短暂交往。达摩,亦译作达磨,史称其为南天竺(今印度南部)人,一说是波斯(今伊朗)人,是佛教禅宗的创始人。普通元年(520年),达摩坐船从海路历经三年后抵达广州。广州刺史萧昂在以礼相迎的同时,立即表奏朝廷。梁武帝久闻其名,览表后就派遣特使前往广州迎请达摩。普通二年十月一日,达摩到达建康,梁武帝迎其入宫,与达摩进行了交流,有史籍记录了二人的问答。梁武帝问:"朕即位以来,造寺、写经、度僧不可胜纪,有何功德?"达摩回答:"此但人天小果,如影随形,虽有非实。"武帝又问:"如何是真功德?"达摩

---

① 《续高僧传》卷五《释法云传》。

答:"净智妙圆,体自空寂。"武帝再问:"如何是圣谛第一义?"达摩回答了四个字:"廓然无圣。"[1]不难看出,梁武帝与达摩两人间的对话气氛并不和谐、默契,达摩对梁武帝礼佛的举措并未表示赞赏和称颂,达摩对佛教奥义的阐释也没有得到梁武帝的响应。由于话不投机,达摩在建康仅停留了十九日,就渡江北上,先是来到洛阳,随后栖止于嵩山少林寺,并在嵩山面壁九年。达摩离开建康北上,民间还有"一苇渡江"的传说,称其折下芦苇化为小舟,顺利渡过宽阔的长江。虽然梁武帝与达摩的交往非常短暂,而且沟通、交流并不顺畅,但当他得知达摩于大同二年(536年)十二月在少林寺坐化后,即撰写了《达磨大师碑颂》。碑颂除开头交代达摩行迹外,其余都用七言,其中说道:"不有不无非去来,多闻辩才无法说。实哉空哉离生死,大之小之众缘绝。刹那而登妙觉心,跃鳞慧海超先哲。理应法水永长流,何斯暂涌还暂竭。骊龙珠内落心灯,白毫慧刃当锋缺。生徒忽焉慈眼闭,禅河驻流法梁折。无去无来无是非,彼此形骸心碎裂。住焉去焉皆归寂,寂理何曾存哽咽。"[2]从中可见梁武帝对达摩的敬仰和怀念之情。

二、阐扬佛学义理

众所周知,梁武帝是中国历史上倡导"三教同源"的第一人。他力图调和儒、佛、道三者间的矛盾与冲突,鼓励兼容并蓄、多元发展;但他同时又极力抬高佛教在三教中的地位,把佛教奉为国教,认为儒、道均源自佛教,孔子、老子都是释迦牟尼的弟子,从而形成以佛教为主体、儒学和道教为辅翼的佛学理论。有关这方面的论述,参见本书第三章。此外,梁武帝的才学突出地表现在文学方面,这是毋庸置疑的,但梁武帝的才学又绝不仅仅表现在文学上,其在佛学方面的深厚造诣同样是历代帝王中并不多见的。《梁书》

---

① 《释氏稽古录》卷二。
② 萧衍:《达磨大师碑颂》,收于清人叶封等编撰的《少林寺志》,少林书局,2007年。

称,梁武帝晚年溺信佛教,"笃信正法,尤长释典,制《涅盘》《大品》《净名》《三慧》诸经义记,复数百卷。听览余闲,即于重云殿及同泰寺讲说,名僧硕学、四部听众,常万余人"。① 据《梁书》《南史》《隋书》《佛祖历代通载》《广弘明集》《通志》等文献的记载,梁武帝诠释佛教经典的著述,可考见者有:《大品经义记》《大品经子注》《净名经义纪》《涅槃经义纪》《三慧经义记》《制旨大涅槃经讲疏》《发般若经题论文并问答》《制旨胜鬘经义疏》等。如同梁武帝的其他著述,这些注解、诠释佛教经典的著述均已亡佚,我们已经无法得窥全豹,所幸《梁书》《南史》《广弘明集》《法苑珠林》等历史典籍还是给我们留下了一些踪迹。此外,梁武帝还撰有佛学论文《立神明成佛义记》《敕答臣下神灭论》《为亮法师制涅槃经疏序》《断酒肉文》《摩诃般若忏文》《金刚般若忏文》及礼敬佛教的辞赋《净业赋》《孝思赋》等诗文,其中的大部分至今尚存,这也为我们探究梁武帝的佛学造诣以及推动佛教发展所作的贡献提供了可贵的资料。

据《续高僧传》记载,梁武帝注《大品经》五十卷。《广弘明集》则记述"上以天监十一年注释《大品》。自兹已来,躬事讲说"。② 可知梁武帝注释《大品经》而成五十卷,时在天监十一年,而且在注释完成后亲自讲说《大品经》。《大品经》即《大品般若经》,又称《二万五千颂般若》《摩诃般若波罗蜜经》《摩诃般若经》,系大乘佛教典籍,后秦时鸠摩罗什由梵文翻译成中文,二十七卷,主要讲述佛教般若空观的正理。梁武帝曾在《注解大品经序》中阐释注解此经的始末:

> 此经东渐,二百五十有八岁,始于魏甘露五年,至自于阗。叔兰开源,弥天导江,鸠摩罗什澍以甘泉。三译五校,可谓详矣。龙树菩萨著《大智论》训解斯经,义旨周备。此实如意之

---

① 《梁书》卷三《武帝纪下》。

② 陆云公:《御讲波若经序》,《广弘明集》卷一九。

宝藏,智慧之沧海,但其文远旷,每怯近情。朕以听览余日,集名僧二十人,与天宝寺法宠等详其去取,灵根寺慧令等兼以笔功。探采释论,以注经本。略其多解,取其要释。此外或揖关河旧义,或依先达故语,时复间出,以相显发。若章门未开,义势深重,则参怀同事,广其所见,使质而不简,文而不繁,庶令学者有过半之思。①

从中可见梁武帝注解《大品经》,乃是集众多名僧之力,"探采释论","略其多解,取其要释",以实现其"质而不简,文而不繁"的旨趣。虽然对于《大品经》的注解主要得力于天宝寺法宠、灵根寺慧令等众多名僧,但梁武帝是发起者,而且在"听览余日"与法宠等名僧一起探讨,"详其去取",最终完成的注解应该是包含了梁武帝对《大品经》的理解和阐释在内的。

又如《制旨三慧经讲疏》,陆云公《御讲波若经序》称:梁武帝于天监十一年注释《大品经》,并亲自讲说,"重以所明三慧最为奥远,乃区出一品,别立经卷。乃由观音力重,特著普门之章;登住行深,乃出华严之品,故意撮举机要,昭悟新学者焉"。② 可知所谓《三慧经》本是《大品经》中的第七十品《三慧品》,梁武帝认为此品很重要,因而单独列出加以注解。这表明梁武帝对《大品经》的内容相当熟悉而且颇有心得,否则不可能得出"所明三慧最为奥远"的论断,并从《大品经》中专门"区出一品,别立经卷",同时也显示梁武帝特别看重《般若经》《涅槃经》《法华经》等佛教经典。

梁武帝主张"一切众生皆有佛性"。均正《四论玄义》卷七称:"第四梁武萧天子义:心有不失之性,真神为正因体,已在身内,则异于木石等非心性物。此意因中已有真神性,故能得真佛果。故大经《如来性品》初云:'我者即是如来藏义,一切众生有佛性,即

---

① 《释文纪》卷二〇,文渊阁《四库全书》本。
② 陆云公:《御讲波若经序》,《广弘明集》卷一九。

是我义。'即是木石等为异,亦出二谛外,亦是小亮气也。"北本《涅槃经》卷七载:"一切众生悉有佛性。"显然,梁武帝所谓"一切众生皆有佛性"之说,与竺道生的"一阐提人皆得成佛"一脉相承,其依据是《涅槃经》。按照这一理论,人无分贵贱、贫富、智愚、僧俗,只要真心向佛,皆可修成正果。佛性问题是南北朝时期的焦点问题之一,竺道生孤明先发,首倡阐提成佛说。梁武帝继竺道生之后提倡这一理论,自然大有利于佛教的传播和发展。特别值得指出的是,东晋南朝是门阀等级十分森严的时期,至萧梁时门阀制度虽然已呈渐趋衰落之势,但"士庶天隔"的状况并未根本改变。在这样的时势下强调"人人皆可成佛",实际上是强调众生平等,是一种颠覆性的言论,本身就具有冲破门阀制度的含义。尽管梁武帝只是从崇尚佛教、促进佛教传播的立场而主张一切众生皆"已有真神性,故能得真佛果",但其所蕴含的强调众生平等的积极意义是不应忽视的。

梁武帝又主张"神不灭"。其所撰《立神明成佛义记》《敕答臣下神灭论》等文章,主旨就是宣扬精神不灭,必归妙果。他在《立神明成佛义记》中说:

> 夫涉行本乎立信,信立由乎正解。解正则外邪莫扰,信立则内识无疑。然信解所依,其宗有在。何者?源神明以不断为精,精神必归妙果。

曾任建安王外兵参军的沈绩对此注解曰:

> 神而有尽,宁谓神乎?故经云:"吾见死者,形坏体化,而神不灭。随行善恶,祸福自追。"此即不灭断之义也。若化同草木,则岂曰精乎?以其不断,故终归妙极;凭心此地,则触理皆明。明于众理,何行不成?信解之宗,此之谓也。

神不灭是佛学的根本基石,也是成佛的基础。为阐明神不灭的理论,梁武帝又从体用两方面予以阐述:"夫心为用本,本一而用殊。殊用自有兴废,一本之性不移。"他认为心是体、是本,本为一、为静,常住不动;用为多、为动,无常多变。是故"妙果体极,常住精神,不免无常"。又说:"以其用本不断,故成佛之理皎然。"①所谓"用不断",即生灭变迁;"本不断",谓精神虽变迁,犹薪火相传,变而不灭。梁武帝从体用两方面宣扬生灭虽变而神不灭,故成佛之理昭明。

而梁武帝所撰的《敕答臣下神灭论》则宣称:

> 观三圣设教,皆云不灭,其文浩博,难可具载。止举两事,试以为言。《祭义》云:"惟孝子为能飨亲。"《礼运》云:"三日斋,必见所祭。"若谓飨非所飨,见非所见,违经背亲,言语可息。神灭之论,朕所未详。②

梁武帝把神灭论提到"违经背亲"的高度,表明了其借助儒学伦理来坚决反对神灭论的立场。

神灭与否的论辩,早在佛教日益兴盛的东晋就已出现。释慧远著有《佛影铭》,铭中云:"廓矣大象,理玄无名。体神入化,落影离形。"慧远又有《形尽神不灭论》,提出:"火之传于薪,犹神之传于形;火之传异薪,犹神之传异形。前薪非后薪,则知指穷之术妙;前形非后形,则悟情数之感深。"③所谓"体神入化,落影离形",就是形尽而神不灭。针对佛教信徒所说的"形尽而神不灭",东晋诗人陶渊明写有《形影神》三首,包括《形赠影》《影答形》和《神释》。特别是在《神释》中,陶渊明得出结论说:"其念伤吾生,正宜委运去。纵浪大化中,不喜亦不惧。应尽便须尽,无复独多虑。"这里的"应尽

---

① 萧衍:《立神明成佛义记》,《弘明集》卷九。
② 萧衍:《敕答臣下神灭论》,《弘明集》卷一〇。
③ 慧远:《形尽神不灭论》,《弘明集》卷五。

便须尽,无复独多虑",就是说形影神一尽俱尽。有鉴于此,陈寅恪先生认为陶渊明"固亦与范缜同主神灭论者"。

比陶渊明稍早的东晋思想家杨泉,在其所著《物理论》中,坚持用"元气论"解释形神关系,他指出:"人,含气而生,精尽而死。死犹渐也,灭也。譬如火焉,薪尽而火灭,则无光矣。故火灭之余,无遗焰矣;人死之后,无遗魂矣。"在杨泉看来,人的生命全在于"气","气"聚则生,"气"散则死,人死而魂灭,犹如薪尽而火灭一样。杨泉和陶渊明的论述,开了南朝神灭论之端。

进入南朝以后,佛教大盛,灵魂不灭与因果报应等思想成为精神世界的主流,帝王、文武百官及平民百姓崇佛如流。在这种情况下,刘宋元嘉历的制定者何承天在《答宗居士书》中提出了"形神相资"之说。他认为:"形神相资,古人譬以薪火,薪弊火微,薪尽火灭。虽有其妙,岂能独传?"①何承天又在《达性论》中指出:"生必有死,形弊神散,犹春荣秋落,四时代换,奚有于更受形哉?"②他所提出的"形弊神散"一说,正是神灭论的体现。

尽管自东晋以来,不断有思想家提出神灭论的观点,但在封建帝王、文武百官大多崇信佛教的时代背景下,神不灭的理念依然牢牢地占据着其时社会舆论的主导地位,围绕着神灭与否的论战也未曾停息过。

梁武帝反对神灭论、宣扬神不灭,同样与神灭与否的论战密切相关。还在南齐时,竟陵王萧子良笃信佛教,招致高僧大德聚于西邸,讲论佛法,盛况空前。但跟随萧子良游于鸡笼山府邸的范缜,却并不相信因果报应,而且坚称"形神相即","形存则神存,形谢则神灭",③驳斥所谓神不灭的观点。于是萧子良召集沈约、王融等,与范缜展开了激烈的论争和辩驳,但并未令其屈服。萧衍建梁后,范缜仍然坚持自己的观点,并且进一步整理自己的观点,公开发表

---

① 何承天:《答宗居士书》,《弘明集》卷三。
② 何承天:《达性论》,《弘明集》卷四。
③ 《梁书》卷四八《范缜传》。

了《神灭论》,南齐时没有结果的论争由此掀起了新的波澜。梁武帝为此专门下旨,令众僧、文士群起与范缜论辩。于是,沈约、萧琛、柳恽等六十多人相继撰文七十五篇,对范缜开展了大批判、大论战。虽然梁武帝凭借权势组织了六十多人对范缜进行"围攻"甚至可称"围剿",但这场众寡悬殊的论战最终还是未能截然分出胜负,用参与论辩的曹思文在启禀梁武帝的奏章中的话来说,虽竭力批驳,却"无以折其锋锐"。参与围攻的人数之多、层次之高,都是罕见的。这一方面是缘于梁武帝至高无上的威势,另一方面也说明"神不灭"的观点在当时社会舆论中居于压倒性的主流地位。

这是一场可圈可点的大论战。可圈点者之一,是范缜坚持真理的品格。面对梁武帝发动的围攻,范缜尽管孤军作战,却毫不畏惧,坚守自己的理念,而且在论战中丝毫不落下风,在历史上留下了难能可贵的光辉篇章;可圈点者之二,是梁武帝的处置方式。梁武帝虽然下旨组织了六十多人对坚持神灭论的范缜进行围攻,但并没有采取压制、打击的措施,更没有对持有异见的范缜实施迫害和杀戮。其中原因,一方面是因为范缜与萧衍既有"西邸之旧",又在政治上坚定不移地支持梁武帝萧衍,有关神灭与否的争辩严格说来只是思想认识和学术观点的不同;另一方面也与萧衍作为最高统治者的肚量、胸襟和治国策略密切相关。有学者指出:"神不灭问题的论战这件事,往小里说,体现的是萧衍难得的肚量与胸怀;往大里说,则是他的文化宽容政策的具体表现。"①这一评价是颇有见地的。相较于后世那些帝王简单粗暴的杀戮、文字狱之类高压政策,梁武帝对神不灭论战的处置还是值得肯定和称赞的。

三、创制佛教戒律和仪规

梁武帝既重佛义的阐扬,也重佛教的实践,他依据经文制断酒肉,就是典型一例。佛教徒是否应断酒、断肉,大小乘佛经所规定

---

① 林大志:《萧衍评传》,载《南兰陵萧氏人物评传》,第148页。

的戒律并不一致。大乘经的戒律禁断一切酒、肉,《大涅槃经》卷四
"受五事",其二"断肉",其三"断酒"。经言:"尔时迦叶菩萨白佛
言:'世尊,食肉之人不应施肉。何以故? 我见不食肉者有大功
德。'佛赞迦叶:'善哉善哉! 汝今乃能善知我意,护法菩萨应当如
是。善男子,从今始不听声闻弟子食肉。若受檀越信施之时,应观
是食如子肉想。……迦叶,我今日制诸弟子,不得复食一切肉也。
迦叶,其食肉者,若行若住若坐若卧,一切众生闻其肉气悉生恐
怖。'"①而小乘经则允许可食"三净肉",《十颂律》第三十七曰:"我
听啖三种净肉。何等三? 不见不闻不疑。不见者,不自眼见为我
故杀是畜生。不闻者,不从可信人闻为汝故杀是畜生。不疑者,此
中有屠儿,此人慈心不能夺畜生命。"佛教传入之后,汉魏以来的佛
教徒事实上也并未禁断食肉。但大乘经律流行中土以后,佛教徒
往往信奉戒断食肉。根据《出三藏记集》卷十二的著录,南齐高帝
萧道成、武帝萧赜都曾下诏申明断肉,只是禁断的措施也许并不严
厉,因而效果并不明显。所以梁武帝由信奉道教而改信佛教之后,
极重视《般若经》《涅槃经》,通过撰写《断酒肉文》以禁断酒肉,并将
其作为佛教徒必须遵循的严厉法规。他在《断酒肉文》中写道:"匡
正佛法是黑衣人事,乃非弟子白衣所急。但经教云:'佛法寄嘱人
王。'是以弟子不得无言。"当仁不让,俨然以佛法嘱托者自居,明令
佛教徒断食酒肉。梁武帝称:"弟子已敕诸庙祝及以百姓,凡诸群
祀若有所祈报者,皆不得荐生类。"又明文约誓:"弟子萧衍于十方
一切诸佛前,于十方一切尊法前,于十方一切圣僧前,与诸僧尼共
申约誓:今日僧众还寺已后,各各检勒,使依佛教。若复饮酒啖肉
不如法者,弟子当依王法治问。诸僧尼若披如来衣,不行如来行,
是假名僧,与盗贼不异,如是行者,犹是弟子国中编户一民,今日以
王力足相治问。"若诸僧尼"披如来衣,不行如来行"者,"不问年时
老少,不问门徒多少弟子,当令寺官集僧众鸣楗槌,舍戒还俗,着在

---

①　《大涅槃经》,《大正藏》第12册。

家服,依《涅槃经》还俗"。概言之,"若有犯法破戒者,皆依僧制如法治问"。① 这篇《断酒肉文》充分体现了萧衍"皇帝菩萨"的双重身份,他既是萧梁的最高统治者,又自比迦叶菩萨,对于"犯法破戒"者,不仅要"依僧制如法治问",而且要"依王法治问",目的就是要通过王法与佛法的双重约束与惩戒,明令断酒肉、禁杀生,严惩"饮酒啖肉不如法者"。梁武帝虽未正式出家,但他发誓要从自己做起,严格遵循:

> 弟子萧衍,虽在居家,不持禁戒,今日当先自为誓,以明本心。弟子萧衍,从今已去,至于道场,若饮酒放逸,起诸淫欲,欺诳妄语,啖食众生,乃至饮于乳蜜,及以酥酪,愿一切有大力鬼神,先当苦治萧衍身,然后将付地狱阎罗王,与种种苦,乃至众生皆成佛尽,弟子萧衍犹在阿鼻地狱中。②

由此可见梁武帝禁断酒肉之决心,并在日常生活中严格遵守。据史载:为谨守佛教不杀生之戒,梁武帝于天监十六年三月"敕太医不得以生类为药;公家织官纹锦饰,并断仙人鸟兽之形,以为褒衣,裁剪有乖仁恕。于是祈告天地宗庙,以去杀之理,欲被之含识。郊庙牲牷,皆代以面,其山川诸祀则否。时以宗庙去牲,则为不复血食,虽公卿异议,朝野喧嚣,竟不从"。同年"冬十月,宗庙荐羞,始用蔬果"。③ 所谓"血食",即杀牲取血以祭祀祖宗。断绝血食,实有宗庙绝祀之意,是以"公卿异议,朝野喧嚣",而梁武帝竟执意不从。至于其本人,"日止一食,膳无鲜腴,惟豆羹粝食而已。……不饮酒,不听音声,非宗庙祭祀、大会飨宴及诸法事,未尝作乐"。④ 除了《断酒肉文》,梁武帝还在《唱断肉经竟制》《与周舍论断肉敕》等

---

① 萧衍:《断酒肉文》,《全梁文》卷七。
② 同上。
③ 《南史》卷六《梁本纪上》。
④ 《梁书》卷三《武帝纪下》。

文章中反复强调禁断酒肉之戒规。正是在梁武帝的大力推动和身体力行下，"制断酒肉"的戒律对后世佛教信徒的生活产生了极大的影响，从此以后，汉代以来僧徒食肉的习惯改变了，形成了出家僧尼一律素食的传统，对汉传佛教此后发展的影响可谓至深至远。

此外，梁武帝在佛教仪轨的创制上也是积极的实践者。中国佛教中著名的"无遮大会""水陆法会""盂兰盆会"等法事仪轨都始于梁武帝时，无一不与梁武帝密切相关。所谓"无遮大会"，按照赵朴初先生的解释，"是佛教举行的一种广结善缘，不分贵贱、僧俗、智愚、善恶都一律平等对待的大斋会"。无遮大会，又称"四部大会""四部无遮大会"，源于古印度，五年举行一次。赵朴初先生认为："中国的无遮大会始于梁武帝。"[①]梁武帝举行无遮大会，并不限于五年一次，有时甚至一年举行两次。《南史》记载梁武帝晚年曾先后五次举行无遮大会：中大通元年（529 年）九月癸巳，梁武帝"幸同泰寺，设四部无遮大会。上释御服，披法衣，行清净大舍，以便省为房，素床瓦器，乘小车，私人执役。甲午，升讲堂法坐，为四部大众开《涅槃经》题"；同年十月己酉，"又设四部无遮大会，道俗五万余人"；中大通五年（533 年）"二月癸未，幸同泰寺，设四部大会，升法坐，发《金字般若经》题，迄于己丑"；大同元年（535 年）"三月丙寅，幸同泰寺，设无遮大会"；太清元年（547 年）"三月庚子，幸同泰寺，设无遮大会"。[②] 此外，史籍又记载梁武帝晚年还多次举行"四部无碍法会""无碍法会""无碍大会""无碍会"等名称大同小异的法会。有学者认为"无碍大会"其实也就是"无遮大会"，若将这些"无碍大会"一并统计在内，则梁武帝所设"无遮大会"的次数更多。梁武帝所设的无遮大会有三个特点：一是规模大，每次都有僧、尼、善男、信女等四部数万人齐聚，中大通元年十月的那一次就有"道俗五万余人"，萧子显所作《御讲金字摩诃般若波罗蜜经序》

---

① 赵朴初：《俗语佛源》，上海人民出版社，1993 年，第 49 页。
② 《南史》卷七《梁本纪中》。

记述中大通五年的无遮大会更是达到惊人的"三十一万九千六百四十二人";①二是时间长,如中大通五年二月举行的无遮大会,始自癸未,迄于己丑,前后持续整整七个昼夜,这也是无遮大会的常态;三是规格高,梁武帝不仅参加了历次无遮大会,而且还亲自为四部大众开讲《涅槃经》《般若经》。如此盛大的佛教仪式和佛事盛会,对后世所产生的影响是极其深远的。

"无遮大会"之外,梁武帝还首创了佛教的水陆仪轨。水陆法会,全称为"法界圣凡水陆普度大斋盛会道场",亦略称"水陆道场",是佛忏法会中最为隆重的法会之一。水陆法会的创制出自梁武帝,但同时也与齐梁时期最负盛名的高僧释宝志相关。梁武帝对释宝志极为礼敬,即位后就下诏允许宝志随意出入宫阙,并时常咨询于宝志。据《水陆大斋疏》载:

> 梁武帝梦神僧告曰,六道四生,受苦无量,何不作水陆大斋拔济之。帝问沙门,无知者。唯志公劝广寻经论,必有因缘。帝即遣迎大藏,积日披览,创立仪文,三年而成。乃建道场于夜分,亲捧仪文,悉停灯烛,而白佛言,若理协圣凡,愿拜起灯烛自明。或体式未详,灯暗如故。言讫,一礼,灯烛皆明。再礼,宫殿震。三礼,天雨华。②

梁武帝创制的水陆法会,糅合了佛教的轮回说和儒家的仁孝观念,由此形成一套佛教程式,后世日渐流行,直至今日,佛教寺庙中仍然在举行水陆道场。梁武帝还在宝志禅师等十位高僧的协助下,作《慈悲道场梁皇忏法》十卷,又请高僧为其亡妻郗氏礼忏,以便超度郗氏亡灵,后世俗称"梁皇忏"或"梁皇忏法",同样沿用至今。还有"盂兰盆会"佛事,也首创于梁武帝时。"盂兰盆"音译自

① 萧子显:《御讲金字摩诃般若波罗蜜经序》,《广弘明集》卷一九。
② 《灵峰藕益大师宗论》卷七之四,《嘉兴藏》第 36 册。

梵语,意为"救倒悬"。《盂兰盆经》说,佛祖释迦牟尼的弟子目连以其母死后极苦,如处倒悬,求佛救度,佛令其在僧众夏季安居终了之日(即夏历七月十五),备百味饮食,供养十方僧众,可使其母从饿鬼道解脱。梁武帝即依此而创设盂兰盆会。这一佛事始于梁武帝大同四年(538年),此后,每年的七月十五都按照惯例施佛及僧、喂食饿鬼、祭祀历代宗亲,以报父母长养慈爱之恩。"无遮大会""水陆法会""盂兰盆会"等法会、佛事的创立及流行,为后世佛教法事仪轨的丰富和完善奠定了重要的基石,梁武帝在其中起了关键性的推动作用。

四、晚年溺信佛法

梁武帝在执政后期,为提倡佛教可谓率先垂范、不遗余力。史称梁武帝"晚乃溺信佛道,日止一食,膳无鲜腴,惟豆羹粝饭而已。或遇事拥,日傥移中,便漱口以过。制《涅槃》《大品》《净名》《三慧》诸经义记数百卷。听览余闲,即于重云殿及同泰寺讲说,名僧硕学,四部听众,常万余人"。① 据此可知,梁武帝不仅对佛教义理很有研究,写下了数百卷阐释佛教经典的著作,而且时常前往佛寺讲说佛经,参与的听众每每都在万人以上。

其实,梁武帝崇佛佞佛的举动远不止于此。在其执政的近半个世纪中,特别是后期,大兴建寺造塔之风,江南地区的佛寺数量急剧增加。唐代诗人杜牧有著名的《江南春》,诗云:"千里莺啼绿映红,水村山郭酒旗风。南朝四百八十寺,多少楼台烟雨中。"当然,这里的"四百八十寺",只是诗人以艺术化的语言描述南朝佛寺之多,并非确数。据《法苑珠林》卷一〇〇"兴福部"记载,东晋时佛寺有一千七百六十八所,到刘宋时则为一千九百一十三所;南齐虽只享国二十余年,但在帝王的大力提倡下,佛寺又增至二千一十五所;至萧梁,更是达到了二千八百四十六所。仅从《建康实录》所记

---

① 《南史》卷七《梁本纪中》。

录的京城附近佛寺建造情况看,自天监二年(503年)起,至太清元年(547年)止,京师建康城内外在四十余年间相继新建了法王寺、敬业寺、净居寺、光宅寺、涅槃寺、本业寺、解脱寺、劝善寺、大爱敬寺、永明寺、同泰寺、本愿尼寺、慈恩寺、一乘寺等大小佛寺,计有三十八所。《建康实录》所记的这些新建佛寺还并不是当时的全部,梁武帝为追思其生母献皇后张尚柔所建的大智度寺,就不在其列。如果再加上原先已有的佛寺,数量必定更多。郭祖深在上疏梁武帝时曾指出:"都下佛寺五百余所,穷极宏丽。"①据此可知,萧梁时仅都城建康内外就有佛寺五百余所,其时佛寺之多确实惊人。上述新建佛寺的建造者,或为王公贵族,如梁武帝之弟、南平襄王萧伟造永明寺,梁武帝之子、邵陵王萧纶造慈恩寺、一乘寺;或为文武大臣,如礼部侍郎卢法震造敬业寺,颍州刺史刘威造净居寺,湘州刺史萧环造本愿尼寺;或为僧人,如沙门僧宠造涅槃寺,比丘净洁造本业寺。尤其值得注意的是,其中明确记载为梁武帝所造的,就有法王寺、光宅寺、解脱寺、劝善寺、大爱敬寺、同泰寺等六所。法王寺,系天监二年建于新林,之所以取名"法王",是因为新林乃萧衍率军进逼建康时最先至此,"首祚王业,故以'法王'为名",用以赞美其武功;光宅寺,建于天监六年,为梁武帝舍私宅而建;解脱寺,天监十年梁武帝为其已故的皇后郗徽建于京城太清里内;劝善寺,"去县西北十八里",天监十三年梁武帝为高僧贤志所造;大爱敬寺,"西南去县十八里",梁武帝于普通元年为其父萧顺之而造;同泰寺,梁武帝造于普通年间,"寺在宫后,别开一门,名大通门,对寺之南门,取反语以协同泰为名,帝晨夕讲议,多游此门,寺在县东六里"。②

　　梁武帝在位期间建造的佛寺,不仅数量众多,而且耗费巨资。光宅寺在建造时,梁武帝下令"造无量寿像长一丈八尺,及铸,铜不

----

① 《南史》卷七〇《郭祖深传》。
② 《建康实录》卷一七《高祖武皇帝》。

足,帝又给功德铜三千斤"。① 大爱敬寺规模宏伟,穷极工巧,《续高僧传》描写道:"纠纷协日,临睨百丈。翠微峻极,流泉灌注。钟鲸遍岭,金凤乘空。创塔包岩壑之奇,宴坐尽林泉之邃。结构伽蓝,同尊园寝。经营雕丽,奄若天宫。中院之去大门,延衮七里。廊庑相架,檐溜临属。旁置三十六院,皆设池台,周宇环绕。千有余僧,四事供给。中院正殿有旃檀像,举高丈八。匠人约量,晨作夕停,每夜恒闻作声,旦视辄觉功大。及终成后,乃高二丈有二,相好端严,色相超挺,殆由神造,屡感征迹。帝又于寺中龙渊别殿,造金铜像,举高丈八。"②也就是说,为大爱敬寺而建造的旃檀佛像,最终完成后的实际高度达到了"二丈有二",还有金铜像也高达丈八,整个佛寺"经营雕丽,奄若天宫",寺内僧人一千有余。大智度寺,建于青溪西岸建阳城门路东,"京师甲里,爽垲通博。朝市之中途,川陆之显要。殿堂宏壮,宝塔七层。房廊周接,华果间发。正殿亦造丈八金像,以申追福。五百诸尼,四时讲诵"。寺成之后,梁武帝又在"中宫起至敬殿、景阳台,立七庙室。崇宇严肃,郁若卿云。粉壁珠柱,交映相耀",③大智度寺作为一座尼寺,规模虽不及大爱敬寺,但也有"丈八金像""五百诸尼"。至于同泰寺,更是萧梁时期规模最为恢宏的佛寺:"在北掖门外路西,寺南与台隔,抵广莫门内路西。梁武普通中起,是吴之后苑,晋廷尉之地,迁于六门外,以其地为寺,兼开左右营,置四周池堑,浮图九层、大殿六所、小殿及堂十余所。宫各像日月之形,禅窟禅房山林之内,东西般若台各三层,筑山构陇,亘在西北,栢殿在其中。东南有璇玑殿,殿外积石种树为山,有盖天仪,激水随滴而转。"④简文帝萧纲曾浓墨重彩地描述同泰寺之壮丽:"彤彤宝塔,既等法华之座;峨峨长表,更同意乐之国。下凿白银之堑,傍晖金薄之砖。高门洞启,不因铜马之饰;宝殿霞

---

① 《建康实录》卷一七《高祖武皇帝》。
② 《续高僧传》卷一《释宝唱传》。
③ 同上。
④ 《建康实录》卷一七引《舆地志》。

开,无假凤皇之瑞。金轮烛日,妙临淄之地下;层台累驾,迈宛委之空飞。夏宇凝霜,温室含暖。雕楼之内,滴动而响生;洞扉之里,鹔归而气激。幢号摩尼,幡悬金缕。盘径十丈,铃围四斛。舒七宝之交枝,流八功之净水。地芝候月,天华逆风。法鼓夜鸣,声中闻法;琼枝旦动,叶里成音",①同泰寺的穷极壮丽被描绘得淋漓尽致。于此可见,郭祖深所云都下佛寺"穷极宏丽",绝非虚言。《魏书》在评论梁武帝佞佛时也指出:萧衍"崇信佛道,于建业起同泰寺,又于故宅立光宅寺,于钟山立大爱敬寺,兼营长干二寺,皆穷工极巧,殚竭财力,百姓苦之"。②《魏书》的作者魏收生活在与萧梁对立的北朝,笔触之间难免对梁武帝污损、丑化,但对于梁武帝大造佛寺导致"殚竭财力,百姓苦之"的评述,应该是符合事实的。概而言之,梁武帝崇信佛教,致使江南地区佛寺数量激增,寺塔相望,穷极宏丽,耗费人力、财力之巨是惊人的,对当时社会所造成的负面影响也是巨大的。

另据史书所载,梁武帝萧衍曾在大通元年(527 年)、中大通元年(529 年)和太清元年(547 年)先后三次舍身同泰寺,除了第一次以外,后两次都由朝臣们以钱一亿万赎回。且看史书对梁武帝中大通元年第二次舍身事佛的描述:

> 九月,癸巳,上幸同泰寺,设四部无遮大会。上释御服,持法衣,行清净大舍,以便省为房,素床瓦器,乘小车,私人执役。甲子,升讲堂法座,为四部大众开《涅槃经》题。癸卯,群臣以钱一亿万祈白三宝,奉赎皇帝菩萨,僧众默许。乙巳,百辟诣寺东门,奉表请还临宸极,三请,乃许。③

梁武帝脱下御服,换上法衣,摆出了一副执意要皈依佛门的姿

---

① 萧纲:《大法诵》,《全梁文》卷一三。
② 《魏书》卷九八《岛夷萧衍传》。
③ 《资治通鉴》卷一五三《梁纪》九,"武帝中大通元年"条。

态。但朝廷不可一日无君,群臣们只能用钱一亿万来赎回皇帝菩萨,而且还要一请再请,直至三请才得到梁武帝的允许。太清元年三月,梁武帝第三次舍身同泰寺,公卿大臣再次以钱一亿万将其赎回。如此舍身事佛,应该还不止三次。据《典略》记载:中大同元年(546年)三月"癸卯,诏'以今月八日于同泰寺设无遮大会,舍朕身及以宫人并所王境土供养三宝'。四月,丙戌,公卿以钱两亿万奉赎"。若算上这一次,梁武帝舍身事佛就有四次了。三次也好,四次也罢,梁武帝之所以做出这种与其帝王身份不符的举动,当然并不说明他真心想要出家为僧、皈依佛门,而是企图借此制造轰动效应,推动佛教在全国的传播,提升佛教的影响。但动辄以上亿万的钱财来奉赎皇帝菩萨,给朝廷财政和社会经济带来的冲击是可想而知的。

中大通五年二月,梁武帝到同泰寺讲《般若经》,"七日而罢,会者数万人"。[1] 类似记载一再见于史书,可知武帝每次到同泰寺讲经几乎都要持续七日之久。最为夸张的是太清元年,梁武帝从三月庚子入寺舍身,至四月丙子群臣以钱一亿万奉赎,时间之长竟然超过了一个月。胡三省评论说:"自庚子舍身至丙子奉赎,凡三十七日。万机之事,不可一日旷废,而荒于佛若是,帝忘天下矣。三十七日之间,天下不知为无君,天下亦忘君矣。"[2]这哪里还是"听览余闲"时所为? 胡三省尖锐的批评可谓一针见血:"君忘天下","天下亦忘君矣。"梁武帝置国家大事于不顾,一味地上演舍身事佛的戏码,不仅劳民伤财、贻误朝政,更加剧了国运的衰弱。

南宋史学家胡三省在为《资治通鉴》作注时,曾就与梁武帝崇佛格格不入的几个事例发表评论,用以揭露武帝所谓崇佛其实并非出于真心。其一,大同二年(536年)正月,梁武帝为其父萧顺之建皇基寺以追福,命有司征求优良的木料。恰巧有一弘姓商人从

---

[1] 《资治通鉴》卷一五六《梁纪》一二,"武帝中大通五年"条。

[2] 《资治通鉴》卷一六〇《梁纪》一六,"武帝太清元年"条胡三省注。

湖州买了巨木东下,南津校尉孟少卿为了向武帝献媚,竟然诬陷弘氏是劫匪而将其杀害,没收了弘姓商人买来的巨木用来建寺。胡三省针对此事批判道:"杀无罪之人,取其材以为寺,福田利益果安在哉!"①其二,针对有评论说梁武帝"专精佛戒,每断重罪,则终日不怿",胡三省批注曰:

> 梁武帝断重罪则终日不怿,此好生恶杀之意也。夷考帝之终身,自襄阳举兵以至下建康,犹曰事关家国,伐罪救民。洛口之败,死者凡几何人? 浮山之役,死者凡几何人? 寒山之败,死者又几何人? 其间争城以战,杀人盈城;争地以战,杀人盈野,南北之人交相为死者,不可以数计也。……驱无辜之人而就死地,不惟儒道之所不许,乃佛教之罪也;而断一重罪乃终日不怿,吾谁欺,欺天乎!②

胡三省将梁武帝一生的杀伐分作两个时期,自襄阳举兵至攻下建康,这一时期"事关家国,伐罪救民",故置勿论;但梁武帝代齐建梁后,历次争城争地的战役所带来的兵民大批伤亡,又岂是"断一重罪"所能相比的! 应该说,胡三省揭露梁武帝崇佛的虚伪,是很尖锐、深刻的。

对于梁武帝晚年的笃信佛教、热衷佛学,历来的论者多持批评甚至否定的态度。清代学者朱彝尊在其所著《经义考》中说:梁武帝自同泰寺舍身而后,"所临幸者同泰、重云、爱敬、开善、善觉等寺,所开说者,《涅槃》《般若》《大品》《净名》《三慧》诸经,竺乾之典日密,周孔之言日疏。此孟子所云'下乔木而入幽谷者也'"。③ 这一评论应该是合乎事实的,梁武帝晚年的崇佛,与其执政前期尊奖儒学、多次亲临国子学的举动,确实形成了鲜明的反差。当然,在

---

① 《资治通鉴》卷一五七《梁纪》一三,"武帝大同二年"条胡三省注。
② 《资治通鉴》卷一五九《梁纪》一五,"武帝大同十一年"条胡三省注。
③ 朱彝尊:《经义考》卷二四〇,文渊阁《四库全书》本。

众多论者中,也有为梁武帝鸣不平的,《少室山房笔丛正集》的作者胡应麟就认为:"世但讥其事佛,而闳才博识,绝口无称"。[①] 作者的这一见解,揭示了历来评论者往往容易犯的毛病,即以偏概全、攻其一点而不及其余。梁武帝晚年佞佛固然是应该予以批判的,但不能因此而绝口不提他的"闳才博识",何况其对佛学的研究、阐释,尤其是对佛教在中土的传播和发展,也是做出了贡献的,同样应该予以肯定。

---

① 胡应麟:《少室山房笔丛正集》卷二二,文渊阁《四库全书》本。

第七章 暮 年 悲 剧

梁武帝萧衍在漫长的执政生涯中,既有为稳固统治而采取诸多积极举措的一面,又有优容宗室、宠幸佞臣、溺于佛教因而埋下祸根的另一面。综观其一生所为,晚年之所以会酿成因侯景之乱而招致国破身亡的悲剧,并不是偶然的,所谓"冰冻三尺,非一日之寒",其实梁武帝即位之后特别是中后期的一系列错误决策,已经埋下了养痈遗患的种子。

一、纵容宗室子弟

萧衍登基之后,一如历史上的其他帝王,视天下为私家之物。他在接见萧齐的南康侯萧子恪、祁阳侯萧子范兄弟时说过:"我自取天下于明帝家,非取之于卿家也。"①虽然他说此话的用意主要是为了强调自己取代萧齐的正当性,但也清楚地表明了其头脑中"家天下"的强烈意识。与此同时,为了稳固"家天下"的统治并使之传承久远,梁武帝也像历代帝王一样,极为倚重和优待自己的子弟,所谓"自昔王者创业,莫不广植亲亲,割裂州国,封建子弟。是以大

---

① 《资治通鉴》卷一四五《梁纪》一,"武帝天监元年"条。

祢少帛,崇于鲁、卫;盘石犬牙,寄深梁、楚。梁武远遵前轨,蕃屏懿亲,至于戚枝,咸被任遇"。① 在这一意识的驱使下,萧衍采取各种措施优待被封为王、侯的宗室子弟,以致不遵朝纲、不讲王法,造成了极坏的后果。

天监四年,益州刺史邓元起以母老乞归,获梁武帝许可,并下诏征调邓元起入朝为右卫将军,以西昌侯萧渊藻接替为益州刺史。邓元起,南郡当阳人,"少有胆干,膂力过人。性任侠,好赈施,乡里年少多附之",②南齐末年为武宁太守。萧衍在襄阳起兵后,邓元起应萧颖胄之召疾驰江陵,获任西中郎中兵参军,奉命率众前往夏口与萧衍会合,此后一直充当前锋,与王茂、曹景宗等身先士卒、冲锋陷阵,为萧衍建立梁朝立下了汗马功劳。出任益州刺史后,又"勤恤民事,口不论财色。性本能饮酒,至一斛不乱,及是绝之。蜀土翕然称之"。③ 邓元起在益州刺史任上,勤于公务,上下和谐,开疆辟土,深得人心。但他在离任前收拾行装时犯了一个大错,竟然把粮储器械尽皆取走无遗。接替邓元起出任益州刺史的萧渊藻是萧懿之子、萧衍的侄子,到任时见此情景,甚为不满。又因在入城后向邓元起求良马而不得,反被邓元起奚落说:"年少郎子,何用马为!"④萧渊藻遭羞辱而愤恚不已,趁酒醉而杀了邓元起,为逃避罪责,又诬陷邓元起谋反。梁武帝深知邓元起其人,自然不信他会谋反,不过也只是心中疑惑,并没有深入追究。直到邓元起的故吏赴京告状,梁武帝才得知真相,但也仅仅派使臣训斥了萧渊藻一通,将其贬为冠军将军而已。邓元起是追随萧衍东下建康的开国元勋,就是这样一个对萧衍建梁有大功的将领,虽然在离任前将粮储器械裹卷一空,确实做得很过分,但毕竟罪不至死,却被萧渊藻以莫须有的谋反罪名所杀。梁武帝虽然对萧渊藻施行了惩处,但如

---

① 《南史》卷五二《梁宗室下》"论曰"。
② 《梁书》卷一〇《邓元起传》。
③ 同上。
④ 《南史》卷五五《邓元起传》。

此重罪轻罚,实在是敷衍搪塞的官样文章。唐代史家李延寿对此评论说:"冠军之贬,于罚已轻,梁之政刑,于斯为失。私戚之端,自斯而启,年之不永,不亦宜乎!"①中国古代向有"王子犯法,与庶民同罪"之说,然而萧渊藻身犯重律而梁武帝却只是从轻处罚,原因就在于萧渊藻是萧衍的亲侄子。此事发生在天监四年,还是梁武帝执政的初期,李延寿由此看到"梁之政刑,于斯为失",徇私枉法的"私戚之端,自斯而启",而且认为萧梁的"年之不永"与梁武帝不依法办事存有因果关系,确实是颇为深刻的。

萧衍对于萧正德的处置,是其优容宗室的又一例。萧正德是萧衍六弟临川王萧宏之子,史称其"少而凶慝,招聚亡命,破家屠牛,兼好弋猎"。② 由于萧衍在娶妻后的颇长一段时间里没有子嗣,因而在齐明帝建武年间曾收养萧正德为子。然而就在萧衍于中兴元年(501年)九月乘胜直下建康之时,留在襄阳的丁贵嫔生下了儿子萧统。萧衍既有了自己的亲生子,萧正德便按照惯例"还本",即回归生父萧宏。天监元年四月,"高祖既受禅,有司奏立储副,高祖以为天下始定,百度多阙,未之许也"。③ 此时的萧正德还心存一丝侥幸,期望自己能作为储贰位居东宫。但在群臣的再三固请下,萧统于当年十一月被立为太子,而萧正德仅被封为西丰侯。萧正德成为太子的美梦彻底破灭,心理极不平衡,"自此怨望,恒怀不轨,睥睨宫扆,觊幸灾变",④更于普通三年(522年)逃奔北魏,⑤自称废太子避祸而来。但他在北魏并未得到礼遇,于是又在次年逃回,见梁武帝于文德殿。对这样一个朝三暮四、视节操如儿戏之

---

① 《资治通鉴》卷一四六《梁纪》二,"武帝天监四年"条。
② 《南史》卷五一《梁宗室上》。
③ 《梁书》卷八《昭明太子传》。
④ 《梁书》卷五五《萧正德传》。
⑤ 萧正德投奔北魏的时间,各书所载不一。《梁书·萧正德传》称"普通六年为轻车将军,顷之奔魏";《魏书·萧正德传》云"正光二年弟子正德来奔";《南史·萧正德传》则谓"普通三年为轻车将军,顷之奔魏,又自魏逃归"。司马光等经考异,在《资治通鉴》中将此事系于普通三年,笔者亦采纳此说。

人,萧衍的处置竟然是"泣而诲之,复其封爵",①不仅未给予任何处罚,反而恢复了其出逃前的封爵。原因无他,就因为萧正德也是他的亲侄子。然而萧正德并未悔改,"常公行剥掠",京城百姓将萧正德与其弟萧正则及另外两个纨绔子弟合称为"四凶"。史称"此四凶者,为百姓巨蠹,多聚亡命,黄昏多杀人于道,谓之'打稽'"。② 对于已成"百姓巨蠹"的萧正德,梁武帝并未进行管束和惩戒,而是继续姑息纵容。普通六年,萧正德为轻车将军,随豫章王萧综北上进驻彭城。然而他却"弃军委走",被有司奏劾下狱。这一次梁武帝总算要给其惩处了,在下诏承认自己"每加掩抑,冀汝自新,了无悛革,怨雠愈甚"的同时,又称"谓汝不好文史,志在武功,令汝杖节,董戎前驱。岂谓汝狼心不改,包藏祸胎,志欲覆败国计,以快汝心",③为此给予萧正德免官削爵土、徙往临海郡的处分。但萧正德还未到达徙所,梁武帝就派人宣布对其赦免,将其从半道上追回。普通八年,又恢复了萧正德的封爵。中大通四年(532 年),征召萧正德为侍中,封临贺郡王。梁武帝的一味姑息纵容,并未使萧正德改弦易辙,反而"凶暴日甚,招聚亡命",④并与侯景厚相邀结,准备里应外合,狼子野心昭然若揭。太清二年(548 年)十月,侯景渡江到采石,直掩建康。奉命驻守朱雀航的萧正德,竟开门揖盗,"引贼入宣阳门",使侯景得以顺利进入建康,台城被围的噩梦就此开始,最终要了梁武帝自己的性命。这一恶果,虽然是梁武帝始料所不及的,但恰恰与梁武帝对萧正德一贯的姑息纵容密不可分。

萧衍优容宗室子弟的最典型表现,莫过于他对六弟萧宏的姑息和纵容。萧衍兄弟十人,萧宏排行第六。两人虽非一母所生,但相处融洽,关系亲密。天监元年,萧衍即位,萧宏就被封为临川郡

---

① 《资治通鉴》卷一四九《梁纪》五,"武帝普通三年"条。
② 《南史》卷五一《梁宗室上》。
③ 同上。
④ 《梁书》卷五五《萧正德传》。

王,出任极为重要的扬州刺史一职。天监四年十月,梁武帝下令大举伐魏,委派萧宏为都督北讨诸军事,即北伐总指挥。萧宏以皇弟的身份率军出征,"所领皆器械精新,军容甚盛,北人以为百数十年所未之有"。[①] 萧宏驻扎于洛口(今安徽淮南东北青洛河与高塘湖北入淮河之口),而前锋攻克梁城(今安徽寿县东北),诸将意欲乘胜深入,但是萧宏生性懦怯,部分乖方,听闻北魏援军临近,畏懦而不敢进,召诸将议欲撤军。当时均在军中的韦叡、裴邃、柳忱、马仙琕、昌义之等将领则异口同声地反对撤军。吕僧珍提议派裴邃分兵攻寿阳,萧宏坚决不许,下令全军:"人马有前行者斩!"[②]众将士敢怒不敢言。数日后,夜降暴雨,军中惊慌,萧宏竟丢下部众,仅带随身数骑仓皇逃走。军中将士不知萧宏去向,纷纷作鸟兽散,弃甲投戈,填满河沟,老弱病残者被遗弃,死者将近五万。身为统帅的萧宏未战即望风而逃,导致梁军北伐大败,犯下了如此严重的错误,可谓罪责难逃,却未受到任何处分。

洛口惨败后,临阵脱逃的萧宏虽然没有被追究罪责,但时常心怀愧愤,京城每有暗中发生的事件,大多打着他的旗号,因而屡屡被有司劾奏,但梁武帝每每予以赦免。天监十七年,梁武帝要驾临光宅寺,有人事先埋伏在萧宏府第门前的浮桥处,准备待梁武帝夜间出行经过时行刺。只因临时改变了出行路线,梁武帝才逃过一劫。事发后,被俘的刺客供认系受萧宏所指使。真相大白之后,梁武帝理应怒不可遏,岂料他只是斥责了萧宏一番,找个借口将其免了官就草草收场。时隔不久,竟然又重新委任萧宏为司徒,身居三公之列。普通元年,又将其升迁为太尉、扬州刺史。

尽管梁武帝一再优容,但萧宏依然不思悔改,反而又与武帝之女永兴公主乱伦私通,甚至"因是遂谋弑逆,许事捷以为皇后"。[③]

<hr>

① 《南史》卷五一《梁宗室上》。
② 《资治通鉴》卷一四六《梁纪》二,"武帝天监五年"条。
③ 《南史》卷五一《梁宗室上》。

一个是武帝的亲兄弟，一个是武帝的亲女儿，乱伦私通本已为法律所不容，再加上串通一气，共谋袭杀武帝后由萧宏取而代之，更是犯了大逆不道之罪。按照惯例，凡武帝做三日斋，公主们也都要一起参加。永兴公主便趁此机会，命两个僮仆暗藏刀具，乔装改扮成女婢，跟随自己入宫，企图伺机刺杀武帝。武帝的侍从察觉异常后严加戒备，待僮仆准备下手时将其擒获，僮仆供认乃受萧宏指使。面对如此惊人的行刺图谋，武帝竟然秘而不宣，只下令杀了两个僮仆，根本就未追究萧宏的罪责。萧宏先后两次密谋刺杀武帝，如此大逆不道之事，按理应处以极刑，然而在事情败露后却都没有受到任何处置，实在是不可思议。

　　萧宏以皇弟之贵，并无任何才能，却恣意聚敛财富。豫章王萧综曾仿晋代的《钱神论》作《钱愚论》以讥讽萧宏的贪吝，虽被梁武帝下令紧急销毁，但已流布甚广，世人皆知其聚敛之贪。萧宏王府的库房多达百间，平时上锁，防备极严。有人怀疑库房内暗藏兵器铠甲，密报了武帝。武帝似信非信，于是借口到萧宏府第喝酒以一查究竟。酒至半酣，武帝提出要看看萧宏的后房。萧宏唯恐被武帝发现他所藏的巨额财富，神色十分惊惶。武帝见此，更怀疑他暗藏兵器铠甲，于是径直前往库房逐间检视。但见三十余间库房内堆放着满满的金钱，每百万为一聚，标有黄榜；每千万为一库，悬挂一个紫色标签，屈指计算现钱就有三亿多。其余库室储存着布绢、丝绵、漆蜡、朱沙、黄屑等各类杂货，每库皆满而不计其数。武帝发现库房内并非武器，竟然龙心大悦，对萧宏说："阿六，汝生活大可。"[①]也就是赞扬他很会敛财。于是兄弟二人重新回到前堂继续开怀痛饮，直至深夜。可见在梁武帝的心目中，只要不对自己的皇位构成威胁，纵使萧宏聚敛再多的财富也不予指责。

　　对于梁武帝如此纵容萧宏，司马光评论说："（萧）宏为将则覆三军，为臣则涉大逆，高祖贷其死罪可矣。数旬之间，还为三公，于

---

① 《南史》卷五一《梁宗室上》。

兄弟之恩诚厚矣,王者之法果安在哉!"①对梁武帝只讲兄弟手足之情而置国家王法于不顾的做法提出了尖锐的批评。

梁武帝对宗室子弟的纵容,历来受到人们的批评和谴责。李延寿认为,虽然"自昔王者创业,莫不广植亲亲,割裂州国,封建子弟",梁武帝"远遵前轨,蕃屏懿亲,至于戚枝,咸被任遇",也无可厚非。但他对于萧宏的纵容和优待已经到了不能容忍的地步,"梁之不纲,于斯为盛"。② 王夫之也感慨说,梁武帝"慈而无节,宠而无等,尚妇寺之仁,施禽犊之爱,望恩无已,则挟怨益深"。③ 这些评论直指梁武帝执政时不讲王法、不遵朝纲的弊端,是很深刻的。

梁武帝"敦睦九族,优惜朝士,有犯罪者,皆屈法申之。百姓有罪,则案之如法,其缘坐则老幼不免,一人逃亡,举家质作,民既穷窘,奸宄益深"。④ 史称梁武帝执政时"收缚无罪,逼迫善人,民尽流离,邑皆荒毁,由是劫抄蜂起,盗窃群行,抵文者比室,陷辟者接门,囹圄随满,夕散朝聚"。⑤ 梁时全国在籍编户不过五百万口,但每年被判处两年以上徒刑的就有五千人之多。梁武帝对待宗室子弟与平民百姓的态度有如天壤之别,显然是与依法治国理政背道而驰的。

曾有一个京郊老人在武帝举行郊祀时拦住车驾进言道:"陛下为法,急于庶民,缓于权贵,非长久之道。诚能反是,天下幸甚。"⑥据说梁武帝听了之后也曾想要有所改变,但却没有什么实际行动,只是在天监十一年正月下诏宣布:"自今逋谪之家及罪应质作,若年有老小,可停将送。"⑦对于梁武帝此举,胡三省评论说:"所谓宽

① 《资治通鉴》卷一四八《梁纪》四,"武帝天监十七年"条。
② 《南史》卷五二《梁宗室下》"论曰"。
③ 王夫之:《读通鉴论》卷一七《梁武帝》。
④ 《资治通鉴》卷一四七《梁纪》三,"武帝天监十年"条。
⑤ 《文苑英华》卷七五四引何之元《梁典·总论》。
⑥ 《资治通鉴》卷一四七《梁纪》三,"武帝天监十年"条。
⑦ 《梁书》卷二《武帝纪中》。

庶民者,如此而已。而不能绳权贵以法,君子是以知梁政之乱也。"①将"不能绳权贵以法"视作导致"梁政之乱"的重要原因,这样的评论应该是切中肯綮的。

为了争取更多人的支持以稳固自己的统治,梁武帝还通过增设大量官职的措施来优养士族。

天监五年正月,梁武帝下诏:"朕以菲德,君此兆民,而兼明广照,屈于堂户,飞耳长目,不及四方,永言愧怀,无忘旦夕。凡诸郡国旧族邦内无在朝位者,选官搜刮,使郡有一人。"②天监七年二月,梁武帝又下诏,"于州郡县置州望、郡宗、乡豪各一人,专掌搜荐"。③武帝先后两次下诏的目的,就是要让州郡县搜荐东晋以来湮没不显的旧族,使他们有参与政权的机会,借此扩大支持自己的社会力量。

此外,梁武帝又一再增置官职。天监六年四月,武帝"置左右骁骑、左右将军官";五月,"置中卫、中权将军,改骁骑为云骑,游击为游骑"。天监七年二月,"增置镇卫将军以下各有差";同年五月,又"诏复置宗正、太仆、大匠、鸿胪,又增太府、太舟,仍先为十二卿"。④ 这样做的目的,依然是想以此来笼络、优容士族。

天监十年时,萧梁境内"有州二十三,郡三百五十,县千二十二"。⑤ 此后州郡设置日益增加,废置离合,不可胜数。至大同年间,鉴于州的数量急剧膨胀,散骑常侍朱异奏请分为五品:"顷来置州稍广,而小大不伦,请分为五品,其位秩高卑,参僚多少,皆以是为差。"⑥朱异的建议得到了梁武帝的批准,于是分全国各州为上品二十州、二品十州、三品八州、四品二十三州、下品二十一州。五品之外,又有二十余州不知处所,合计共有一百零七州。梁朝的疆域

① 《资治通鉴》卷一四七《梁纪》三,"武帝天监十一年"条胡三省注。
② 《梁书》卷二《武帝纪中》。
③ 同上。
④ 同上。
⑤ 《资治通鉴》卷一四七《梁纪》三,"武帝天监十年"条。
⑥ 《资治通鉴》卷一五八《梁纪》一四,"武帝大同五年"条。

与南齐基本相似,但南齐仅有二十三州,相比之下,萧梁增加了八十四个州,是南齐的四倍多。又因为武帝想要提高边境镇戍将帅的地位,虽领民不多,但都建为郡。州郡建置急剧增加,但由于并非建立在开拓疆土的基础之上,户口的数量并未相应增加,反倒是州郡官员的数量因此而大增。

梁武帝一再增置官职并拓展州郡的建置,无非是想以此来笼络、优容更多的士族,扩展自己的统治基础。但实行这一举措的结果,却使得官吏的队伍日益庞大,由此使得朝廷的财政支出急剧增加,同时也使行政的效率不增反降,所产生的效果反而增加了朝廷的负担,削弱了梁朝的统治。

二、宠信佞臣,专听生奸

宠信佞臣,是梁武帝统治后期政治急剧恶化的又一原因。随着在位时间日久,日渐衰老的梁武帝对于朝政的治理渐生懈怠,与其即位初期重用贤臣不同,一些巧言令色、投机钻营之徒开始得到梁武帝的宠幸。这方面的变化,以大同元年徐勉病逝、朱异受到重用而出现了根本性的转折。

梁武帝即位后,最器重的是与他同居萧子良"西邸八友"之列的范云,并委之以散骑常侍、吏部尚书的重任。范云"以旧恩见拔,超居佐命,尽诚翊亮,知无不为",武帝亦"推心任之,所奏多允"。萧衍受禅礼毕,范云告诫他"愿陛下日慎一日",[1]也得到武帝的赞同,足见君臣关系的和谐。可惜的是天不假年,范云在天监二年五月就因病去世,时年五十三。范云死后,武帝以尚书左丞徐勉和右卫将军周舍二人同参国政。在此后长达二十多年的时间里,徐勉和周舍二人参预机密,未尝离开武帝左右,"两人俱称贤相,常留省内,罕得休下"。[2] 梁武帝在徐勉、周舍二人的竭诚辅佐下,君臣关

① 《梁书》卷一三《范云传》。
② 《资治通鉴》卷一四五《梁纪》一,"武帝天监元年"条。

系融洽,政局总体平稳。

普通五年(524年),周舍坐事被免,梁武帝以散骑常侍朱异接替周舍执掌机密。朱异"好文义,多艺能,精力敏赡",[①]因而得到武帝的信任。好在此时徐勉仍在,虽然朱异开始受到器重,尚不致从根本上左右梁武帝的决策。但到了大同元年(535年)十一月,随着徐勉的病逝,曾尽心辅佐梁武帝的范云、周舍、徐勉等贤臣相继离世,梁武帝专宠朱异,萧梁的统治因此而岌岌可危了。正如胡三省的评论所言:"范、徐既没,专任朱异,梁殆矣。"[②]

朱异,吴郡钱唐(今浙江杭州)人,自幼聪慧,"遍治《五经》,尤明《礼》《易》,涉猎文史,兼通杂艺,博弈书算,皆其所长"。[③] 当时规定年满二十五方可释褐,所谓释褐,指脱去平民的布衣而换上官服,即做官之意。朱异年方二十一就经特许而被提拔为扬州议曹从事史。不久,武帝诏求异能之士,五经博士明山宾上表极力推荐,认为朱异"年时尚少,德备老成","加以珪璋新琢,锦组初构,触响铿锵,值采便发。观其信行,非惟十室所稀,若使负重遥途,必有千里之用"。[④] 梁武帝为此召见朱异,命其讲说《孝经》《周易》之义,大为欣赏,给予了极高的评价:"朱异实异。"于是召朱异入值中书省,兼太学博士。不久周异又升迁为尚书仪曹郎,入兼中书通事舍人。普通五年,周舍坐事被免,朱异"代掌机谋,方镇改换,朝仪国典,诏诰敕书,并兼掌之。每四方奏疏,当局簿领,咨询详断,填委于前,异属辞落纸,览事下议,纵横敏赡,不暂停笔,顷刻之间,诸事便了"。[⑤] 不难看出,朱异确实很有才干,梁武帝赏识他、器重他,也不是没有缘由的。胡三省说:"人必小有才也,然后能迎世取宠以窃一时之权。"[⑥]历史上那些专权固宠的佞幸之臣,其中确实也不乏

①　《资治通鉴》卷一五〇《梁纪》六,"武帝普通五年"条。

②　《资治通鉴》卷一五七《梁纪》一三,"武帝大同元年"条胡三省注。

③　《梁书》卷三八《朱异传》。

④　同上。

⑤　《梁书》卷三八《朱异传》。

⑥　《资治通鉴》卷一五〇《梁纪》六,"武帝普通六年"条。

颇有才干之人,朱异就是如此。但是,朱异"居权要三十余年,善窥人主意曲,能阿谀以承上旨,故特被宠任"。① 显然,他又是一个善于窥探武帝意旨、通过阿谀奉承以博取武帝宠幸的佞臣。

纵观中国历史,只要有专制皇权存在,佞臣的出现便不可避免。但是佞臣究竟能在多大程度上对当时政局产生影响或破坏,则与掌握最高权力的皇帝是否宠信他们、是否不加分析地采纳他们的意见密切相关。遗憾的是,晚年的梁武帝恰恰对以阿谀奉承为能事的朱异恩宠有加,对其言听计从,由此加剧了梁武帝统治后期朝政的衰败,甚至直接导致了梁武帝本人的悲剧性结局。

凭借着武帝的信任以及随侍在武帝身边的便利,朝臣的奏疏都要通过朱异转送给武帝,因而凡是不合其意的奏疏,朱异就可以擅自扣押,以欺罔视听。太清二年八月,鄱阳王萧范密启侯景将要谋反。其时武帝把边事悉数交给朱异处理,一举一动都要向他报告。朱异素来对鄱阳王萧范心存戒备,曾劝告梁武帝要提防鄱阳王谋反。因此对于萧范的奏疏很不以为然,认为侯景必无谋反之理。萧范却一而再、再而三地启奏,强调局势的危急,主张发兵征讨。朱异对于萧范公然与自己唱反调甚为反感,"自是范启,异不复为通"。② 也就是说,鄱阳王萧范的启奏,朱异悉数扣押,不再送交武帝。

朱异等佞臣的可恶之处,就在于时时窥测皇帝的意图,然后顺着主上的心思建言献策,引导皇帝作出错误的决断,从而贻误国家大事,带来灾难性的后果。太清年间,武帝作出的一系列错误决策,几乎都与朱异揣摩其心思然后加以迎合相关。其一,太清二年二月,东魏大将军高澄意图离间已南奔的侯景与梁朝之间的关系,遣使与梁朝通好。武帝召朝臣集议,司农卿傅歧认为这是高澄设下的反间计,意在使侯景狐疑不安,从而引发祸乱。但是朱异揣摩

---

① 《梁书》卷三八《朱异传》。
② 《资治通鉴》卷一六一《梁纪》一七,"武帝太清二年"条。

到武帝厌恶用兵的心思,力主通好求和。由于朱异摸透了武帝的心理,结果武帝自然是采纳了朱异的意见。侯景得知后果然不安,向武帝陈启自己的想法,并致书朱异,同时送上黄金三百两,朱异收下了黄金,却压下了侯景的奏疏。其二,侯景为试探武帝对自己的态度,假冒东魏来书,称愿以在东魏的贞阳侯萧渊明交换侯景。武帝信以为真,但司农卿傅歧力主不可,又是朱异竭力怂恿武帝接受这一交易,侯景由此决意谋反。其三,侯景起兵后,率轻骑直奔建康,兵临长江,沿江守将相继急报朝廷。武帝向都官尚书羊侃咨询讨伐侯景之策,羊侃请求率兵两千急赴采石(今安徽),以防侯景渡江;另派兵袭取寿阳,使得侯景进不能前,退则失其巢穴,乌合之众自然瓦解。但是朱异却说侯景必无渡江之志。在两种不同意见面前,武帝又一次听信了朱异。由此带来的后果,就是侯景轻而易举地渡过长江,直逼建康。可见,正是在朱异的误导下,梁武帝一而再、再而三地作出错误的判断和决策,在悲剧性的道路上越走越远。

晚年的梁武帝对于朱异可谓是言听计从。北魏降将贺拔胜投奔梁朝后,想要回归北方,又担心梁武帝不准。有人向其建议:"朱异言于梁主无不从,请厚结之。"①贺拔胜依计而行,果然如愿。朱异之所以能做到"言于梁主无不从",关键就在于他"善伺候人主意为阿谀",②窥伺武帝的心思,揣摩武帝的意图,随后阿谀奉承迎合武帝,引导武帝作出错误的决策。晚年的梁武帝年事已高而倦怠政事,已基本上丧失了判断是非、正确决策的能力,称其昏庸绝不为过。昏君宠幸佞臣,二者结合而酿成灾难性的恶果,可以说是必然的。

三、拒谏饰非,讳疾忌医

拒谏饰非与宠幸佞臣,是一对密不可分的孪生怪胎。在中国

---

① 《资治通鉴》卷一五七《梁纪》一三,"武帝大同二年"条。
② 《资治通鉴》卷一五八《梁纪》一四,"武帝大同五年"条。

古代历史上,但凡宠幸佞臣的封建帝王,几乎都同时表现出拒谏饰非的特征,这是因为一旦习惯了阿谀奉承之后,自然就听不进逆耳的忠言。晚年的梁武帝同样未能逃出这一魔咒。

梁武帝在位期间曾颁布过一系列要求广开言路的诏令,表明至少在其统治的前期,对于虚心纳谏的重要性还是有清醒认识的。天监元年四月,梁武帝即位,随即下诏宣布:

> 商俗甫移,下不上达,由来远矣。升中驭索,增其懔然。可于公车府谤木肺石傍各置一函。若肉食莫言,山阿欲有横议,投谤木函。……若欲自申,投肺石函。①

这是希望通过设立谤木函、肺石函的办法来广开言路。
天监六年正月,梁武帝又下诏曰:

> 径寸之宝,或隐泥沙,以人废言,君子斯戒。朕听朝晏能,思阐政术,虽百辟卿士,有怀必闻,而蓄响边遐,未臻魏阙。或屈以贫陋,或间以山川,顿足延首,无以奏达。岂所以沉浮靡漏,远迩兼得者乎?四方士民,若有欲陈言刑政,益国利民,沦碍幽远,不能自通者,可各诠条布怀于刺史二千石。有可申采,大小以闻。②

梁武帝颁发此诏的寓意,也是在进一步广开言路,让四方士民通过州郡牧守向朝廷建言献策。

大同二年四月,尚书右丞江子四上书武帝,极言政治得失。五月,武帝诏曰:

---

① 《梁书》卷二《武帝纪中》。
② 同上。

古人有言："屋漏在上，知之在下。"朕有过失，不能自觉，江子四等封事所言，尚书可时加检括，于民有蠹患者，宜速详启。①

梁武帝所引用的古人名言"屋漏在上，知之在下"，出自东汉王充的《论衡》："知屋漏者在宇下，知政失者在草野"，意谓如同只有居住在室内的才知道屋子漏水一样，治国理政的失误也只有草野百姓最清楚。当权者引用此语，大多借以显示自己虚怀若谷、诚意纳谏的气度，梁武帝自然也是如此。对于江子四的上书，武帝在诏书中引用古人"屋漏在上，知之在下"的名言，看似很虚心地接受了谏言，但胡三省却指出："江子四所上封事，必不敢言武帝崇信释氏，而穷兵广地适以毒民，用法宽于权贵而急于细民等事，特毛举细故而论得失耳。"②他认为江子四所上奏疏虽然极言政治得失，但肯定不敢涉及梁武帝崇信佛教、穷兵广地等重大事项，只是例举一些琐细的事情而已。因为并未触到武帝的痛处，所以武帝还能表现出虚怀若谷的大度姿态。《梁书》和《南史》均未记载江子四上书的具体内容，仅用"极言得失"四字概括，我们已无从知晓江子四究竟在上书中提到了哪些得失，但从时隔数年后梁武帝对待贺琛奏疏的态度来看，胡三省的针砭是极其精准的。

大同十一年十二月，散骑常侍贺琛启陈四事：其一，州郡牧守唯事征敛，民不堪命，各务流移，虽年降复业之诏，屡下蠲赋之恩，而民不得返其居；其二，天下所以贪残，皆由风俗奢靡所致，习以成俗，日见滋甚，欲使人守廉白，安可得邪；其三，陛下忧念四海，不惮勤劳，至于百司，莫不奏事，而斗筲之人意欲诡竞求进而吹毛求疵，以深刻为能，以绳逐为务，迹虽似于奉公，事更成其威福；其四，今天下无事，而犹日不暇给，宜省事、息费，事省则民养，费息则财聚，

---

① 《资治通鉴》卷一五七《梁纪》一三，"武帝大同二年"条。
② 《资治通鉴》卷一五七《梁纪》一三，"武帝大同二年"条胡三省注。

兴造有非急者,征求有可缓者,皆宜停省,以息费休民。贺琛的奏疏呈上,武帝阅后大怒,立即召来负责起草诏命的主书令史,口授敕书斥责贺琛,气急败坏地逐条予以驳斥,甚至蛮横地要求贺琛指名道姓地实名举报:

> 何不分别显言:某刺史横暴,某太守贪残,尚书、兰台某人奸猾,使者渔猎,并何姓名? 取与者谁? 明言其事,得以诛黜,更择良吏。①

针对贺琛提出的省事、息费之议,又令他明言"何者宜除? 何者宜减? 何处兴造非急? 何处征求可缓? 各出其事,具以奏闻! 富国强兵之术,息民省役之宜,并宜具列!"甚至威胁称"若不具列,则是欺罔朝廷"。② 如此咄咄逼人的气势,哪里还有半点虚怀若谷、从谏如流的气度!

梁武帝对贺琛奏疏的激烈反应还不止于此,他在口授敕文中又不厌其烦地列举自己节俭省费的事实,来驳斥贺琛所说的"贪残靡费":

> 朕绝房室三十余年,无有淫佚。朕颇自计,不与女人同屋而寝,亦三十余年。至于居处不过一床之地,雕饰之物不入于宫,此亦人所共知。受生不饮酒,受生不好音声,所以朝中曲宴,未尝奏乐,此群贤之所观见。朕三更出理事,随事多少,事少或中前得竟,或事多至日昃方得就食。日常一食,若昼若夜,无有定时。疾苦之日,或亦再食。昔腰腹过于十围,今之瘦削裁二尺余,旧带犹存,非为妄说。为谁为之? 救物故也。③

---

① 《资治通鉴》卷一五九《梁纪》一五,"武帝大同十一年"条。
② 同上。
③ 《梁书》卷三八《贺琛传》。

确实，从史书记载看，梁武帝的个人生活不可谓不检点、不节俭：他勤于政务，冬季天未亮就起床批阅文件，手冻得皲裂也不在乎；身穿布衣，木棉皂帐，一顶帽子戴三年，一床被子盖两年，不好音乐不喝酒，五十岁时已绝房事；晚年崇信佛教，每天只吃一顿饭，腰腹由十围减到二尺多。比起那些穷奢极欲、挥金如土的帝王来，梁武帝确实称得上是历史上屈指可数的节俭皇帝之一。但他为自己所作的辩解却经不起推敲。胡三省针对其"我自非公宴，不食国家之食，多历年所；乃至宫人，亦不食国家之食"的说法，批驳道："帝奄有东南，凡其所食，自其身以及六宫，不由佛营，不由神造，又不由西天竺国来，有不出于东南民力者乎？惟不出于公赋，遂以为不食国家之食。诚如此，则国家者果谁之国家邪！"对于梁武帝所谓"凡所营造，不关材官及以国匠"，胡三省又一针见血地认为武帝此言是"自文其营造塔寺之过耳"，①批判梁武帝文过饰非的错误态度。对于梁武帝之所以震怒的原因，《资治通鉴》是这样分析的：梁武帝虽然为人孝慈恭俭，不事奢华，"然优假士人太过，牧守多浸渔百姓，使者干扰郡县。又好亲任小人，颇伤苛察；多造塔庙，公私费损。江南久安，风俗奢靡，故琛启及之。上恶其触实，故怒"。②看来，正因为贺琛如实反映了其时的积弊，特别是触及了梁武帝"优假士人""亲任小人""多造塔庙"等痛处，从而引发了梁武帝的震怒和失态。

贺琛出自"世以儒术显"的家族，其伯父贺场为齐梁时精通五经的硕儒，贺琛本人也被时人誉为"通儒硕学"。他启陈事条封奏的目的，只是希望革除"深害时政"的弊端，但触及时弊的奏疏无异于"批逆鳞"，引得梁武帝龙颜震怒，其结果就是贺琛"奉敕但谢过而已，不敢有所指斥"。③不仅是贺琛自此"不敢复言"，其他大臣为保自身也都不敢切直进谏，朝廷内几乎鸦雀无声，萧梁危殆了。

---

① 《资治通鉴》卷一五九《梁纪》一五，"武帝大同十一年"条胡三省注。
② 《资治通鉴》卷一五九《梁纪》一五，"武帝大同十一年"条。
③ 《南史》卷六二《贺琛传》。

针对此事,司马光评论说:

> 梁高祖之不终也,宜哉! ……观夫贺琛之谏未至于切直,而高祖已赫然震怒,护其所短,矜其所长;诘贪暴之主名,问劳费之条目,因以难对之状,责以必穷之辞。自以蔬食之俭为盛德,日昃之勤为至治,君道已备,无复可加,群臣箴规,举不足听。如此,则自余切直之言过于琛者,谁敢进哉! 由是奸佞居前而不见,大谋颠错而不知,名辱身危,覆邦绝祀,为千古所闵笑,岂不哀哉!①

司马光对梁武帝震怒应对贺琛奏疏的这一番议论,可谓鞭辟入里,发人深省! 拒谏饰非的结果,导致群臣慑于淫威而噤若寒蝉,"奸佞居前而不见,大谋颠错而不知,名辱身危,覆邦绝祀,为千古所闵笑"。北齐的魏收在其所著的《魏书》中也指出:"(萧)衍好人佞己,末年尤甚,……是以其朝臣左右皆承其风旨,莫敢正言。"②梁武帝最终走向名辱身死的悲惨结局,在很大程度上是其拒谏饰非的必然结果。

魏收所言梁武帝"好人佞己",还有一例可资证明。天监年间,时任侍中、太子少傅的沈约曾参与侍宴,恰值豫州贡献板栗,栗子的直径大至寸半,武帝奇之,问侍宴群臣:"栗事多少?"因而与沈约各疏所忆,沈约故意比武帝少了三事。宴席散后,沈约出来对人说:"此公护前,不让即羞死!"③此言被武帝知道后,因被触到痛处而恼怒,欲治沈约出言不逊之罪,多亏徐勉固谏才不再追究。胡三省就此评论说:"帝每集文学之士策经史事,群臣多引短推长,帝乃悦,故约退有是言。护前者,自护其所短,不使人在己前。忌前者,

---

① 《资治通鉴》卷一五九《梁纪》一五,"武帝大同十一年"条。
② 《魏书》卷九八《岛夷萧衍传》。
③ 《梁书》卷一三《沈约传》。

忌人在己前也。"①据此可见,梁武帝"好人佞己"是由来已久的,而且"末年尤甚",已经听不进任何逆耳忠言了。

梁武帝又是中国历史上一位典型的"皇帝菩萨"。在其执政后期,为提倡佛教可谓率先垂范、不遗余力,由此而带来的政事怠惰、国力损耗等严重的负面影响,已在前一章作了剖析,此不赘述。

梁武帝在位近半个世纪,自诩是一个克勤克俭、兢兢业业的皇帝。比起那些穷奢极欲、挥金如土的帝王来,梁武帝的表现确实可圈可点。然而,衡量一个帝王在历史上的作为和地位,其私生活的表现固然不可忽视,但更重要的还在于其治国理政方面所实行的政策和举措。梁武帝优容宗室子弟、宠幸佞臣、拒谏饰非、溺信佛教的种种举措,使得朝政紊乱、国运日衰,尤其是在处理侯景投梁问题上的一错再错,更是导致了引狼入室的一场空前浩劫。

四、引狼入室

太清二年(548 年),梁武帝萧衍八十五岁,在位已经四十七年。在位时间太过漫长而且已进入耄耋之年的梁武帝,明显地表现出对于政事的倦怠和判断力的衰减。就在这一年,黄河流域的东魏将领侯景投奔萧梁,梁武帝应对失措、昏招迭出,梁朝由此大乱,并在战乱中走向衰亡。

侯景字万景,怀朔镇(今内蒙古固阳县西南)人,也有说其为朔方(治今陕西子长东南)或雁门(治今山西代县西南)人,王仲荦先生认为他是"北魏怀朔镇中已同化于鲜卑的羯族人"。② 若如此,侯景似应该具有北方民族强悍、勇武的血统。侯景年少时就因为桀骜不羁而为乡里所忌惮,长大成人后,骁勇有膂力,而且擅长骑射。正因具备这样的长处,侯景被挑选为北镇戍兵,逐渐建立功勋,被擢拔为镇功曹史。《南史》本传说侯景"右足短,弓马非其长,所在

---

① 《资治通鉴》卷一四七《梁纪》三,"武帝天监十二年"条。
② 王仲荦:《魏晋南北朝史》(上),第 446 页。

唯以智谋",日后南下投奔萧梁时还被人讥讽为"跛脚奴"。[1] 吕思勉先生认为侯景"右足短之说,他无所见,恐非其实"。[2] 不过,认为其他史书没有侯景"右足短"记载的看法其实也不是很准确,《资治通鉴》中就说侯景"右足偏短,弓马非其长,而多谋算",[3]与《南史》的记载完全一致。可见侯景"右足短,弓马非其长"的说法大体上是符合事实的。值得注意的是,《南史》说他"所在唯以智谋",而《资治通鉴》则称侯景"多谋算",都说出了侯景长于谋略的特点。正因为侯景骁勇有膂力,又精于谋略,所以才能周旋于南北政权之间,南奔投梁后又闹出那么大的动静来。

拓跋鲜卑建立北魏之初,定都于平城(今山西大同),为了防范和抵御北方游牧民族柔然的威胁,在平城之北的沿边地区设立了六个军事重镇,自西而东,依次是沃野(今内蒙古五原县东北)、怀朔(今内蒙古固阳县西南)、武川(今内蒙古武川县西南)、抚冥(今内蒙古四王子旗东南)、柔玄(今内蒙古兴和县西北)、怀荒(今河北张北县北),史称"六镇"。[4] 北魏初期的统治者极其重视六镇,镇都大将的人选,不是拓跋宗王,就是鲜卑王公。即使镇戍边地的士兵,也都是高门子弟或中原强宗子弟。但随着孝文帝迁都洛阳并推行汉化政策,以往拱卫平城的六镇逐渐失去其军事上的重要地位,戍守六镇的将士身份也发生急剧变化,从令人羡慕不已而沦落到"莫肯与之为伍"的地步。至北魏孝明帝在位期间,六镇已成为北方社会矛盾最集中、最尖锐的地区。孝明帝正光五年(524 年)三月,沃野镇民破六韩拔陵首先聚众起义,诸镇纷起响应,很快就遍及了六镇。虽然在北魏政府军和柔然军队的联合镇压下,六镇

---

① 《南史》卷八〇《侯景传》。
② 吕思勉:《两晋南北朝史》(上),第 556 页。
③ 《资治通鉴》卷一五〇《梁纪》一五,"武帝中大同元年"条。
④ 有关六镇所指,学界说法并不一致。如吕思勉先生就认为应指怀朔、武川、抚冥、柔玄、怀荒、御夷[见其著《两晋南北朝史》(上),第 500 页],而王仲荦先生则根据《元和郡县图志》所说,认为是指沃野、怀朔、武川、抚冥、柔玄、怀荒等六镇[见其著《魏晋南北朝史》(下),第 564 页]。此处从王仲荦先生之说。

起义在次年六月失败,但北魏民众的反抗并未止息。

武泰元年(528年)二月,摇摇欲坠的北魏政权内部发生变乱,胡太后毒杀了魏孝明帝元诩,另立三岁幼儿元钊为帝。北秀容川(今山西朔县西北)的契胡酋帅尔朱荣以此为借口,于当年四月率兵南下,拥立元子攸为孝庄帝,随即渡河进入洛阳,将胡太后和元钊投入黄河溺杀,又在河阴(今河南洛阳东北)杀丞相高阳王元雍以下百官王公卿士二千余人,是为"河阴之变"。尔朱荣掌控朝政后,大力剿杀各地义军,善于窥伺方向的侯景乘时而起,踏上了投靠权贵、投机钻营的发迹之路。

河阴之变后,侯景决意投靠操控了朝政的尔朱氏,遂率自己的私属求见尔朱荣,尔朱荣甚为器重侯景的才干,将其收至帐下,委以军事重任,成为手下的一员大将。侯景成为尔朱荣的部将后,逐渐显露自己的才干。史称其"初学兵法于荣部将慕容绍宗,未几绍宗每询问焉",①足见其悟性之高以及非同一般的军事指挥才干。当年八月,葛荣率军围攻相州(治今河北临漳西南),众号百万。九月,尔朱荣亲"率精骑七千,马皆有副,倍道兼行",②侯景则充任先锋。此役尔朱荣所率军队大获全胜,并在阵前生擒了葛荣。侯景以军功被提拔为定州刺史、大行台,获封濮阳郡公。此次战役使侯景初露头角,开通了其登上历史舞台的道路,史称其"自是威名遂著"。③

各地义军相继被剿灭之后,北魏统治者内部的矛盾和斗争却又凸显出来。孝庄帝元子攸虽然由尔朱荣所拥立,但并不甘心受制于尔朱荣,北魏永安三年(530年)九月,尔朱荣自晋阳(今山西太原)入朝,孝庄帝乘其入宫朝见之机,设下伏兵袭杀了尔朱荣。尔朱荣的从子尔朱兆起兵为其报仇,立长广王元晔为帝,攻陷洛阳,杀害了孝庄帝。不久,尔朱荣的从弟尔朱世隆又废长广王,改

---

① 《南史》卷八〇《侯景传》。
② 《魏书》卷七四《尔朱荣传》。
③ 《梁书》卷五六《侯景传》。

立广陵王元恭为帝,即魏节闵帝。此时,尔朱荣虽死,但他的从子尔朱兆、尔朱天光,从弟尔朱仲远、尔朱彦伯、尔朱世隆等,或拥兵在外,或秉政在朝,内外呼应,北魏的朝政依然掌控在尔朱氏的手中。尔朱氏"割剥四海,极其暴虐",①官吏士民皆畏而恨之。而尔朱兆将难以统御的葛荣余部交由时任晋州刺史的高欢统帅并前往山东(即太行山以东地区)就食的决策,则为高欢创造了日后依靠这一武装倒戈消灭尔朱氏的契机。

高欢字贺六浑,渤海蓚县(治今河北景县南)人,其祖父高谧,仕北魏至侍御史,因坐法被徙居怀朔镇。史称高欢"既累世北边,故习其俗,遂同鲜卑",②一般都认为高欢是鲜卑化的汉人。高欢"深沉有大度,轻财重士,为豪侠所宗"。③孝昌元年,杜洛周起义,高欢率同伴参加了杜洛周的队伍。后因看不惯杜洛周的行事做派,转而投奔葛荣,再归附尔朱荣,得到尔朱荣的器重,参与军事机谋,成为尔朱荣的亲信都督,继而又被任命为晋州刺史。

高欢虽仰仗尔朱荣的器重而成为晋州刺史,但随着尔朱荣被杀、尔朱氏专权引发朝野上下怨怒,他敏锐地捕捉到了异军突起的发展机遇。特别是当他获准统御葛荣旧部就食山东,"养士缮甲,禁侵扰,百姓归心",④势力迅速发展后,高欢认为时机已经成熟,遂于北魏普泰元年(531年)六月,起兵讨伐尔朱氏。十月,高欢立勃海太守元朗为帝。在与尔朱氏的交战中,高欢屡屡获胜,并于次年改立平阳王元修为帝,是为魏孝武帝,而高欢则就任大丞相、天柱大将军。北魏的朝政自此由尔朱氏转移到了高欢的手中。

史称侯景在高欢尚未发达时就与之"亦相友结",⑤二人"甚相友好"。⑥ 正因为有着这层关系,所以侯景尽管原先是在尔朱荣的

---

① 《魏书》卷七五《尔朱彦伯传附弟世隆传》。
② 《北齐书》卷一《神武纪上》。
③ 同上。
④ 同上。
⑤ 同上。
⑥ 《南史》卷八〇《侯景传》。

麾下效力,但尔朱氏被高欢消灭并未影响到侯景。在高欢起兵讨伐尔朱氏并节节胜利的时候,擅长侦测风向和政治投机的侯景带着自己的队伍脱离尔朱氏,转而投靠了高欢。侯景又一次改换门庭,而且立即得到了高欢的重用,被任命为尚书仆射、南道大行台、济州刺史。

魏孝武帝虽为高欢所拥立,但与高欢渐生嫌隙,因而于北魏永熙二年(533 年)正月与手握重兵的关中大行台贺拔岳秘密联络,又让侍中贺拔胜出任都督三荆等七州诸军事,意图倚重贺拔岳和贺拔胜兄弟以共谋对付高欢,由此更激化了与高欢之间的矛盾。永熙三年正月,贺拔岳被秦州刺史侯莫陈悦诱杀,其部下诸将推举夏州刺史宇文泰为统帅。而高欢也派侯景前往招抚贺拔岳的部众,企图将贺拔岳的军队纳入自己的掌握之中。侯景在受命前往招抚的途中遇到了同样在赶往贺拔岳部属驻地的宇文泰,两人之间有一番很有意思的对话:宇文泰对侯景说:"贺拔公虽死,宇文泰尚存,卿何为者!"侯景闻言,失色曰:"我犹箭耳,唯人所射。"①侯景自知不是宇文泰的对手,不敢继续前行,只得无功而返。以侯景之凶狡,在宇文泰面前竟然自比听人摆布、任人所射的弓箭,寥寥数语,一个正气凛然,一个则猥琐尽显,高下立现。

七月,魏孝武帝集结军队,亲自率军十余万驻屯河桥(今河南孟县西南黄河南岸),以斛斯椿为前锋,列阵于邙山之北,准备讨伐高欢。高欢亦不示弱,率军从晋阳直向洛阳,并迅速渡过黄河,孝武帝仓皇逃奔关中,投奔宇文泰。而高欢则率军在后追赶,一路西行,于九月攻下潼关,进屯华阴。荆州刺史贺拔胜率领所部西赴关中救援。高欢见无法追回孝武帝,于是决定东还,同时命令已经位居行台尚书的侯景趁贺拔胜救援关中之机,率军攻打荆州。侯景得到当地士民的接应,在贺拔胜自关中返回荆州时,一举将其击败,贺拔胜仅帅数百骑逃奔萧梁。随后,宇文泰又任命独孤信为大

---

① 《资治通鉴》卷一五六《梁纪》一二,"武帝中大通六年"条。

都督、荆州刺史,夺回了荆州。但没过多久,又是侯景与高敖曹率军攻至城下,独孤信兵少不敌,与都督杨忠一起南奔萧梁。贺拔胜、独孤信、杨忠这三个日后将在西魏、北周历史上占据重要地位的将领,竟然都是因为败于侯景而不得不投奔萧梁,由此可见侯景的军事指挥才干。

当年十月,高欢回到洛阳,立年仅十一岁的元善见为帝,改元天平,是为东魏孝静帝。北魏自此分为东、西对峙的两部分,东魏大丞相高欢与西魏大丞相宇文泰之间展开了斗智斗勇的竞争和厮杀。

东魏天平三年(536年)九月,高欢命定州刺史侯景兼尚书右仆射、南道行台,督率诸将进攻萧梁。十月,侯景率军七万南下进攻萧梁的楚州(治今安徽凤阳),俘获了萧梁楚州刺史桓和,随即进军淮上,初战告捷的侯景甚为得意,派人给萧梁南、北司二州刺史陈庆之送去劝降书,劝其投降。但陈庆之乃久经战阵的萧梁名将,侯景并不是其对手,两军甫一交战,侯景即大败而丢兵弃甲,不得不狼狈撤退。其时天寒大雪,陈庆之尽收侯景丢弃的辎重而归。

南攻受挫,高欢改变策略,遣使与萧梁通好,而将主要精力用于对付西魏的宇文泰。侯景被任命为西道大行台,就是要让他来经略关西、对付西魏,由此可见高欢对他的信任和倚重。天平四年闰九月,高欢亲率二十万大军进攻西魏,侯景也随同出征。其时,关中闹饥荒,宇文泰所领将士不满万人,正在河南恒农(治今河南陕县)征粮,闻高欢将渡黄河,立即率军入关。东魏将领均以为双方兵力众寡悬殊,有轻敌之意。唯独侯景却向高欢建议:"今兹举兵,形势极大,万一不捷,猝难收敛。不如分为二军,相继而进,前军若胜,后军全力;前军若败,后军承之。"①可惜高欢并未接受他的建议,结果在沙苑(今陕西大荔县南,洛、渭两河之间)大败于严阵以待的西魏军,东魏损失八万人,丢弃盔甲器仗十八万。

① 《资治通鉴》卷一五七《梁纪》一三,"武帝大同三年"条。

　　高欢被迫渡过黄河匆匆撤退，大获全胜的宇文泰却也不敢乘胜追击。此时侯景又向高欢主动请战："宇文泰恃于战胜，今必致怠，请以数千劲骑至关中取之。"高欢犹豫，将侯景之言告诉妻子娄氏，娄氏虽不善征战，却颇有见识，她对高欢说："彼若得泰，亦将不归。得泰失景，于事奚益。"[1]《资治通鉴》在记述同一事件时，称侯景提出"愿得精骑二万，径往取之"。[2]　文字虽稍有出入，但基本意思是相同的。应该说，侯景对大战之后态势的分析是颇有眼光的，高欢如若接受他的建议，或许会使局势发生重大变化；而高欢之妻娄氏对侯景的判断，也是入木三分的，若确如侯景所说擒获了宇文泰，则侯景绝无返回之理！换言之，侯景将成为又一个宇文泰。高欢对娄氏的见解深表赞同，因此并未采纳侯景的建议。从娄氏的话中，可以看出高欢对于侯景既想利用又要防范的矛盾心理。

　　沙苑之战的失利，以及随后西魏的乘胜扩张，使河南诸州大多落入西魏之手，高欢及东魏受到重挫，但高欢并未就此泯灭与宇文泰争雄之心。东魏元象元年（538 年）二月，高欢又命侯景与西魏争夺河南。侯景与高敖曹等将领集结大军于虎牢，迫使西魏将领梁迴、韦孝宽等纷纷放弃颍川、汝南等地西撤。侯景攻下广州（北魏置，治今河南鲁山县东）后，于当年七月与高敖曹等围困西魏独孤信于金墉城（今河南洛阳东北），高欢则亲率大军继之。独孤信告急，宇文泰亲率军队增援。八月，宇文泰大军逼近，侯景暂避其锋芒，趁夜解除对金墉城的围困而主动撤退，在邙阴（今河南洛阳北之邙山北）布下阵势，北据河桥，南属邙山，准备在此与宇文泰决战。屡胜而骄的宇文泰率领轻骑追击侯景，竟然不顾双方兵力悬殊而投入激战，因坐骑中了流矢而坠马，险落敌手。是日，东魏、西魏两军均投入重兵，从早至晚，激战数十回合，战场上气雾四塞、昏天黑地，双方互有胜负，战事呈拉锯状。随后，西魏独孤信、赵贵等

①　《南史》卷八〇《侯景传》。
②　《资治通鉴》卷一五七《梁纪》一三，"武帝大同三年"条。

皆落下风,又不知宇文泰所在何处,纷纷遗弃部卒而西归。西魏前军败退,后军见状也都相继撤退。在此情势下,宇文泰只得下令烧营寨而退兵,留下仪同三司长孙子彦镇守金墉。

邙阴之战的胜利,大大提升了侯景的声望和地位,因而不久即被高欢任命为吏部尚书。尽管吏部尚书这一职位权重位高,但并不是侯景想要的,只因他深知手握兵权的重要,故时常独自私语:"何当离此反故纸邪。"①直至东魏兴和四年(542年)八月,侯景从开府仪同三司、吏部尚书升任兼尚书仆射、河南道大行台,这是高欢委其以外备萧梁、西魏,内讨叛逆的重任,而且授其随机征讨、便宜行事之权,侯景的权势由此急速膨胀。

史称侯景"性残忍酷虐,驭军严整,然破掠所得财宝,皆班赐将士,故咸为之用,所向多捷",②这是说侯景治军严明,而且善于笼络将士为己所用。但其另一面则是趾高气扬,目中无人。高欢手下的高敖曹、彭乐等人,都是勇冠一时的名将,侯景却看不起他们,时常说:"此属皆如豕突,势何所至!"③这是讥讽高敖曹、彭乐等人有勇而无谋,只能像野猪那样奔突乱窜。出任河南道大行台后,他又对高欢说:"恨不得泰。请兵三万,横行天下;要须济江缚取萧衍老公,以作太平寺主。"④太平寺是东魏邺都的一所寺庙。侯景放言:只需领兵三万就可横行天下,并且要渡过长江活捉梁武帝萧衍,让这个信佛的老头到邺都来做太平寺的寺主。高欢被其豪言壮语所感动,"使拥兵十万,专制河南,仗任若己之半体"。⑤

高欢器重侯景,把十万大军交给他,让其专制河南,把侯景当作自己的半个身体一样信赖、依仗。侯景也同样敬畏高欢,视为恩主。但他向来轻视高欢的长子高澄。他曾跟同样得到高欢信任的

---

① 《南史》卷八〇《侯景传》。
② 《梁书》卷五六《侯景传》。
③ 《资治通鉴》卷一五九《梁纪》一五,"武帝中大同元年"条。
④ 《南史》卷八〇《侯景传》。
⑤ 同上。

司马子如说过："高王在，吾不敢有异；王没，吾不能与鲜卑小儿共事!"①很明显，侯景只愿听命于高欢，也只有高欢才能制约和驾驭侯景。诚如侯景自己所言，高欢在世的时候他"不敢有异"；一旦高欢离世，他是绝不肯与高澄共事的。对于这一点，高欢也心知肚明，在其病危时曾对高澄说："侯景狡猾多计，反复难知，我死后，必不为汝用。"②

自东魏天平元年（534 年）高欢派遣侯景攻荆州，随后即委以经略河南之任，至东魏武定五年（547 年）高欢病危，前后十四年，侯景"总揽兵权，与神武相亚"，③权势已盛，除了高欢尚能"蓄养"之外，已非高澄所能"驾御"了。因此，高欢之死是一个分水岭，在此之前，侯景因为有着与高欢早年就"甚相友好"的情谊，也因为高欢对他的知遇之恩，作为高欢所蓄养的鹰犬，侯景虽然权势渐盛，却"不敢有异"。但高欢一死，情况顿时改变，"狡猾多计，反复难知"的侯景既无人再能驾驭，又不甘接受高澄的统辖，由此便开始了其游走在东魏、西魏和萧梁三个政权之间，或叛或降、反复无常的更大投机。

东魏武定四年（546 年）十二月，高欢在晋阳病危。由于担心侯景在高欢病逝后作乱，高澄假冒其父高欢的名义致书侯景，召其到晋阳进见。可是侯景一看到书信，便知系高澄伪造。原来，狡猾多疑的侯景在奉命出镇河南时，曾向高欢提出："今握兵在远，人易为诈，所赐书皆请加微点。"④高欢答应了他的请求，每次在写给侯景的书信上，都特意在背面加注微点以作为标记，高欢与侯景之间的这一约定，连其子弟都不知道。所以当侯景在书信背面没有见到微点时，便心知有诈，于是借故推辞，不肯奉召进见。

尽管侯景识破了高澄的用意，但想到自己与高澄历来不睦，一

---

① 《资治通鉴》卷一五九《梁纪》一五，"武帝中大同元年"条。
② 《梁书》卷五六《侯景传》。
③ 同上。
④ 《资治通鉴》卷一五九《梁纪》一五，"武帝中大同元年"条。

且高欢离世,由高澄继掌大权,必然于己不利,因而内心忐忑不安,忧虑祸患降临,故采纳了手下谋士王伟的建议,先是拥兵自固,继而又派遣行台郎中丁和带着表章秘密前往萧梁求降,表中称自己:

> 惧谗畏戮,拒而不返,遂观兵汝、颍,拥旆周、韩。乃与豫州刺史高成、广州刺史暴显、颍州刺史司马世云、荆州刺史郎椿、襄州刺史李密、兖州刺史邢子才、南兖州刺史石长宣、齐州刺史许季良、东豫州刺史丘元征、洛州刺史可朱浑愿、扬州刺史乐恂、北荆州刺史梅季昌、北扬州刺史元神和等,皆河南牧伯,大州率长,各阴结私图,尅相影会,秣马潜戈,待时即发。函谷以东,瑕丘以西,咸愿归诚圣朝,息肩有道,戮力同心,死无二志。

表中又称:

> 臣与高氏衅隙已成,临患赐征,前已不赴,纵其平复,终无合理。黄河以南,臣之所职,易同反掌,附化不难。群臣颙仰,听臣而唱。若齐、宋一平,徐事燕、赵。伏惟陛下天纲宏开,方同书轨,闻兹寸款,惟应霈然。①

侯景求降的表章既至,于是梁武帝召集群臣在朝廷商议。尚书仆射谢举等人都认为:"顷岁与魏通和,边境无事,今纳其叛臣,窃谓非宜。"面对群臣的一片反对之声,梁武帝却说:"虽然,得景则塞北可清;机会难得,岂宜胶柱!"②所谓胶柱,是说如胶柱鼓瑟而不知变通。从大同二年东魏遣使请和开始,东魏与萧梁双方遣使通好不绝,十余年来维持着边境安宁,如今突然接纳东魏叛臣侯景,

---

① 《梁书》卷五六《侯景传》。
② 《资治通鉴》卷一六〇《梁纪》一六,"武帝太清元年"条。

势必打破多年形成的睦邻现状,引发双方的矛盾冲突甚至战争,显然是很不适宜的。就此而论,谢举等人的意见是有道理的。可是梁武帝却因为侯景宣称可以带来黄河以南十三州的消息而大感振奋,认为应该接受侯景的归降,特别是侯景所说"方同书轨"一语,更让梁武帝怦然心动。所谓"同书轨",就是像秦始皇当年实施"书同文、车同轨"一样实现全国统一。梁武帝自即位以来,向以正统自居,即使高欢也认为"江东复有一吴儿老翁萧衍者,专事衣冠礼乐,中原士大夫望之以为正朔所在"。① 因此梁武帝在位期间一次次地发动北伐,目的就是想统一全国,结果却是一再受挫。如今侯景挟河南十三州归降梁朝,自然使梁武帝兴奋不已,以为是实现统一的难得机遇。

尤为可笑的是梁武帝竟然把侯景降梁与自己所做的奇梦联系在一起。就在此前不久的太清元年正月乙卯,梁武帝曾梦到中原牧守皆以各自所辖之地归降萧梁,举朝为之称庆。次日早晨,梁武帝把梦中所见告诉了中书舍人朱异,而且还说:"我为人少梦,若有梦必实。"善于阿谀奉承的朱异迎合说:"此乃宇宙混壹之兆也。"等到侯景派出的丁和到来,称侯景决心归降梁朝也是在正月乙卯,竟然与梁武帝做梦在同一日,如此巧合,更让梁武帝觉得极为神奇。尽管如此,梁武帝还是有点犹豫不决,曾在闲暇时自言自语:"我国家如金瓯,无一伤缺,今忽受景地,讵是事宜? 脱致纷纭,悔之何及?"又是朱异揣测到了梁武帝的心思,进言道:"圣明御宇,南北归仰,正以事无机会,未达其心。今侯景分魏土之半以来,自非天诱其衷,人赞其谋,何以至此! 若拒而不内,恐绝后来之望。此诚易见,愿陛下无疑。"② 梦中情境与现实的巧合,辅之以佞臣的阿谀,竟然促使梁武帝下定决心接纳侯景的归降,这表明耄耋之年的萧衍已经基本丧失了判断是非和真伪的能力,而佞臣朱异的刻意逢迎

① 《北齐书》卷二四《杜弼传》。
② 《资治通鉴》卷一六〇《梁纪》一六,"武帝太清元年"条。

则起了推波助澜的作用。当然,另一方面也应当看到,侯景愿意带着黄河以南十三州归顺萧梁的表态,对于梁武帝而言实在是难以拒绝的诱惑,在垂暮之年仍然不忘"同书轨"的梁武帝,显然不愿错失这一千载难逢的机遇。正是对即将实现统一的憧憬和亢奋,蒙蔽了梁武帝的眼睛,使其丧失了辨别真伪的基本能力。

梁武帝不顾谢举等大臣的劝告和反对,一意孤行地接受了侯景的请降,恩赏其为大将军,封河南王,都督河南北诸军事、大行台,并派遣司州刺史羊鸦仁督兖州刺史桓和、仁州刺史湛海珍等领兵三万直趋南北军事要地悬瓠(城名,又作悬壶城,在今河南汝南),并运送粮食以接应侯景。胡三省就此评论道:"帝不能自治其国,而妖梦是践,其亡宜矣。"①

太清元年(547年)正月高欢病逝后,侯景即举兵反叛,得到颍州刺史司马世云的响应,因而顺利进入颍城。接着,侯景又诱执了豫州刺史高元成、襄州刺史李密、广州刺史暴显等人。但当他派人潜入西兖州时,被刺史邢子才发觉,潜入之人悉数被捕获,邢子才随后紧急檄告东方各州,各州闻讯后都加强了戒备,侯景企图夺取更多州郡的计划未能得逞。高欢病逝后执掌东魏朝政的高澄随即派遣司空韩轨等将领率诸军讨伐,并于当年五月围攻侯景于颍川。

东魏大军进逼,令侯景感到畏惧,眼见梁朝羊鸦仁援军迟迟未到,竟然又转向西魏求救,提出以割让东荆州、北兖州、鲁阳、长社四城给西魏作为条件,请求派兵驰援。西魏尚书左仆射于瑾认为:"景少习兵,奸诈难测,不如厚其爵位以观其变,未可遣兵也。"荆州刺史王思政则以为"若不因机进取,后悔无及",②当即派出荆州步骑万余人前往救援。西魏丞相宇文泰闻讯后,即委任侯景为大将军兼尚书令,并派遣太尉李弼、开府仪同三司赵贵率军一万赶赴颍川。

① 《资治通鉴》卷一六〇《梁纪》一六,"武帝太清元年"条胡三省注。
② 《资治通鉴》卷一六〇《梁纪》一六,"武帝太清元年"条。

首鼠两端的侯景既派人至梁朝请降,同时又以割地为条件向西魏求援。西魏出兵赴援后,他又怕梁武帝怪罪,派中兵参军柳昕呈递书信给梁武帝,为自己的行为辩解称:

> 王旅未接,死亡交急,遂求援关中,自救目前。臣既不安于高氏,岂见容于宇文!但螫手解腕,事不得已,本图为国,愿不赐咎!臣获其力,不容即弃,今以四州之地为饵敌之资,已令宇文遣人入守。自豫州以东,齐海以西,悉臣控压;见有之地,尽归圣朝,悬瓠、项城、徐州、南兖,事须迎纳。愿陛下速救境上,各置重兵,与臣影响,不使差互!①

对于侯景这一派完全是为自己左右逢源行为狡辩的胡言,梁武帝不仅不严加痛斥,反而在回复中说:"大夫出境,尚有所专;况始创奇谋,将建大业,理须适事而行,随方以应。卿诚心有本,何假词费!"②梁武帝对于出征将领历来管得极细极严,作战方略甚至具体部署都要一一规定,不许前方将帅擅自做主,而对侯景的态度却明显不同,允许其"适事而行,随方以应"。本来,前线形势瞬息万变,理应准许将帅"随方以应"、临机处置。问题是梁武帝以前绝不许前方将帅"随方以应",而此时何以却对侯景网开一面?唯一的合理解释就是对侯景的纵容和放任。梁武帝的态度被狡猾的侯景看穿识破,自此更是得寸进尺、步步紧逼,对日后政局的走势产生了严重影响。

围攻侯景于颍川的东魏韩轨等将领,听闻西魏的李弼、赵贵等将领率军将至,为避西魏军锋芒而引兵退还邺城。东魏军退去,侯景及西魏将领赵贵竟然各怀鬼胎,都想诱捕对方。侯景想着借与李弼、赵贵会面时一举将其擒获,夺取他们统率的军队,因赵贵心

---

① 《资治通鉴》卷一六○《梁纪》一六,"武帝太清元年"条。
② 同上。

有疑虑没有前往而阴谋落空;而赵贵则想把侯景诱骗到军营抓起来,但李弼认为纵然抓了侯景也不能立即兼并河南之地,反而帮助东魏除掉了心腹之患,得不偿失,所以制止了赵贵的企图。此时,梁朝羊鸦仁所率的援军姗姗迟来,李弼、赵贵等西魏将领既不想与梁军发生冲突,又不愿再跟侯景周旋,因而率西魏军撤回长安。

此时,借口攻城略地而出屯悬瓠的侯景突然又乞兵于西魏,西魏丞相宇文泰派遣韦法保及贺兰愿德等将领率军前去帮助侯景。大行台左丞王悦进言说:

> 侯景之于高欢,始则笃乡党之情,末乃定君臣之契,位居上将,职重台司,论其分义,有同鱼水。今欢始死,景便离贰。岂不知君臣之道有亏,忠义之礼不足? 盖其所图既大,不恤小嫌。然尚能背德于高氏,岂肯尽节于朝廷。今若益之以势,援之以兵,非唯侯景不为池中之物,亦恐朝廷贻笑于将来也。[①]

王悦的分析入情入理,宇文泰采纳了他的意见,下令召侯景入朝。但侯景并非真心要归降西魏,只是在形势于己不利时需要借助西魏力量而已。对宇文泰派来助其一臂之力的韦法保等将领,侯景竭力拉拢,厚加礼遇,甚至亲自造访各位名将,冀其能为己所用。对于侯景的图谋,西魏不少将领都看得很清楚。如跟随韦法保来到颍川的裴宽就对韦法保说:"侯景狡猾,必不肯入关。虽托款于公,恐未可信。若仗兵以斩之,亦一时之计也。如曰不然,便须深加严警,不得信其诳诱,自贻后悔。"[②]韦法保对此深以为然,鉴于跟侯景的兵力众寡悬殊,不敢轻举妄动,但却加强了戒备。西魏荆州刺史王思政也察觉侯景有诈,密召贺兰愿德等从颍川返还,同时分布诸军,占据了侯景的七州、十二镇。果然,侯景接到宇文泰

---

① 《周书》卷三三《王悦传》。
② 《周书》卷三四《裴宽传》。

召其入朝的命令之后,坚辞不肯入朝。侯景的真面目暴露后,宇文泰下令将前后派出增援侯景的各路军队悉数召回,并撤销了颁授给侯景的太傅、大将军、兼尚书令、河南大行台、都督河南诸军事等所有职务。

侯景起兵背叛东魏之后,一时间形成了"三国四方"的特殊局面,侯景游走于东魏、西魏、萧梁等三个政权之间,而西魏和萧梁也都从各自利益出发,相继对侯景采取了拉拢、利诱的策略。但相比之下,西魏朝廷上下对侯景的认识显然要比萧梁君臣清醒得多。以当时西魏的兵力,尚不足以战胜侯景,但其将帅都对侯景有着足够的警惕和戒备,侯景别有所图的奸计也不能得逞。西魏特别是宇文泰深知侯景并非不侵不叛之臣,之所以答应他的请求出兵救援,只不过是相机行事而已。若要利用侯景背叛东魏之机乘隙进取,势必要出动更大兵力。但此时西魏历经与东魏的沙苑之战、邙山之役等重大战事,消耗甚大,亦很疲敝。再加上侯景既不易驾驭,又须面对东魏和萧梁的威胁。各种利害错综复杂,稍有不慎即满盘皆输。所以西魏特别是宇文泰始终以谨慎态度处理。反观萧梁,尽管也不乏对侯景有清醒认识之人,只可惜梁武帝一意孤行,贪利冒进,其结果也就可想而知了。

在与西魏和萧梁的交往中,狡猾而又富有智谋的侯景在不断地观察、试探、比较、权衡,最终在西魏与萧梁两个政权中选择了萧梁,因为他深知宇文泰远比萧衍清醒和精明,也远比萧衍更难糊弄和对付,而且宇文泰已经觉察了他的真实图谋,因此,与西魏宇文泰彻底决裂是其必然的抉择。

侯景的归降以及羊鸦仁率军进驻悬瓠,令梁武帝大为兴奋,遂于当年八月下诏,以南兖州刺史、南康王萧会理为元帅,督率诸将大举征伐东魏。萧会理的父亲是萧衍第四子萧绩,因年幼丧父,萧会理深受萧衍宠爱,但懦而无谋,自以皇孙之贵、都督之尊,藐视诸将,被密告而追回,改以萧衍的侄子、南豫州刺史、贞阳侯萧渊明为都督,率众十万出征。孰料萧渊明同样也是刚愎自用之人,而且并无领军才干,诸将与其议军事,萧渊明不能应对,只会说"临时制宜"。

是年九月,梁武帝命萧渊明在寒山(今江苏铜山县东南)堰塞泗水以灌彭城(今江苏徐州),待夺取彭城后再进军与侯景互为犄角。萧渊明驻军寒山,离彭城十八里,断流立堰,由侍中羊侃监督筑堰,两旬而成。羊侃向萧渊明建议乘水攻打彭城,但萧渊明固执不从,因此而错失良机。十一月,东魏名将慕容绍宗率众十万救援彭城。羊侃又劝萧渊明乘其远道而来、立足未稳之际主动进击,萧渊明不听;次日再劝萧渊明出战,又被拒绝。羊侃迫于无奈,率所领士卒出屯堰上。待到慕容绍宗率军发起攻击,萧渊明自己醉卧不起,却命诸将救援,竟无人敢于出战。慕容绍宗大败梁军,生擒萧渊明及其将帅等,梁军损失士卒数万人。战报传到京城,梁武帝正在昼寝,闻报大惊,差点从床上跌下。身为帝王竟如此失态,表明此时的梁武帝已意识到危亡将至,因而神不守舍了。

十二月,侯景又想出新花招,派其谋士王伟至建康,向梁武帝献策:请从诸元子弟中选立一人为魏主,辅之以北伐。如此,"则陛下有继绝之名,臣景有立功之效,河之南北,为圣朝之邾、莒,国之男女,为大梁之臣妾。"①这一建议再次迎合了梁武帝好大喜功、贪利冒进的心理,被梁武帝欣然采纳。于是,梁武帝下诏以太子舍人元贞为咸阳王,资助其兵力,送他回北方,并且许诺:只要渡过长江,就可以即位为魏主。

梁武帝在实施异想天开的扶持魏主计划,东魏却加紧了进剿侯景的行动,取得寒山大捷的慕容绍宗奉东魏大丞相高澄之命,率军追击侯景。侯景与慕容绍宗二人,早年同在尔朱荣麾下,以后又同为高欢手下大将,彼此都知根知底。此时的侯景尚有辎重万余辆,马数千匹,士卒数万人,但相比于慕容绍宗所率的十万士卒仍然处于劣势。而且侯景深知慕容绍宗的利害,加之又挟寒山大胜

---

① 《资治通鉴》卷一六〇《梁纪》一六,"武帝太清元年"条。

之军威,为避其锐气而不得不退保涡阳(今安徽蒙城)。慕容绍宗的队伍浩浩荡荡,旌旗蔽日,鸣鼓长驱而进,并顺着风势布下了战阵。侯景下令紧闭营垒,一直等到风止之后才出。慕容绍宗同样不敢大意,他告诫部下说:"侯景多诡计,好乘人背",①下令严加戒备。果然不出其所料,侯景率军从背后发起偷袭,因慕容绍宗已有防备而未得逞。随后,侯景又命士卒皆身穿短甲,手执短刀,以必死之士气,冲入东魏阵中,专砍人腿和马足,东魏军队大乱,连慕容绍宗都从马上坠落,险些被俘。接着,心有不服的东魏将领斛律光再次发起攻击,又被侯景打败。不过,慕容绍宗所率的东魏军队虽连遭失利,但士气并未消减,对侯景的围困也未有放松。两军相持数月,涡阳城内粮食告罄,军中人心不稳,当初最先响应侯景反叛的颍州刺史司马世云也脱离侯景投降了慕容绍宗,侯景的溃败之形开始显现。

太清二年(548 年)正月,慕容绍宗以铁骑五千夹击侯景。为了稳定军心,侯景诳骗其部众,说他们的家属都已被高澄所杀,士卒们信以为真。而慕容绍宗则针锋相对地隔空喊话:"汝辈家属并完,若归,官勋如旧",②并披发对天发誓,以明其言之绝非诓骗。侯景军中士卒多为北方人,本来就不愿意南下,再加上此前被侯景挟持的将领相继率所部投降慕容绍宗,侯景的部队由此大溃,争先恐后地从涡水渡河北上,以致连河水都为之堵塞。无法控制局势的侯景只带着心腹数骑匆匆从硖石(今安徽寿县西北)渡过淮河,重新收容散兵游勇,才得到步骑八百人。侯景带着残余的士卒昼夜兼行,东魏追兵也不敢过于逼近。侯景还派人对慕容绍宗说:"景若就擒,公复何用!"③寥寥数语,说破了"狡兔死,走狗烹"、有才之臣必养寇以自资的道理。这一言论点醒了慕容绍宗,就此下令停止追击,放其逃遁。侯景虽然狼狈逃窜,却能从绝境中觅得一条生

① 《资治通鉴》卷一六〇《梁纪》一六,"武帝太清元年"条。
② 《资治通鉴》卷一六一《梁纪》一七,"武帝太清二年"条。
③ 同上。

路,其狡黠与智谋,于此显露无遗。

五、侯景乱梁

侯景兵败之初,京城未得到准确报告,有传闻说侯景全军覆没,朝廷上下咸以为忧。稍后,有确切消息传来,侯景仅以身免,并未如传言所说那样死去。太子萧纲与侍中、太子詹事何敬容说起此事,孰料何敬容却回答说:"得景遂死,深是朝廷之福。"萧纲闻言失色,惊问其故。何敬容答道:"景翻覆叛臣,终当乱国。"①何敬容对侯景其人的深刻认识,表明他是当时萧梁朝廷中殊为难得的清醒者之一。只可惜这样的有识见者太少,而且梁武帝根本就听不进他们的逆耳忠言。

涡阳溃败,侯景损失了甲士四万人,马四千匹,辎重万余辆,原有的实力几乎丧失殆尽,与西魏又已绝交,先是不知该去向何方,继而决定投靠相距最近的寿阳,并耍弄诡计将寿阳据为己有,随后派人至建康报告涡阳兵败,并请求自贬。梁武帝优诏不许,而且以侯景新遭败绩,不忍移易,任命其为南豫州刺史,驻扎寿阳;原来的南豫州刺史萧范则改任合州刺史,驻合肥。光禄大夫萧介闻知后上表谏阻说:

> 窃闻侯景以涡阳败绩,只马归命,陛下不悔前祸,复敕容纳。臣闻凶人之性不移,天下之恶一也。……今既亡师失地,直是境上之匹夫,陛下爱匹夫而弃与国之好,臣窃不取也。若国家犹待其更鸣之晨,岁暮之效,臣窃惟侯景必非岁暮之臣;弃乡国如脱屣,背君亲如遗芥,岂知远慕圣德,为江淮之纯臣!事迹显然,无可致惑。一隅尚其如此,触类何可具陈。②

---

① 《梁书》卷三七《何敬容传》。
② 《梁书》卷四一《萧介传》。

　　萧介对于侯景的评价,不可谓不深刻:这样一个"弃乡国如脱屣,背君亲如遗芥"的匹夫,是不可能成为"江淮之纯臣"的。他认为,梁武帝"爱匹夫而弃与国之好"的做法是不足取的。梁武帝读了萧介的表章,虽然感叹其一片忠心,却并不采纳他的意见。梁武帝为何一意孤行,其动机究竟是什么? 是利令智昏、鬼迷心窍,还是骑虎难下、一意孤行,抑或两者兼而有之? 史籍没有记载,现在已不得而知。此时的侯景遭涡阳惨败,"只马归命",其所称的挟河南十三州归梁已成泡影,尚存的余部也仅有步骑八百人,若仍然图谋借侯景归降来实现统一,已无异于痴人说梦。可叹梁武帝毫不悔悟,竟然通过任命侯景为南豫州刺史,承认其占据寿阳为合法,使得狼狈南逃的侯景有了立足之地和喘息之机。

　　东魏继涡阳之战大败侯景之后,又先后夺回悬瓠、项城,悉数收复了此前丢失的旧地。此时的高澄既想缓和与梁朝的关系以集中精力对付西魏,又企图借机挑起侯景与梁朝的矛盾以从中牟利,因而几度致书,希望与梁朝恢复通好,但梁武帝最初并未答应。高澄又指使被东魏俘获的贞阳侯萧渊明写信给梁武帝,提出梁朝只要与东魏重修旧好,就可以放其南还。高澄此举击中了梁武帝的软肋,因为他向来看重亲情,对自己的子侄优渥有加,萧渊明是其亲侄子,上年九月兵败被俘,曾让梁武帝闻报大惊,险些从床上跌落。所以当高澄提出愿以释放萧渊明为条件,达成与萧梁重修旧好的目标时,果然打动了梁武帝。萧衍看到书信,在伤心落泪之余,立即与群臣协商议和之事。右卫将军朱异、御史中丞张绾等都认为:"静寇息民,和实为便。"唯独司农卿傅岐反对说:"高澄何事须和? 必是设间,故命贞阳遣使,欲令侯景自疑;景意不安,必图祸乱。若许通好,正堕其计中。"①对于高澄的奸诈以及同意通好后可能带来的恶果,傅岐的分析是非常深刻的。但是朱异等人固执地认为应该讲和,而梁武帝既宠信朱异,又厌恶用兵,朱异等人的意

---

　　① 《资治通鉴》卷一六一《梁纪》一七,"武帝太清二年"条。

见再次占据上风,遂决定与东魏恢复通好。史家对此评论道:"侯景之反复,何敬容、萧介知之;高澄之奸诈,傅岐知之。梁朝非果无人也,武帝不能决择而用之耳。"①事实确乎如此,梁武帝年迈生倦,不辨忠奸,被佞臣朱异牵拉着一步步滑向败亡的深渊而不自知,萧梁的危机愈益深重了。

侯景得知朝廷意欲与东魏议和,即上书梁武帝,竭力加以劝阻:

> 澄苟行合天心,腹心无疾,又何急急奉璧求和?岂不以秦兵扼其喉,胡骑迫其背,故甘辞厚币,取安大国。臣闻"一日纵敌,数世之患",何惜高澄一竖,以弃亿兆之心!窃以北魏安强,莫过天监之始,钟离之役,匹马不归。当其强也,陛下尚伐而取之,及其弱也,反虑而和之。舍已成之功,纵垂死之虏,使其假命强梁,以遗后世,非直愚臣扼腕,实亦志士痛心。②

侯景坚决反对与东魏议和,固然有其私心,但他对高澄求和动机的分析,不能不说是相当深刻的,他提醒梁武帝要警惕高澄"急急奉璧求和"背后的阴谋,由此也更加证明其智谋确实非同一般。为了能让自己的上书送达梁武帝手中,侯景又致书朱异,并送上黄金三百两。岂料朱异收下了黄金,却扣押了侯景的上书,并未送呈梁武帝。朱异昧于私利而不顾祸患的举动,无疑促使事态朝着更恶劣的方向发展。梁武帝未能见到侯景的上书,自然不知道侯景曾有劝阻议和一事。不过可以想见的是,其时的梁武帝是把换回侄子萧渊明的亲情置于社稷安危之上的,即使见到了侯景的上书,也绝不会采纳他的意见而停止与东魏议和的。

二月己卯,梁武帝派遣使臣前往东魏吊唁高欢,以此向高澄示

---

① 《资治通鉴》卷一六一《梁纪》一七,"武帝太清二年"条。
② 同上。

好。侯景得知后再次启奏说:"臣与高氏,衅隙已深,仰凭威灵,期雪雠耻;今陛下复与高氏连和,使臣何地自处! 乞申后战,宣畅皇威!"梁武帝回复说:"朕与公大义已定,岂有成而相纳,败而相弃乎! 今高氏有使求和,朕亦更思偃武。进退之宜,国有常制,公但清静自居,无劳虑也。"侯景仍不死心,又启奏道:"臣今蓄粮聚众,秣马潜戈,指日计期,克清赵、魏,不容军出无名,故愿以陛下为主耳。今陛下弃臣遐外,南北复通,将恐微臣之身,不免高氏之手。"梁武帝已不耐烦,回复道:"朕为万乘之主,岂可失信于一物! 想公深得此心,不劳复有启也。"①叫侯景不必再说了。

为了试探梁武帝对自己的真实态度,狡黠的侯景又炮制了谎称来自东魏的书信,称愿以贞阳侯萧渊明交换侯景。梁武帝信以为真,当即准备答应,此时的萧衍早已忘了他刚刚回复侯景时所许下的"岂有成而相纳,败而相弃"的承诺,一心只想把萧渊明交换回来。又是傅岐提出反对意见,他说:"侯景以穷归义,弃之不祥;且百战之余,宁肯束手就絷!"而朱异等人则不以为然:"景奔败之将,一使之力耳。"尽管朝臣间有截然不同的意见,一味宠信朱异的梁武帝还是决定接受交换,当即回复道:"贞阳旦至,侯景夕返。"殊不知如此回复已经把自己的真实情态完全暴露给了侯景。侯景得知梁武帝如此态度,忿忿地对左右说:"我固知吴老公薄心肠!"②自此遂决意谋反,开始加紧准备,将寿阳城内的居民悉数召募入伍以加强军备,停止征收市场交易税和田租以收揽人心,百姓子女悉配给将士。又向朝廷要求锦万匹,理由是为将士作战袍;借口武器不够精良,启请官府委派锻工重新打造。侯景的这些请求,梁武帝竟然一一答应。史称侯景自涡阳败后,"多所征求,朝廷含弘,未尝拒绝"。③ 侯景在寿阳蓄意谋反的迹象如此明显,梁朝君臣竟然熟视无睹、置若罔闻,萧梁的乱亡也就不足为怪了。

---

① 《资治通鉴》卷一六一《梁纪》一七,"武帝太清二年"条。
② 同上。
③ 《梁书》卷五六《侯景传》。

是年八月,梁武帝派遣建康令谢挺、散骑常侍徐陵出使东魏,重修前好。此举进一步刺激了侯景,更加紧了谋反的步伐。他知道临贺王萧正德早就对梁武帝心存不满,"阴养死士,储米积货,幸国家有变",①即派人与其联络,邀其里应外合、共同举事,并许诺事成之后拥立其为帝。萧正德闻言大喜,回复道:"朝廷之事,如公所言。仆之有心,为日久矣。今仆为其内,公为其外,何有不济! 机事在速,今其时矣。"②两人就此达成了里应外合的默契。

其时,已有不少人察觉侯景谋反的意图,先后向梁武帝密报。鄱阳王萧范驻守合肥,离侯景所在的寿阳最近,他最先向朝廷密启侯景即将谋反,但受武帝信赖专门负责处置边境事务的朱异却坚称必无此理。梁武帝回复称:"景孤危寄命,譬如婴儿仰人乳哺,以此事势,安能反乎!"萧范不甘心,再次陈述道:"不早剪扑,祸及生民。"武帝不耐烦了,答复说:"朝廷自有处分,不须汝深忧也。"③萧范又请求以所辖合肥之众讨伐侯景,仍然未获武帝准许,而且此后萧范的所有启奏均被朱异压下不报。接着,驻军淮上的羊鸦仁遭到侯景策反,他扣押了侯景派来的使者,并向朝廷报告。孰料朱异却说:"景数百叛虏,何能为!"侯景由此更加肆无忌惮,启奏武帝曰:"若臣事是实,应罹国宪;如蒙照察,请戮鸦仁!"武帝竟然派朱异代表自己去答复侯景的使者说:"譬如贫家,畜十客、五客,尚能得意;朕唯有一客,致有忿言,亦朕之失也。"④不仅不加提防,反而给予侯景更多的赏赐。难怪被史家评论为"帝养成侯景之祸以败国亡身"。⑤ 还有被梁武帝封为咸阳王的元贞,此时正在寿阳,知道侯景"有异志",害怕受到牵累,再三请求还朝,在逃归建康后,向梁武帝作了详细报告,梁武帝未有丝毫警觉,既不查问,也不作防备。

① 《资治通鉴》卷一六一《梁纪》一七,"武帝太清二年"条。
② 同上。
③ 同上。
④ 同上。
⑤ 《资治通鉴》卷一六一《梁纪》一七,"武帝太清二年"条胡三省注。

胡三省为之感叹："帝既不问景,又不为之备,盖耄期倦勤,直付之无可奈何。"①"耄期倦勤"四字,揭示了梁武帝此时的实际状态,年届耄耋,在位过久,倦怠是必然的。

八月戊戌,侯景袭用历史上常见的"清君侧"手法,借口诛除朱异等佞臣,起兵谋反于寿阳。梁武帝得知消息后,竟然笑着说:"是何能为,吾以折箠笞之。"②箠,是古代施行杖刑的棍子。萧衍此言,与朱异所谓"景数百叛虏何能为"之说如出一辙,足见其受朱异影响之深。侯景谋反前,梁武帝不以为然、不加防备;侯景谋反后,梁武帝又是如此骄矜、如此轻敌,其不败也难。不把侯景放在眼里的梁武帝随即诏令合州刺史、鄱阳王萧范为南道都督,北徐州刺史、封山侯萧正表为北道都督,司州刺史柳仲礼为西道都督,通直散骑常侍裴之高为东道都督,开府仪同三司、邵陵王萧纶则总督众军,诸路并进讨伐侯景。

侯景闻知朝廷大军征讨,问计于谋士王伟。王伟献策说:"邵陵若至,彼众我寡,必为所困。不如弃淮南,决志东向,帅轻骑直掩建康;临贺反其内,大王攻其外,天下不足定也。兵贵拙速,宜即进路。"③侯景深表赞同,当即以游猎为名,于九月癸未神不知鬼不觉地率军出了寿阳。数日后的十月庚寅,侯景又扬言攻合肥,实则袭占了谯州(今安徽滁州),随后又进攻长江西岸的历阳(今安徽和县),梁朝历阳太守庄铁打开城门投降,并向侯景建议说:"国家承平岁久,人不习战,闻大王举兵,内外震骇,宜乘此际速趋建康,可兵不血刃而成大功。若使朝廷徐得为备,内外小安,遣羸兵千人直据采石,大王虽有精甲百万,不得济矣。"④庄铁熟知朝廷内情,建议趁朝廷尚无防备之机,尽快渡过长江夺取东岸的采石,然后直趋建康。狡诈而富有智谋的侯景当即采纳了庄铁的建议,以庄铁为向

---

① 《资治通鉴》卷一六一《梁纪》一七,"武帝太清二年"条胡三省注。
② 《南史》卷八〇《侯景传》。
③ 《资治通鉴》卷一六一《梁纪》一七,"武帝太清二年"条。
④ 同上。

导,率军抵达长江。

侯景已在虎视眈眈,随时准备渡过长江,而梁朝巡江防御的却只有宁远将军王质所率的三千士卒驻扎在采石矶。不过,尽管防务兵力薄弱,毕竟还是让侯景颇为忌惮。恰在此时,梁朝名将陈庆之之子、临川太守陈昕启奏朝廷,认为"采石急须重镇,王质水军轻弱,恐不能济"。① 梁武帝接受了陈昕的建议,即以陈昕为云旗将军,取代王质戍守采石,王质则另有任用。陈昕的建议不可谓不当,梁武帝采纳其建议也不能说错,但是换防主将的交接出现了严重脱节,王质离开采石之时,陈昕尚在京城还未出发,这就给了侯景难得的可乘之机。在察觉侯景有渡江企图后,沿江镇将纷纷急报朝廷。梁武帝接报,向都官尚书羊侃询问征讨侯景之策。羊侃说:"景反迹久见,或容豕突,宜急据采石,令邵陵王袭取寿春。景进不得前,退失巢窟,乌合之众,自然瓦解。"② 羊侃不愧是身经百战的名将,他对当前形势的判断是清醒的,所提建议也是正确的,只要增派军队严守采石矶,侯景便不能渡江;再命邵陵王萧纶袭居寿阳,端掉侯景的巢穴,侯景的"乌合之众,自然瓦解"。若能按照羊侃的建议加紧部署,此时的侯景声势尚小,必将陷入"进不得前,退失巢窟"的困境,最终将其一举消灭,应该也并非难事。然而朱异等人却依然坚称侯景必无渡江之志,不敢马上进逼京师。值此紧急关头,梁武帝又一次听信了朱异的鬼话。采石即采石矶,又名牛渚矶,在今安徽当涂北的长江东岸,为牛渚山突出长江中而成,地形险要,向为古代江防重地。一旦夺取了采石矶,东下就几无障碍了。投降侯景、助纣为虐的庄铁清楚地了解夺取采石是直下建康的关键;梁朝名将羊侃也深知据守采石对于捍卫京师极为重要。然而向来精于判断形势、骁勇善战的梁武帝,此时却一反常态地昏庸异常,对朱异等人的话言听计从,又一次错失了遏制并消灭侯景

① 《资治通鉴》卷一六一《梁纪》一七,"武帝太清二年"条。
② 《梁书》卷三九《羊侃传》。

的良机，致使侯景未遇任何阻击就轻松地从横江(津渡名，故址在今安徽和县东南)渡过长江，占领了采石矶。此时是十月二十二日，距侯景离开寿阳仅仅二十多天。渡江后的侯景有马数百匹，士卒八千人，他在分兵攻袭姑孰(即今安徽当涂)的同时，率军抵达慈湖(在今安徽当涂东南二十公里)。

侯景起兵之时，梁朝建立已四十七年，境内长期承平无事，朝廷文武官员及士民罕见兵甲，突闻侯景率军而至，京师大骇，街巷人众竞相劫掠，道路为之堵塞。萧梁朝廷直到这时才如梦初醒，于当晚宣布戒严。

侯景属下的士卒，在涡阳惨败后仅有区区八百步骑，即使渡过长江、占据采石矶时，也不过八千人，相比于萧梁朝廷的数十万大军，众寡极其悬殊。然而就是这样一支数量上居于绝对劣势的军队，竟然在短短不到一个月的时间里，就从寿阳进抵慈湖。侯景的进展之所以如此神速，与其说是侯景善于抓住时机，指挥有方，还不如说是因为梁武帝措置失当，朝廷军队缺乏斗志而不堪一击。梁武帝本是围棋高手，自然深谙"一着不慎，满盘皆输"的道理。然而，在应对侯景叛乱问题上，梁武帝岂止是一着不慎，简直可以说是一错再错、昏招连连。其结果便是侯景步步紧逼，进展神速，兵临城下，萧梁朝廷蜷缩一隅，陷入了朝不保夕的险境。

六、惨淡落幕

太清二年十月二十二日，侯景趁萧梁朝廷防务疏失，迅速渡江占据采石矶，并在分兵袭占姑孰的同时，率军抵达慈湖，距离建康已只有一步之遥。萧梁朝廷直到此时才如梦初醒，于当晚宣布戒严。太子萧纲见事态严重、情况紧急，戎装入见武帝，启奏说："请以事垂付，愿不劳圣心。"武帝却说道："此自汝事，何更问为。"[①]由此不难看出，耄耋之年的梁武帝已经全无昔日扶大厦之将倾、挽狂

---

① 《南史》卷八〇《侯景传》。

澜于既倒的雄心,他将城中防务悉数交由太子处置,想必是意识到萧梁气数将尽,回天无力了。萧纲受命,即前往中书省开始指授军事,然而此时人情惶骇,竟无有应募者。匆促之下,萧纲任命其子、宣城王萧大器为都督内外诸军事,都官尚书羊侃为萧大器的副手,遣南浦侯萧推驻守东府城,西丰公萧大春防守石头,轻车长史谢禧防守白下,太府卿韦黯及右卫将军柳津等分守宫城诸门及朝堂。同时加紧修缮宫城,为应敌之备。

十月二十三日,侯景进至板桥(今江苏南京西南板桥镇)。百姓听说侯景军至,惊慌之下竞相涌入京城,公私一片混乱。此时,梁朝的宿将皆已凋零,后进少年则领兵在外,京城的守卫幸赖羊侃调度,才勉强支撑危局,使军心不致完全离散。但政府军根本没有斗志,还未接战就纷纷败退。而侯景又得到萧正德的接应,两军会合,于十月二十四日攻到台城阙下,列兵绕台城一周。与此同时,狡诈的侯景仍不忘彰显其起兵的"正义性",命人将信函射入宫城,宣称:"朱异等蔑弄朝权,轻作威福,臣为所陷,欲加屠戮。陛下若诛朱异等,臣则敛辔北归。"这本来只是一种托词,除了朱异"蔑弄朝权"一语属实之外,其余全是谎言,然而梁武帝竟将信将疑,在得到萧纲肯定的回答后,即准备诛杀朱异。还是萧纲略显清醒,劝阻道:"贼以异等为名耳。今日杀之,无救于急,适足贻笑将来,俟贼平诛之未晚。"[①]面对侯景咄咄逼人的险恶局势,梁武帝显然已乱了方寸,往日精于判断时局的智慧和眼力已荡然无存,对侯景诡计的认识甚至远不及其子萧纲。

侯景完成了对台城的围困之后,随即加紧攻城,鸣鼓吹号,喧嚣震天,又纵火焚烧大司马、东华、西华等台城门。羊侃命士卒在城门上凿洞,灌水灭火,又派勇士数人翻过城墙从外洒水,内外协力将火扑灭。继而,侯景所部用长柄斧砍斫东掖门,羊侃则在门扇上凿孔,以长槊从孔中伸出刺杀数人,逼退了砍斫者。两军相持,

---

① 《资治通鉴》卷一六一《梁纪》一七,"武帝太清二年"条。

侯景久攻不下,士卒死伤甚多,在分兵占据了台城外的公车府、左卫府、东宫、同泰寺,放火焚烧士林馆、太府寺之后,筑起了长围,阻隔台城内外的联系与交通。

十一月戊午,侯景为了进一步与梁武帝分庭抗礼,拥立临贺王萧正德即帝位,宣布大赦,改元正平,侯景则自封为相国、天柱将军。萧正德作为梁武帝的亲侄子,在当时无疑具有相当的号召力,他勾结侯景实施里应外合的计划,对侯景迅速进入建康起了重要作用。侯景此时立萧正德为帝,既是为了进一步笼络他,让他更好地配合自己的行动,也是希望借助他皇族至亲的影响力,减少攻占台城、夺取梁朝军政大权的阻力。萧正德终圆皇帝梦,对侯景感激涕零,不仅把女儿嫁给侯景,还拿出了家中财货,倾囊以助军费。于是,侯景在萧梁宫阙前安营扎寨,分兵西陷石头城,东取东冶城。在攻陷东府城后,侯景命其属下率数千人持长刀夹城门而立,尽驱城内文武官员裸身而出,持刀的士卒交相杀之,死者三千余人。

为了攻城,侯景又在台城的东西两侧各筑土山,驱迫士民,不限贵贱,乱加殴捶,疲羸者则在被杀之后填入土山,致使号哭动地,在侯景的高压下,士民不敢逃窜、藏匿,被迫参与筑山。台城守军为了应对,同样也在城内构筑土山,自太子萧纲、宣城王萧大器以下,皆亲自背土,筑起土山,太府卿韦黯守卫西土山,左卫将军柳津守卫东土山,招募敢死士卒二千人,身穿厚厚的铠甲,名曰"僧腾客",分配在东、西两个土山,昼夜交战不息。因遇大雨,城内土山崩塌,侯景的军队乘机冲入,梁军苦战而不能阻挡。又是羊侃下令士卒一起投掷火把,组成"火城"以断敌进路,并在城内再筑城墙,才阻遏了侯景的进攻。

侯景初至建康,以为很快就可以攻下台城,因此号令严整,士卒不敢侵暴百姓。及至久攻不下,人心开始涣散。侯景唯恐朝廷援军汇集,加之石头城内的粮仓均已消耗殆尽,军中缺粮,于是纵容士卒掠夺百姓粮食、财物。又招募身为他人奴隶者,悉数免奴为良,赐以主家资产,数日之间就招募了千余人,而且人人感恩,为其拼死效力。在这些举措的刺激下,侯景的军队人数虽不占优,却极为凶狠。

十一月癸巳,侍中、都官尚书羊侃病卒。自侯景围城之后,萧纲的嫡长子、宣城王萧大器受命为都督城内诸军事,羊侃为军师将军辅之。但生于普通四年(523年)五月的萧大器自幼长于皇家,此时虽年富力强,却并无统兵作战的能力与经验,因而台城的防御作战实际上都依赖羊侃调度、指挥。也正是在羊侃的苦苦支撑下,台城才得以面对侯景的昼夜狂攻而坚持不破。因此羊侃的病逝,顿使城内守军失去了事实上的统帅,朝野上下忧惧加剧,人心不稳,胜负的天平更加倾向了侯景。

在侯景加紧攻城,萧梁朝廷危若累卵之时,萧梁各地的宗室王侯和州郡将领纷纷赶赴建康救援。邵陵王萧纶、鄱阳王世子萧嗣、湘东王世子萧方等、南兖州刺史萧会理、衡州刺史韦粲、司州刺史柳仲礼、西豫州刺史裴之高、高州刺史李迁仕等,相继率领各自统辖的军队赶到建康城附近,各路援军汇集,有众二三十万之多,援军共推柳仲礼为大都督,指挥协同作战。但城内与城外久已隔绝,根本无法互通信息。此时有个名叫羊车儿的献策,称可以作一纸鸢,也就是风筝,系以长绳,将敕文藏在里面,趁风放飞,或许能送达援军。太子萧纲觉得可行,亲自在太极殿前乘着西北风将纸鸢放飞升空,侯景的士卒看到后感觉奇怪,以为是城内使出的厌胜之术,将其射了下来。还是援军招募勇士,绕道钟山背后,昼伏夜行,数日后才入城通报消息。至此,城内守军方才知道援军云集,全城为之欢呼雀跃。

但是,城内军民的满腔希望很快就变成了失望,因为近在咫尺而且数量占优的援军并没有进击侯景以解台城之围的行动。若仅以兵力论,援军总数占绝对优势,远非侯景可比。但太清三年(549年)正月韦粲奉柳仲礼之命出战时,因遭遇大雾而迷路,被侯景乘隙击败,韦粲战死。柳仲礼闻讯,仓促间率麾下百余骑驰援,也身受重伤。受此打击,柳仲礼此后不复言战,此其一;其二,柳仲礼虽被共推为大都督,但他神情傲狠,凌辱蔑视诸将,即使贵为武帝之子的邵陵王萧纶都很难见他一面,导致将帅们对其怨恨甚深,将帅不和,难以形成合力,史称援军陆续赶到后,众号百万,但"列营而立,互相疑贰。邵陵王纶、柳仲礼甚于仇敌,临城公大连、永安侯确逾于水火,无有斗心";①其三,各路将帅中,不少人都是梁武帝的至亲,如邵陵王萧纶是其第六子,湘东王世子萧方等、南兖州刺史萧会理是其亲孙,鄱阳王世子萧嗣关系稍远,也是其侄孙;其余诸人,如衡州刺史韦粲、西豫州刺史裴之高、高州刺史李迁仕等,也都是萧梁的方镇大臣,但他们都有自己的盘算,为尽可能保存自己的实力,大多犹豫观望,顿兵不战。有此诸多因素,援军人数再多,也无法构成对侯景的实质性威慑,更不可能主动出击以战胜侯景。至于湘东王萧绎、河东王萧誉、桂阳王萧慥等人,虽然都是萧梁宗室至亲,而且都手握重兵,但面对侯景围困台城、梁武帝危在旦夕的严峻局势,竟然都异口同声地以等待四方援军聚齐为借口而隔岸观火,淹滞不进。所有这些,都被侯景看在眼里,他看清了"援军号令不一,终无勤王之效",②气焰更为嚣张。

台城被围后,萧梁朝野都因为侯景之祸而怨恨朱异,朱异背负着骂名,惭愤而发病,于太清三年正月庚申,也就是柳仲礼仓促出战、身负重伤之后的第四天,病死于城中。朱异之死,本来是不足为惜的,武帝却为之而深感痛惜,还打破惯例特赠朱异为尚书右仆射。朱异的死,使梁武帝身边少了一个阿谀奉承、频频误导的佞臣,但此时萧梁朝廷的溃败几乎已成定局,无法改变了。

台城被围之时,朝廷公卿只想着蓄积粮食,无论男女贵贱均参与背米,得到粮食四十万斛,收诸府藏钱帛共计五十万亿,但没有准备鱼盐。随着被围日久,军士无肉,或煮铠甲、熏鼠、捕雀而食之,营膳的处所还有一些味带酸碱的干苔,也分给士卒权充咸盐。

---

① 《南史》卷八〇《侯景传》。
② 同上。

到后来，更发展到军人屠马，杂以人肉而食，结果大批染病。侯景又派人在水源处投毒，致使城中逐渐流行肿胀之疾，病死者大半。而侯景的军队同样因为缺粮而挨饿，四出钞略也无所获。东府城虽有可供一年之用的粮食，但被援军截断了道路。谋士王伟向深感忧虑的侯景建议："今台城不可猝拔，援兵日盛，吾军乏食，若伪求和以缓其势，东城之米，足支一年，因求和之际，运米入石头，援军必不得动，然后休士息马，缮修器械，伺其懈怠击之，一举可取也。"①侯景听从他的建议，派人至城下求和，表示愿返回寿阳。对于侯景这一显而易见的缓兵之计，主持防务的太子萧纲竟然以城中穷困为由，答应了侯景。侯景提出割让江右的南豫州、西豫州、合州、光州等四州之地给他，并让宣城王萧大器出城相送，只要满足这些条件，他就渡江离去。对于侯景的这些无理要求，梁武帝仅仅因为萧大器是嫡嗣，不宜轻易外出为由，改换其弟石城公萧大款为人质，其余要求则一一答应，并敕令各路援军不得继续前进，又下诏以侯景为大丞相，都督江西四州诸军事，豫州牧、河南王如故。二月己亥，双方甚至设坛于西华门外，各派代表杀牲歃血为盟，以表诚意。然而盟誓之后，侯景却并不解除对台城的围困，而是以各种借口搪塞拖延，一会儿说"无船，不得即发"；一会儿又说"恐南军见蹑"；一会儿又遣返石城公萧大款，仍然要求宣城王萧大器出城送行。说到底，无非就是不肯退兵。更可笑的是，萧纲尽管已经清楚侯景并无撤围北还之意，却仍然一味实施羁縻政策，不断满足侯景的种种无理要求，包括命南康王萧会理、湘潭侯萧退、西昌王世子萧彧统帅的三万北军将士撤回秦淮河南岸；将对侯景颇有威胁的永安侯萧确、直阁赵威方召回台城；又听任侯景从容地把东府城的粮米运入石头城。萧纲的一再退让，看似是为了换取侯景撤围退兵，实际上是逐一解除了令侯景不敢轻举妄动的掣肘之患，让侯景更加看清了梁武帝父子的软弱可欺，刺激了其加速攻城的欲望。

---

① 《资治通鉴》卷一六二《梁纪》一八，"武帝太清三年"条。

胡三省就此评论道:"景凡所请,上父子无不从,求以却其攻,乃所以速其攻也。"①可谓一针见血。

侯景在所提出的无理要求——得到满足之后,就开始了对台城的新一轮围攻。他致书梁武帝,历数其见利忘义、反复无常、执法不严、赏罚无章、听信谗言等十大过失;又揭批梁武帝"崇饰虚诞,恶闻实录"、"烂羊镌印,朝章鄙杂"、"修建浮图,百度糜费"等弊政;还说:"皇太子珠玉是好,酒色是耽,吐言止于轻薄,赋咏不出《桑中》;邵陵所在残破;湘东群下贪纵;南康、定襄之属,皆如沐猴而冠耳。亲为孙侄,位则藩屏,臣至百日,谁肯勤王!此而灵长,未之有也。……伏愿陛下小惩大戒,放逸纳忠,使臣无再举之忧,陛下无婴城之辱,则万姓幸甚!"②侯景的书信,气焰虽然嚣张,但所述均是事实,梁武帝读后既羞惭又恼怒,却又无可奈何。

三月丙辰,梁武帝不问苍生问鬼神,立坛于太极殿前,祭告天地,以侯景违背盟誓,举烽火鼓噪。台城被围之初,城内有男女十余万,士卒二万余人。被围日久,城内之人多身肿气急,死者更多达十之八九,可以上城守卫者不满四千,而且都已赢弱不堪。城内横尸遍地,来不及掩埋,致使烂汁满沟,臭气熏天。此时,萧梁君臣把所有的希望都寄托在了外援身上。然而,近在咫尺的援军却依然按兵不动。被推为大都督、统一指挥援军的柳仲礼整日只知道与妓妾厮混,饮酒作乐,诸将每日前去请战,柳仲礼一概不许。邵陵王萧纶此时率援军驻扎在骠骑洲,其部属安南侯萧骏不忍坐视台城倾覆,竭力劝说萧纶出兵:"城危如此,而都督不救,若万一不虞,殿下何颜自立于世!今宜分军为三道,出贼不意攻之,可以得志。"③萧纶是梁武帝的亲儿子,于公,他是朝廷的命官和将领,国家有难,理应赴救;于私,其父萧衍被围困在台城,驰援刻不容缓。然而,萧纶却无动于衷,宁可背负不忠不孝之名,也不肯出兵救援。

---

① 《资治通鉴》卷一六二《梁纪》一八,"武帝太清三年"条。
② 同上。
③ 同上。

柳仲礼的父亲柳津,其时官居左卫将军,与武帝同在被围的城内。他得知柳仲礼按兵不动,登上城楼向柳仲礼隔空喊话:"汝君父在难,不能竭力,百世之后,谓汝为何!"柳仲礼竟然丝毫不以为意。武帝向其问退兵之策,柳津愤懑地答道:"陛下有邵陵,臣有仲礼,不忠不孝,贼何由平!"①综观其时形势,城内守军仅剩数千羸弱,城外援军又不肯进击救援,台城被攻陷的命运已不可逆转了。

萧梁朝廷企盼援军无望,侯景又加紧了攻城的节奏。就在梁武帝设坛祭告天地的两天之后,侯景命士卒掘开玄武湖,引水灌台城,随即百道攻城,昼夜不息。邵陵王萧纶的世子萧坚奉命屯守台城六门之一的太阳门,但他终日摴蒲、饮酒,不恤将士,招致其部属董勋华、白昙朗的愤恨。三月十二日临近拂晓时,董、白二人竟在城西北楼接引侯景部众登城,侯景的士卒得以四面飞梯,悉数登城。永安侯萧确虽是萧坚之弟,同为梁武帝之孙,关键时刻的表现却截然不同,当得知侯景的军队登城后,萧确即率众力战,可惜已无法阻挡。眼见城破已无可挽回,萧确只得排闼而入,向武帝报告:"城已陷矣。"尚在睡卧中的梁武帝闻言,并不惊慌,依然安卧不动,问道:"犹可一战不?"萧确回答:"人心不可。臣向格战不禁,缒下仅得至此。"得知大势已去,武帝叹息道:"自我得之,自我失之,亦复何恨,幸不累子孙。"②在得知台城失陷的消息时,梁武帝竟表现得如此淡定,固然可以视为其"泰山崩于前而色不变"的政治家气度,但更多的恐怕还是对台城迟早将会失陷的结局早有预感,当这一残酷现实最终到来时的无可奈何。而"自我得之,自我失之"一语,则道出了武帝苍凉、凄苦的心境。

就在萧确赶往文德殿向武帝报告城陷时,侯景已率军逼近武帝所在的文德殿,他先命其谋士王伟、仪同陈庆前往拜谒梁武帝,呈上侯景的信函,内称:"为奸佞所蔽,领众入朝,惊动圣躬,今诣阙

① 《资治通鉴》卷一六二《梁纪》一八,"武帝太清三年"条。
② 《南史》卷五三《萧确传》。

待罪。"这自然又是惺惺作态的假话。武帝让王伟等把侯景招来，于是在武帝与侯景之间有了一段颇令人唏嘘的对话。侯景入见武帝于太极东堂，带着五百甲士随身护卫，武帝神色不变，问曰："卿在戎日久，无乃为劳！"侯景不敢仰视，汗流浃背。武帝又曰："卿何州人？而来至此。"侯景皆不能答，而由其属下代答。"又问：'初度江有几人？'景曰：'千人。''围台城有几人？'曰：'十万。''今有几人？'曰：'率土之内，莫非己有。'帝俯首不言"。① 侯景从开始的"不敢仰视，汗流浃背"到随后的辞气狂悖，而武帝则由起初的"神色不变"到最后的"俯首不言"，两人神色的前后转变，清晰地表明了彼此所处地位的变化。而侯景的部属由"千人"到"十万"再到"率土之内，莫非己有"的发展壮大，正是因为梁武帝的一再纵容和退让，才酿成了养虎遗患的恶果，所谓"自我得之，自我失之"，确是残酷的事实。

侯景进入台城，立即幽禁了梁武帝和太子萧纲，将原先的宫廷侍卫悉数撤除，换上了自己的士卒，并派遣亲信分别守卫武德殿和太极东堂，对武帝和太子严加监视。侯景又以武帝的名义颁诏，在侍中、大丞相、河南王的基础上，再加自己为大都督、都督中外诸军事、录尚书，将朝廷的军政大权统统抓在自己手中。

随后，侯景再次假借梁武帝的名义，派萧纲之子、石城公萧大款出城宣布诏令，遣散城外援军。援军统帅柳仲礼召集诸将商议去留，邵陵王萧纶认为应该由统帅决定，柳仲礼不予回答。将领裴之高、王僧辩纷纷提出："将军拥众百万，致宫阙沦没，正当悉力决战，何所多言！"②两人义正词严，说得柳仲礼无言以对。统帅既不发一言，于是各路援军相继散去，各还本镇。而身为援军统帅却"君父在难，不能竭力"的柳仲礼，并没有像南兖州刺史萧会理、东扬州刺史萧大连、吴郡太守袁君正、晋陵太守陆经等将领那样率军

---

① 《南史》卷八〇《侯景传》。
② 同上。

撤回本镇,而是带着兄弟柳敬礼等一众将领,打开营门投降了侯景。进入台城后,柳仲礼更是先拜侯景,再去见武帝。柳仲礼作为数十万援军的统帅,面对实力远不及自己的侯景,君父有难却冷漠至极,隔岸观火,坐视不救,萧梁朝廷有如此无君无父、不忠不孝的将领,欲其不亡,岂非痴人说梦?

自太清二年十月二十四日被围,至太清三年三月十二日城破,萧梁的台城前后被侯景围困了一百三十多天。当初被围时,城内有男女十余万,甲士三万,粮食四十万斛。被围既久,"城中疾疫,死者太半"。① "疾疫且尽,守埤者止二三千人,并悉羸懦。横尸满路,无人埋瘗,臭气熏数里,烂汁满沟渎"。② 城内惨况如此,城外百姓也一样遭受荼毒,侯景攻城时,命百姓构筑土山,"不限贵贱,昼夜不息,乱加殴棰,疲羸者因杀以填山,号哭之声动天地"。③ "自景作乱,道路断绝,数月之间,人至相食,犹不免饿死,存者百无一二"。④ 侯景之乱给萧梁尤其是京城建康所造成的破坏,实在是一场人间浩劫。

侯景执掌了梁朝的军政大权之后,梁武帝虽然在实际上已成其手中的傀儡,连生活起居都在侯景的控制之下,但内心是极为不平的,时有令侯景及负责监管他的军士难堪的言行,其结果是遭到更恶劣的刁难,每有所求,多不能满足,甚至连御膳亦被裁节。台城陷落两个月后的五月丙辰,忧愤成疾的梁武帝躺卧在净居殿,觉得口中苦涩,索要一点蜂蜜,身边的监管者却充耳不闻,垂死之际的梁武帝连这点小小的要求都没能得到满足,深感屈辱,口中连呼"荷! 荷!"气绝而死,享年八十六。在位四十八年的梁武帝,文韬武略冠绝一时,曾经叱咤风云,指点江山,最终却落得如此凄惨的下场,原因固然很多,但在很大程度上是他自己信用佞臣、养虎遗

---

① 《梁书》卷五六《侯景传》。
② 《南史》卷八〇《侯景传》。
③ 同上。
④ 《资治通鉴》卷一六二《梁纪》一八,"武帝太清三年"条。

患、措置失误、一错再错所酿成的恶果。

梁武帝死后，侯景下令秘不发丧，严密封锁消息，把武帝的遗体迁移至自己所居住的昭阳殿，同时把太子萧纲接来，命其像平日一样入朝。太子呜咽流涕，悲痛难忍，因为有侯景的亲信在身边严密监视，不敢把消息泄露出去，以致满朝文武都不知武帝已经病逝。直到五月辛巳，即梁武帝病逝的第二十六天，才升梓宫（即棺椁）于太极殿，为武帝发丧。六个月后的十一月乙卯，安葬梁武帝于修陵，庙号高祖。

梁武帝萧衍虽死，而侯景之乱未止。侯景其人，既狡诈，又凶狠。仅在太清二年（548 年）十一月至大宝二年（551 年）十一月的短短三年中，他就册立了萧正德、萧纲、萧栋三个皇帝，随后又废黜了这三个皇帝。当形势尚不明朗时，他手握废立大权，将萧梁的皇帝玩弄于股掌之中；当形势急转直下、节节败退时又迫不及待地自立为帝，唯恐再不抓紧就做不成了。

先是在太清二年十一月，侯景册立临贺王萧正德为帝，改年号为正平。及至太清三年三月，台城陷落，梁武帝萧衍、太子萧纲均落入其手，萧正德已无利用价值，侯景即弃之如敝屣，将萧正德废为侍中、大司马。萧正德怨恨侯景出卖自己，暗中与鄱阳王萧范联络，让他率军入朝。不料书信被截获，侯景索性痛下杀手，在当年六月缢杀了萧正德。与侯景狼狈为奸、沆瀣一气的萧正德，最终落得死于非命的结局，也是咎由自取。

接着在太清三年五月，被侯景软禁的梁武帝忧愤而死，太子萧纲即皇帝位，是为梁简文帝。太子本是皇位的合法继承人，梁武帝病死，由太子继位，看似很正常，其实真正在背后起着决定作用的，还是已经控制了朝廷局势、手握生杀大权的侯景。没有他的认可，萧纲纵然是太子也不可能继承皇位。王仲荦先生认为："萧纲时为太子，侯景立纲为帝（是为简文帝）。"[1]这样的表述是准确的，一个

---

①　王仲荦：《魏晋南北朝史》（下），第 450 页。

"立"字,说出了侯景在幕后操纵的事实。如果联系日后侯景废黜简文帝时,不立太子而另立他人的做法,就可以更透彻地看清这一点。萧纲被立为帝,侯景则出屯朝堂,分兵守卫。梁朝的皇帝由萧衍换成了萧纲,但军政大权依然牢牢地掌控在侯景的手中,皇帝是换人了,但傀儡的角色定位并没有变化。史载:大宝元年(550 年)四月,侯景"召简文幸西州","又上礼,遂逼上起舞"。① 侯景设宴,竟然可以下令把简文帝召来;音乐声起,又可以逼简文帝起舞。一个"召"字和一个"逼"字,把侯景颐指气使的嚣张气焰刻画得入木三分,也使简文帝任人摆布的傀儡角色显露无遗。同年"冬十月乙未,侯景又逼太宗幸西州曲宴",②可见如此"呼之即来,挥之则去"的做法在侯景而言已是司空见惯。更重要的是,朝廷官员如太宰、太保、太傅、太尉、司徒、司空、尚书仆射等重要官职,侯景均安排自己的心腹担任,将领出征,也只听从侯景的调遣。

尽管侯景一时间权势熏天,但他毕竟来自北方,在南方没有深厚的政治资源和社会基础,在攻陷台城、执掌了梁朝的军政大权之后,必须要采取各种措施来稳固自己的地位。归结起来,侯景同时实施了笼络和镇压两手以对付不同的人群。笼络是用于来自北方者。还在围困台城的时候,侯景就"募北人先为奴者,并令自拔,赏以不次"。③ 太清三年五月,简文帝即位伊始,侯景又假借其名义颁布诏令,"北人在南为奴婢者,皆免之,所免万计;景或更加超擢,冀收其力"。④ 与此同时,侯景又把目光专注于因种种原因逃亡南方的北魏元氏宗室,当年六月,侯景"封元罗为西秦王,元景袭为陈留王,诸元子弟封王者十余人"。⑤ 无论免奴为良还是封北魏元氏为王,都是侯景希望借助这些北人之力为己所用、壮大自己统治基础

① 《南史》卷八〇《侯景传》。
② 《梁书》卷四《简文帝纪》。
③ 《南史》卷八〇《侯景传》。
④ 《资治通鉴》卷一六二《梁纪》一八,"武帝太清三年"条。
⑤ 《南史》卷八〇《侯景传》。

的手段。

在笼络北人的同时,侯景加紧了对南方民众的控制和镇压。史称侯景"虐于用刑,酷忍无道,于石头立大舂碓,有犯法者擣杀之","又为大剉碓,先进其脚,寸寸斩之,至头方止"。① 侯景实行如此酷刑的目的,就是要坚决镇压敢于反抗他的南方士民。侯景又禁止民众二人以上聚集交谈,"有犯则刑及外族"。② 所谓外族,即母家或妻家的亲族。两个人交谈本是极为寻常之事,可是按照侯景颁布的禁令,不仅直系亲族要受牵连,甚至母家和妻家的亲族都要受到牵连。此外,每次派遣将领出征,侯景都要告诫说:"破栅平城,当净杀之,使天下知吾威名。"③因此他手下的将领每次作战获胜,专以焚掠为能事,杀人如草芥,甚至以杀人取乐。侯景本想以残酷的镇压和屠杀来巩固其恐怖统治,结果却适得其反,"百姓虽死不从之",④各地州郡乃至朝廷内部的反抗从未间断。

太清三年六月,上甲侯萧韶从建康城中逃奔江陵,称受梁武帝生前密诏征兵,以湘东王萧绎为侍中、假黄钺、大都督中外诸军事、司徒,即授权萧绎统领全国军队,起兵讨伐侯景。不过,萧绎在此后近一年的时间里,并未将主要精力放在讨伐侯景上,而是着力对付可能威胁其坐上皇位的兄弟和侄子们。直到大宝元年(550 年)四月,自以为已基本扫清障碍的萧绎才公开为梁武帝发丧,又以其兄简文帝受制于贼臣侯景为理由,拒不遵从大宝年号,而是继续沿用梁武帝的太清年号,把大宝元年称为太清四年,其实已暗喻只有他才是正统、应该由其继承皇位之意。数日后,萧绎移檄远近,下令大举讨伐侯景,此时距侯景攻陷台城已一年有余。

当时梁朝境内的宗室诸王,确实以湘东王萧绎的实力最强,他所统辖的地区,东至今湖北接江西之界,西至今陕南的汉中,北至

---

① 《南史》卷八〇《侯景传》。
② 同上。
③ 《资治通鉴》卷一六三《梁纪》一九,"简文帝大宝元年"条。
④ 《南史》卷八〇《侯景传》。

襄阳,南至湖南全境,除了四川由其八弟萧纪统辖外,长江上流重镇,尽在其管辖之下。一旦萧绎下令大举讨伐,荆州军就成为侯景不得不全力应对的最强劲对手。

大宝二年四月,侯景派遣军队进攻荆州,围困了巴陵(今湖南岳阳),侯景甚至亲自上阵督战。但巴陵久攻不下,"军中食尽,疾疫死伤太半",[1]士气大受影响。此时,湘东王萧绎又派武猛将军胡僧祐领兵增援巴陵,与侯景部将任约激战于赤亭城(位于今湖南华容县境内),大获全胜,任约所率的部队溃不成军,被杀及溺水而死者甚众,任约本人也被生擒送往江陵。任约是追随侯景乱梁的心腹,对侯景有着"佐命元功",因而深得侯景的信任。侯景掌控了梁朝政局之后,任约奉命多次出征,未有败绩。故此次任约兵败被擒,给侯景造成的震动之大,是不言而喻的。史称侯景得知任约兵败被擒的消息后,即"焚营宵遁"。[2] 与侯景逃回建康形成鲜明对照的,是王僧辩乘胜率军东下,"自是众军所至皆捷"。[3] 巴陵之役,是梁末政局的转折点。经此一役,攻守大势逆转,侯景迅速走向衰亡,以湘东王萧绎统领的荆州军为主力的梁朝军队则乘胜追击,转入了战略大反攻。

称帝,是侯景一直以来追求的梦想。还在其攻陷台城、进宫见梁武帝时,与梁武帝有过一番对话,其中就有"率土之内,莫非己有"之语。侯景所说的"率土之内,莫非己有",显然是从"率土之滨,莫非王臣"演化而来,除了凸显其狂妄自大、志得意满的一面以外,也隐含着取而代之、自立为帝的意思。简文帝即位后,侯景纳其女溧阳公主。侯景曾召简文帝至玄武湖南的乐游苑,畅饮三日后简文帝还宫,"景与公主共据御床,南面并坐,群臣文武列坐侍宴"。[4] "御床"是皇帝专用的座椅,"南面而坐"是历来用以指称帝

---

① 《资治通鉴》卷一六四《梁纪》二〇,"简文帝大宝二年"条。
② 同上。
③ 《南史》卷八〇《侯景传》。
④ 《资治通鉴》卷一六三《梁纪》一九,"简文帝大宝元年"条。

王的专用语。而侯景竟然据御床南面而坐,其图谋称帝的野心昭然若揭。当初侯景既克建康,自以为梁朝士人怯弱,易于攻取,欲待拓定中原以后再称帝。及至大宝二年六月从巴陵败归建康,眼见猛将多死,侯景唯恐不能持久,就想早登皇位。其谋主王伟提出:"自古移鼎,必须废立,既示我威权,且绝彼民望。"①侯景认为有理,于是让手下代写禅让诏书,命简文帝抄录。简文帝继位后,曾立长子萧大器为太子。侯景逼迫简文帝禅位,却又不立太子萧大器,而选择了昭明太子的长孙、豫章王萧栋。此举既是为了显示其逼迫简文帝禅让的正当性,也是为了显示其生死予夺的权威性。八月,侯景立豫章王萧栋为帝,改元天正,简文帝被废为晋安王,幽禁于宫中,内外侍卫悉数撤离,派兵严加看守,墙垣遍布荆棘。九月,王伟等人在侯景的默许下,用装满了泥土的皮囊将被废黜的简文帝萧纲活活压死。

侯景逼迫萧纲将皇位禅让给萧栋,本来只是演的一场戏,不过是其自立为帝的铺垫而已。因此在仅隔三个月之后的当年十一月,侯景又命萧栋把皇位禅让给自己,改元天始,国号汉,将萧栋改封淮阴王,并将其与两个弟弟萧桥、萧樛一起锁禁于密室。

侯景称帝之举,更使自己成为众矢之的,进一步激起了梁朝宗室诸王和将领们的愤怒和反抗。不仅如此,侯景在称帝前,尚能与属下友好相处,"文武无尊卑皆引接";称帝后,"非故旧不得见,由是诸将多怨望"。② 表明侯景阵营内部也开始分崩离析。

承圣元年(552年)三月,梁朝将领王僧辩、陈霸先率军攻克建康,溃败后的侯景仅率腹心百余骑仓皇东逃。四月,侯景在沪渎下海,图谋北逃,在船上被部下刺杀,尸体被送到建康。王僧辩暴侯景尸体于市,"士民争取食之,并骨皆尽"。③ 其后"焚骨扬灰,曾罹

---

① 《资治通鉴》卷一六四《梁纪》二〇,"简文帝大宝二年"条。
② 同上。
③ 《资治通鉴》卷一六四《梁纪》二〇,"元帝承圣元年"条。

其祸者,乃以灰和酒饮之".① 侯景的为人,可谓酷虐无伦。史称其"性猜忍,好杀戮,恒以手刃为戏。方食,斩人于前,言笑自若,口不辍餐。或先断手足,割舌劓鼻,经日乃杀之".② 大宝元年二月,侯景派侯子鉴率水军八千,自己亲率步兵一万,进攻广陵(今江苏扬州),三日后攻克广陵,俘获守将祖皓,"缚而射之,箭遍体,然后车裂以徇;城中无少长皆埋之于地,驰马射而杀之".③ 如此视屠戮为儿戏、以杀人取乐的残忍之人,遭到民众的切齿痛恨是必然的,难怪会有那么多人在侯景死后争食其肉,哪怕已是死尸,甚至已经烧成了灰,也要和酒饮之。

侯景自涡阳之战惨败,于太清二年(548年)正月渡过淮河投奔梁朝起,直至其于承圣元年(552年)四月被杀,梁朝因侯景而起的祸乱整整持续了四年之久。这场浩劫给南方人民带来的苦难和给南方社会经济所造成的破坏是空前的。史称:"初,(建康)城中男女十余万人,及陷,存者才二三千人,又皆带疾病";"始景渡江至陷城之后,江南之民及衍王侯妃主、世胄子弟为景军人所掠,或自相卖鬻,漂流入国者盖以数十万口,加以饥馑死亡,所在涂地,江左遂为丘墟矣。"④而萧衍亲手创建的梁朝,也在这场浩劫的冲击下风雨飘摇,名存实亡。虽然不能把导致侯景之乱的所有责任都归结到梁武帝一人身上,但源自他的一系列错误判断和决策,确实是侯景之乱得以发生并延续的关键因素。在缺乏制约、乾纲独断的大背景下,事关国家安危存亡的决策几乎都出自最高统治者,而梁武帝晚年已基本丧失了准确判断及决策的能力,这是梁武帝的悲剧、梁朝的悲剧,也是时代的悲剧、历史的悲剧。

---

① 《南史》卷八〇《侯景传》。
② 同上。
③ 《资治通鉴》卷一六三《梁纪》一九,"简文帝大宝元年"条。
④ 《魏书》卷九八《岛夷萧衍传》。

第八章 余祉绵延

　　《新唐书·宰相世系表》对唐朝历任宰相作了统计,江南萧氏的后裔共有十人在有唐一代担任过宰相,其中有一人出自皇舅房,即刘宋时阳穆侯萧思话的八世孙萧至忠,其余九人则出自齐梁房。而出自齐梁房的九人中,除萧邺为梁武帝长兄萧懿的十世孙之外,另外八人均是萧衍一系的枝叶,这八人是:萧瑀、萧嵩、萧华、萧俛、萧俶、萧复、萧寘、萧遘,他们相继担任宰相的时间,从唐高祖直至唐懿宗、唐僖宗,几乎与唐朝相始终。值得注意的是,"自瑀逮遘,凡八叶宰相",①均出自萧衍之孙、后梁主萧詧一脉。换言之,梁武帝萧衍有子八人,但在唐代先后担任宰相的萧瑀等八人,同出于其长子昭明太子萧统这一支;萧统有子五人,而萧瑀等八位唐朝宰相均出自其第三子萧詧这一系。正是萧詧这一支梁武帝萧衍的嫡裔,传承了其祖上的血脉,把南兰陵萧氏的尊荣延续到隋唐时期。梁武帝萧衍的"余祉"何以唯独通过萧统——萧詧这一支系而绵延至隋唐并与唐朝相始终? 要探究这一现象的渊源,不能不从昭明太子萧统说起。

---

　　①　《新唐书》卷一〇一《萧瑀传》"赞曰"。

一、昭明太子早逝与政局变故

萧统,是梁武帝萧衍的嫡长子。齐中兴元年(501年)四月,萧衍亲率大军从襄阳出发时,其妻丁令光因怀有身孕而留在襄阳。当年九月,萧衍率军东下,打到了建康郊外的江宁,萧统也在此时诞生于襄阳,并在萧衍平定建康以后,随其母一起前往京城。次年四月,萧衍称帝,十一月,尚在襁褓中的萧统被立为皇太子。学识渊博且已登上皇位的梁武帝萧衍,十分重视自己家族子弟的教育,以之作为"自保其家世"的重要手段。天监九年(510年)三月,梁武帝颁布诏令,规定:"王子从学,著自礼经,贵游咸在,实惟前诰,所以广式义方,克隆教道。今成钧大启,元良齿让,自斯以降,并宜肄业。皇太子及王侯之子,年在从师者,可令入学。"①这一诏令显示了梁武帝对包括皇太子萧统在内的皇室子弟教育的重视,希望藉此以"克隆教道",维持其统治的长治久安。当然,萧统所受的启蒙教育并非自此时始。史称萧统"生而聪睿,三岁受《孝经》《论语》,五岁遍读《五经》,悉能讽诵。"天监八年九月,梁武帝亲自为年仅九岁的萧统"于寿安殿讲《孝经》,尽通大义"。萧统"性宽和容众,喜愠不形于色。引纳才学之士,赏爱无倦。恒自讨论篇籍,或与学士商榷古今,闲则继以文章著述,率以为常。于时东宫有书几三万卷,名才并集,文学之盛,晋、宋以来未之有也"。② 虽然萧统三十一岁就因病去世,但他在文学史上依然留下了突出成就:"所著文集二十卷;又撰古今典诰文言,为《正序》十卷;五言诗之善者,为《文章英华》二十卷;《文选》三十卷。"③湖北襄阳及浙江乌镇等地至今还留存有昭明太子读书台的遗迹。

在梁武帝的言传身教下,萧统不仅在儒学、文学方面有很深的造诣,而且与其父一样热衷于佛教的研习与佛事活动。《梁书·昭

① 《梁书》卷二《武帝纪中》。
② 《梁书》卷八《昭明太子传》。
③ 同上。

明太子传》称："高祖大弘佛教,亲自讲说,太子亦崇信三宝,遍览众经。乃于宫内别立慧义殿,专为法集之所。招引名僧,谈论不绝。"《续高僧传》也记载说,梁武帝下诏礼请当时高僧释法云为家僧,"资给优厚。敕为光宅寺主,创立僧制,雅为后则。皇太子留情内外,选请十僧于玄圃,经于两夏,不止谈经,而亦悬谈文外"。[①]《昭明太子集》收录了萧统作于天监十七年的《答云法师请开讲书》《又答云法师书》《答玄圃讲颂启令》;同年,萧统又作弘扬佛法的文章《令旨解二谛义并问答》《令旨解法身义并问答》,展现了其对佛法的理解。由此可见,萧统深受其父梁武帝的影响,学业精进,儒、佛皆通。

萧统虽自幼生长于深宫,但其关注民生的情怀与治国理政的才干也在耳濡目染中不断增长。自天监十四年行成人礼之后,"高祖便使省万机,内外百司奏事者填塞于前。太子明于庶事,纤毫必晓,每所奏有谬误及巧妄,皆即就辨析,示其可否,徐令改正,未尝弹纠一人。平断法狱,多所全宥,天下皆称仁"。普通年间,"大军北讨,京师谷贵,太子因命菲衣减膳,改常馔为小食。每霖雨积雪,遣腹心左右,周行闾巷,视贫困家,有流离道路,密加振赐。又出主衣绵帛,多作襦袴,冬月以施贫冻。若死亡无可以敛者,为备棺槥。每闻远近百姓赋役勤苦,辄敛容色"。[②]中大通二年(530年)春,因吴兴郡屡以水灾歉收,梁武帝诏遣前交州刺史王弁征发吴郡、吴兴、义兴三郡民丁开沟渠以泻震泽。萧统为此上疏谏阻曰:"伏闻当发王弁等上东三郡民丁,开漕沟渠,导泻震泽,使吴兴一郡,无复水灾,诚矜恤之至仁,经略之远旨。暂劳永逸,必获后利。未萌难睹,窃有愚怀。所闻吴兴累年失收,民颇流移。吴郡十城,亦不全熟。唯义兴去秋有稔,复非常役之民。即日东境谷稼犹贵,劫盗屡起,在所有司,不皆奏闻。今征戍未归,强丁疏少,此虽小举,窃恐

① 《续高僧传》卷五《释法云传》。
② 《梁书》卷八《昭明太子传》。

难合,吏一呼门,动为民蠹。又出丁之处,远近不一,比得齐集,已妨蚕农。去年称为丰岁,公私未能足食;如复今兹失业,虑恐为弊更深。且草窃多伺候民间虚实,若善人从役,则抄盗弥增,吴兴未受其益,内地已罹其弊。不审可得权停此功,待优实以不? 圣心垂矜黎庶,神量久已有在。臣意见庸浅,不识事宜,苟有愚心,愿得上启。"《梁书》收录的萧统这一一《止三郡民丁就役疏》,写在其三十岁时,从中可以看到他对地方实情相当熟悉,而且思虑周全,对利弊得失的分析非常透彻,从梁武帝看到奏疏后"优诏以喻"的反应看,他对萧统的奏疏也是很满意的。

在梁武帝的精心培养下,萧统本应该是萧梁王朝理想的接班人,然而他却在中大通三年四月因病去世。昭明太子的英年早逝,一方面使"朝野惋愕。京师男女,奔走宫门,号泣满路。四方氓庶,及疆徼之民,闻丧皆恸哭";[①]另一方面也给梁武帝带来了重新选立皇储的踌躇。在萧统卒后,梁武帝随即将其长孙、南徐州刺史、华容公萧欢征召到建康,准备立为皇太孙,然而在前后长达一个多月的时间里,梁武帝一直处于犹豫不决的思虑之中。本来,按照建储"以嫡不以长"的传统,被立为皇储的嫡长子若先于皇帝去世,依据继承顺序,自应将嫡长孙立为皇太孙,这样做在皇室内部没有异议,也不会引发矛盾,因而有利于政局稳定。然而梁武帝却迟迟未就重立皇储一事作出决断,在踌躇、犹豫良久之后,最终决定选立次子萧纲为太子。对于梁武帝舍弃嫡长孙萧欢而改立萧统同母弟萧纲的原因,《梁书》未有任何记载,而《南史》则有比较详细的描述:

> 初,丁贵嫔薨,太子遣人求得善墓地,将斩草,有卖地者因阉人俞三副求市,若得三百万,许以百万与之。三副密启武帝,言太子所得地不如今所得地于帝吉,帝末年多忌,便命市

---

① 《梁书》卷八《昭明太子传》。

之。葬毕,有道士善图墓,云"地不利长子,若厌伏或可申延"。乃为蜡鹅及诸物埋墓侧长子位。有宫监鲍邈之、魏雅者,二人初并为太子所爱,邈之晚见疏于雅,密启武帝云:"雅为太子厌祷。"帝密遣检掘,果得鹅等物。大惊,将穷其事。徐勉固谏得止,于是唯诛道士,由是太子迄终以此惭慨,故其嗣不立。[①]

这就是所谓的"埋鹅事件",时在萧统之母丁令光于普通七年(526 年)十一月病逝后不久。萧统遭人进谗言,称其搞厌祷即巫蛊,致使梁武帝甚为震惊,萧统有口难辩,终身惭愤,不能自明。"埋鹅事件"被史家李延寿视为日后梁武帝不立嫡孙而改立萧纲的重要理由。

司马光是赞同李延寿的观点的,《资治通鉴》采用了《南史》的相关叙述,而且司马光对此还有评论:

> 君子之于正道,不可少顷离也,不可跬步失也。以昭明太子之仁孝,武帝之慈爱,一染嫌疑之迹,身以忧死,罪及后昆,求吉得凶,不可湔涤,可不戒哉!是以诡诞之士,奇邪之术,君子远之。[②]

在司马光看来,埋鹅事件的性质非常严重,以致"身以忧死,罪及后昆"。但若仔细分析,此事虽令梁武帝震惊,但应该并不是导致其最终不立嫡孙的根本原因。埋鹅之举,只为有利于太子,而对梁武帝并无不利,武帝不会看不清这一点,此其一;宫监鲍邈之向武帝密告,矛头指向的是魏雅,是为与魏雅争宠而故意陷害之,武帝"将穷其事",应该是追究魏雅的罪责,后经徐勉固谏得止,唯诛道士而未处分魏雅,此其二;在太子萧统卒后,梁武帝随即将其长

---

① 《南史》卷五三《梁武帝诸子传》。
② 《资治通鉴》卷一五五《梁纪》一一,"武帝中大通三年"臣光曰。

孙、南徐州刺史、华容公萧欢征召到建康,显然是准备立为皇太孙的,若对埋鹅一事耿耿于怀,必不会再有立嫡孙的考虑,此其三。真正促使梁武帝下决心弃萧欢而立萧纲的,必然另有原因。值得关注的是《南史》的另外一段记述:

> 欢既嫡孙,次应嗣位,而迟疑未决。帝既新有天下,恐不可以少主主大业,又以心衔故,意在晋安王,犹豫自四月上旬至五月二十一日方决。①

细细品味这一记述,应该可以看出,“帝既新有天下,恐不可以少主主大业”,才是梁武帝最终决定另立昭明太子的同母弟、晋安王萧纲为皇太子的关键所在。萧统的长子萧欢生于何时,因史籍未有记载而无法得知,不过仍有两点线索可供探寻:一是其父萧统于天监十四年(515年)正月行成人礼;二是虽然其二弟萧誉生年同样不详,但其三弟萧詧生于天监十八年。由这两个已知的年份推断,萧欢显然是生于其父萧统行成人礼之后、其二弟萧誉和三弟萧詧出生之前,极有可能生于天监十五年前后,萧统病逝时其年龄应在十五岁左右;而萧纲生于天监二年十月,萧统病逝时已经二十八岁,比萧欢年长了十多岁。两相比较,英姿勃发的萧纲显然比尚是少年的萧欢具有更为丰富的人生阅历和治国理政经验,选择萧纲作为储君,自然更有利于皇位的顺利交接和萧梁政权的稳固。再说,昭明太子萧统病逝时,梁武帝萧衍六十八岁,这在当时已经属于高龄,此时的他绝不会预料到自己能享寿八十六,所谓时不我待,选择随时能继承皇位的储君应是当务之急。权衡再三,梁武帝最终作出选立萧纲的决策,应该是从萧梁的长治久安大局所作的决断,同时也是他吸取历史教训的结果。南齐武帝萧赜在位时,就曾因太子萧长懋病逝而在选立储君问题上引发朝臣间的严重分

---

① 《南史》卷五三《梁武帝诸子传》。

歧,齐武帝最终遵循嫡长子继承的原则,选立了"少主"皇太孙。齐武帝病逝后,又发生了争夺皇位的政争,虽然仍然由齐武帝选定的皇太孙萧昭业继位,但因皇太孙年幼,导致大权旁落、政局混乱,被萧鸾夺取了皇位,这是"不可以少主主大业"的鲜活例证,而且都是梁武帝萧衍亲身经历、亲眼所见的。正可谓殷鉴不远,梁武帝以史为戒,怀有"恐不可以少主主大业"的顾虑,也是完全合乎情理的。当然,"又以心衔故"一语表明埋鹅事件的心理阴影仍在,也是促使梁武帝最终选择萧纲的动因之一,不过并非最关键的因素,也是显而易见的。

梁武帝审时度势、以史为鉴,在重新建储时不遵常规,自有其合理性,但毕竟违背了封建传统,由此而导致朝野议论纷纷,多以为此举不顺。即使梁武帝本人也难以做到理直气壮,否则也不会"犹豫自四月上旬至五月二十一日方决",在决策之后又"内常愧之"。面对着"帝既废嫡立庶,海内噂沓"①的局面,梁武帝以人言不息,不得不采取安抚补救措施,将昭明太子的五个儿子都分封为大郡的郡王,其中,萧统的长子萧欢为豫章郡王,次子萧誉为河东郡王,三子萧詧为岳阳郡王,意在通过这样的举措来宽慰他们弟兄、平息社会舆论。不过,《南史》称"岳阳王萧詧流涕受拜,累日不食",②其心中的怨恨,虽不敢公开发泄,却溢于言表。《周书》亦有类似的记载:"昭明卒,梁武帝舍詧兄弟而立简文,内常愧之,宠亚诸子,以会稽人物殷阜,一都之会,故有此授,以慰其心。詧既以其昆弟不得为嗣,常怀不平。"③足见梁武帝虽封萧统诸子为郡王,又授萧詧为东扬州刺史,但是这些安抚措施并未收到他所想达到的效果。梁武帝的废嫡立庶之举,导致了萧梁政坛的变故,种下了萧誉、萧詧兄弟与他们的叔父之间反目成仇的祸根,并在侯景攻占台城之后集中爆发出来。

①　《南史》卷五三《梁武帝诸子传》。
②　同上。
③　《周书》卷四八《萧詧传》。

二、叔侄之间的殊死相争

太清三年(549年)三月,侯景攻占台城。五月,梁武帝萧衍忧愤而死,太子萧纲继位。可是,萧纲虽然继承了皇位,却受制于侯景,实际上不可能有任何作为。此时,实力最强的湘东王萧绎已然萌生了觊觎帝位的想法。为此,他一面做出起兵救援建康的姿态,一面又非常关注宗室其他诸王的动向,并且想方设法对他们进行防范和遏制。因为他很清楚,父皇梁武帝病逝后,简文帝萧纲只是侯景掌控的傀儡,真正对他构成威胁的,还是他的其他至亲诸王,其中包括他的六兄萧纶、八弟萧纪,当然还有他的侄子萧誉、萧詧兄弟。

台城失陷后,上甲侯萧韶"奉诏西奔",于当年六月抵达江陵,称受梁武帝密诏征兵,并授湘东王萧绎为侍中、假黄钺、大都督中外诸军事、司徒、承制,统率各地军队征讨侯景。萧韶为梁武帝长兄萧懿之孙,太清初年进宫为舍人,既是梁武帝贴身侍从,又是宗室至亲,梁武帝授其密诏是完全有可能的。萧韶带来的梁武帝密诏,自然使萧绎如获至宝,凭借这一密诏,萧绎便拥有了都督中外诸军事的名分,可以据此号令天下。然而萧绎却在侄子萧誉这里碰了钉子。

时任湘州刺史的河东王萧誉,是昭明太子萧统的次子,"幼而骁勇,马上用弩,兼有胆气,能抚士卒,甚得众心",[①]而且兵强粮足,无疑是对其叔父湘东王萧绎的极大潜在威胁。因而萧绎即以讨伐侯景为名,遣使征督萧誉的粮草和兵员,企图借机削弱其实力。孰料萧誉并不买账,竟然宣称:"各自军府,何忽隶人!"[②]拒不承认萧绎拥有都督中外诸军事的权力,也不接受萧绎的调遣。萧绎为此先后三次遣使前往,均无功而返。萧绎因权威遭到其侄子的挑战

---

① 《资治通鉴》卷一六二《梁纪》一八,"武帝太清三年"条。
② 《南史》卷五三《梁武帝诸子传》。

而勃然大怒,宣布撤销萧誉湘州刺史的职务,改由自己的幼子萧方炬担任,并派世子萧方等率精兵二万护送萧方炬赴任,实际上就是让萧方等率军前去攻打萧誉,结果反被打败,萧方等溺水而死,萧方炬则收拾余众退回江陵。萧绎不甘心受挫,再派部将鲍泉率师进击,萧誉一败再败,战死及溺水而亡者万余人,只能退保长沙,又被鲍泉的军队团团围困,萧誉不得不向其兄弟、岳阳王萧詧告急。

岳阳王萧詧时为雍州刺史,与其叔父萧绎的关系同样并不和睦。太清二年十二月,萧绎派遣世子萧方等率步骑一万入援建康时,曾"令所督诸州,并发兵下赴国难"。萧詧虽未拒绝,但只是派了雍州府司马刘方贵领兵为前军,准备从汉口东下。即将出发时,萧绎又命部将前去宣喻,令萧詧亲自率军出行,萧詧"辞颇不顺,元帝又怒"。① 可见萧詧与其兄萧誉一样,并不把萧绎放在眼里。因此,当他得知萧誉被萧绎所派军队围困的消息之后,立即命部将留守襄阳,亲率步兵二万、骑兵二千进伐江陵以救援萧誉。湘东王萧绎闻讯大惊,紧急派人前去劝说道:"正德肆乱,天下崩离。汝复效尤,将欲何谓? 吾蒙先宫爱顾,以汝兄弟见属。今以侄伐叔,逆顺安在?"意在用所谓叔侄亲情来让萧詧退兵。然而萧詧不为所动,针锋相对地回复说:"家兄无罪,累被攻围。同气之情,岂可坐观成败。七父若顾先恩,岂应若是。如能退兵湘水,吾便旋旆襄阳。"② 叔侄二人剑拔弩张,各不相让。萧绎在慌乱中问计于竟陵太守王僧辩,王僧辩为其部署方略,才稍稍心安,当即以王僧辩为城中都督,全权负责江陵的守卫事宜。其时江陵为防守而树立栅栏,围绕城郭,唯独北面还未完成。萧詧率军到达江陵,即分全军为十三营,从北面全力进攻。但攻栅不克,只得退而构筑营垒,随即继续倾精锐加紧攻城。恰遇大雨,平地水深四尺,萧詧军队受阻,士气大受影响。此时,湘东王又利用旧谊,策动萧詧的部将杜岸等人率

---

① 《周书》卷四八《萧詧传》。
② 同上。

其部属降附,并趁萧詧率军攻江陵之机偷袭襄阳。萧詧的部众得知杜岸等投降萧绎而军心大乱,加之担心自己的后方不稳,萧詧不得不连夜撤兵赶回襄阳,器械辎重也损失大半。

萧詧攻打江陵失利,与其七叔萧绎已成势不两立之势。他既与萧绎为敌,因担心双方力量悬殊,无法自保,故于太清三年十一月遣使求援于西魏,请求成为其附庸。西魏丞相宇文泰早就有意经略江、汉地区,得知萧詧有意归附,自然乐见其成,当即派丞相府东阁祭酒荣权出使襄阳。萧绎闻讯,也派遣司州刺史柳仲礼率军一万进逼襄阳。萧詧惊惧,再派自己的王妃和世子前往西魏作为人质,请求西魏出兵救援。宇文泰抓住这一天赐良机,委派开府仪同三司杨忠都督三荆等十五州诸军事,镇守穰城(今河南邓州),随即出兵救援萧詧。杨忠率部一路奏凯,于大宝元年(550 年)正月进围安陆(今湖北安陆西北)。正率军进攻襄阳的柳仲礼闻讯,急忙驰归以救援安陆。杨忠选两千精锐骑兵乘夜奇袭,大败柳仲礼统帅的军队,柳仲礼、柳子礼兄弟及其部属悉数被俘,自此,汉水以东之地尽入西魏之手。

二月,杨忠乘胜进至石城(今湖北钟祥),意欲进逼江陵。萧绎闻讯,慑于西魏军的勇猛,派人游说杨忠:"詧来伐叔,而魏助之,何以使天下归心!"其时宇文泰并未下达过进攻江陵的指令,而柳仲礼已被俘获,襄阳之围已解,杨忠出兵的任务已经完成,进击江陵在很大程度上只是做出的一种姿态。萧绎既派人劝说,杨忠便顺水推舟,停止了进兵。随后,萧绎又派部下送其子萧方略为人质以求和,杨忠也同意了。于是萧绎与杨忠盟誓曰:"魏以石城为封,梁以安陆为界,请同附庸,并送质子,贸迁有无,永敦邻睦。"[1]西魏通过派杨忠出兵,取得了让萧詧和萧绎同时都成为西魏附庸,并且实际控制汉东之地的丰硕成果,为日后进一步加强对荆州地区的影响和控制奠定了基础。

---

[1] 《资治通鉴》卷一六三《梁纪》一九,"简文帝大宝元年"条。

自萧詧从江陵撤军后，萧绎摆脱了困境，又转而对付困守长沙的萧誉。他对鲍泉久围长沙而不克非常不满，命王僧辩取代其为都督，加紧攻打长沙。萧誉眼见其弟萧詧的救援无望，也曾向其六叔、邵陵王萧纶求援。其时，萧纶从建康一路西上，先到九江，简文帝之子、寻阳王萧大心要把江州让给叔父，萧纶不接受，继续西行，到了江夏（今湖北武昌），郢州刺史、南平王萧恪也想把郢州让给萧纶，萧纶依然不受，于是萧恪等推举萧纶为假黄钺、都督中外诸军事，承制置百官，此时的江夏实际上成为了江陵之外的又一个权力中枢。萧纶有心要帮萧誉，苦于兵粮不足而无法救援，但他又想调停萧誉与萧绎之间的冲突，故致书萧绎曰：

> 道之斯美，以和为贵，况天时地利不及人和。岂可手足肱支，自相屠害。即日大敌犹强，天雠未雪。余尔昆弟，在外三人，如不匡救，安用臣子。如使逆寇未除，家祸仍构，料今访古，未或弗亡。夫征战之理，义在克胜。至于骨肉之战，愈胜愈酷，捷则非功，败则有丧，劳兵损义，亏失多矣。侯景之军所以未窥江外者，政为藩屏盘固，宗镇强密。若自相鱼肉，是谓代景行师，景便不劳兵力，坐致成效，且徒闻此，何快如之！①

史称萧纶"素骄纵"，曾代理南徐州事务，"在州轻险躁虐，喜怒不恒，车服僭拟，肆行非法"，"百姓惶骇，道路以目"。② 可见其在州郡任上的名声并不好。但他写给萧绎的书信，却表明他至少在共同对抗侯景的问题上是顾全大局的，所说确实入情入理，对宗室内斗导致"骨肉之战，愈胜愈酷"等恶果的认识也是清醒的。如其所说，梁武帝所生八个儿子，此时尚健在的，除了简文帝萧纲，仅剩"在外三人"，即梁武帝第六子邵陵王萧纶，时在郢州；第七子湘东

---

① 《南史》卷五三《梁武帝诸子传》。
② 同上。

王萧绎,时为荆州刺史;第八子武陵王萧纪,时为益州刺史。侯景乱梁,梁武帝忧愤病逝,简文帝又在侯景严密控制下,萧纶、萧绎、萧纪等兄弟三人理应同仇敌忾,携手共讨。然而萧绎自恃实力最强,一心要承继皇位,凡是妨碍其实现这一目标的,都是他的仇敌,必欲除之而后快。他不仅要坚决铲除拒不听其指挥的侄子萧誉,即使六兄萧纶、八弟萧纪,也是早晚要拔掉的钉子。因此,萧绎根本听不进萧纶的劝告,在回信中坚持认为萧誉罪大恶极、十恶不赦,必须消灭,而且明确宣称:"临湘旦平,暮便即路。"①也就是说,必须先收拾了萧誉,然后才能对付侯景。可见,在湘东王萧绎的心目中,扫除其夺取皇位过程中的障碍,是比讨伐侯景更为紧急的大事。

面对王僧辩的凌厉攻势,困守长沙的萧誉苦等外援无望,不得不选择突围逃亡,然而这一计划还没来得及实施,就因其部将反水,接引王僧辩入城而破灭。大宝元年四月,王僧辩率军进入长沙,萧誉被抓获。此时的萧誉尚心存侥幸,对看守者说:"勿杀我,得一见七官,申此谗贼,死无恨。"他以为萧绎毕竟是其叔父,当会顾及叔侄之情而饶其一死,孰料得到的回答竟是"奉令不许"。② 萧誉所称的"七官",即其七叔萧绎;然而王僧辩率军前来攻打长沙,所奉的正是萧绎之令。因此,"奉令不许"四字清楚地表明,为争权夺利而进行的相互厮杀,是你死我活的,哪里还讲什么叔侄情义?萧绎命王僧辩攻打长沙,就是要置萧誉于死地。若要说萧绎一点亲情也不讲,倒也未必,萧誉被斩首,首级送往江陵,萧绎命返还其首级至长沙安葬,总算让萧誉完尸而葬,叔侄亲情,仅此而已。

尽管萧绎早在太清三年就得知了梁武帝病逝的消息,但因为长沙尚未攻下,因此一直隐瞒着不曾公开。直到此时,萧誉被除灭,萧绎消除了一大心腹之患,这才为梁武帝发表,又以其兄简文

---

① 《资治通鉴》卷一六三《梁纪》一九,"简文帝大宝元年"条。
② 《南史》卷五三《梁武帝诸子传》。

帝受制于贼臣侯景为理由,拒不遵从大宝年号,而是继续沿用梁武帝的太清之号,把大宝元年称为太清四年,其实已暗喻只有他才是正统、应该由其继承皇位之意。数日后,萧绎移檄远近,下令大举讨伐侯景,而此时距侯景攻陷台城已一年有余。

西魏得知萧绎为梁武帝发丧,也鼓动占据雍州的岳阳王萧詧发哀继位。萧詧"以未有玺命,辞不敢当"。^① 西魏丞相府东阁祭酒荣权此时正在襄阳,他深知萧詧内心所想,当即驰还长安,向宇文泰禀报。宇文泰随即派假散骑常侍郑穆与荣权一起持节策命萧詧为梁王。萧詧既有西魏所册封的梁王名号,乃署置百官,承制封拜。宇文泰之所以策命萧詧为梁主,目的就在通过扶持萧詧这个傀儡来加强对南方地区的争夺和控制。

承圣元年(552年)四月,梁武帝第八子、益州刺史武陵王萧纪自立为帝,改元天正。萧纪虽偏处益州一隅,但"颇有武略,在蜀十七年,南开宁州、越巂,西通资陵、土谷浑,内修耕桑盐铁之政,外通商贾远方之利,故能殖其财用,器甲殷积,有马八千匹"。^② 他根本看不起七兄萧绎,此前听闻侯景攻陷台城、萧绎将兴兵讨伐时,就曾对僚佐说:"七官文士,岂能匡济!"当年八月,萧纪以进讨侯景为名,亲率大军沿江东下。而受梁武帝"密诏"获得都督中外诸军事名号的萧绎自然不容帝位旁落,也在侯景兵败被杀后,于十一月在江陵即位,是为梁元帝。萧绎、萧纪均不能容忍两个皇帝并存的局面,兄弟二人各不相让、同室操戈,必欲置对方于死地。

诚如萧纪所说,萧绎毕竟只是一介文士,在得知萧纪率军东下后甚为惊惧,一面命方士画萧纪像,亲自钉其肢体以为厌祷;一面致书西魏,请求出兵讨伐。宇文泰正想借机夺取蜀地,认为"取蜀制梁,在兹一举",^③因而力排众议,委派其外甥、大将军尉迟迥率甲士一万二千、马万匹,兵出散关,大举伐蜀。

---

① 《周书》卷四八《萧詧传》。
② 《资治通鉴》卷一六四《梁纪》二〇,"元帝承圣元年"条。
③ 同上。

　　承圣二年五月,萧纪率军进至巴郡(治所在今重庆北),听闻西魏军攻蜀,即遣部将还军救援。但未随萧纪东下的杨乾运、杨法琛等人,因对萧纪心怀不满而相约暗通西魏,尉迟迥所率军队一路几乎没遇到抵抗,很快就进逼成都。其时成都守军不满万人,而且仓库空竭,虽婴城自守,但在西魏军队的围困下,已是岌岌可危。

　　此时,萧纪已进至巴东(治所在今湖北巴东西北),"以既称尊号,不可复为人下,欲遂东进"。① 但是其属下将卒却日夜思归,诸将都认为应该撤兵还救根本,更思后图。萧纪坚拒不从,并且当众宣布:"敢谏者死!"五月己丑,萧纪率军进抵西陵峡,舳舻蔽江,军势甚盛。萧绎的部将陆法和为阻挡萧纪东下,在峡口两岸各筑一城,并运石填江,用铁链锁住长江。然而萧纪的军队很快攻破了铁链的封锁,陆法和不得不连连告急。

　　面对萧纪的凌厉攻势,萧绎一面调兵遣将,一面派使者致书萧纪,许诺让其退兵还蜀,专制一方。萧纪拒不听从,回复中不愿定君臣之名分,而仅用兄弟之礼。两军相持日久,萧纪频战不利,又闻西魏军深入蜀境,成都危在旦夕,忧虑愤懑而不知所措,不得不遣使求和。然而为时已晚,萧绎知道萧纪军中乏粮,士卒多死,胜败形势已经分明,不许议和。至七月,萧纪所筑的三座营垒均被攻破,两岸十四城相继投降,萧纪的退路被断,只得顺流东下。萧绎手下的游击将军樊猛领兵穷追,将萧纪团团围困。樊猛在领兵追击前,萧绎曾有密敕给他:"生还,不成功也。"② 所以当萧纪被擒,请求送他去见"七官"时,樊猛不为所动,非常坚决地执行萧绎的敕令,斩杀了萧纪。获胜后的萧绎还不罢休,宣布将萧纪逐出家族簿籍,改姓饕餮氏。

　　萧绎与萧纪兄弟激战于西陵峡之时,尉迟迥则已围困成都五十多天。困守成都的永丰侯萧㧑屡战皆败,被迫请求投降。八月,

---

① 《资治通鉴》卷一六五《梁纪》二一,"元帝承圣二年"条。
② 同上。

萧扬等率文武官员出城投降,西魏以尉迟迥为益州刺史。自此,巴蜀地区也落入西魏的掌控之中。

萧绎在骨肉相残的争斗中,先后斩杀了侄子萧誉、兄弟萧纪,自以为得志,可以稳坐帝位了。可叹的是好景不长,斩杀萧纪后仅仅过了一年,西魏就发动了对江陵的进攻。

承圣三年九月,西魏宇文泰派遣常山公于谨、中山公宇文护、大将军杨忠等率步骑五万大举攻梁,十月,兵发长安。对于此次进攻江陵的缘由,一说是"梁元帝平侯景之后,于江陵嗣位,密与齐氏通使,将谋侵轶";① 还有一说是"梁元帝遣使请据旧图以定疆界,又连结于齐,言辞悖慢"。② 《资治通鉴》更记述了一个细节:承圣三年三月,西魏侍中宇文仁恕出使江陵,适逢北齐使者也来到江陵,梁元帝"接仁恕不及齐使,仁恕归,以告太师泰",③ 由此激怒了宇文泰。如此说辞,虽然都事出有因,但其实只是西魏进攻梁朝的借口。实际上,宇文泰在委派尉迟迥夺占巴蜀之后,即已有进取江汉之志。史载,梁元帝即位于江陵之后,时任西魏荆州刺史的长孙俭即"密启太祖,陈攻取之谋"。宇文泰征召其入朝,听其细说经略,长孙俭曰:

> 今江陵既在江北,去我不远。湘东即位,已涉三年。观其形势,不欲东下。骨肉相残,民厌其毒。荆州军资器械,储积已久,若大军西讨,必无匮乏之虑。且兼弱攻昧,武之善经。国家既有蜀土,若更平江汉,抚而安之,收其贡赋,以供军国,天下不足定也。④

对于长孙俭的分析,宇文泰深以为然,当即命其返回荆州,秘密加

---

①　《周书》卷一五《于谨传》。
②　《周书》卷二《文帝纪下》。
③　《资治通鉴》卷一六五《梁纪》二一,"元帝承圣三年"条。
④　《周书》卷二六《长孙俭传》。

紧准备,不久就"令柱国、燕公于谨总戎众伐江陵"。① 应该说,这才是宇文泰决心攻伐江陵的真实原因。可惜梁元帝根本没有看到这种现实的危险,深信与西魏之和好,又以为西魏受到北齐的牵制,必定不能分兵攻梁,因而把王僧辩、陈霸先等精兵强将悉数派往下游,剩下一个王琳也远迁岭南,江陵宿将唯有胡僧祐一人,其时的形势用危若累卵来形容也毫不为过。

侯景之乱后,江陵的梁元帝政权所控制的州郡大半落入西魏之手,荆州北界止于武宁郡(治所在今湖北荆门西北),再往北就在萧詧的控制之下了,因此武宁处在防御西魏的最前线。西魏军队从长安出发后,梁朝武宁太守宗均立即向江陵报告了西魏军将至的消息,梁元帝召集公卿商议对策。领军胡僧祐、太府卿黄罗汉竟然说:"二国通好,未有嫌隙,必应不尔。"②曾经出使过西魏的侍中王琛也连声附和,认为宇文泰必无出兵攻梁的道理。梁元帝听信了这些大臣的意见,没有采取任何加强防范的措施,而只是派遣王琛再次出使西魏。

于谨兵发长安时,曾对萧绎可能采取的对策作过预判,他认为萧绎可有上、中、下三策:"耀兵汉、沔,席卷渡江,直据丹杨,上策也;移郭内居民退保子城,峻其陴堞,以待援军,中策也;若难于移动,据守罗郭,下策也。"而萧绎必定采取下策,原因在于:"萧氏保据江南,绵历数纪,属中原多故,未遑外略;又以我有齐氏之患,必谓力不能分。且绎懦而无谋,多疑少断,愚民难与虑始,皆恋邑居,所以知其用下策也!"③此后事态的发展,完全证实了于谨这一判断的准确无误。

占据襄阳的萧詧自得知宇文泰"阴有图江陵之志"以后,"益重其贡献",④拼命地巴结、讨好西魏,意在借西魏之力,报其兄萧誉被

① 《周书》卷二六《长孙俭传》。
② 《资治通鉴》卷一六五《梁纪》二一,"元帝承圣三年"条。
③ 同上。
④ 同上。

杀之仇。于谨率军抵达邓县后,萧詧即率部众与其会合,加入了攻打江陵的行列。正在宣讲《老子》的梁元帝闻讯,停止了宣讲,下令内外戒严。而奉命出使的王琛行至竟陵郡(治所在今湖北钟祥)界内,未见西魏军队,派人驰报说:"境上帖然,前言皆儿戏耳。"①梁元帝将信将疑,竟然又恢复了宣讲,百官们身着戎服听讲。强敌压境,大战在即,梁元帝君臣竟然还在那里宣讲《老子》,麻木不仁到如此地步,其败亡也就不足为怪了。

面对日益逼近的西魏军,梁元帝急召王僧辩、王琳火速率军救援。在给王僧辩的敕文中,梁元帝说:"黑泰背盟,忽便举斧。国家猛将,多在下流,荆陕之众,悉非劲勇。公宜率貔虎,星言就路,倍道兼行,赴倒悬也。"②直到此时,梁元帝方才意识到军力部署上存在的严重失误,但为时已晚,远在建康的王僧辩以及岭南的王琳纵使如其所说"倍道兼行",仓猝间也不能至。陆法和听闻西魏军至,自郢州入汉口,将奔赴江陵,梁元帝派使者前去制止说:"此自能破贼,但镇郢州,不须动也。"③虽然陆法和所部赶到江陵也未必能破解西魏的围攻,但毕竟多少可以增强守卫力量,梁元帝竟然将其拒之门外,如此昏招连连,江陵焉能保守?王僧辩、王琳短时间内无法赶到,陆法和率军救援又被制止,只有信州刺史徐世谱和晋安王司马任约筑营垒于江陵南岸的马头岸,遥为声援。江陵城内,梁元帝以领军将军胡僧祐都督城东、城北诸军事,尚书左仆射王褒都督城西、城南诸军事,王公以下各有所守。又命太子萧元良巡行城楼,令城中居民助运木石。

十一月丙申,于谨率领西魏军进抵江陵,立即下令构筑长围,断绝了江陵城内外的联络。甲寅,西魏军队百道攻城,幸赖胡僧祐亲冒矢石,昼夜督战,奖励将士,明行赏罚,士卒皆拼死一战,致西魏军不得前进。不幸的是江陵诸将中最有威望的胡僧祐随即中流

① 《资治通鉴》卷一六五《梁纪》二一,"元帝承圣三年"条。

② 《梁书》卷四五《王僧辩传》。

③ 《资治通鉴》卷一六五《梁纪》二一,"元帝承圣三年"条。

矢而死,引起了军心大乱。西魏军乘势加紧攻城,城中反叛者则开西门放入西魏军队,梁元帝与太子、王褒、谢答仁、朱买臣等退保金城,令简文帝之子萧大封、萧大圆等为人质,向于谨求和。退入皇宫的梁元帝命人焚烧了古今图书十四万卷,又以宝剑斫柱致剑折断,叹曰:"文武之道,今夜尽矣!"①于是命御史中丞王孝祀书写投降文书。谢答仁请求领兵拒敌,梁元帝征询王褒的意见,王褒回答:"答仁,侯景之党,岂足可信!成彼之勋,不如降也。"②谢答仁又请求守卫子城,收罗士卒可得五千人,梁元帝起初同意,后来又因王褒反对而不得实施。在生死存亡的危急关头,梁元帝君臣还以这样的心态对待积极求战的谢答仁,实在是无药可救了。梁元帝出降,萧詧派铁骑拥梁元帝至自己的军营,囚禁于乌幔之下,甚遭诘辱。次日,梁元帝见到长孙俭,为了离开萧詧的军营,哄骗长孙俭说:"城中埋金千斤,欲以相赠。"长孙俭即把梁元帝带入城内,梁元帝乘机述说了萧詧侮辱他的情状,并说:"向聊相绐,欲言此耳,岂有天子自埋金乎!"③也许是出于对梁元帝的怜悯,长孙俭将其留在江陵的宫城中。长孙俭曾问过梁元帝为何焚书,回答竟然是:"读书万卷,犹有今日,故焚之!"④梁元帝将败亡的原因归结为读书太多,实在是荒唐之极。胡三省就此评论说:"帝之亡国,固不由读书也。"⑤

梁元帝萧绎虽然暂时摆脱了萧詧的控制,但最终仍死在萧詧之手。十二月辛未,梁元帝被处死,萧詧派人监刑,用土囊将其活活压杀,又命人用三幅宽的布帛包裹尸体,敛以蒲席,束以白茅,葬于江陵的津阳门外,时年四十七。同时遇害的还有太子萧元良、始安王萧方略、桂阳王萧大成等。自萧绎于承圣元年十一月宣布即

① 《资治通鉴》卷一六五《梁纪》二一,"元帝承圣三年"条。
② 同上。
③ 同上。
④ 同上。
⑤ 《资治通鉴》卷一六五《梁纪》二一,"元帝承圣三年"条胡三省注。

位算起,至承圣三年十一月被西魏攻灭,江陵政权实际只存在了两年。

就萧詧与萧绎叔侄间的殊死相争而言,萧詧为被萧绎斩杀的兄长萧誉报了仇,他笑到了最后,成为最终的赢家;然而江陵的陷落,却预示着其祖父萧衍创立的梁朝在内外因素的冲击下将寿终正寝。

三、后梁政权的存废

西魏攻陷江陵,杀梁元帝萧绎后,立梁王萧詧为梁主,但剥夺了其原先占据的雍州之地,仅给以江陵缘江之地,延袤三百里。萧詧居江陵东城,西魏另置防主,率军居西城,名曰助防,对外宣示协助萧詧防御,实际上则是对其严加防备。于谨尽收府库珍宝以及刘宋的浑天仪,萧梁的日晷、铜表,直径四尺、周长七尺的大玉,还有各种舆辇法物等返回长安。又尽俘王公以下百官及士民十余万人,没为奴婢,分赏三军,驱归长安,幼小弱者皆杀之。

梁敬帝绍泰元年(西魏恭帝二年,555 年)正月,梁王萧詧即帝位于江陵,改元大定,是为历史上所称的后梁。史家对后梁的评价,历来多持贬抑的态度,原因就在于跟梁朝的其他皇帝相比,萧詧这个"皇帝"有不少与众不同之处:首先,他这个梁主是由西魏宇文泰所立;其次,西魏给其江陵一州之地,而其原先占据的雍州则收归西魏;其三,西魏让其居江陵东城,另置江陵防主,"统兵居于西城,名曰助防。外示助詧备御,内实兼防詧也",事实上是处于西魏的监控之下;其四,"其庆赏刑威,官方制度,并同王者。唯上疏则称臣,奉朝廷正朔"。[①] 由此不难发现,萧詧充其量只是西魏扶植的傀儡,是对西魏称臣的儿皇帝。所谓的后梁,虽然从梁敬帝绍泰元年(555 年)正月开始建立,至隋文帝开皇七年(587 年)被废灭,历经萧詧、萧岿、萧琮三代,存续了三十三年,只不过是有其名

---

① 《周书》卷四八《萧詧传》。

而无其实,先后仰西魏、北周、隋朝的鼻息苟延残喘而已。《梁书》《南史》不仅在记述帝王事迹的本纪中根本没有萧詧的位置,甚至连进入列传的资格都被剥夺了。相比较而言,也曾自称皇帝的武陵王萧纪,好歹还进了《梁书》的列传,虽然只是与豫章王萧综、临贺王萧正德等反面典型合为一传。之所以会出现这种情况,成王败寇固然是原因之一,但更重要的原因恐怕还在于萧詧在宗室相争的过程中乞求西魏的支持和援助,为了达到自己的目标而甘当傀儡,背弃了儒家的传统道德与操守。萧詧的行径无异于"投靠敌国"、引狼入室,为人们所不齿。

不过,历来的史家在品评萧梁宗室人物时,也存在着评价标准未能统一、个人好恶影响客观公正等偏向。即以乞求北方政权支持、甘为附庸而言,并非只有萧詧一人如此,他的叔父萧绎、萧纶以及萧渊明、萧方智等都曾实行过相同的策略,有过同样的举动。

如前所述,太清三年十一月,萧詧因与其叔父萧绎为敌,恐不能自存,"遣使求援于魏,请为附庸"。[①] 宇文泰遣杨忠、长孙俭率军前往救援,次年二月乘胜至石城,欲进逼江陵时,萧绎派使臣游说杨忠,并送子萧方略为人质以求和,双方订立盟约:"魏以石城为封,梁以安陆为界,请同附庸,并送质子,贸迁有无,永敦邻睦。"[②]由萧绎与杨忠所订盟约内容看,"请同附庸,并送质子"两条,与萧詧向西魏求援所付出的代价并无丝毫不同。不仅如此,萧绎在甘为西魏附庸的同时,还接受了北齐的册封:大宝二年三月己未,"齐以湘东王绎为梁相国,建梁台,总百揆,承制"。[③]

萧詧的六叔邵陵王萧纶亦是如此。大宝元年七月,萧纶以讨伐侯景之名,大修铠仗,遭到湘东王萧绎的嫌恶,担心其兵力由此更强,对自己不利,便以拒击侯景为名,派部将王僧辩率军攻打萧纶。萧纶致书指责王僧辩:"将军前年杀人之侄,今岁伐人之兄,以

①　《资治通鉴》卷一六二《梁纪》一八,"武帝太清三年"条。
②　《资治通鉴》卷一六三《梁纪》一九,"简文帝大宝元年"条。
③　《资治通鉴》卷一六四《梁纪》二〇,"简文帝大宝二年"条。

此求荣,恐天下不许!"①企图借此阻止其进兵,但并未奏效。萧纶只得匆忙逃离,随即"遣使请和于齐,齐以纶为梁王"。②

再如贞阳侯萧渊明,为梁武帝长兄萧懿之子,太清元年十一月在寒山之役中兵败被东魏俘获后,一直滞留在北方。承圣三年十一月,西魏攻陷江陵、梁元帝被杀后,北齐于次年正月立萧渊明为梁主,派兵护送其南返。五月,萧渊明入建康,即皇帝位,改元天成。六月,"齐主以梁国称藩,诏凡梁民悉遣南还。"③

还有晋安王萧方智,为梁元帝萧绎的第九子。绍泰元年(555年)二月从寻阳来到建康,被立为梁王。梁朝大将陈霸先反对接纳萧渊明,于当年九月袭杀王僧辩,逼迫萧渊明逊位,拥立萧方智为帝,是为梁敬帝。为此特地致书报告北齐,"仍请称臣于齐,永为蕃国"。④

由此可见,萧纶、萧绎都曾在骨肉相残的争斗中为获取支持、渡过难关而甘为西魏或北齐的附庸,接受来自北方政权的册封,尤其是萧绎,既为西魏的附庸,同时又接受北齐的册封,左右逢源,堪称双料附庸。而萧渊明、萧方智尽管自己做不了主,却也是向北齐称臣的。在这一点上,他们与萧詧并无不同。但历来的史家并未因此而对他们特别是萧绎有所批评,唯独对萧詧多有指斥,这显然是评价标准不一的表现。

西魏攻灭梁元帝之时,萧詧的部将尹德毅曾向其建言;

> 魏虏贪惏,肆其残忍,杀掠士民,不可胜纪。江东之人涂炭至此,咸谓殿下为之。殿下既杀人父兄,孤人子弟,人尽雠也,谁与为国!今魏之精锐尽萃于此,若殿下为设享会,请于谨等为欢,预伏武士,因而毙之,分命诸将,掩其营垒,大歼群

---

①　《资治通鉴》卷一六三《梁纪》一九,"简文帝大宝元年"条。

②　同上。

③　《资治通鉴》卷一六六《梁纪》二二,"敬帝绍泰元年"条。

④　《南史》卷五一《梁宗室上》。

丑,俾无遗类。收江陵百姓,抚而安之,文武群僚,随材铨授。魏人慑息,未敢送死,王僧辩之徒,折简可致。然后朝服济江,入践皇极,晷刻之间,大功可立。古人云:"天与不取,反受其咎。"愿殿下恢宏远略,勿怀匹夫之行。①

尹德毅的建议确实很有道理,但在很大程度上只是一种美好的愿望,这一计划若付诸实施究竟有多少胜算,实在很难说。故萧詧并未采纳尹德毅的建议,他回答说:"卿此策非不善也,然魏人待我厚,未可背德。若遽为卿计,人将不食我余。"②萧詧是以儒家伦理来看待此事的,他不愿背弃道德,以怨报德,尽管他后来看到西魏军将阖城长幼被掳入关,又失去了襄阳之地而追悔莫及。史称萧詧"少有大志,不拘小节。虽多猜忌,而知人善任使,抚将士有恩,能得其死力。性不饮酒,安于俭素,事其母以孝闻。又不好声色,尤恶见妇人,虽相去数步,遥闻其臭。经御妇人之衣,不复更着"。其后,因"疆土既狭,居常快快。每诵'老骥伏枥,志在千里。烈士暮年,壮心不已',未尝不盱衡扼腕,叹诧者久之"。③ 可见萧詧并不愿长期寄人篱下而局处一隅,无奈势单力薄,虽有老骥伏枥之"壮心",却无回天之力。

萧詧在位八年,于陈文帝天嘉三年(北周保定二年,562 年)闰二月以忧愤不得志,疽发背而殂,谥宣帝。太子萧岿继位,改元天保。

萧岿,是萧詧的第三子。史称其"机辩有文学。善于抚御,能得其下欢心",而且"孝悌慈仁,有君子之量。四时享祭,未尝不悲慕流涕。性尤俭约,御下有方,境内称治"。④ 后梁前后三代皇帝中,他是在位时间最长的一位,在后梁总计三十三年的时间中占了

---

① 《资治通鉴》卷一六五《梁纪》二一,"元帝承圣三年"条。
② 同上。
③ 《周书》卷四八《萧詧传》。
④ 《周书》卷四八《萧詧传附萧岿传》。

二十三年。萧岿在位期间最重要的一件事,是在北周的政治斗争中必须选边站队时,选择了坚定地站在当时执掌北周国政的杨坚一边。

北周大象二年(580年)五月,周天元皇帝宇文赟病逝,静帝宇文阐年幼,以天元杨皇后之父杨坚总知中外兵马事。未几,杨坚又为假黄钺、左大丞相,总揽国政。这一政治安排,激起了各地将领的强烈不满和反抗,相州总管尉迟迥、青州总管尉迟勤、郧州总管司马消难、益州总管王谦等,相继起兵反杨坚。各地握有兵权的将领纷纷起兵,这不能不影响到后梁,萧岿属下的将帅都要求其起兵响应,与尉迟迥等形成连衡之势,"进可以尽节于周氏,退可以席卷山南"。① 然而萧岿却不为所动,坚持认为不可参与反杨坚。此后的事态发展证明,萧岿的选择是正确的。尉迟迥等人的起兵很快被相继平定,萧岿在政局动荡关键时刻的表现赢得了杨坚的赞赏和信任。在风云激荡的政治斗争中,萧岿像其曾祖梁武帝一样做出了明智的选择,为南兰陵萧氏继续延续齐梁皇族的尊崇地位和社会影响打下了坚实的根基。

杨坚通过禅代建立隋朝之后,对萧岿恩礼弥厚,给了他极为重要的两个回报:其一,开皇二年(582年),隋文帝选萧岿之女为晋王妃。晋王杨广,就是日后继承皇位的隋炀帝,而晋王妃则在杨广继位后成了萧皇后。不仅如此,隋文帝杨坚还想让萧岿之子萧玚娶兰陵公主,"由是渐见亲待"。② 南兰陵萧氏与隋朝皇族杨氏的联姻,无疑有力地维系了南兰陵萧氏的尊贵血统和政治地位。其二,隋文帝下令"罢江陵总管,岿专制其国",并且"诏岿位在王公之上"。③ 当初萧詧被立为梁主时,西魏就已置江陵防主,统兵居于西城,"外示助詧备御,内实兼防詧也"。现在隋文帝下令罢撤江陵总管,意味着对萧岿的高度信任,无须再通过总管的设置来防范他

---

① 《周书》卷四八《萧詧传附萧岿传》。
② 《隋书》卷七九《外戚·萧岿传》。
③ 《周书》卷四八《萧詧传附萧岿传》。

了;而诏命萧岿位在王公之上,则是给了他极为尊崇的地位。萧岿来到长安,"被服端丽,进退闲雅,天子瞩目,百僚倾慕"。[①] 上述两大举措,尤其是前一个,对于稳固并延续南兰陵萧氏的政治地位和社会地位,对于萧氏在隋唐时期的发展,显然有着十分深远的意义。

隋开皇五年五月,萧岿病逝,享年四十四,谥曰明帝。太子萧琮继位。史称其"性宽仁,有大度,倜傥不羁,博学有文义。兼善弓马,遣人伏地著帖,琮驰马射之,十发十中,持帖者亦不惧",[②]也是一个文武兼备之才。不过,萧琮并没有其父萧岿幸运,继位不久,隋文帝就决定恢复设置江陵总管以实施对后梁的监管。开皇七年八月,隋文帝征召萧琮入朝,萧琮率其臣下二百余人朝于京师长安。与此同时,隋文帝又以萧琮不在江陵为由,派遣将领崔弘度率军前往江陵加强戍守。隋军进抵鄀州(治所在今湖北荆门西北)时,萧琮的叔父萧岩、兄弟萧瓛等畏惧遭到隋军掩袭,派人向陈朝荆州刺史侯慧纪请降。九月,侯慧纪率军来到江陵城下,萧岩、萧瓛等裹挟了文武官员及民众十万人逃奔陈朝。此举显然激怒了隋文帝,因此下令撤废后梁,后梁就此灭亡。

后梁仅维持了短暂的三十三年,在历史上并没有留下多少印记。然而如果从萧梁王朝延续的角度看,后梁虽然只是局处一隅的小傀偏小朝廷,但萧詧、萧岿、萧琮三代毕竟都以梁主为称,在梁朝灭亡之后,仍然在南北对峙的夹缝中存续了三十三年,在一定意义上接续了梁武帝所开创的萧梁王朝的香火。而萧詧祖孙三代的苦心经营,也使得后梁成为萧梁王朝与隋唐之间的过渡,为南兰陵萧氏在有唐一代的持续辉煌奠定了基础。

四、余祉及其后裔

开皇七年(587 年)九月,后梁灭亡,萧琮失去了梁主的名号,

---

①　《隋书》卷七九《外戚·萧岿传》。
②　《隋书》卷七九《外戚·萧琮传》。

被赐爵为莒国公。隋炀帝继位后，由于萧皇后的缘故，对萧琮"甚见亲重。拜内史令，改封梁公。琮之宗族，缌麻以上，并随才擢用，于是诸萧昆弟布列朝廷"。[①] 萧琮的几个兄弟由此也都得到隋炀帝的擢用，其中就包括萧瑀。

根据《新唐书·宰相世系一下》的记载，后梁明帝萧岿生有五子：琮、璟、琢、珣、瑀，萧瑀是其幼子，后梁被灭后，因为其姊是晋王杨广的王妃，所以来到长安。无论《周书》还是《隋书》，都未记述萧妃的名字，这在男尊女卑的古代也不足为怪，不过《隋书》还是对萧妃有所记述："性婉顺，有智识，好学解属文，颇知占候。高祖大善之，帝甚宠敬焉。"可知萧妃是得到了隋文帝杨坚和晋王杨广一致认可的。杨广继位为帝，即下诏曰："朕祗承丕绪，宪章在昔，爰建长秋，用承籩荐。妃萧氏，凤禀成训，妇道克修，宜正位轩闱，式弘柔教，可立为皇后。"[②]此后，隋炀帝每游幸，萧后未尝不随从。因为萧皇后甚得隋炀帝宠敬，身为皇后之弟的萧瑀"寝亲宠，频迁尚衣奉御、检校左翊卫鹰扬郎将"，[③]后拜内史侍郎，因"数言事忤旨，稍见忌"，出为河池郡守。

隋末，群雄蜂起，李渊进入长安，遣书招抚萧瑀。有其祖之风的萧瑀精于判断形势，当即以河池郡归顺，被授以光禄大夫，封宋国公，拜民部尚书。李渊建唐后，萧瑀迁内史令，"时军国草创，方隅未宁，高祖乃委以心腹，凡诸政务，莫不关掌。高祖每临轩听政，必赐升御榻，瑀既独孤氏之婿，与语呼之为萧郎"。[④]唐高祖李渊对萧瑀的赏识与器重，由此可见一斑。萧瑀既得高祖重用，也"自力孜孜，抑过绳违无所惮。上便宜，每见纳用"。[⑤] 高祖还手敕曰："得公之言，社稷所赖。运智者之策，以能成人之美；纳谏者之言，以金

①　《隋书》卷七九《外戚·萧琮传》。
②　《隋书》卷三六《后妃·萧皇后传》。
③　《新唐书》卷一〇一《萧瑀传》。
④　《旧唐书》卷六三《萧瑀传》。
⑤　《新唐书》卷一〇一《萧瑀传》。

宝酬其德。今赐金一函,以报智者,勿为推退。"①萧瑀固辞,高祖优诏不许。待到武德四年(621年)平定王世充之后,萧瑀以参预军谋之功,加封邑二千户,官拜尚书右仆射。唐太宗李世民继位后,萧瑀又升迁为尚书左仆射。唐太宗还赞誉萧瑀为"社稷臣",并赐诗曰:"疾风知劲草,板荡识诚臣。"贞观二十一年(647年)萧瑀卒,"太宗闻而辍膳,高宗为之举哀,遣使吊祭"。② 虽然萧瑀性多猜忌,见事有时偏驳而持法稍深,因此而颇遭时议批评,但总体而言,唐高祖李渊和唐太宗李世民都非常器重他,萧瑀由此也成为南兰陵萧氏在进入唐代以后官至宰相的第一人。

萧瑀之后,出自萧衍—萧统—萧詧—萧岿一系的南兰陵萧氏后人,还有萧嵩、萧华、萧俛、萧倣、萧复、萧寘、萧遘等七人先后出任唐朝宰相。

萧嵩,萧岿第四子萧珣的曾孙,萧瑀的曾侄孙,萧衍的八世孙。据《新唐书》本传所载,其父萧瓘,官至渝州长史。③ 萧嵩"美须髯,仪形伟丽",起初并不为人所看重。直至唐玄宗开元初年,萧嵩被擢升为中书舍人,紫微令姚崇独具慧眼,赞许萧嵩的宁静致远,对其眷顾特深,萧嵩一再升迁而至尚书左丞、兵部侍郎。开元十五年(727年),当时的凉州刺史、河西节度使每岁都袭扰攻击吐蕃,引发了吐蕃的反攻和边境的动乱,河、陇因此大震。唐玄宗以凉州刺史"勇将无谋,果及于难,择堪边任者,乃以嵩为兵部尚书、河西节度使,判凉州事",并封其为兰陵县子。萧嵩以建康军使张守珪为瓜州刺史,"修筑州城,招辑百姓,令其复业"。与此同时,萧嵩用反间计,借吐蕃赞普之手除掉了吐蕃猛将悉诺逻恭禄,并督率将士在与吐蕃军队作战时取得大胜,吐蕃军"散走山谷,哭声四合"。捷报

---

① 《旧唐书》卷六三《萧瑀传》。

② 同上。

③ 《新唐书》卷七一下《宰相世系表一下》载萧嵩之父"灌,字玄茂,渝州长史"。与本传所载辈分相同、官名相同,名相近而不同。《旧唐书》卷六三《萧瑀传》亦称萧嵩之父名"瓘",未知孰是。

传至京城,唐玄宗大悦,"乃加嵩同中书门下三品,恩顾莫比"。① 玄宗还把女儿新昌公主嫁给萧嵩之子萧衡,萧嵩的夫人贺氏入皇宫觐见,"玄宗呼为亲家母,礼仪甚盛"。② 开元十七年,唐玄宗又加萧嵩兼中书令,在此之前,这一职位已经空缺了四年。萧嵩在兼任中书令的同时,还遥领河西节度使,由此足见唐玄宗对他的器重。开元二十一年,侍中裴光庭卒,玄宗委派萧嵩另择宰相人选,萧嵩举荐了尚书右丞韩休。但韩休为相后,二人互不相让,时常在玄宗面前互论曲直,萧嵩为此颇感羞愧,提出告老让位。玄宗眷顾萧嵩,先授以尚书右丞相,再与韩休一同罢相。萧嵩性好服饵,罢相后于园林种药,悠闲自得,"幡然就养十余年,家财丰赡,衣冠荣之",③与其先祖梁武帝萧衍一样,享寿八十余,更令时人惊羡的是萧嵩、萧华父子二人都官至宰相。

萧华,萧嵩的次子,萧衍的九世孙。萧华"谨重方雅,绰有家法,嗣爵",④为时人所称,历任兵部侍郎、魏州刺史、尚书右丞。唐肃宗乾元二年(759年),出为河中尹、河中晋绛节度使。上元元年(760年)十二月,唐肃宗颁布诏令,称萧华"公辅成名,承家继业,词标丽则,德蕴谟明。再履宫坊,尤知至行,致君望美,阅相求能",⑤擢升为中书侍郎、同中书门下平章事、集贤殿崇文馆大学士。其时宦官李辅国"专典禁兵,怙宠用事,求为宰相",⑥遭到萧华拒绝,因此怀恨在心,趁肃宗病重之机,矫诏罢免了萧华的相位。肃宗病逝后,继位的代宗年幼,在李辅国授意下,萧华再贬为硖州员外司马,最终卒于贬所。

萧华有子二人:萧恒、萧悟。有意思的是,兄弟二人自己没有位居宰相,却各自养育了一个日后担任宰相的儿子。

① 《旧唐书》卷九九《萧嵩传》。
② 同上。
③ 同上。
④ 《新唐书》卷一○一《萧瑀传附萧华传》。
⑤ 《旧唐书》卷九九《萧嵩传附萧华传》。
⑥ 同上。

萧俛,字思谦,萧恒之子,萧衍的十一世孙,唐德宗贞元七年(791年)进士擢第,此后仕途并不顺畅,直至唐宪宗元和六年(811年),萧俛才被召为翰林学士。萧俛与皇甫镈、令狐楚二人系同年登进士第,位居宰相的皇甫镈、令狐楚共同辅政,时常在宪宗面前称赞萧俛,并于元和十四年一起向唐宪宗举荐,萧俛"自是顾眄日隆,进阶朝议郎、飞骑尉,袭徐国公,赐绯鱼袋"。① 元和十五年正月,唐宪宗被宦官杀害,闰正月,唐穆宗即位,罢免了皇甫镈,议取代的人选,在令狐楚力荐之下,萧俛被拜为中书侍郎、同中书门下平章事。萧俛性介独,持法守正,"以己辅政日浅,超擢太骤,三上章恳辞仆射",②长庆元年(821年)正月,唐穆宗终于接受了萧俛的请求,罢知政事。萧俛担任宰相一职的时间虽然不长,但其"居相位,孜孜正道,重慎名器。每除一官,常虑乖当,故鲜有简拔而涉刿深,然志嫉奸邪,脱屣重位,时论称之"。③

萧倣,字思道,萧悟之子,亦为萧衍的十一世孙,唐文宗大和元年(827年)登进士第,授官给事中。唐懿宗咸通初年,萧倣位居左散骑常侍。懿宗"怠临朝政,僻于奉佛,内结道场,聚僧念诵。又数幸诸寺,施与过当",④向来敢言直谏的萧倣为此上疏,认为"佛者,当可以悟取,不可以相求",劝谏懿宗居安思危、虚怀纳谏,"力求民瘼,虔奉宗祧。思缪赏与滥刑,其殃立至;俟胜残而去杀,得福甚多。幸罢讲筵,频视政事"。⑤懿宗虽然昏庸,但对萧倣的上疏也不得不为之嘉叹。其后,萧倣屡次升迁,历任刑部尚书、兵部尚书、吏部尚书,咸通末年,又被任命为兵部尚书、判度支,进中书侍郎、同中书门下平章事,再迁司空、兰陵县侯。"时天下盗起,宦人持兵权,倣以鲠正为权近所忌。卒年八十"。⑥

---

① 《旧唐书》卷一七二《萧俛传》。
② 同上。
③ 同上。
④ 《旧唐书》卷一七二《萧倣传》。
⑤ 同上。
⑥ 《新唐书》卷一〇一《萧瑀传附萧倣传》

萧嵩的子孙,除了萧华这一支以外,还有萧衡一支。萧衡是萧嵩的长子,娶唐玄宗之女新昌公主,位居三品,虽然他本人没有位至宰相,但他却有一个儿子、一个曾孙、一个玄孙相继为相,确实是为南兰陵萧氏光耀门楣了。

萧复,字履初,萧衡之子,萧衍的十世孙。萧复"常衣垢弊,居一室,学自力,非名士夙儒不与游,以清操显",其叔父萧华每每感叹说:"此子当兴吾宗!"①萧复因祖荫而为宫门郎,其后历任歙、池二州刺史、湖南观察使、同州刺史、兵部侍郎,唐德宗建中四年(783年),擢拔萧复为户部尚书、统军长史。时泾原兵东征过京师,因无犒赏而哗变,拥朱泚为帅,唐德宗逃往奉天(今陕西乾县),并准备往西至凤翔投靠陇右节度使张镒,随行的萧复竭力劝阻,认为凤翔是朱泚的旧地,如今朱泚叛乱,当有与其同恶者,张镒恐怕也不能幸免。德宗将信将疑,但很快就传来张镒被害的消息。德宗既为萧复的准确判断所折服,又庆幸逃过一劫,于是拜萧复为吏部尚书、同中书门下平章事。但萧复性鲠直,数度拂逆德宗的旨意,因而为相不久就被贬抑。史称萧复"望阀高华,厉名节,不同狎流俗。及为相,临事严方,数拂帝意,故居位亟解。然性孝友,既贬晏然,口未尝言所累"。②

萧寘,萧复之孙,萧衍的十二世孙,于唐懿宗"咸通中位宰相,无显功,史逸其传"。③ 尽管如此,萧寘与其子萧遘又重演了其祖上曾经出现过的父子同居相位的一幕。

萧遘,字得圣,萧寘之子,萧衍的十三世孙,唐懿宗咸通五年(864年)登进士第。萧遘"姿宇秀伟,气孤峻",同年门生皆敬重之,初任秘书省校书郎、太原从事,其后入朝,拜右拾遗。唐僖宗乾符初年,召萧遘为翰林学士,拜中书舍人,累迁户部侍郎、翰林承旨。黄巢起义,于广明元年(880年)十二月攻克潼关,进逼长安,

---

① 《新唐书》卷一〇一《萧瑀传附萧复传》。
② 同上。
③ 同上。

唐僖宗逃往成都,"以供馈不给,须近臣掌计",改任萧遘为兵部侍郎、判度支。中和元年(881年)三月,僖宗抵达绵州,拜萧遘为同中书门下平章事。萧遘"少负大节,以经济为己任,洎处台司,风望尤峻,奏对朗拔,天子器之"。[①] 中和五年,权臣田令孜与河中节度使王重荣为争夺盐利而相攻,王重荣求援于太原李克用,李克用率军进逼京城,僖宗连夜再度出奔。仓促间文武百官未及扈从,萧遘亦留在长安。萧遘在相位五年,累兼尚书右仆射,进封楚国公。光启三年(887年),出逃的僖宗回到长安,宰相孔纬因与萧遘有嫌隙,借机奏劾萧遘曾为伪臣,不久,萧遘被赐死。萧遘逢时不幸,不以令终,时人惜之。

综上所述,自萧瑀在唐高祖时出任宰相起,至萧遘于唐僖宗时官至宰相,前后持续了二百七十年,几乎与唐朝相始终;而萧遘被赐死的光启三年,距离梁武帝萧衍病逝,已有三百三十多年。再看萧瑀至萧遘等相继担任唐朝宰相的八人,无一不是萧衍的直系后裔,从萧衍的五世孙延续至十三世孙,梁武帝萧衍对于后世的深远影响,于此亦可见一斑。

宋代史家欧阳修、宋祁在《新唐书》中为萧瑀等南兰陵萧氏立传,并为之赞曰:"梁萧氏兴江左,实有功在民,厥终无大恶,以浸微而亡,故余祉及其后裔。自瑀逮遘,凡八叶宰相,名德相望,与唐盛衰。世家之盛,古未有也。"[②]如此评价,并非虚誉。

---

① 《旧唐书》卷一七九《萧遘传》。
② 《新唐书》卷一〇一《萧瑀传》"赞曰"。

余　论

　　"自我得之，自我失之"，是梁武帝萧衍在得知台城被侯景攻陷后所发出的感慨。这八个字虽然极其简略，却可以视作其对自己一生功过的回顾和总结。在梁武帝八十六年的生涯中，创建梁朝并执政长达近半个世纪，堪称其最辉煌最重要的业绩，"自我得之"，可谓没有任何夸饰；而因侯景之乱导致梁朝动荡乃至衰亡，则是其最伤痛最凄惨的失败，"自我失之"，确实也是无奈的坦承。

　　萧衍在南齐纷繁复杂的政治斗争中经历了长期磨炼，取得了丰富经验，以其政治家的智慧和雄才大略，清醒判断和精准把握局势，在历史发展的关键时刻作出正确抉择。凝聚队伍，联合盟友，目标明确，意志坚定，一路攻城略地、势如破竹，从齐东昏侯永元二年（500年）十一月起兵于襄阳，到齐和帝中兴元年（501年）十二月进入建康，再到次年四月即帝位，前后不过短短的一年半，就取得了推翻南齐、建立梁朝的胜利。在襄阳举事之初，为促使犹豫不决的萧颖胄下决心与萧衍结成同盟，萧衍实施了"驰两空函定一州"的计谋，事实证明这一计策确实非常高明，充分证明了萧衍对"用兵之道，攻心为上"谋略的娴熟运用，也显示了其政治家、军事家的卓越见识和智慧。胡三省就此赞扬称:"萧衍举事于襄阳,智计横出",①当非虚言。荆、襄同盟达成后,萧衍属下有人提出了迎萧宝融至襄阳,先正尊号然后进军的建议,但是萧衍却不以为然,拒绝了迎南康王萧宝融至襄阳的建议,他自然深知"挟天子以令诸侯"所能带来的好处,然而他却一再拒绝属下提出的这一建议,是因为荆、雍联盟刚刚建立,此时如果把南康王迎至襄阳,势必会造成与荆州争抢南康王的局面,会使本身尚不很稳固的联盟出现裂痕,甚至导致联盟的破裂,这显然不利于举兵向阙的大业。由此可见,每当关键时刻,萧衍总是比别人站得更高、看得更远,他之所以能成就覆齐建梁的大业,与其所具备的政治家的远见卓识是密不可分的。自举事起兵以来,萧衍在事关军事谋略的重大问题上先后多次发表与众不同的见解:起初,荆、雍二州在永元二年十一月联手,结成共讨东昏侯的联盟之后,萧颖胄提出年月未利、须待来年二月再举兵的主张,萧衍明确表示反对,力主趁热打铁,不可使骁锐之心受挫,胡三省评论为"兵以气势为用者也,是以巧迟不若拙速"。② 随后,萧衍于中兴元年二月率军出征抵达竟陵,命王茂、曹景宗为前锋,王茂、曹景宗至汉口,诸将议欲集中全力围郢城,同时分兵袭西阳、武昌,萧衍却不以为然,毅然做出了对郢城、鲁山二城围而不攻的部署。再次,萧衍在四月命王茂、萧颖达进军直逼郢城,守将薛元嗣不敢出战的情况下,诸将纷纷要求攻城,萧衍不许,下令实施"围点打援"的策略。胡三省评论:萧衍是"欲持久以全力弊郢、鲁二城"。③ 复次,则是鲁山、郢城相继投降之后,诸将主张驻屯夏口稍事休整,萧衍则认为宜乘胜直指建康。胡三省对此也有评论:"郢、鲁未克,萧衍则违众议驻兵汉口而不轻进,图万全也。郢、鲁既克,衍遽督诸军直指建康,乘胜势也。"④值得指出的是,萧

---

① 《资治通鉴》卷一四三《齐纪》九,"东昏侯永元二年"条胡三省注。
② 同上。
③ 《资治通鉴》卷一四四《齐纪》一〇,"和帝中兴元年"条胡三省注。
④ 同上。

衍每一次在面对意见分歧时所持的见解及所作的部署均是审时度势的结果,均被此后的实践证明是正确的,由此也显示了萧衍作为一个军事家、战略家精于研判形势、准确把握战机的卓越才干。

虽然,改朝换代的历史巨变并非梁武帝一人之力,但在覆齐建梁的过程中,走向成功的每一步都与梁武帝对时局的清醒判断和正确决策密不可分,在这个意义上,梁武帝是完全有资格说"自我得之"的。

创立梁朝后,在南北对峙的背景下,梁武帝在政治、经济、文化等各个方面采取了一系列巩固统治的措施,使得其治下的江南地区获得了长达四十多年的稳定和安宁,这是极其不易的。其中的不少举措,不仅在当时起到了稳定秩序、巩固统治的作用,而且对后世产生了深远的影响,由此奠定了其在历史上的地位。

建立梁朝后,萧衍对萧齐宗室并未采取一味诛杀的举措,而是实行了区别对待的政策,善待归附自己的南齐皇族宗室成员,这是他吸取前朝"代谢必相诛戮"导致"伤于和气,国祚例不灵长"教训的高明之处。对此,史家亦有较公允的评价:"自宋受晋终,马氏遂为废姓;齐受宋禅,刘宗尽见诛夷。梁武革齐,弗取前辙,子恪兄弟,并皆录用。"并指出萧衍此举的深意在于"密图远算,意在求安"。① 梁武帝通过禅代建立梁朝后,为实现长治久安的目标,对萧齐宗室实行区别对待、打拉兼施的策略,"弗取前辙",亦即极力避免重蹈覆辙,表明他比刘裕、萧道成等开国君主站得更高、看得更远,因而胸襟也更开阔,采取的策略更稳妥,对于巩固其统治确实起到了一定的积极作用。

协调世族与寒门的矛盾,努力达成两者间的平衡以扩大统治基础,是梁武帝在政治上采取的重要措施之一。为了争取尽可能多的支持,扩大自己的统治基础,梁武帝在给予王、谢等高门大族的名家子弟厚遇和尊崇的同时,更关注出身寒门的士人。为此,萧

① 《南史》卷四三《齐高帝诸子传下》"论曰"。

衍在称帝后即从培养和选拔人才的制度层面颁布了一系列举措，尤其是在天监八年五月的诏书中宣称："学以从政，殷勤往哲，禄在其中，抑亦前事。朕思阐治纲，每敦儒术，轼闾辟馆，造次以之。故负袟成风，甲科间出，方当置诸周行，饰以青紫。其有能通一经、始末无倦者，策实之后，选可量加叙录。虽复牛监羊肆，寒品后门，并随才试吏，勿有遗隔。"①又据《隋书·百官志》记载，"旧国子学生，限以贵贱"，即入国子监学习者有贵贱之限。但梁武帝"欲招来后进，五馆生皆引寒门俊才，不限人数"。②从梁武帝这些诏令和举措可以看出，为了网罗堪受治国理政之任的人才，可以不论出身、不限人数，不拘一格选人才，显然突破了士庶之隔、贵贱之分，无疑大有助于扩大政治基础，稳固其统治。

特别值得一提的是，梁武帝颁布了一系列广招寒门士人的诏令，本意是缓解高门大姓与寒门庶族之间的矛盾，扩大其统治基础，却在不经意间促成了中国古代选官制度的重大变革。自三国时曹魏文帝于黄初元年（220年）采纳吏部尚书陈群的建议，在选官用人上开始实施九品中正制。但在两晋以后，由于世家大族势力急剧膨胀，中正官均由著姓世族把持，选取原则变成唯以门第高下是论，九品中正制成为门阀世族操纵政权的工具，形成了所谓"上品无寒门，下品无势族"的局面，激化了高门大姓与寒门庶族之间的矛盾，也加剧了门阀世族的腐朽衰落。并非出自高门大族的梁武帝对此有着深切的体会，为此，他明确提出了"设官分职，惟才是务"③的主张。正是基于这样的认识，萧衍在登基后，即次第颁行了一系列的诏令，对选官用人制度加以改革。梁武帝在选官用人上强调不拘门第，"无复膏粱、寒素之隔"；规定九流常选、试经授官，"年未满三十，不通一经者，不得为官"；立五经博士为五馆，"馆

① 《梁书》卷二《武帝纪中》。
② 《隋书》卷二六《百官志上》。
③ 《梁书》卷一《武帝纪上》。

有数百生,给其禀,其射策通明者,即除为吏"。① 朝廷的选官用人由此渐入制度化的轨道。梁武帝在选官制度上所作的选举不论门第、任官须经考试这两大改革,虽然并未彻底废除九品中正制,但已开了隋唐科举制的先河。其深远的历史意义,在于打破了社会阶层间板结固化、难以流动的现状,开辟了底层士人向上流动的通道,促成了从九品中正制向科举制的过渡,对于这一历史性的进步,无疑是应该加以充分肯定的。

梁武帝在思想文化上实行的一项重要国策,是倡导"三教同源",对儒、佛、道三者间的矛盾与冲突加以调和,鼓励兼容并蓄、多元发展。梁武帝之所以能够提出"三教同源"说,固然脱离不了他身处的时代背景,同时也与其独特的学术经历以及对儒、佛、道三教的深厚造诣密不可分。梁武帝认为,儒、道、佛三教旨趣虽然各不相同,但各有妙用而不可偏废,三教在理论上可以融会贯通,在实践上可以互为补充,三教合而为一,显然更有利于封建统治的巩固。"三教同源"说的提出,确实是梁武帝的一个创造。他顺应了东晋南朝以来儒、道、佛三教既相互冲突斗争又相互吸收融汇的趋势,旨在建立起更富于中国特色的儒学化的佛教,以加强封建统治。"梁武帝的这个尝试,在中国思想史上占有重要的地位,他给儒、佛、道三家在历史发展过程中所表现出来的错综复杂的关系,作了一次初步的总结,为隋唐时期封建统治者调和三教之争提供了借鉴。两宋时期的理学,就是沿着这条纵线发展和完善起来的官方哲学"。② 这样的评价是比较贴切的。"三教同源"说对隋唐三教并立及其后的三教合流所产生的重大影响,是应予肯定的。同时,还应看到,"三教同源"说的提出,顺应了儒、道、佛三教冲突又融汇的发展趋势,鼓励了其时思想文化的兼容并蓄、多元发展。梁朝之所以能在很多方面都达到中国唐前文学和思想的顶峰,应该

---

① 《梁书》卷四八《儒林传序》。
② 罗宏曾:《魏晋南北朝文化史》,第215页。

也是与其时思想文化的兼容并蓄、多元发展密切相关的。

梁武帝萧衍称帝之后提出并实施的一系列举措,是在吸取历史上治乱兴衰经验教训的基础上审时度势的结果,是顺应当时社会发展趋势的,因而在其执政的近半个世纪里,虽然时有南北间的战争,但江南社会总体上是安定的;经济在前代发展的基础上又有了新的增长,为促进全国经济重心的南移发挥了重要推动作用;文化更是得到了全方位的发展,成就斐然,光彩夺目。对于梁武帝的政绩,唐代史家姚思廉评价说:萧衍建立梁朝后,"御凤历,握龙图,辟四门弘招贤之路,纳十乱引谅直之规。兴文学,修郊祀,治五礼,定六律,四聪既达,万机斯理。治定功成,远安迩肃。加以天祥地瑞,无绝岁时。征赋所及之乡,文轨傍通之地,南超万里,西拓五千。其中瑰财重宝,千夫百族,莫不充牣王府,蹶角阙庭。三四十年,斯为盛矣。自魏晋以降,未或有焉"。① 明末清初的思想家王夫之也评论说:"武帝之始,崇学校,定雅乐,斥封禅,修五礼,六经之教,蔚然兴焉,虽疵而未醇,华而未实,固东汉以下未有之盛也。"② 一个说"自魏晋以降,未或有焉",一个称"固东汉以下未有之盛也",都对梁武帝执政四十多年所取得的业绩给予了极高的评价。史家所言,难免有歌功颂德之嫌,但大体上还是符合史实的。萧梁时期在政治、经济、文化上所取得的成就与进步,当然不能统统都记在梁武帝萧衍的名下,但不可否认的是,梁武帝作为君临天下的最高统治者,他的治国理念以及在他主导下所制定并实施的方略,无疑起到了积极的引领和促进作用。尤其是梁武帝所制定并实施的一些制度,不仅在当时发挥了积极的作用,而且对后世也产生了深远的影响。

除了治国理政方面的业绩,梁武帝个人在文化艺术方面的深厚造诣与成就,在历代帝王中也是不多见的。诚如明代胡应麟在

---

① 《梁书》卷三《武帝纪下》。
② 王夫之:《读通鉴论》卷一七《梁武帝》。

其《少室山房笔丛正集》卷二二所说：“古今人主，才美之盛，盖无如梁武者。”

梁武帝在诗、文、赋三种文体方面均有创作，其中诗歌的成就最大。梁武帝的乐府诗作，对于中国古代诗歌的发展有着积极的影响，具体表现在：其一，梁武帝主动创制新曲，对乐府诗的改制作出了贡献。他善于模仿，但又不止于模仿，并不固守成式而拘滞不变，相反，他对新曲新声颇感兴趣，而且喜欢创制新曲，体现了诗歌创作中的创新与求变。学界多认为梁武帝的乐府诗以《江南弄》最佳，最能体现其乐府诗的风格特征，而《江南弄》恰恰是梁武帝对西曲进行改制创新的产物。其二，梁武帝创作的七言乐府诗，推进了七言诗的进一步发展。梁武帝的七言诗以《东飞伯劳歌》《河中之水歌》最为著名。明人陆时雍的《诗镜总论》对梁武帝的七言诗赞赏有加：“‘东飞伯劳西飞燕’、《河中之水歌》，亦古亦新，亦华亦素，此最艳词也。所难能者，在风格浑成，意象独出。”[1]在关注梁武帝《东飞伯劳歌》《河中之水歌》等诗作内容与表现手法的同时，更值得注意的是梁武帝对七言诗发展的推动。梁武帝的《东飞伯劳歌》《河中之水歌》等七言诗上承汉魏乐府，下启后世七言歌行，平仄互换，抑扬起伏，颇具创新性。唐代七言诗的繁荣，与梁武帝的开拓之功密不可分。

作为诗人、文学家，梁武帝一生成就非凡，在历代帝王中可谓罕有其匹。他喜好文学，勤于著述，身体力行地热衷于诗歌创作，为萧梁时期的文学繁荣作出了积极的贡献。正是缘于“聪明文思”“笃好文章”的梁武帝的大力提倡和推动，才促成了萧梁文学的繁盛。

梁武帝对佛学也颇有研究，主张“一切众生皆有佛性”，与竺道生的“一阐提人皆得成佛”一脉相承。按照这一理论，人无分贵贱、贫富、智愚、僧俗，只要真心向佛，皆可修成正果。佛性问题是南北

---

① （明）陆时雍：《古诗镜》“总论”，《钦定四库全书》“集部”八。

朝时期的焦点问题之一,竺道生孤明先发,首倡阐提成佛说。梁武帝继竺道生之后大力提倡这一理论,自然大有利于佛教的传播和发展。更值得注意的是,魏晋南北朝是门阀等级制度森严的时期,在这样的时代背景下强调"人人皆可成佛",实际上蕴含了"众生平等"的理念,本身就具有冲破门阀制度的积极内涵,既是东晋南朝门阀制度的日趋衰落在佛学领域的反映,又反过来加速了门阀制度衰落崩溃的进程。

梁武帝既重佛义的阐扬,也重佛教的实践。他依据经文制断酒肉,在《断酒肉文》《唱断肉经竟制》《与周舍论断肉敕》等文章中反复强调禁断酒肉之戒规。正是在梁武帝的大力推动和身体力行下,汉代以来僧徒食肉的习惯从此改变,形成了出家僧尼一律素食的传统,对汉传佛教此后发展的影响可谓至深至远。在佛教仪轨的创制上,梁武帝也是积极的实践者。中国佛教中著名的"无遮大会""水陆法会""盂兰盆会"等法事仪轨都始于梁武帝时,无一不与梁武帝密切相关,由此形成的佛教程式,后世日渐流行,其影响同样是不容低估的。

除了儒学、佛学、文学方面的深厚造诣,梁武帝在音乐、书法、围棋等领域也都有很高的禀赋,所取得的成就同样令人瞩目。梁武帝博学多才,能文能武,在儒学、文学、佛学等领域的学术造诣,以及在音乐、书法、围棋等方面所展现的才华,都表明他确实是一个多才多艺的通才皇帝,他在文化艺术方面所作的贡献,在历代帝王中罕有其匹。

如同任何事物均有正反两面一样,梁朝的建立以及梁朝所取得的辉煌成就都跟梁武帝息息相关,梁朝后期的乱局直至衰亡同样也与梁武帝密不可分。乍看起来,梁朝的乱局及衰亡均始于侯景之乱,但其实早在梁武帝执政时期特别是后期,就已经埋下了祸根。

萧衍登基之后,一如历史上的其他帝王,视天下为私家之物。与此同时,为了稳固"家天下"的统治并使之传承久远,梁武帝也像历代帝王一样,极为倚重和优待自己的子弟。在此意识驱使下,萧衍采取各种措施优待被封为王、侯的宗室子弟,以致不遵朝纲,不讲王法,造成了极坏的后果。

萧衍对于萧正德的处置,是其优容宗室的典型一例。由于萧衍在娶妻后的颇长一段时间里没有子嗣,因而曾收养其侄萧正德为子。然而萧衍于中兴元年(501年)九月有了儿子萧统,萧正德按照惯例"还本",即回归其生父萧宏。萧统于当年十一月被立为太子,而萧正德仅被封为西丰侯。萧正德成为太子的美梦彻底破灭,心理极不平衡,"自此怨望,恒怀不轨,睥睨宫宸,觊幸灾变",①更于普通三年(522年)逃奔北魏,又在次年逃回。对这样一个朝三暮四、视节操如儿戏之人,萧衍的处置竟然是"泣而诲之,复其封爵"。② 然而萧正德并未悔改,"常公行剥掠",京城百姓将萧正德与其弟萧正则及另外两个纨绔子弟合称为"四凶",史称"此四凶者,为百姓巨蠹,多聚亡命,黄昏多杀人于道,谓之'打稽'"。③ 对于已成"百姓巨蠹"的萧正德,梁武帝继续姑息养奸。但是梁武帝的一味姑息,并未使萧正德改弦易辙,反而"凶暴日甚,招聚亡命",④甚至与侯景厚相邀结,准备里应外合。太清二年十月,侯景渡江到采石,兵临建康城下。奉命驻守朱雀航的萧正德,竟"引贼入宣阳门"。若不是萧正德开门揖盗,侯景绝不可能如此顺利地进入建康,局势也不至于如此迅速地恶化。这不能不说是梁武帝优容皇族、姑息养奸所导致的恶果。

在梁武帝被侯景围困在台城时,其所生八个儿子,此时尚健在的,除了侯景控制下的简文帝萧纲,仅剩第六子邵陵王萧纶、第七子湘东王萧绎、第八子武陵王萧纪,尽管他们都手握重兵,然而面对危急形势,却无一例外地徘徊观望,见死不救。而在梁

① 《梁书》卷五五《萧正德传》。
② 《资治通鉴》卷一四九《梁纪》五,"武帝普通三年"条。
③ 《南史》卷五一《梁宗室上》。
④ 《梁书》卷五五《萧正德传》。

武帝萧衍忧愤病逝之后,萧纶、萧绎、萧纪兄弟三人本应同仇敌忾,携手共讨侯景,以报父仇。但是侯景之乱搅乱了萧梁后期的政治格局,激化了宗室诸王争夺皇位的纷争。其中,萧绎自恃实力最强,一心要继承皇位,凡是妨碍其实现这一目标的,都是他的仇敌,必欲除之而后快。萧纪虽远在益州,也不把萧绎放在眼里,认为只有自己才是合适的皇位继承人。兄弟三人置共抗侯景的大局于不顾,各怀鬼胎,彼此防范,直至兄弟阋墙,同室操戈。为了求得北方政权的支持以壮大自己的力量,他们甚至竞相投靠北齐、西魏,甘当傀儡。王夫之就此评论道:"父子兄弟之恩,至于武帝之子孙而绝灭无余矣。"他更指出造成这种局面的原因是:"慈而无节,宠而无等,尚妇寺之仁,施禽犊之爱,望恩无已,则挟怨益深,诸子之恶,非武帝陷之,而岂其不仁至此哉?"①显然,正是因为梁武帝慈爱无节,宠溺过度,使得萧绎、萧纪等皇子欲望无穷,在追逐最高权力的争斗中丧失了儒家所提倡的"忠孝之大节",这不能不说也是梁武帝种下的恶果。梁武帝萧衍亲手创建的萧梁最终被陈朝所取代,也是历史的必然。

作为中国历史上一位典型的"皇帝菩萨",梁武帝在执政的近半个世纪特别是后期,大兴建寺造塔之风,江南地区的佛寺数量急剧增加。郭祖深在上疏梁武帝时曾指出:"都下佛寺五百余所,穷极宏丽。"②由此可见,萧梁时仅都城建康内外就有佛寺五百余所,其时佛寺之多确实惊人。梁武帝在位期间建造的佛寺,不仅数量众多,而且耗费巨资。史家关于梁武帝大造佛寺导致"殚竭财力,百姓苦之"的评述,应该是符合事实的。概而言之,梁武帝崇信佛教,致使江南地区佛寺数量激增,寺塔相望,穷极宏丽,耗费人力、财力之巨是惊人的,对当时社会所造成的负面影响也是巨大的。

---

① 王夫之:《读通鉴论》卷一七《梁武帝》。
② 《南史》卷七〇《郭祖深传》。

此外,梁武帝先后舍身事佛,至少有四次。他之所以做出这种与其帝王身份不符的举动,当然并不说明他真心想要出家为僧、皈依佛门,而是企图借此制造轰动效应,推动佛教在全国的传播,提升佛教的影响。但动辄以上亿万的钱财来奉赎皇帝菩萨,给朝廷财政和社会经济带来的冲击是可想而知的。最为夸张的是太清元年,梁武帝从三月庚子入寺舍身,至四月丙子群臣以钱一亿万奉赎,时间之长竟然超过了一个月。胡三省评论说:"自庚子舍身至丙子奉赎,凡三十七日。万机之事,不可一日旷废,而荒于佛若是,帝忘天下矣。三十七日之间,天下不知为无君,天下亦忘君矣。"①这哪里还是"听览余闲"时所为? 胡三省尖锐的批评可谓一针见血:"君忘天下","天下亦忘君矣。"梁武帝置国家大事于不顾,一味地上演舍身事佛的戏码,不仅劳民伤财、贻误朝政,更加剧了国运的衰弱。

宠幸佞臣,是梁武帝统治后期政治急剧恶化的又一原因。随着在位时间日久,日渐衰老的梁武帝对于朝政的治理渐生懈怠,与其即位初期重用贤臣不同,一些巧言令色、投机钻营之徒开始得到梁武帝的宠幸。这方面的变化,以大同元年徐勉病逝、朱异受到重用而出现了根本性的转折。

纵观中国历史,只要有专制皇权存在,佞臣的出现便不可避免。但是佞臣究竟能在多大程度上对当时政局产生影响或破坏,则与掌握最高权力的皇帝是否宠信他们、是否不加分析地采纳他们的意见密切相关。遗憾的是,晚年的梁武帝恰恰对以阿谀奉承为能事的朱异恩宠有加,对其言听计从,由此加剧了梁武帝统治后期朝政的衰败,甚至直接导致了梁武帝本人的悲剧性结局。

朱异等佞臣的可恶之处,就在于时时窥测皇帝的意图,然后顺着主上的心思建言献策,引导皇帝作出错误的决断,从而贻误国家

① 《资治通鉴》卷一六〇《梁纪》一六,"武帝太清元年"条胡三省注。

大事,带来灾难性的后果。太清年间武帝作出的一系列错误决策,几乎都与朱异揣摩其心思然后加以迎合相关。正是在朱异的误导下,梁武帝一而再、再而三地作出错误的判断和决策,在悲剧性的道路上越走越远。

拒谏饰非与宠幸佞臣,是一对密不可分的孪生怪胎,晚年的梁武帝同样未能逃出这一魔咒。梁武帝拒谏饰非的典型表现,就是对待贺琛启陈事条封奏的态度。本来,贺琛进谏的目的只是希望革除"深害时政"的弊端,但触及时弊的奏疏无异于"批逆鳞",引得梁武帝龙颜震怒,其结果就是贺琛"奉敕但谢过而已,不敢有所指斥"。[①] 不仅是贺琛自此"不敢复言",其他大臣为保自身也都不敢切直进谏,朝廷内几乎鸦雀无声。所谓"专听生奸,独任成乱",梁武帝拒谏饰非的结果,无异于闭目塞听,听不进臣下的逆耳忠言,不能兼听则明,结果就是被小人所包围,不再能清醒地观察与判断局势,最终难以避免失败的结局。

梁武帝优容宗室子弟、溺信佛教、宠幸佞臣、拒谏饰非的种种举措,使得朝政紊乱、国运日衰,也直接导致了其在处理侯景投梁问题上的一错再错,引发了引狼入室的空前浩劫,终致其亲手开创的梁朝毁在自己的手上,所谓"自我失之",确实是非常惨痛的事实。

唐代的魏徵在评述梁武帝的功过时,充分肯定了其功绩:"高祖固天攸纵,聪明稽古,道亚生知,学为博物,允文允武,多艺多才。爰自诸生,有不羁之度,属昏凶肆虐,天伦及祸,收合义旅,将雪家冤。曰纣可伐,不期而会,龙跃樊、汉,电击湘、郢,翦离德如振槁,取独夫如拾遗。其雄才大略,固无得而称矣。既悬白旗之首,方应皇天之眷,布德施惠,悦近来远,开荡荡之王道,革靡靡之商俗,大修文教,盛饰礼容,鼓扇玄风,阐扬儒业,介胄仁义,折冲樽俎,声振寰宇,泽流遐裔,干戈载戢,凡数十年。济济焉,洋洋焉,魏晋以来,

---

未有若斯之盛。"与此同时,魏徵也指出了梁武帝的过错和失误:
"逮夫精华稍竭,凤德已衰,惑于听受,权在奸佞,储后百辟,莫得尽
言。险躁之心,暮年愈甚。见利而动,愎谏违卜,开门揖盗,弃好即
雠,衅起萧墙,祸成戎羯,身殒非命,灾被亿兆,衣冠毙锋镝之下,老
幼粉戎马之足。瞻彼《黍离》,痛深周庙;永言《麦秀》,悲甚殷墟。
自古以安为危,既成而败,颠覆之速,书契所未闻也。"①这样的评
价,是符合史实的,也是公允的。魏徵的前后两段评价,堪称是对
梁武帝萧衍自述"自我得之,自我失之"的绝妙注解,前一段,诠释
了梁武帝"自我得之"的历程;后一段,则说明了梁武帝"自我失之"
的缘由。《南史》作者李延寿也指出:"既而帝纪不立,悖逆萌生,反
噬弯弧,皆自子弟,履霜弗戒,卒至乱亡。自古拨乱之君,固已多
矣,其或树置失所,而以后嗣失之,未有自己而得,自己而丧。追踪
徐偃之仁,以致穷门之酷,可为深痛,可为至戒者乎!"②李延寿从与
魏徵略有不同的角度,用"自己而得,自己而丧",表达了与"自我得
之,自我失之"的内涵完全相同的意思,确实"可为深痛,可为
至戒"!

---

① 《梁书》卷六《敬帝纪》"史臣曰"。
② 《南史》卷七《梁本纪中》"论曰"。

附录　萧衍大事年表

宋孝武帝大明八年(甲辰　464)　1岁

　　萧衍生于建康秣陵县(今江苏南京)同夏里三桥宅,字叔达,小字练儿,南兰陵郡(治今江苏常州)中都里人。祖父萧道赐,刘宋时官至南台治书侍御史;父萧顺之,为齐高帝萧道成族弟,少而款狎,常相随逐,备受信任。

宋明帝泰始七年(辛亥　471)　8岁

　　母张尚柔卒于建康秣陵县同夏里舍,萧衍水浆不入口三日,哭泣哀苦,有过成人。[①]。

宋顺帝昇明三年　齐高帝建元元年(己未　479)　16岁

　　四月,宋顺帝禅位于齐,萧道成即帝位,是为齐太祖高皇帝。萧顺之以参预佐命,封临湘县侯,历任侍中、卫尉、太子詹事、领军将军、丹阳尹等职。

齐武帝永明元年(癸亥　483)　20岁

　　尚书令、镇军将军王俭进号卫将军,萧衍出任卫将军东阁祭

---

　　① 据《梁书》卷七《太祖张皇后传》载,萧衍母张尚柔卒于宋泰始七年(公元471年),其年萧衍应为八岁。故《梁书》卷三《武帝纪下》所言"高祖生知淳孝。年六岁,献皇太后崩,水浆不入口三日"之记载有误。

酒,王俭深相器异,请为户曹属。①

齐武帝永明二年(甲子　484)　21岁

齐竟陵王萧子良于鸡笼山开西邸,招集文学之士,萧衍与沈约、谢朓、王融、萧琛、范云、任昉、陆倕等并在其列,号曰"八友"。②

齐武帝永明八年(庚午　490)　27岁

齐荆州刺史、巴东王萧子响屡违法度,又杀长史刘寅、典签吴修之等,丹阳尹萧顺之奉命领兵前往,缢杀之。齐武帝既而又生悔意,萧顺之惭惧,发疾而死。萧衍时任荆州刺史、随王萧子隆镇西咨议参军,以丁父艰而去职。

齐武帝永明十一年(癸酉　493)　30岁

齐武帝萧赜病危,诏萧子良甲仗入延昌殿侍医药。萧子良以萧衍、王融、范云等皆为帐内军主。王融欲矫诏立子良,谋事未成,武帝死,西昌侯萧鸾拥立太孙萧昭业,是为郁林王。王融被萧鸾诛杀,萧衍因不赞同王融谋议,故得无事。

齐郁林王隆昌元年　海陵王延兴元年　明帝建武元年(甲戌 494)　31岁

西昌侯萧鸾辅政,起萧衍为宁朔将军,镇守寿春。萧衍父忧服阕,除授太子庶子、给事黄门侍郎,入值殿省。齐郁林王失德,西昌侯萧鸾将谋废立,引萧衍与之同谋。萧衍因其父之死而怨恨齐武帝,遂参与密谋,多所策划。七月,萧鸾杀郁林王,立新安王萧昭文,改元延兴;萧鸾录尚书事,进宣城郡公。十月,萧鸾为太傅、领大将军、扬州牧、都督中外诸军事,晋爵为

---

① 《梁书》卷一《武帝纪上》称萧衍"起家巴陵王南中郎法曹行参军",但《南史·梁本纪上》则称萧衍"初为卫军将军王俭东阁祭酒"。经考证,当以《南史》所记为是。

② 张慧诚著《梁武帝萧衍传》,许辉著《萧衍》均将萧子良开西邸系于永明五年,依据当是《南齐书》《南史》有关萧子良于"(永明)五年,正位司徒,给班剑二十人,侍中如故。移居鸡笼山邸,集学士抄《五经》、百家……道俗之盛,江左未有也"的记述。但《资治通鉴》卷一三六《齐纪》二"武帝永明二年"条却将萧子良开西邸,萧衍等号曰"八友"事系于永明二年。此处从《资治通鉴》之说。

王,废萧昭文为海陵王而自立,改元建武,是为齐明帝。萧衍以参与定策之勋,封建阳县男,[①]是年,拜中书侍郎,迁黄门侍郎。

齐明帝建武二年(乙亥　495)　32岁

二月,北魏王肃、刘昶等率军二十万进击义阳(今河南信阳),齐明帝委萧衍为冠军将军、军主,以偏帅随左卫将军王广之驰援。众以魏军势盛,趑趄不敢前,萧衍请先发,出奇计击败魏军。军罢,以萧衍为右军晋安王司马、淮陵太守。还都后,为太子中庶子,领羽林监,出镇石头城。萧衍为免明帝猜忌而藏其锋芒,"解遣部曲,常乘折角小牛车"。

齐明帝建武四年(丁丑　497)　34岁

北魏孝文帝亲率大军进逼雍州(治今湖北襄阳)。齐雍州刺史曹虎旧为武帝腹心,齐明帝忌之,拟以萧衍为雍州刺史,萧衍"受密旨出顿,声为军事发遣"。十月,萧衍至襄阳,明帝又遣左民尚书崔慧景总督诸军,萧衍及曹虎等并受节度。

齐明帝建武五年　永泰元年(戊寅　498)　35岁

三月,萧衍与崔慧景进至邓城(今湖北襄阳市北邓城镇),魏孝文帝率骑十万余奄至,崔慧景狼狈引退,独有萧衍率众拒战。齐军大败,崔慧景军死伤略尽,惟萧衍所部全师而归。寻以萧衍行雍州府事。四月,改元永泰。七月,齐明帝萧鸾崩,遗诏以萧衍为都督、辅国将军、雍州刺史。太子萧宝卷立,是为东昏侯。扬州刺史萧遥光、尚书令徐孝嗣、尚书右仆射江祏、右将军萧坦之、侍中江祀、卫尉刘暄更值内省,分日帖敕,号为"六贵"。

---

①　萧衍获封建阳县男的时间,《梁书》卷一《武帝纪上》称"预萧谌等定策勋,封建阳县男",时在隆昌元年;《南史》卷六《梁本纪上》则系于建武二年萧衍救援义阳,击败北魏军队,"以功封建阳县男"。相较而言,参预定策的功勋更著,且其父萧顺之也曾在萧道成代宋时因参预佐命而得封临湘县侯。故此处从《梁书》之说。

齐东昏侯永元元年(己卯　499)　36岁

齐东昏侯宠信宦官、左右,始安王萧遥光谋废东昏侯自立,败死。大臣徐孝嗣、沈文季等相继被杀。江州刺史陈显达闻之,起兵于寻阳,亦败死。萧衍以朝政紊乱,密遣从舅张弘策至郢州(治夏口,今湖北武昌),劝其长兄、时任郢州刺史的萧懿早为之备,萧懿不从。萧衍乃召其弟萧伟、萧憺由京城至襄阳,并在雍州潜造器械,密修武备。是年八月,萧衍妻郗徽卒于襄阳官舍,归葬武进东城里山。

齐东昏侯永元二年(庚辰　500)　37岁

萧齐大臣人人自危。正月,豫州刺史裴叔业以寿阳降魏,旋病死,魏军入寿阳。二月,东昏侯以萧懿为豫州刺史。三月,平西将军崔慧景奉命讨寿阳,过广陵而返,渡江攻建康,围城。驻屯小岘的萧懿率军救援,崔慧景围城十二日而败,逃亡被杀。萧懿为尚书令。冬十月,东昏侯赐药毒杀萧懿。消息传至雍州,萧衍夜召张弘策、吕僧珍等入宅定议,于十一月乙巳建牙集众,起兵于襄阳。萧颖胄奉荆州刺史、南康王萧宝融也在江陵起兵。为联合荆州共抗东昏侯,萧衍亦尊奉南康王萧宝融。

齐和帝中兴元年(辛巳　501)　38岁

三月,南康王萧宝融即帝位于江陵,改元中兴,是为齐和帝。遥废萧宝卷为涪陵王。以萧衍为尚书左仆射、征东大将军、都督征讨诸军事,假黄钺。四月,萧衍大军发襄阳,出汉水。和帝遣冠军将军萧颖达领兵来会。萧衍命王茂、萧颖达等进军逼郢州。东昏侯遣吴子阳、陈虎牙等十三军救郢州。七月,王茂等乘水涨以舟师袭加湖,郢城守军死伤甚众,势穷而降。八月,江州刺史陈伯之降于萧衍。九月,萧衍乘胜引兵东下,直指建康。长子萧统生于襄阳。十一月,萧颖胄忧愤成疾,病卒,于是众望尽归于萧衍。十二月,萧衍军到建康,围城。城中内变,东昏侯被杀。萧衍入建康,以宣德太后令,追废涪陵王为东昏侯,以萧衍为中书监、大司马、录尚书事、骠骑大将军、扬州刺史,封建安郡公。

齐和帝中兴二年　梁武帝天监元年(壬午　502)　39岁

正月,萧衍晋升为都督中外诸军事、相国,封十郡为梁公,备九锡。二月,进爵为梁王。萧衍杀齐明帝诸子,萧宝寅奔魏。三月,齐和帝下诏禅位于梁王萧衍。四月,萧衍即帝位,建梁,改元天监,是为梁武帝。诏分遣内侍,周省四方,观政听谣,访贤举滞。复南兰陵武进县,依前代之科。改南东海为兰陵郡,土断南徐州诸侨郡县。诏于公车府谤木、肺石傍各置一函以鼓励投谤;凡后宫、乐府、西解、暴室诸妇女一皆放遣。车骑将军高丽王高云进号车骑大将军,镇东大将军百济王余太进号征东大将军,镇东大将军倭王武进进号征东大将军。废齐和帝为巴陵王,旋即杀害。五月,陈伯之在江州起兵反梁,战败,奔魏。八月,命尚书删定郎蔡法度损益旧律,制订《梁律》,与尚书令王亮、中书监王莹、尚书仆射沈约、吏部尚书范云等共同议定。林邑、干陁利国各遣使朝贡。十一月,立皇子萧统为皇太子。是年,江东大旱,米斗五千,民多饿死。

梁武帝天监二年(癸未　503)　40岁

正月,诏"申敕诸州,月一临讯,博询择善,务在确实"。四月,蔡法度等修成《梁律》二十卷、《令》三十卷、《科》四十卷,诏令施行。五月,尚书右仆射范云卒,以尚书左丞徐勉及右卫将军周舍同参国政。断诸郡县献奉二宫。六月,魏扬州刺史、任城王元澄与萧宝寅、陈伯之等攻梁。七月,扶南、龟兹、中天竺国各遣使朝贡。八月,魏镇南将军元英率军围梁义阳。十月,皇子萧纲生,降都下死罪以下囚。

梁武帝天监三年(甲申　504)　41岁

正月,梁袭魏寿阳,失利。魏任城王元澄攻钟离(今安徽凤阳东碑)。武帝遣曹景宗、王僧炳等率步骑三万救义阳。三月,淮水暴涨,攻打钟离的魏军撤走。七月,魏军攻义阳益急,

曹景宗顿兵不进,武帝复遣马仙琕往救,力战而败。八月,义
阳陷于魏。御史中丞任昉奏弹曹景宗,武帝以其功臣,寝而不
治。九月,北天竺国遣使朝贡。十一月,梁除以金赎罪之科。
是年,武帝率僧俗二万,于重云殿重阁亲自制文发愿,以明其
舍道归佛。

梁武帝天监四年(乙酉 505) 42 岁

正月,武帝兴学,诏置《五经》博士各一人,"广开馆宇,招内
后进";又分遣博士祭酒巡州郡立学。梁汉中太守夏侯道迁降
魏,魏命邢峦率兵赴汉中,所至皆捷,遂入剑阁。梁州十四郡
地,皆入于魏。六月,梁初立孔子庙。冬十月,武帝下诏大举
北伐攻魏,命王公以下各出租谷以助军资,以临川王萧宏为都
督北讨诸军事,驻屯洛口(洛涧入淮处,今安徽淮南市东)。萧
宏为萧衍之弟,梁军器械精新,军容甚盛,北人以为百数十年
来所未之有。

梁武帝天监五年(丙戌 506) 43 岁

梁魏大战。三月,萧宏命人写信招降陈伯之,陈伯之自寿阳
率众归梁。张惠绍拔宿豫(今江苏宿迁东南);昌义之拔梁城
(今安徽寿县东);韦叡拔合肥。七月,魏中山王元英、邢峦等
急赴淮南增援。邓至国遣使献方物。九月,宿豫、淮阳等处梁
军相继弃守。萧宏性怯懦,部分乖方,畏惧魏军而在洛口逗留
不进。既而因风雨而夜惊,弃军逃归江南,全军溃散。昌义
之、张惠绍等闻讯亦引兵退。十月,元英进围钟离,昌义之拒
之。梁兵围魏义阳,闻洛口兵溃而退,魏军追击破之。十一
月,武帝命曹景宗都督诸军二十万救钟离。是年,梁置集雅馆
以招远学。

梁武帝天监六年(丁亥 507) 44 岁

昌义之率三千人守钟离,拒魏军数十万。二月,武帝增调韦
叡从合肥往救。三月,曹景宗、韦叡大破魏军,解钟离之围。
元英单骑逃遁,魏军溺死及阵亡者各十数万,梁俘敌五万,获

资粮、器械山积,牛马驴骡不可胜计。十二月,分豫州置霍州。是年,范缜公开发表《神灭论》,武帝、僧法云、曹思文等66人撰文75篇,与之辩论。

梁武帝天监七年(戊子 508) 45 岁

正月,诏作神龙、仁兽阙于端门、大司马门外。诏吏部尚书徐勉定百官九品为十八班,以班多者为贵。二月,增置镇、卫将军以下为十品、二十四班;不登十品者另有八班;又置施于外国者二十四班,凡一百九号。诏置州望、郡宗、乡豪各一人,专掌搜荐人才。新作国门于越城南。以车骑大将军高丽王高云为抚东大将军、开府仪同三司。五月,诏兰陵县建、修二陵,周回五里内居人赐复终身。诏复置宗正、太仆、大匠、鸿胪,又增置太府、太舟,共设十二卿。时魏郢、豫二州各地守将多降梁,自悬瓠以南至安陆,魏仅保有义阳一城。九月,诏"凡公家诸屯戍见封炼者,可悉开常禁"。十二月,魏邢峦、元英等进兵,夺回悬瓠。

梁武帝天监八年(己丑 509) 46 岁

正月,魏中山王元英从义阳进兵攻克三关(即武阳关、平靖关、黄岘关,在今信阳以南豫、鄂界上),马仙琕弃城走。韦叡奉命率军救援,进抵安陆。元英率军急追马仙琕,闻韦叡至,乃退兵。魏中书舍人董绍奉命慰劳边城,遇袭被囚,送往建康,武帝将其释放,让其传递通好的信息,谓以宿豫交换汉中。董绍返回后言于朝廷,魏主不从。五月,诏"随才试吏,勿有遗隔"。是岁,魏宗正卿元树奔梁,赐爵邺王。

梁武帝天监九年(庚寅 510) 47 岁

三月,武帝幸国子学,亲临讲肆,令皇太子以下及王侯之子年在从师者皆入学。四月,梁尚书五都令史本用寒流,至是命改用士流。十二月,武帝再幸国子学,策试胄子,赐训授之司各有差。是岁,颁行祖冲之所订《大明历》。林邑国遣使朝贡。

梁武帝天监十年（辛卯　511）　48岁

三月，梁琅邪人王万寿杀太守，以朐山（今江苏连云港西南）引魏军，魏徐州刺史卢昶援之。梁振远将军马仙琕奉命征讨，围城数月，于十二月大破魏军，斩首十余万，收复朐山。是岁，初作宫城门三重楼及开二道。宕昌国遣使朝贡，婆利国贡金席。此时，梁有州二十三、郡三百五十、县一千零二十二。

梁武帝天监十一年（壬辰　512）　49岁

正月，诏"自今逋谪之家，及罪应质作，若年有老小，可停将送"。三月，高丽国遣使朝贡。四月，百济、扶南、林邑国各遣使朝贡。九月，宕昌国遣使朝贡。十一月，梁修《五礼》成，共八千一十九条，诏有司遵行。

梁武帝天监十二年（癸巳　513）　50岁

二月，梁郁洲民徐道角杀青、冀二州刺史降魏，旋败死。梁新作太极殿，改为十三间，以从闰数。闰三月，特进、中军将军、文学家沈约卒。六月，梁新作太庙。

梁武帝天监十三年（甲午　514）　51岁

二月，武帝建梁后首次耕藉田，并致斋祀先农。四月，林邑国遣使朝贡。八月，扶南、于阗国各遣使朝贡。十月，魏高肇等统兵攻梁益州。武帝听信魏降人王足的建议，不顾众人的反对，执意在钟离建浮山堰，求堰淮水以淹寿阳，役人及战士合计二十万，依岸筑土，合脊于中流。

梁武帝天监十四年（乙未　515）　52岁

正月，武帝为皇太子行冠礼于太极殿，赐为父后者爵一级。诏班下远近，博采英异，又除以墨刑用代重辟条。魏孝武帝崩，太子元诩即位，是为魏肃宗孝明帝。四月，浮山堰成而复溃，乃运东、西冶铁器数千万斤沉之，又伐树、填巨石，缘淮百里内木石无巨细皆尽，负担者肩上皆穿，夏日疾疫，死者相枕。九月，狼牙修国遣使朝贡。是冬，寒甚，淮、泗尽冻，浮山堰士卒死者十七八。

梁武帝天监十五年(丙申 516) 53 岁

正月,诏"申下四方,政有不便于民者,所在具条以闻"。四月,高丽国遣使朝贡。浮山堰成,长九里,下广一百四十丈,上广四十五丈,高二十丈,树以杞柳,军垒列居其上。梁引淮水灌寿阳,城坏,洪水泛滥数百里。九月,淮水暴涨,因浮山堰不复维修而坏,沿淮城戍村落十余万口皆漂入海。

梁武帝天监十六年(丁酉 517) 54 岁

正月,诏"尤贫之家,勿收今年三调。其无田业者,所在量宜赋给"。三月,敕织官,文锦不得用仙人鸟兽之形,为其裁剪,有乖仁恕。四月,诏以宗庙用牲,有累冥道,皆以面为之。八月,扶南、婆利国各遣使朝贡。十月,诏以宗庙犹用脯修,以大饼代大脯,其余尽用蔬果。又起至敬殿、景阳台,置七庙座,每月中再设净馔。

梁武帝天监十七年(戊戌 518) 55 岁

正月,诏流移他境之民"悉听还本,蠲课三年。其流寓过远者,量加程日。若有不乐还者,即使著土籍为民,准旧课输"。临川王萧宏妾弟杀人而藏匿于其府中,因此遭劾奏,五月,被免官。武帝疑萧宏私藏铠仗,寻借口察看其后房,见藏钱三亿余万及大量布绢等,并无铠仗,知无异志,大喜,兄弟更为敦睦,不久即重新起用萧宏为中军将军、中书监。闰八月,干陁利国遣使朝贡。十月,又任萧宏为司徒。

梁武帝天监十八年(己亥 519) 56 岁

正月,武帝亲祠南郊,孝悌力田赐爵一级。四月,武帝于无碍殿受佛戒。七月,于阗、扶南国各遣使朝贡。苏州枫桥镇寒山寺始建于梁天监年间,初名妙明普利塔院,后因唐初僧人寒山居此而更名。

梁武帝普通元年(庚子 520) 57 岁

正月乙亥,改元,大赦天下,诏"尤贫之家,勿收常调,鳏寡孤独,并加赡恤"。扶南、高丽国各遣使朝贡。二月,以高丽王世子安为宁东将军、高丽王。七月，江、淮、海并溢。八月，梁名将韦叡卒。韦叡字怀文，杜陵（今西安东南）人，体弱不能骑马，然善于用兵，魏人畏之，称其为"韦虎"。

梁武帝普通二年(辛丑 521) 58 岁

正月，武帝依据佛经在京师置"孤独园"，收养"单老孤稚不能自存"之贫民。四月，改作南北郊。五月，琬琰殿火灾，延烧后宫屋三千间，诏停贺瑞。七月，假大匠卿裴邃节，督众军北讨。十一月，百济、新罗国各遣使朝贡。十二月，以镇东大将军百济王余隆为宁东大将军。

梁武帝普通三年(壬寅 522) 59 岁

正月，京师地震。五月，日有蚀之，赦天下，并班下四方，民所疾苦，咸即以闻，公卿百僚各上封事，连率郡国举贤良、方正、直言之士。八月，婆利、白题国各遣使朝贡。是岁，临川王萧宏之子萧正德叛梁奔魏，自称废太子，因在魏未受礼遇，复于次年逃回。

梁武帝普通四年(癸卯 523) 60 岁

二月，武帝躬耕籍田，诏"班下远近，广辟良畴，公私畎亩，务尽地利"。四月，魏怀荒镇（今河北张北）民因请发粮不得，杀镇将起义。未几，破六韩拔陵率沃野镇（今内蒙古五原北）兵民起义，杀镇将，建元真王。六镇起义始此。六月，梁分益州置信州，分交州置爱州，分广州置成州、南定州、合州、建州，分霍州置义州。梁初，扬、荆、郢、江、湘、梁、益七州用钱，交、广二州用金银，余州杂用谷帛。梁铸五铢钱（肉好周郭皆备）和"女钱"（周围无郭）后，百姓私用古钱交易，禁不能止，十二月，乃罢铜钱，改铸铁钱。狼牙修国遣使朝贡。

梁武帝普通五年(甲辰 524) 61 岁

三月，梁分扬州、江州置东扬州。武帝见魏乱，下诏出兵攻魏。六月，以豫州刺史裴邃督征讨诸军伐魏。梁军虽屡胜，但袭寿阳、围涡阳、攻淮阳，皆不能克。十二月，梁军攻克义阳三关,进围郢州近百日,因魏援军至而退。是岁,侍中、太子詹事周舍坐事免,散骑常侍朱异代掌机密,军旅谋议,方镇改易,朝仪诏敕皆典之。

梁武帝普通六年(乙巳 525) 62岁

正月,魏徐州刺史元法僧称帝,建元天启。魏发兵进击,元法僧遣其子降梁。武帝命朱异使于元法僧,以宣城太守元略为大都督,与将军陈庆之等领兵接应。梁裴邃率军攻克新蔡、郑城,汝、颍之间纷起应梁。魏河间王元琛到寿阳,出击梁裴邃军,大败,闭门自固,不敢复出。三月,武帝命皇子、豫章王萧综驻守彭城,总督众军。五月,梁名将裴邃卒。裴邃深沉有思略,为政宽明,将吏爱而惮之。萧综向疑己为齐东昏侯子,及在彭城,与魏军相峙,胜负久未决。武帝虑萧综败没,敕其引军还。萧综恐南归不复得至北边,六月,与左右投魏。梁军失帅,大溃,魏收复彭城。

梁武帝普通七年(丙午 526) 63岁

二月,北伐众军解严。三月,高丽国遣使朝贡。四月,诏"在位群臣,各举所知,凡是清吏,咸使荐闻"。五月,衡州刺史元略自普通元年南奔投梁,晨夕哭泣。魏胡太后遣江革、祖暅之南还以求元略。武帝备礼遣之,宠赠甚厚。六月,林邑国遣使朝贡。七月,武帝闻淮堰水盛,寿阳城几没,复遣元树等自北道攻黎浆(今安徽寿县东南),夏侯亶等自南道攻寿阳。十一月,寿阳降。梁得五十二城,以寿阳为豫州,改合肥为南豫州。梁军逼新野,为魏军所阻。

梁武帝普通八年 大通元年(丁未 527) 64岁

正月,诏"凡因事去土,流移他境者,并听复宅业,蠲役五年。尤贫之家,勿收三调"。开大通门以对同泰寺之南门,取反语以协同泰。二月,梁军攻魏彭城,被击退。三月,武帝幸同泰寺舍身,三日后还宫,大赦,改元大通,以符寺及门名。林邑、师子国各遣使朝贡。十月,梁军经过长期围攻,相继克魏东豫州广陵城(今河南息县)及涡阳(今安徽蒙城)。十一月,梁以涡阳为西徐州。高丽国遣使朝贡。

梁武帝大通二年(戊申　528)　65岁

四月,魏尔朱荣杀胡太后与幼主元钊,又在河阴(今洛阳东北)杀丞相元雍以下二千余人,是为"河阴之变"。时魏大乱,魏汝南王元悦、临淮王元彧、北海王元颢及郢州等州刺史,相继南奔降梁。梁复得义阳等地。六月,魏临淮王元彧以母老求还,武帝"惜其才而不能违",许其北归。七月,魏泰山太守羊侃反魏降梁,与魏军相攻。十月,武帝以魏北海王元颢为魏王,遣陈庆之率兵送其北还。十一月,羊侃突围出瑕丘(今山东兖州)南走,魏复得泰山。

梁武帝大通三年　中大通元年(己酉　529)　66岁

正月,魏汝南王元悦求还本国,许之。二月,诏更定二百四十号将军为四十四班。四月,陈庆之相继攻拔魏梁城、考城,擒魏济阴王元晖业。元颢即帝位于睢阳城南,改元孝基。五月,陈庆之克梁国、拔荥阳,魏孝庄帝渡黄河北走。洛阳魏官迎元颢入城,颢改元建武。陈庆之以七千之兵,凡取三十二城,经四十七战,所向皆克。北海王元颢既得志,密与临淮王元彧、安丰王元延明谋叛梁,陈庆之亦密为之备。武帝命诸军继进者皆停于境上。闰六月,魏尔朱荣率军南下,渡过黄河,陈庆之败,所部丧亡略尽,庆之化装为僧,得还建康。元颢逃亡,被杀。魏孝庄帝还洛阳。九月,武帝幸同泰寺,设四部无遮大会,升讲堂法座,为四部大众开《涅磐经》题,因舍身。群臣以钱一亿万,奉赎"皇帝菩萨"。十月,武帝又设四部无遮大会,道、俗五万余人。会毕,还宫,大赦,改元。

梁武帝中大通二年(庚戌　530)　67岁

六月,武帝复以魏汝南王元悦为魏王,以魏降将范遵为安北将军,随元悦北还。林邑、扶南国各遣使朝贡。八月,武帝饯元悦于德阳堂,遣兵送至境上。九月,魏孝庄帝杀尔朱荣。十月,尔朱兆等共推魏长广王元晔即皇帝位,改元建明。十二月,魏王元悦闻尔朱兆已入洛阳,自知难以成事,遂南还。

梁武帝中大通三年(辛亥 531) 68岁

二月,魏尔朱世隆废长广王元晔,立广陵王元恭,是为节闵帝(前废帝)。四月,皇太子萧统卒。六月,魏高欢起兵讨尔朱氏。七月,立晋安王萧纲为皇太子。九月,狼牙修国遣使朝贡。十月,武帝幸同泰寺,升法座,讲说《大般若涅磐经》义,七日而罢。魏高欢立渤海太守元朗为帝,是为后废帝。十一月,武帝再幸同泰寺,升法座,说《摩诃般若菠萝蜜经》义,七日而罢。

梁武帝中大通四年(壬子 532) 69岁

正月,以薛法护为司州牧,护送魏王元悦入洛。二月,又以元法僧为东魏王,兖州刺史羊侃为军司马,与元法僧同行。四月,高欢相继废节闵帝与后废帝,立平阳王元修,是为魏孝武帝。孝武帝以高欢为大丞相。十一月,高丽国遣使朝贡。十二月,武帝闻魏室已定,复以元法僧为郢州刺史。

梁武帝中大通五年(癸丑 533) 70岁

正月,京师地震。二月,武帝幸同泰寺,讲《般若经》,七日而罢,会者万余人。五月,京邑大水,御道通船。八月,波斯国遣使朝贡。魏将贺拔胜攻梁雍州诸城戍,梁军屡败,沔北悉成丘墟。

梁武帝中大通六年(甲寅 534) 71岁

三月,百济国遣使朝贡。七月,魏孝武帝集结军队,将讨高欢;欢举兵反,南向洛阳。高欢兵渡河,孝武帝西奔关中,依宇文泰。七月,林邑国遣使朝贡。十月,高欢入洛阳,遣侯景攻荆州,贺拔胜兵败投梁。高欢别奉清河王世子元善见为主,是为孝静帝,改永熙三年为天平元年。东魏迁都于邺,令下三日即行。北魏自此始分为二。梁武帝以信武将军元庆和为镇北将军,封魏王,率众北伐。闰十二月,宇文泰鸩杀孝武帝,另立

南阳王元宝炬,是为西魏文帝。东魏高敖曹、侯景等率军攻淅
阳,西魏都督三荆州诸军事、荆州刺史独孤信兵少不敌,与都
督杨忠南投萧梁。

梁武帝大同元年(乙卯　535)　72岁

正月,西魏文帝即位于长安城西,改元大统。二月,高丽、丹
丹国各遣使朝贡。三月,武帝幸同泰寺,设无遮大会。四月,
波斯国遣使朝贡。武帝再幸同泰司,铸十方银像,并设无碍
会。七月,扶南国遣使朝贡。十一月,侍中、中卫将军徐勉卒。
北梁州刺史兰钦攻汉中,魏梁州刺史元罗举州降。

梁武帝大同二年(丙辰　536)　73岁

三月,武帝幸同泰寺,设平等法会。梁医学家、道家陶弘景
卒,弘景字通明,丹阳秣陵(今南京)人,博学多艺能,好养生之
术,著有《本草经集注》《肘后百一方》等,主张儒、道、佛三教合
流,武帝与之恩礼甚笃,每有吉凶征讨大事,无不先咨之,时人
谓之"山中宰相"。七月,贺拔胜等得武帝许可北还,到长安。
九月,武帝又幸同泰寺,设四部无碍大会。东魏以定州刺史侯
景兼尚书右仆射、南道行台,督诸将攻梁。十月,武帝诏大举
伐东魏。侯景率军七万侵梁楚州,进军淮上,被陈庆之击破,
侯景弃辎重败走。武帝再幸同泰寺,设无碍大会。十一月,诏
罢北伐之师。十二月,东魏遣使请和,武帝许之。

梁武帝大同三年(丁巳　537)　74岁

五月,武帝幸同泰寺,铸十方金铜像,设无碍法会。东魏遣
散骑常侍李谐等来聘,七月,至建康,武帝与之谈,大为倾倒。
独孤信、杨忠求北还,武帝许之,礼送甚厚。独孤信、杨忠至长
安。武帝修长干寺阿育王塔,出佛爪发舍利,八月,武帝幸阿
育王寺,设无碍法喜食。九月,梁使兼散骑常侍张皋聘于
东魏。

梁武帝大同四年(戊午　538)　75岁

五月,东魏遣兼散骑常侍郑伯猷来聘。七月,诏以东冶徒李

胤之降象牙如来真形,大赦天下。八月,诏南兖等十二州,既经饥馑,曲赦逋租宿债,勿收今年三调。九月,武帝阅武于乐游苑。十月,梁使散骑常侍刘孝仪等聘于东魏。

梁武帝大同五年(己未 539) 76岁

正月,以丹杨尹何敬容为尚书令。自徐勉、周舍卒,当权要者,外朝则何敬容,内省则朱异。十一月,东魏使散骑常侍王元景、魏收来聘。梁分各州为五品,上品二十州,次品十州,次品八州,次品二十三州,下品二十一州。其下品皆异国之人,徒有州名而无土地。五品之外,又有二十余州不知处所。凡一百零七州。然州郡虽多而户口日耗。十二月,使兼散骑常侍柳豹聘于东魏。是年,梁名将陈庆之卒。

梁武帝大同六年(庚申 540) 77岁

七月,东魏使兼散骑常侍李像等来聘。梁使散骑常侍陆晏子报聘。

梁武帝大同七年(辛酉 541) 78岁

四月,东魏使者来聘。五月,梁使兼散骑常侍明少遐等报聘于东魏。十二月,东魏使兼散骑常侍李骞来聘。梁遣兼散骑常侍袁狎等报聘。梁于宫城西立士林馆,延集学者。是岁,宕昌、高丽、百济各遣使朝贡。百济国求《涅磐》等经疏及医工、画师、《毛诗》博士,梁武帝并许之。梁交州豪族李贲起兵,刺史萧咨逃往广州。

梁武帝大同八年(壬戌 542) 79岁

正月,梁安成(今江西安福西)望族刘敬躬以妖术惑众,据郡起兵,改元永汉,署官属,攻庐陵,逼豫章,为王僧辩所破,敬躬被擒送建康处斩。四月,东魏使兼散骑常侍李绘来聘。八月,东魏以侯景为东南道大行台,以防梁和西魏。十二月,东魏使兼散骑常侍杨斐等来聘。

梁武帝大同九年(癸亥 543) 80岁

四月,临邑王攻李贲,贲部将又破临邑王于九德,败走之。

八月,东魏使兼散骑常侍李浑等来聘。

梁武帝大同十年(甲子　544)　81岁

正月,李贲称越帝,年号天德。三月,武帝幸兰陵,谒建宁陵、修陵;幸京口城北固楼,更名北顾;幸回宾亭,宴乡里故老及所经近县迎候者,少长数千人。四月,武帝自兰陵还。五月,东魏使散骑常侍魏季景来聘。

梁武帝大同十一年(乙丑　545)　82岁

正月,东魏使兼散骑常侍李奖等来聘。梁以陈霸先为先锋,攻李贲,连战破之,六月,围嘉宁城(今越南河内西北)。十月,东魏使中书舍人尉景来聘。十二月,梁散骑常侍贺琛启陈四事,称户口减落,长吏贪残,风俗侈靡,以及执事之人吹毛求疵、以深刻为能事,主张省事息费,养民聚财,遭武帝怒斥。时武帝长斋事佛,自奉甚俭,而王侯子弟犯法多被赦免,自此更横行无忌。

梁武帝大同十二年　中大同元年(丙寅　546)　83岁

正月,梁军破嘉宁城,李贲脱逃,既而复出,陈霸先再破之。三月,武帝幸同泰寺,讲《三慧经》。仍舍身。四月,皇太子以下奉赎,解讲,大赦,改元。浮图遭火灾,武帝令重造十二层浮图,将成而侯景乱起,乃止。六月,东魏以侯景为河南大将军、大行台。七月,东魏使散骑常侍元廓来聘。

梁武帝中大同二年　太清元年(丁卯　547)　84岁

正月,东魏高欢卒。侯景以河南叛,降西魏。二月,西魏以侯景为太傅、河南道行台、上谷公。侯景寻又遣使至梁,求内附。武帝不顾群臣反对,执意接纳,以侯景为大将军,封河南王,都督河南·北诸军事、大行台。三月,武帝幸同泰寺,舍身如大通故事。四月,群臣奉赎。自舍身至奉赎,武帝在寺凡三十七日。大赦,改元。东魏使兼散骑常侍李系来聘。五月,东魏将韩轨等围侯景于颍川(今河南许昌)。侯景惧,以割四州之地为饵,向西魏求救。西魏宇文泰遣将率军一万向颍川。

侯景随即又遣使至梁,辩解求救西魏一事,并请求梁军支援,武帝深信不疑,以鄱阳王萧范为征北将军,总督汉北征讨诸军事,进击荆州以接应侯景。东魏韩轨闻西魏军将至,解围北撤。七月,梁军入悬瓠。八月,武帝下诏伐东魏,以贞阳侯萧渊明、南康王萧会理分督诸将。九月,萧渊明进至寒山,距彭城十八里。十一月,东魏将慕容绍宗救彭城,大破梁军,萧渊明等被俘。慕容绍宗引军击侯景,败于涡阳(今安徽蒙城),退入谯城(今安徽亳县),与侯景相持。

梁武帝太清二年(戊辰 548) 85岁

正月,侯景粮尽兵败,率残部渡淮而南,袭据寿阳。五月,武帝遣建康令谢挺、散骑常侍徐陵等聘于东魏,重修前好。八月,侯景以诛中领军朱异为名,反于寿阳。武帝下诏讨伐侯景。十月,侯景连下谯州(今安徽滁县)、历阳(今安徽和县),从横江渡江到采石,直逼建康。临贺王萧正德叛应侯景。石头城(在今南京清凉山)守军投降。台城(今南京鸡鸣山南)被围,侍中、都官尚书羊侃指挥守城事宜。十一月,萧正德称帝,年号正平。石头城诸仓存粮被侯景军食尽,纵兵掠夺民米及金箔子女。侯景驱迫士民在城东、西起土山,羸弱者即杀以填山;又诱募诸奴,降者即免为良人,群奴出降者以千数。梁湘东王萧绎的援军从江陵出发。邵陵王萧纶从淮南入援建康,大败。十二月,羊侃卒,城中益惧。韦粲、柳仲礼等军入援,众推柳仲礼为大都督。是年,李贲为僚人所杀。

梁武帝太清三年(己巳 549) 86岁

正月,梁援军与叛军激战,韦粲被袭杀;柳仲礼先破侯景,继而身受重伤,两军各退。中领军朱异死。异字彦和,吴郡钱塘人,居权要三十余年。梁援军渐至,然诸将互相猜疑,又纵兵掠民,大失民望。二月,侯景为使梁援军退却及解缺粮之困,遣使求和。武帝初不肯允,皇太子萧纲固请,乃许之,设盟于西华门外。侯景既运东城米归于石头城,又启求遣诸援军后撤。侯景图谋得逞,乃表陈帝失,复举兵向阙。时四方入援者三十余万,但不相统一,莫有斗志。三月,侯景攻陷台城,纵兵大掠,建康士民逃难四出,台城被围凡四个半月。侯景又矫诏命城外援军解散。柳仲礼虽召诸将商议,竟无一言,诸军乃随方各散。侯景废萧正德为侍中、大司马。四月,都下地震。武帝以所求多不遂志,饮膳亦为所裁节,忧愤成疾。五月丙辰,武帝崩于净居殿,时年八十六。侯景秘不发丧,迁殡于昭阳殿。直至武帝殂二十六日后,才宣布发丧,升梓宫于太极殿。十一月乙卯,葬武皇帝于修陵,庙号高祖。

后　　记

　　在《萧衍评传》完稿并交付出版社之际，有一种如释重负的感觉，也想借此机会表达自己的感动和感谢。

　　四年前，常州市齐梁文化研究课题组邀请我参加《齐梁文化研究丛书》第一辑的撰写，并要求我承担其中的一本《南朝齐梁史》。有感于常州同志的满腔热情，也由于自己所从事的恰是魏晋南北朝史特别是六朝史的教学和研究，与齐梁史研究高度契合，正可以利用承担这一任务之机，梳理一下自己的研究心得和体会，所以很爽快地把任务接受了下来。在随后的两年里，常州市的老领导、原副市长薛锋先生以及课题组的诸位同仁给了我极大的鼓励和支持，同时也在接触与交流中结下了深厚的友情。正因为此，当《齐梁文化研究丛书》第一辑于两年前正式出版时，薛锋先生又力邀我继续承担丛书第二辑中《萧衍评传》的撰写。薛锋先生以及课题组各位对齐梁文化研究的执着和热忱令我深为感动，同时也感动于对我的信任，于是便有了我们之间新一轮的两年合作与交流。可以说，没有薛锋先生和课题组对我的鞭策和激励，本书很难顺利地如期完稿。初稿完成后，常州市文联副主席池银合女士和常州市政府研究室原主任盛祖祥先生冒着高温酷暑，认真审读了初稿，并且提出了非常中肯而又极富启发性的修改意见。在此,特向薛锋先生、池银合女士、盛祖祥先生以及课题组全力支持我、鼓励我的各位表示由衷的感谢!

　　还有一点需要说明的是,本书稿是在汲取前辈大家以及当代学者研究成果的基础上完成的,书中的有些观点并非出自我的原创,我所做的,只是对于已有研究成果的借鉴、吸收和消化,将其纳入我想要表达的整体构思之中。吕思勉、汤用彤、周一良、田余庆等前辈大家的精湛论述拓展了我的思路;《齐梁文化研究丛书》第一辑的各位作者,特别是曹旭、龚斌、刘志伟、张敏等学者富有启发性的研究,也使我从中获益良多。在此,特向前辈大家致敬,向给予我帮助的各位学者致谢!

庄辉明

丁酉年溽暑记于沪上